LES CYCLADES ET ATHÈNES

L'auteur du guide

Amoureuse de la Grèce au point d'y habiter, **Maud Vidal-Naquet** vous emmène à Athènes et dans les Cyclades, archipel qui a marqué son enfance. Elle y séjourne régulièrement pour les mises à jour de ce guide mais aussi à l'occasion de nombreux reportages (*Géo, Le Figaro Magazine*...). Bleues et blanches mais pas seulement, ces îles à taille humaine la touchent profondément, tout comme la capitale grecque qui fourmille d'énergie. Pour cette édition, Maud a déniché des rooftops incroyables à Athènes, testé des adresses savoureuses, randonné sur des sentiers à couper le souffle et bronzé sur des plages secrètes. Elle partage également ses trouvailles sur son blog www.mappemonde.voyage

Guide evasion

Les Cyclades et Athènes
en un coup d'œil

Poussières d'îles jetées sur la mer Égée, les Cyclades incarnent la Grèce dans toute sa splendeur. Cubes blancs enchevêtrés, coupoles bleues et moulins à vent : les villages subjuguent par leur harmonieuse beauté. Les collines sont sillonnées par les chemins muletiers et les sentiers de bergers. On y croise des grands-pères à dos d'âne et des pêcheurs sur leurs caïques colorés. On se délecte de tomates fraîches, d'ouzo et de poulpe grillé. On vibre avec la nature et les paysages grandioses : la mer cristalline, les falaises vertigineuses, l'énergie tellurique des îles-volcan… Quant à Athènes, capitale moderne et culturelle, elle saura vous surprendre.

Pour voir l'essentiel. Autant vous prévenir, il vous faudra choisir : il y a 24 Cyclades habitées et chacune a sa personnalité ! En une semaine, vous pouvez visiter une, deux, voire trois îles selon leur superficie. Les plus célèbres sont **Mykonos et Santorin** : la première se veut festive, la seconde spectaculaire avec son cratère envahi par la mer. Si vous êtes en quête d'authenticité, choisissez **Milos et Kimolos**, les îles-volcan. Ou bien **Syros**, avec sa magnifique capitale, et **Tinos**, l'île des marbriers, **Sérifos et Sifnos** aux villages éblouissants, ou encore **Naxos et Amorgos**, des îles nature. Et une escale à **Athènes**, ne serait-ce que pour visiter l'Acropole, est conseillée.

Pour recharger les batteries et se détendre entre plages et grand air, le choix est vaste sur toutes les îles : criques solitaires abritant une gargote, plages de sable avec tavernes familiales, ou organisées avec *beach bar* et restaurants branchés. Le soir, on flâne dans le village où l'on peut prendre un verre accompagné de *mezzés* ou dîner de mets plus raffinés.

Envie d'un séjour sportif ? Au pays du vent, **windsurfers et kitesurfers** seront comblés, surtout à Paros et Naxos. Les Cyclades sont aussi un paradis pour les **randonneurs**. En particulier à Amorgos, Naxos, Tinos ou Sifnos, sillonnées de sentiers reliant entre elles plages secrètes, monastères solitaires et petits villages. Et pour se rafraîchir, on explore les **fonds marins** en faisant du *snorkeling* ou de la plongée sous-marine.

À faire

Marchez sur le fil du cratère de Santorin et faites un saut sur Thirassia, une petite île oubliée aussi grandiose que sa voisine Santorin, la foule en moins. Voguez autour de Milos en bateau pour découvrir ses 76 plages multicolores. Dansez toute la nuit sous les étoiles à Mykonos et appréciez l'ambiance animée du quartier pittoresque de Plaka, à Athènes. Déambulez dans la cité antique de Délos, entre temples, théâtre et villas aux mosaïques. Et bien sûr, savourez un cocktail au coucher du soleil, les orteils léchés par l'écume.

Le blog Évasion

Faites un tour sur notre blog (www.guide-evasion.fr), écrivez-nous sur Facebook (GuideEvasion), vous y retrouverez l'actu des destinations, les conseils et les idées de découverte de nos experts du voyage.

- **Climat :** climat méditerranéen, sec et chaud en été. Les îles étant souvent ventées, la chaleur n'est jamais insupportable.
- **Formalités :** une carte d'identité ou un passeport en cours de validité suffit pour les ressortissants européens.
- **Durée de vol :** 3 h depuis Paris pour Athènes, Mykonos et Santorin (les seuls aéroports internationaux).
- **Capitale :** Athènes. Ermoupolis (Syros) est la capitale des Cyclades.
- **Décalage horaire :** + 1 h été et hiver.
- **Budget :** comptez de 160 à 450 € pour un vol A/R Paris-Athènes, Mykonos ou Santorin. Le billet sera plus cher pour les îles, mais vous fera économiser un trajet en bateau et une nuit à Athènes si vous ne souhaitez pas y faire escale. Les tavernes sont bon marché (env. 15 €). Pour l'hébergement, les prix varient du simple au triple selon les saisons (40 à 120 € la chambre double).

Quelle île choisir ?

Les bateaux sont très nombreux pour se déplacer dans les Cyclades, mais les temps de trajets et les liaisons représentent une contrainte. Avant de choisir la ou les îles où vous voulez aller, vérifiez que la liaison est possible aux dates souhaitées. Il existe pour cela plusieurs sites : www.gtp.gr, www.danae.gr et www.openseas.gr notamment *(p. 264)*. Les horaires sont fiables (en particulier chez les grandes compagnies comme Blue Star et Hellenic Seaways) et vous pourrez acheter vos billets à l'avance. Cependant, il peut y avoir des imprévus, comme un vent fort qui oblige les bateaux à rester à quai, ou une grève. Il est tout à fait possible d'acheter vos billets au fur et à mesure dans les ports ; hormis en plein été et le week-end, vous aurez toujours de la place.

Pour profiter de plages splendides

La palme du sable blond revient à **Sérifos** *(p. 144)*, **Ios** *(p. 87)* et **Koufonissi** *(p. 129)*, mais aussi **Mykonos** en version animée *(p. 106)*. Pour la diversité, direction **Milos** *(p. 95)* et **Kimolos** *(p. 91)*.

Pour découvrir des îles authentiques

On trouve sur certaines îles des villages hors du temps. Les anciens passent leur journée au café, les fêtes religieuses y sont célébrées avec ferveur, les bergers courent la garrigue avec leurs chèvres. Visitez **Amorgos** *(p. 58)*, **Sifnos** *(p. 150)*, **Tinos** *(p. 168)* et **Naxos** *(p. 112)*.

Pour faire la fête

Tenues sexy, Dj déjantés, cocktails colorés : dès 17 h, ça chauffe sur les *dance floors* des *beach bars* de **Mykonos** *(p. 106)*. À **Ios** *(p. 87)*, l'ambiance est plus jeune : direction la plage de Mylopotas le jour et les ruelles de Chora, la capitale, la nuit.

Pour être au calme en été

Choisissez une île hors des sentiers battus comme **Sérifos** *(p. 144)*, **Anafi** *(p. 60)*, **Kimolos** *(p. 91)*, **Schinoussa** *(p. 130)* ou **Iraklia** *(p. 131)*, qui comptent un village, quelques plages et de beaux sentiers. Nombre d'hébergements limité, pensez à réserver !

Pour les vacances de Pâques ou de la Toussaint

C'est le début ou la fin de la saison. Profitez-en pour visiter les îles les plus célèbres, comme **Mykonos** *(p. 106)* et **Santorin** *(p. 132)*, qui seront au calme. Sur les autres îles, beaucoup d'adresses seront fermées, surtout sur les plus petites comme Kimolos, Anafi ou Iraklia.

Pour des vacances actives

Plongée, cheval, kitesurf... : **Naxos** *(p. 112)* et **Paros** *(p. 121)* offrent un large éventail d'activités pour se dépenser. Pour la randonnée, direction **Tinos** *(p. 168)* et **Amorgos** *(p. 58)*.

Pour un séjour culturel

Une histoire riche et des musées inattendus (d'art contemporain pour l'une, de l'industrie pour l'autre) : **Andros**, l'île des armateurs *(p. 72)*, et **Syros**, la capitale des Cyclades *(p. 157)*, sont des îles où l'on se cultive. Pour l'histoire ancienne, rendez-vous sur **Délos**, l'île archéologique *(p. 79)*.

Avec des tout-petits

Paros *(p. 121)* et **Naxos** *(p. 112)* pour leurs nombreuses plages protégées et accessibles. Mais toutes les Cyclades sourient aux enfants ! Seuls bémols : Mykonos, qui est vraiment orientée fêtes, et Santorin, à cause des escaliers (pas pratique avec une poussette !).

Le monastère de Chozoviotissa

Les incontournables

L'Acropole

C'est le symbole de notre civilisation occidentale. Au cœur d'Athènes, l'Acropole s'élève comme une forteresse au-dessus de la ville. Sur son plateau, le rocher sacré porte les monuments emblématiques du monde grec : le Parthénon, l'Erechteion, le temple d'Athéna Niké. Pour compléter la visite, faites un tour au musée qui lui est consacré.

> *Athènes p. 35.*

Le monastère de Chozoviotissa

Cet étonnant monastère est suspendu dans le vide face à l'immensité marine. Il a été construit dans la paroi, sur la côte orientale d'Amorgos qui n'est que falaises tombant à pic dans la mer. Sur huit niveaux, il étage cellules, réfectoires, chapelles et terrasses. Les sentiers aériens qui le rejoignent font l'objet de superbes balades. Des loukoums et la vue sur le grand bleu récompensent les visiteurs.

> *Amorgos p. 61.*

La cité antique de Délos

Inscrite au patrimoine de l'humanité, cette île est entièrement vouée à l'archéologie. Délos fut un centre économique et religieux très important dans l'Antiquité car elle était identifiée comme le lieu de naissance du dieu Apollon. Abandonnée au VIe s. ap. J.-C., sa ville antique a traversé les siècles. Villas, temples, terrasses, théâtre… : on se balade entre des vestiges particulièrement évocateurs.

Délos

> *Délos, p. 79.*

Les côtes de Milos

Volcanique, Milos est surnommée l'« île aux couleurs ». Écharpes de sable argentées, dorées ou ivoire, falaises ocre ou noires, mer turquoise : ses côtes déroulent une incroyable diversité de paysages. Les découvrir en bateau est un must.

> *Milos p. 102.*

Les côtes multicolores de Milos

La Chora de Mykonos

La ville principale (*chora* en grec) de l'île incarne l'architecture cycladique dans toute sa splendeur. Elle réunit un ravissant petit port de pêche et un labyrinthe de ruelles blanches, où l'on croise maisons de capitaines, églises à coupole et moulins dressés face à la mer. Mais aussi le pélican Pétros, la mascotte de l'île, toujours prêt à poser pour une photo.

> *Mykonos p. 107.*

La plaine de la Tragéa

Riche et fertile, l'immense plaine de la Tragéa occupe le cœur de Naxos, la plus grande des Cyclades. Ancienne capitale (Chalki), villages d'éleveurs, forêts d'oliviers, chapelles byzantines sont veillés par le pic minéral du mont Zas, le toit de l'archipel qui culmine à 1001 m. Les possibilités de balades dans cette vaste plaine sont infinies.

> *Naxos p. 116.*

Chalki, dans la plaine de la Tragéa

Le port de pêche de Naoussa

Il y flotte un petit air de Saint-Tropez. Sur les quais, des guirlandes de poulpes sèchent au soleil, tandis que tavernes chic et bars design tiennent compagnie aux caïques de pêche colorés. Dans le lacis des ruelles se cachent boutiques de mode et vieux barbiers.

> *Paros p. 123.*

Le port de Naoussa

La caldeira de Santorin

Spectaculaire, l'île-volcan forme un immense cratère en partie englouti sous les eaux. Depuis les villages blancs accrochés à flanc de falaises, la vue est aussi époustouflante qu'apocalyptique. Le must ? Randonner sur le fil de la caldeira, de Fira – la capitale – au charmant village de Oia.

> *Santorin p. 133.*

La Chora de Sérifos

Sur cette île à peine effleurée par le tourisme, la ville principale (*chora* en grec) se déploie dans le ciel en s'enroulant autour d'un piton rocheux.

Fira, accrochée à la caldeira de Santorin

Ermoupolis

Vous aimerez son labyrinthe de ruelles blanches, sa place de la mairie croquignolette avec ses cafés et sa citadelle vénitienne, d'où la vue est saisissante sur le port et la mer Égée.

> *Sérifos, p. 146.*

La Chora de Sérifos domine la mer Égée

Apollonia et Artémonas

La capitale de Sifnos, Apollonia, est reliée par un long fil de cubes blancs et de coupoles bleues à Artémonas : les deux villages, magnifiques, sont jumeaux comme les dieux Apollon et Artémis ! Préférez-vous l'animation doucement branchée de la capitale ou le raffinement posé du village des notables ?

> *Sifnos p. 152.*

Ermoupolis

C'est la seule vraie ville des Cyclades et la plus belle de Grèce ! Riches demeures néoclassiques, majestueuse place Miaouli, théâtre qui est la réplique en miniature de la Scala de Milan… Ermoupolis, la capitale de l'archipel, est parée comme une grande ville européenne. Née *ex nihilo* au XIXe s., son histoire est fascinante.

> *Syros p. 159.*

Pyrgos

Ateliers de sculpteurs, écoles des beaux-arts, musées et carrières : le marbre est à l'honneur à Pyrgos ! L'opulence passée se lit dans les ruelles, entre ses maisons de capitaines et sa superbe place ombragée.

> *Tinos p. 174.*

Pyrgos

La plage de Tsigrado à Milos, protégée par des falaises

Si vous aimez…

La Chora de Folégandros

Les villages photogéniques

Au bord de l'eau ou à flanc de montagne, les cubes blancs des maisons se détachent sur l'azur du ciel et de la mer. Oia à **Santorin** *(p. 135)* et la Chora de **Mykonos** *(p. 107)* sont les plus célèbres. Plus authentiques, les Chora d'**Amorgos** *(p. 59)*, **Sérifos** *(p. 146)* et **Folégandros** *(p. 84)*, ou encore le Kastro de **Sifnos** *(p. 153)*, vous charmeront pas leurs lignes épurées. Laissez-vous également surprendre par les villages de pêcheurs de **Kimolos** *(p. 92)* et de **Milos** *(p. 99)*, aux couleurs uniques dans l'archipel.

La mer et encore la mer

Cristalline ou turquoise, scintillante sous le soleil ou couverte d'écume soulevée par le vent : la mer fascine par son spectacle toujours renouvelé. Un appel constant à la baignade ! Au choix, on y plonge depuis un rocher solitaire, une petite crique sauvage ou une longue plage de sable fin. La mer s'apprécie en mode farniente et *snorkeling*, ou bien de façon plus active, les plages aménagées proposant presque toutes les sports nautiques : planches à voile, kitesurf (pour celles exposées au *meltem*), ski nautique, kayak de mer ou plongée sous-marine.

Jouer les Robinsons

Baignades, balades et tavernes : certaines îles confettis sont si petites qu'on en fait le tour à pied en quelques heures. Préservées du tourisme de masse, elles se méritent, après de longues traversées en bateau. Dans les **Petites Cyclades**, on choisit son ambiance : rustique à Iraklia *(p. 131)*, familiale à Schinoussa *(p. 130)*, ou hippie chic à Koufonissi *(p. 129)*. À moins de préférer **Anafi**, une véritable retraite égéenne tant elle respire le calme *(p. 68)* ? Sa plage de Roukounas est prisée par les dormeurs à la belle étoile.

Les vieilles pierres

Si vous atterrissez à Athènes, faites un passage éclair par l'**Acropole** *(p. 35)* à l'aller ou au retour des îles : ses monuments sont de toute splendeur. Quant aux Cyclades, elles rayonnaient dans l'Antiquité. À **Délos**, une île entièrement vouée à l'archéologie, on se balade dans les rues de la ville antique, entre villas, théâtres et temples *(p. 79)*. À **Santorin**, on découvre une brillante et heureuse civilisation préhistorique à Akrotiri, une ville figée dans la lave *(p. 138)*. À **Naxos**, les vestiges se font romantiques, comme la porte des Naxiens qui se détache dans le soleil couchant *(p. 113)*.

Le Parthénon à Athènes

La nature à grand spectacle

Sculptées par les mouvements des plaques tectoniques ou par les éléments, les Cyclades offrent des formations géologiques époustouflantes.

Red Beach, à Santorin

Spectaculaire île-volcan, **Santorin** a la forme d'une gigantesque caldeira *(p. 132)*. Quant à **Milos**, l'autre île volcanique de l'archipel, elle déroule une côte multicolore surprenante de diversité *(p. 95)*. Côté falaises vertigineuses, la palme revient à **Santorin** *(p. 132)*, mais aussi à **Amorgos** *(p. 58)*, **Folégandros** *(p. 83)* et **Anafi** *(p. 68)*.

La fiesta

Sur certaines îles, la vie bat son plein la nuit. **Mykonos**, l'île la plus glamour le jour, est réputée pour ses nuits sulfureuses *(p. 106)*. À **Paros**, on sirote un cocktail sous les étoiles au son d'une musique *lounge* à Naoussa, le port branché de l'île *(p. 123)*. Autre ambiance à **Ios** où les moins de 25 ans fêtent leurs diplômes dans l'alcool et les décibels *(p. 87)*. Les **fêtes patronales** *(panigyria)* sont également l'occasion de belles fêtes : après la messe, le vin coule à flots et l'on danse jusqu'à l'aube au son du luth et du violon *(p. 250)*.

Les églises et les monastères

Outre l'incontournable monastère de Chozoviotissa à **Amorgos** *(p. 61)*, les Cyclades possèdent de nombreux monuments religieux remarquables. À **Sifnos**, l'élégant monastère de Chryssopigi joue les sentinelles sur la mer, posé sur un rocher *(p. 154)*. À **Paros**, l'église d'Ekatondapyliani est la plus ancienne et la plus majestueuse des Cyclades *(p. 123)*. Quant à celle d'Evangelistria, à **Tinos**, elle joue le rôle du Lourdes grec avec son culte rendu à la Vierge *(p. 169)*.

La gastronomie cycladique

Salades colorées, viandes et poissons grillés, plats typiquement grecs comme

Monastère de Chryssopigi, Sifnos

Fête patronale à Amorgos

la moussaka ou le chevreau au citron : on se régale dans les Cyclades de produits frais et gorgés de soleil. Certaines îles ont leur spécialité, comme le ***mastello*** à Sifnos, un délicieux agneau

au vin cuit au four dans un pot en terre. Ou encore la ***gouna***, un hareng fumé et séché au soleil, que l'on ne trouve qu'à Paros. On mange particulièrement bien à Syros, Tinos et Milos.

Randonner

Entre les sentiers de berger qui courent dans la garrigue et les chemins pavés de muletier, les Cyclades sont un paradis pour les marcheurs ! On flirte avec la mer sur la côte en dentelle de **Milos** *(p. 95)*, on joue les équilibristes sur le fil du cratère à **Santorin** *(p. 140)*, on dégringole un vallon verdoyant à **Tinos** *(p. 168)*, on tutoie le ciel à **Amorgos** *(p. 58)* ou à **Naxos** *(p. 112)*. Crique secrète, monastère haut perché, village croquignolet, point de vue spectaculaire… les récompenses s'égrènent tout au long du chemin.

Randonnée vers Oia, à Santorin

Champs de coquelicots à Milos

Les Cyclades et Athènes c'est aussi…

D'excellents vins

C'est le visage méconnu de **Santorin**. La vedette des Cyclades ne se résume pas qu'à son volcan : elle produit quelques-uns des meilleurs vins de Grèce *(encadré p. 163)*. Le cépage local ***assyrtiko*** donne un vin blanc sec et minéral qui accompagne à merveille le poisson. Et le ***vinsanto*** est un vin doux et liquoreux qui fait merveille au dessert. À déguster dans l'un des domaines viticoles de l'île ou dans un restaurant pour un accord parfait met et vin.

Des festivals

Ermoupolis, à **Syros**, joue son rôle de capitale. Musique classique, théâtre, cinéma, films d'animations : tout l'été, elle organise des festivals renommés *(p. 223)*. **Sérifos** invite de grands artistes grecs à se produire lors de son festival de musique et de théâtre, en août *(p. 217)*. **Tinos** organise plusieurs festivals, durant lesquels la musique est mise à l'honneur (jazz fin août), mais aussi les produits du terroir : fête de l'artichaut en mai, des câpres en juin, du miel en août, du raki (eau-de-vie) en octobre *(encadré p. 227)*… Les festivals d'**Athènes** sont également réputés. Le plus connu, le Festival d'Athènes (juin-août, *encadré p. 41*) mêle danses et programmation théâtrale d'avant-garde.

Une île peuplée d'archéologues

Délos, île minuscule classée au patrimoine de l'humanité par l'Unesco, abritait dans l'Antiquité la ville la plus importante des Cyclades. Elle est aujourd'hui inhabitée, seuls les archéologues et les gardiens du musée ont le droit d'y dormir.

Une ile de potiers

Abondance d'eau, d'argile et de soleil : voilà le secret de **Sifnos**, l'île des potiers *(encadré p. 156)*. Des cruches, des pots, des plats pour cuisiner au four… depuis l'Antiquité, l'île produit des ustensiles de cuisine. Ses caïques les exportaient dans toute la Méditerranée avant qu'ils ne soient remplacés par des objets en plastique ou en métal. Aujourd'hui, une vingtaine de potiers perpétuent cette tradition.

Des paysages fleuris

Le printemps dans les Cyclades est aussi intense que bref. Les îles se couvrent de marguerites, orchidées, immortelles et coquelicots entre **avril et mai.** En **juin**, les fleurs délicates des câpriers dégringolent des murs en pierres, tandis que thym et origan se colorent de minuscules fleurs mauves. L'**automne** amène son cortège de cyclamens roses, crocus jaunes et asphodèles blancs. Quant au jasmin et au bougainvillée, ils habillent les villages toute l'année.

Des îles à la pointe

En dehors de ses plages de rêve, **Milos** possède aussi l'un des plus grands gisements de bentonite au monde : cet argile permet de solidifier les digues et de filtrer l'eau et le vin. Capitale des Cyclades, la ville d'Ermoupolis à **Syros** fut un centre industriel important grâce à son port et son chantier naval. Dans les années 1970, sont sortis de ses usines une centaine de voitures électriques performantes, mais trop en avance sur leur temps. L'exemplaire exposé au musée de l'Industrie d'Ermoupolis fonctionne toujours *(p. 162)* !

Un rocher mythique

Au sud-ouest d'**Anafi**, le rocher de Kalamos se dresse comme une pyramide dans la mer *(p. 71)*. Dans la mythologie, cet impressionnant rocher serait apparu sur ordre d'Apollon pour sauver les Argonautes pris dans la tempête. Depuis, on trouve un petit temple dédié au dieu solaire à son pied. L'ascension jusqu'à son sommet (près de 500 m d'altitude) fait partie des plus belles balades des Cyclades.

La plage de Sarakiniko, à Milos

Plages et farniente

Manganari

Tout au sud de Ios, cette immense baie compte plusieurs anses de sable blanc : les plages sont si calmes et l'eau si limpide que la baie est parfois fréquentée par des tortues caouannes.

> *Ios, p. 90*

Ellinika

La particularité de cette jolie plage sauvage ? Une cité ancienne engloutie par la montée des eaux depuis l'Antiquité. Par quelques mètres de fond, on nage au-dessus des vestiges…

> *Kimolos, p. 94*

Sarakiniko

Dans un paysage sculpté par la mer et le vent se love une crique au sable blanc. De part et d'autres, des arches, des grottes et des falaises taillées dans un univers velouté en tuf volcanique.

> *Milos, p. 100*

Psarou

Sable d'or et eau divine : c'est la plage des starlettes et des *beautiful people*. Langouste, champagne, excursion en *speed-boat* Riva… Ici tout est possible : une armée de *beach boys* est à votre service.

> *Mykonos, p. 110*

Mikri Vigla

Sable fin, vent constant et mer cristalline. Mikri Vigla est le paradis des kitesurfers. Dans le ciel, le ballet de leurs cerfs-volants multicolores est fascinant.

> *Naxos, p. 115*

Kolymbithrès

Entre des rochers sculpturaux en granit roses et gris se cachent quatre petites plages de sable fin. Situées de l'autre côté de la baie de Naoussa, on peut les rejoindre en caïque.

> *Paros, p. 124*

Pori

Le camaïeu de bleus y est étourdissant, comme partout à Koufounissi. Mais toute ronde et ourlée de sable fin, la baie de Pori a en plus des courbes parfaites. Un paradis pour barboter dans une eau aigue-marine.

> *Koufonissi (Petites Cyclades), p. 130*

Vlychada

Sable noir et pierres ponces blanches sous une magnifique falaise ocre : la plage vierge de Vlychada s'étire sur des kilomètres. Seuls quelques transats au début et un *beach bar* hippie chic au milieu l'animent.

> *Santorin, p. 138*

Psili Ammos

Une anse turquoise, du sable blond formant de petites dunes et quelques tamaris pour s'ombrager : Psili Ammos – son nom signifie « sable fin » en grec – a la réputation d'être l'une des plus belles plages de Grèce.

> *Sérifos, p. 146*

Livada

D'énormes rochers en granit semblent rouler vers cette plage de galets multicolores, complètement sauvage. En retrait, une petite taverne offre de quoi se sustenter l'été.

> *Tinos, p. 174*

La plage de Vlychada, à Santorin

La marche de l'icône dans le village de Potamos, à Amorgos

Nos activités préférées

Kayak et canoë

Plages secrètes, formations géologiques spectaculaires, ports de pêche lovés au creux des rochers : le canoë-kayak est la meilleure façon pour découvrir les côtes de Milos et Santorin.

> Adresses à Milos, p. 198, et à Santorin, p. 214.

Canoë-kayak à Milos

Cours de cuisine

Quels sont les secrets de la cuisine cycladique ? En s'initiant aux recettes locales, comme à Milos, on apprend que la simplicité et le respect des produits frais donnent des résultats savoureux.

> Agence Travel me to Milos, p. 198.

Yoga et méditation

Entre la mer, le vent, le soleil et les rochers aux formes organiques, les Cyclades invitent au yoga et à la méditation. On peut suivre des cours à Amorgos et à Paros.

> Adresses à Amorgos, p. 188, et à Paros, p. 208.

Assister à une procession religieuse

Quel plaisir de croiser au cours d'une balade une fête religieuse ! Sur Amorgos et Sifnos, on se joint à la procession qui marche jusqu'à un monastère haut perché pour une fête au sommet.

> Marche de l'icône et trilogie des églises à Amorgos, p. 65. Fête du Profitis Ilias à Sifnos, encadré p. 153.

Distiller des huiles essentielles

Thym, origan, lavande, camomille... : soumises à un climat extrême, les plantes sont concentrées en huile essentielle. Sur Amorgos, la distillerie de Vanguelis se visite. À Tinos, un Français organise des stages de distillation.

> À Amorgos, p. 187, et à Tinos, p. 227.

Surf, kitesurf et windsurf

Grâce au *meltem* – ce vent d'été qui balaie l'archipel – les Cyclades sont un paradis pour les kitesurfers et les windsurfers. Deux spots à la renommée internationale : Pounda à Paros et Mikri Vigla à Naxos. Sur la plage de Kolymbithra à Tinos, on peut s'essayer au surf.

> Pounda, p. 126 et 208, Mikri Vigla, p. 115 et 205, Kolymbithra, p. 173 et 227.

Mikri Vigla, le paradis des kitesurfers

6 idées de circuits

10 jours dans les îles star des Cyclades

Ce sont les îles les plus célèbres de l'archipel. Succombez au charme glamour et festif de Mykonos et Paros, au sable blond d'Ios et à la caldeira de Santorin. Conseil : privilégiez un aller pour Mykonos et un retour depuis Santorin.

Jour 1 : Mykonos

➤ ***Aéroport à 4 km E de Chora.***

Prenez le pouls de Mykonos en vous posant sur une plage du sud de l'île, dans un *beach bar* branché à Elia, déjanté à Paradise ou plus tranquille à Agia Anna Paranga. Soirée à Chora, la capitale, en commençant par un verre sur la petite Venise au coucher du soleil. *Visite 11, p. 106.*

Jour 2 : Délos et Mykonos

➤ ***30 min de traversée. A/R dans la j.***

Après un café sur le port de Mykonos avec les pêcheurs, embarquez pour Délos. L'île d'Apollon abrite une cité antique aux monuments évocateurs, comme le temple de Dionysos, dieu du vin et de la fertilité. De retour à Mykonos en milieu d'après-midi, relaxez-vous sur une plage ou au bord de la piscine de votre hôtel. Soirée à Chora. *Visites 6 p. 79, et 11, p. 106.*

Jour 3 : Mykonos

Journée plage en mode farniente à Agios Sostis et visite de Chora, la superbe capitale de l'île, puis clubbing avec cocktails et décibels à Super Paradise jusqu'à tard dans la nuit. *Visite 11, p. 106.*

Jours 4 et 5 : Paros

➤ ***45 min de traversée.***

À votre arrivée, visitez Parikia, la capitale, et sa vieille église Panagia Katapoliani. Puis direction la péninsule de Santa Maria pour une session plage dans un cadre enchanteur. Soirée à Naoussa, le Saint-Tropez grec, entre restaurants et bars branchés.

Le lendemain, depuis Naoussa, sautez dans un caïque pour rejoindre la superbe plage de Kolymbithrès *(10 min de traversée)*. De là, balade à pied dans le parc Giannis Detis jusqu'au phare. Nouvelle soirée à Naoussa. *Visite 13, p. 121.*

Jour 6 : Ios

➤ ***1 h de traversée.***

Après vous être installé, posez-vous sur l'immense plage de Mylopotas (*beach bars*, tavernes et sports nautiques) pour la journée. Visite de Chora, l'un des plus pittoresques villages des Cyclades, et de son petit Musée archéologique en fin de journée. Soirée à Chora, la capitale, à égrener les bars. *Visite 8, p. 87.*

Jours 7 à 10 : Santorin

➤ ***1 h de traversée. Voiture recommandée pour se déplacer sur l'île.***

Le premier jour, rendez-vous à Oia, village troglodytique suspendu au bord de la caldeira, célèbre pour son coucher du soleil. Si vous avez le temps, ne manquez pas Finikia, village authentique à côté d'Oia.

Le lendemain, excursion en bateau dans la caldeira *(3 h)* ou saut de puce juste en face à Thirassia, la petite sœur jumelle de Santorin. Terminez la journée par une dégustation de vins de Santorin dans un domaine viticole de l'île.

Le troisième jour, visite du musée préhistorique à Fira le matin, puis d'Akrotiri, la Pompéi grecque. Déjeuner au bord de l'eau et baignade à Red Beach. L'après-midi perdez-vous dans les ruelles d'Emborio, foulez le sable noir de Vlychada et dînez au port, juste à côté, dans un excellent restaurant de poissons (To Psaraki par exemple, *p. 213*).

Départ le lendemain dans la journée. Selon vos réservations, avion depuis Santorin ou ferry Santorin-Mykonos *(env. 3 h de traversée)* et avion depuis Mykonos. *Visite 15, p. 132.*

10 jours
dans les îles star

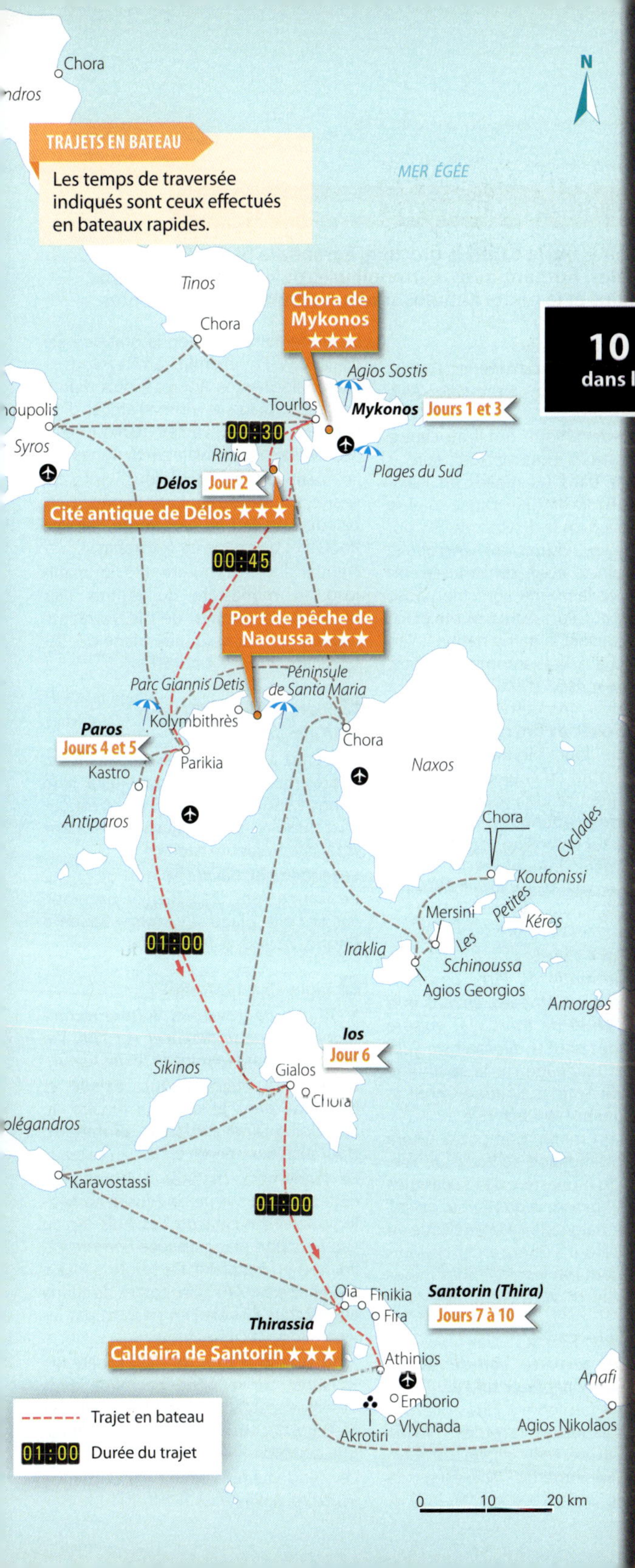

15 jours à Athènes et dans les Cyclades de l'Ouest

Après avoir visité la capitale grecque, égrenez le fil des Cyclades occidentales. Authentiques, harmonieuses ou volcaniques, Sérifos, Sifnos, Milos et la petite Kimolos sont aussi belles que différentes.

> Jours 1 à 3 : Athènes

➤ *Arrivée à l'aéroport d'Athènes. Prenez le métro 3 jusqu'au centre-ville (env. 45 min de trajet).*

Posez-vous dans votre hôtel au centre d'Athènes : vous pourrez tout faire à pied. Flânez dans les ruelles de Plaka puis dans l'Agora antique. Dînez au pied de l'Acropole dans le quartier de Thissio.

Le lendemain, visitez tôt l'Acropole, puis enchaînez avec son musée où vous pourrez faire une agréable pause déjeuner *(p. 40)*. Puis séance photo place Syntagma, devant la garde nationale en jupette et chaussures à pompons, avant la visite du musée d'Art cycladique à Kolonaki, puis grimpette sur le mont Lycabette. Soirée à Psirri ou Gazi.

Le troisième jour, plongez dans l'atmosphère haute en couleur des Halles d'Athènes. Puis, rendez-vous au Musée archéologique national. En fin de journée, balade sur les collines de Philopappou, repas dans une taverne et séance de cinéma en plein air à Ano Petralona. *Visite 1, p. 34.*

> Jours 4 et 5 : Sérifos

➤ *Départ le matin du Pirée (métro 1 depuis le centre d'Athènes, env. 25 min de trajet). 2h30 de traversée. Voiture recommandée pour se déplacer sur l'île.*

Déjeuner et baignade sur la splendide plage de Psili Ammos. Soirée à Chora, la capitale blanche haut perchée.

Le lendemain matin, grimpez à Chora pour une promenade au cœur de l'île. Puis, visite du monastère des Taxiarques en matinée *(pensez à prévenir la veille)*. Déjeuner et baignade à Platys Gialos ou à Sikamia. Retour à Chora en fin de journée en passant par les anciennes mines de Megalo Livadi. *Visite 16, p. 144.*

> Jours 6 à 9 : Sifnos

➤ *30 min de taversée. Voiture recommandée pour se déplacer sur l'île.*

Premier jour, farniente à Faros où vous trouverez plages et tavernes. Balade à pied au fil de l'eau en fin de journée jusqu'au superbe monastère de Chryssopigi.

Le lendemain, direction la grande baie de Vathy. En chemin, arrêtez-vous à l'acropole d'Agios Andreas, puis déjeunez sur la plage et visitez l'atelier d'un céramiste *(p. 216)*. Le soir, flânerie dans les ruelles d'Apollonia et Artémonas.

Le matin du troisième jour, visite de Kastro, l'ancienne capitale. L'après-midi, balade jusqu'au monastère de Panagia Poulati et baignade en contrebas.

Dernier jour, grimpette tôt le matin jusqu'au monastère du Profitis Ilias qui coiffe le sommet de l'île. Farniente l'après-midi sur la grande plage de Platys Gialos. *Visite 17, p. 150.*

> Jours 10 et 11 : Kimolos

➤ *50 min de traversée.*

Déjeunez à Psathi les pieds dans l'eau. L'après-midi, baignade à Ellinika (cité antique engloutie sous les eaux) et coucher du soleil à Mavrospilia. Soirée dans la ravissante petite capitale (Chorio).

Le lendemain, balade au port de pêche de Goupa-Kara. Déjeuner et baignade sur la belle plage de Prassa. Soirée à Chorio. *Visite 9, p. 91.*

> Jours 12 à 15 : Milos

➤ *30 min de traversée. Voiture recommandée pour se déplacer sur l'île. Vol Milos-Athènes (45 min) en fin de séjour.*

Déjeuner à Pollonia, puis balade et baignade dans le paysage lunaire de Sarakiniko. Dîner à Adamas : profitez-en pour planifier une excursion en bateau.

Le lendemain, matinée culturelle du côté de Plaka : visite du Musée archéologique et des catacombes. Puis cap au sud vers une plage de rêve comme Paliochori ou Fyriplaka. De retour à Plaka, marchez jusqu'au port coloré de Klima au coucher du soleil en passant par les vestiges de la cité antique.

Troisième jour, tour de l'île en bateau : farniente sur le pont, baignade dans des sites spectaculaires comme Sykia et Kleftiko, découverte de la côte multicolore de Milos.

Le lendemain, retour via Athènes. *Visite 10, p. 95.*

15 jours
à Athènes et dans les Cyclades de l'Ouest
TRAJETS EN BATEAU
Les temps de traversée indiqués sont ceux effectués en bateaux rapides.
Athènes
Jours 1 à 3
Acropole ★★★
Rafina
Pirée
Spata
ELEFTHÉRIOS-VENIZÉLOS
Makronissos
Kéa
Gyaros
Kythnos
00:45
02:30
Monastère des Taxiarques
Sérifos
Jours 4 et 5
Psili Ammos
Megalo Livadi
Livadi
Chora de Sérifos ★★★
00:30
Panagia Poulati
Artémonas ★★★
Kamarès
Sifnos
Kastro
Jours 6 à 9
Profitis Ilias
Vathy
Faros
Apollonia ★★★
Monastère de Chryssopigi
MER ÉGÉE
Kimolos
Jours 10 et 11
00:50
Goupa-Kara
Chorio
Psathi
Polyaigos
Sarakiniko
Pollonia
Plaka
00:30
Klima
Adamas
Milos
Jours 12 à 15
Paliochori
Fyriplaka
Côtes de Milos ★★★
Trajet en bateau
Trajet en avion
01:10 Durée du trajet
0 10 20 km
N

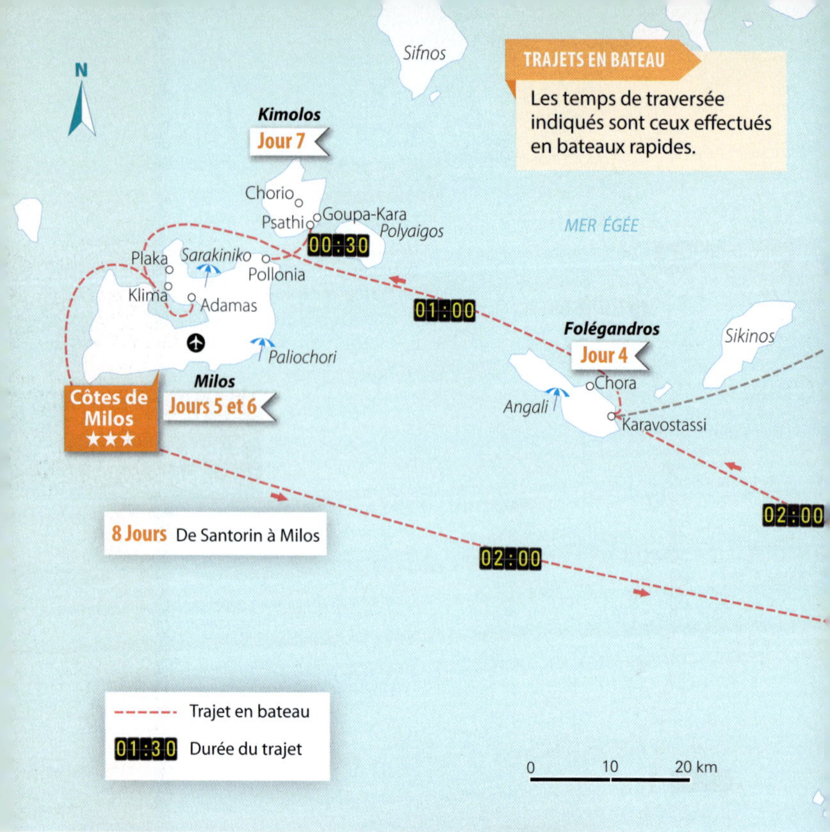

8 jours entre Santorin et Milos, les îles-volcan

Paysages spectaculaires garantis sur ces quatre îles qui s'égrènent sur l'arc volcanique des Cyclades. Vols directs vers et depuis Santorin.

Jours 1 à 3 : Santorin

➤ Aéroport à 6 km S-E de Fira. Voiture recommandée pour se déplacer sur l'île.
Reprendre les jours 1 à 3 du circuit ci-contre. *Visite 15, p. 132.*

Jour 4 : Folégandros

➤ 2 h de traversée.
Grimpez à Chora, la délicieuse capitale, posée au-dessus d'un à-pic vertigineux. Pour vous rafraîchir, filez à la station balnéaire d'Angali *(à 3 km, bus en été depuis Chora)*. Puis, retour à Chora pour une balade jusqu'à l'église de la Panagia au coucher du soleil *(15 min de marche)* et dîner sur une des places animées du village. *Visite 7, p. 83.*

Jours 5 à 7 : Milos et Kimolos

➤ 1 h de traversée. Arrivée au port d'Adamas. Voiture recommandée pour se déplacer sur Milos.
Le premier jour, explorez le paysage lunaire autour de la plage de Sarakiniko. Arrêtez-vous au port de pêche de Mandrakia. Dîner au port de Pollonia *(p. 197)*.
Le lendemain, farniente le matin sur une des plages du sud de l'île, comme Paliochori. L'après-midi, balade à travers les (rares) vestiges de la cité antique entre Plaka et le port de Klima. Dîner à Plaka, la ravissante capitale animée le soir.
Le troisième jour, prenez un bac à Pollonia, direction l'île de Kimolos *(30 min de traversée, passage de voiture possible)*. Commencez par l'adorable port de Goupa-Kara, aux garages à bateaux multicolores. L'eau cristalline est une invitation à la baignade. Puis grimpez au village (Chorio) pour flâner dans les ruelles et visiter la citadelle. Si vous êtes motorisé, direction la plage de Prassa au sable ivoire ou Ellinika pour ses vestiges engloutis. Redescendez au port de Psathi. Retour à Milos en fin d'après-midi et dîner à Pollonia. *Visites 9 p. 91, et 10, p. 95.*

Jour 8 : Santorin

➤ 2 h de traversée.
Retour à Santorin, vol depuis Santorin en fin de journée. *Visite 15, p. 132.*

8 jours entre Santorin et Anafi

Le meilleur de Santorin, l'île-volcan star des Cyclades, et une robinsonnade à Anafi, petite île voisine hors des sentiers battus. Attention : il n'y a pas de bateau tous les jours pour Anafi, l'escapade est donc à adapter en fonction. Vols directs vers et depuis Santorin.

Jours 1 à 3 : Santorin

➤ Aéroport à 6 km S-E de Fira. Voiture recommandée pour se déplacer sur l'île.

Journée détente sur la plage de Perissa. Le lendemain, visite de Fira et de son musée préhistorique, puis continuez la visite sur le site archéologique d'Akrotiri. Baignade à Red Beach et apéro à Pyrgos. Dîner à l'excellente taverne Metaxy Mas *(p. 212)* au village d'Exo Gonia.

Le troisième jour, flânez dans les ruelles du Kastelli d'Emborio, puis farniente sur la plage de Vlychada. L'après-midi randonnée entre Fira et Oia. Dîner à Oia en appréciant le coucher du soleil. ***Visite 15, p. 132.***

Jours 4 et 5 : Anafi

➤ 1 h 30 de traversée (souvent dans la nuit). L'hôtelier vient vous chercher au port à l'arrivée du bateau.

Grasse matinée dans votre chambre et découverte du village. Après-midi sur la plage de Klissidi.

Le lendemain, déjeuner sur la plage de Roukounas, visite du monastère de Zoodochos Pigis et ascension du rocher de Kalamos au coucher du soleil. ***Visite 4, p. 68.***

Jours 6 à 8 : Santorin et Thirassia

➤ 1 h 30 de traversée. Arrivée à Santorin dans la nuit ou le matin tôt.

Excursion en bateau dans la caldeira *(comptez 3 h)*. Terminez la journée par une dégustation de vins de l'île dans un domaine viticole.

Le lendemain, balade à Thirassia *(10 min de traversée depuis Oia)* : visite de Manolas, petite capitale troglodytique, et balade à pied jusqu'au monastère Kimisi Theotokou perché à la pointe sud de l'île. De retour à Santorin, baladez-vous dans Oia une dernière fois. Dîner à Finikia, près d'Oia.

Départ en avion le lendemain dans la journée. ***Visite 15, p. 132.***

8 jours sur les îles culturelles

Au cœur des Cyclades, trois îles culturelles rayonnent : Délos, Syros et Tinos. Vols directs vers et depuis Mykonos.

Jours 1 et 2 : Mykonos et Délos

➤ ***Aéroport à 4 km E de Chora.***

Passez la soirée dans les ruelles de Chora, entre bars, églises et moulins.

Le lendemain, excursion à Délos *(30 min de traversée)*. Au retour sur Mykonos, posez-vous sur la plage d'Agia Anna Paranga ou sautez dans un bateau pour Syros. *Visites 6, p. 79, et 11, p. 106.*

Jours 3 et 4 : Syros

➤ ***30 min de traversée. Voiture recommandée pour se déplacer sur l'île.***

Promenade dans Ermoupolis, la capitale, et visite du musée de l'Industrie.

Le lendemain, grimpez à Ano Syros, puis parcourez les paysages sauvages du nord avant de rejoindre une plage. Spectacle au théâtre Apollon le soir. *Visite 18, p. 157.*

Jours 5 à 7 : Tinos

➤ ***30 min de traversée (vers midi). Voiture indispensable pour se déplacer.***

Déjeuner à Chora, puis détente sur la plage d'Agios Fokas. En fin de journée, parcourez les alentours de Volax.

Le lendemain, visite de la Panagia Evangelistria (à Chora), puis montez au couvent de Kechrovouni et enchaînez avec le musée Costas Tsoclis (à Kampos) et la vallée de Tarambados.

Le troisième jour, promenade dans Pyrgos, la capitale du marbre. Bateau pour Mykonos en soirée ou le lendemain. *Visite 19, p. 168.*

Jour 8 : Mykonos

➤ ***20 min de traversée le soir du jour 7 ou le matin du jour 8.***

Vol retour depuis Mykonos. *Visite 11, p. 106.*

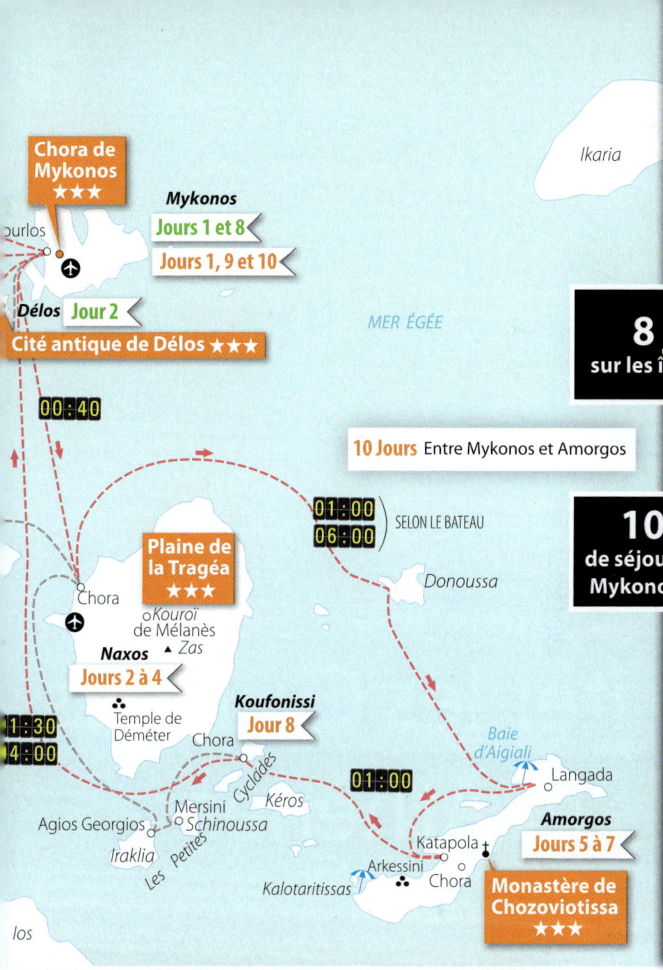

8 jours
sur les îles culturelles

10 jours
de séjour nature entre Mykonos et Amorgos

10 jours nature entre Mykonos et Amorgos

Ces îles authentiques et préservées sont un paradis pour les randonneurs et pour être au calme. Vols directs vers et depuis Mykonos.

Jour 1 : Mykonos

➤ ***Aéroport à 4 km E de Chora.***

Si vous arrivez tôt, prenez un bateau pour Naxos. Sinon, profitez de Chora, la capitale de Mykonos. *Visite 11, p. 106.*

Jours 2 à 4 : Naxos

➤ ***40 min de traversée. Voiture recommandée pour se déplacer sur l'île.***

Perdez-vous dans Chora avant d'allez voir les *kouroï* de Mélanès.

Le lendemain, promenade dans la plaine de la Tragéa et ascension du mont Zas, le toit des Cyclades *(2 h A/R)*.

Le troisième jour, cap au sud. Visite du temple de Déméter, puis exploration de la côte et ses plages. *Visite 12, p. 112.*

Jours 5 à 7 : Amorgos

➤ ***Entre 1 h et… 6 h de traversée.***

Installez-vous dans la baie d'Aigiali.

Le lendemain, randonnée : de Chora, rejoignez la baie d'Aigiali par le centre de l'île *(4 h de marche aller, bus au retour)*.

Le troisième jour, sillonnez le sud de l'île, entre la cité ancienne d'Arkessini et les plages de Mouros ou de Kalotaritissas. *Visite 3, p. 58.*

Jour 8 : Koufonissi

➤ ***1 h de traversée.***

Escale à Koufonissi, dans les Petites Cyclades, pour ses plages paradisiaques. *Visite 14, p. 128.*

Jours 9 et 10 : Mykonos

➤ ***1 h 30 de traversée en bateau rapide, sinon retour avec correspondance à Naxos, comptez alors ½ j. de trajet.***

Journée sur une plage du nord de l'île et soirée à Chora. Vol retour depuis Mykonos le lendemain. *Visite 11, p. 106.*

Visiter les Cyclades et Athènes

Nous avons découpé les Cyclades et Athènes en 2 grandes zones :

Athènes et Le Pirée

En transit pour les Cyclades, il est conseillé de s'arrêter deux ou trois jours dans la capitale grecque pour apprécier les splendeurs de son héritage culturel mais aussi l'énergie créative qui y règne. *Street food,* concept stores, *rooftops*, festivals… tout autour de l'Acropole, Athènes bouge ! Et vous serez agréablement surpris de découvrir que tout peut se faire à pied.
Le port du Pirée – principale porte d'entrée des îles grecques – est le plus souvent un lieu de passage. Si vous avez quelques heures avant d'embarquer, il suffit de vous restaurer près de la mer pour avoir un avant-goût des îles.

PRATIQUE

Cartes et plans : Athènes et Le Pirée, *p. 32-33* ; Athènes, *p. 36-37* ; Le Pirée, *p. 52-53.*
Manger, dormir, s'amuser : voir p. 178.
Se déplacer :
Du centre-ville d'Athènes au port du Pirée *(Visites 1 et 2)* : env. 25 min de métro avec la ligne 1 jusqu'à la station Pireaus (terminus). Prévoyez un peu de temps sur place pour vérifier et atteindre votre quai d'embarquement (E5, E6, E7, E9 ou E10 pour les bateaux à destination des Cyclades).
Bon à savoir :
Déposer vos bagages dans une consigne près de l'Acropole peut vous permettre de visiter le site *(comptez 2 h)* à votre arrivée de l'aéroport, avant de prendre un bateau au Pirée pour les îles *(p. 267).*

VISITES
1 et 2

Athènes et Le Pirée

Athènes et Le Pirée

N
Ms Ano Patissia
Veikou-Omorfoklissias
Ms Agios Eleftherios
PERISTERI
TERMINAL B
Galatsi
GALATSI
Patission
Ms Kato Patissia
Ms Agios Antonios
PSIHIKO
Kifissou
Ms Agios Nikolaos
Ms Sépolia
Oktovriou
Kifissias
KOLONOS
Ms Attiki
TERMINAL A
Ms Victoria
28
Musée archéologique national ★★★
Ms Panormou
Ms Larissis
Ms Ampelokipi
EXARCHIA
Alexandras
Messogion
Odos
Athinon
Ms Métaxourgio
Ms Omonia
LYCABETTE ★★
Ms Mégaro Moussikis
VOTANIKOS
PSYRRI ★★
Vas. Sofias
Élaionas
Pireos
Kerameikos
KOLONAKI ★★
Ms Evangélismos
ZOGRAFOU
GAZI ★★
Ms Thissio
Ms Monastiraki
Musée d'Art cycladique ★★★
Aéroport Eleftérios-Venizélos
Acropole ★★★
Rali
PLAKA ★★
Ms Syntagma
Musée byzantin et chrétien ★★★
Amalias
VROS
Balade secrète p. 48
Vas. Konstan-dinou
Ms Petralona
ANA PETRALONA
Musée de l'Acropole ★★★
Ms Akropoli
KOUKAKI
Arditou
1 Athènes p. 34
Tavros
KAISSARIANI
Ms Syngrou-Fix
Kalirois
Ms Kalithea
Thisseos
HAROKOPOU
Ms Néos Kosmos
DAFNI
VYRONAS
Ms Agios Ioannis
enizelou
Syngrou
IMITOS
KALITHEA
Nea Smyrni
Ms Dafni
El.
Venizelou
elta Falirou
Amfitheas
ILIOUPOLI
Ms Agios Dimitrios
PALEO FALIRO
AGIOS DIMITRIOS
Vouliagmenis
Karea
Flisvos
Possidonos
VOULIAGMENI, SOUNIO, VOULA GLYFADA

1 Athènes
Αθήνα

L'avenue piétonne Dionysiou Aeropagitou, au pied de l'Acropole

Réputée polluée, embouteillée et durement touchée par la crise, la mégalopole d'Athènes a mauvaise réputation. Et pourtant, vous serez surpris par l'énergie de cette capitale, surtout autour du centre historique, en grande partie piéton. Grâce aux Jeux olympiques de 2004, les sites archéologiques sont reliés par une immense promenade piétonne bordée d'oliviers qui s'enroule au pied de l'Acropole. Les musées, petits et grands, ont fait peau neuve, retraçant de manière passionnante les différents épisodes de l'histoire grecque. Aux vestiges et trésors ancestraux se juxtaposent les éléments d'une Grèce moderne pleine de vie : des bars et des restaurants originaux, des boutiques de créateurs et une intense activité culturelle.

- **Plan :** p. 36-37.
- **Arriver, se déplacer :** p. 266.
- **Point de départ :** l'entrée de l'Acropole.
- **Manger, dormir, s'amuser :** p. 178.
- **Balade secrète :** Les collines de Philopappou, p. 48.

Athènes***

L'Acropole et ses alentours peuvent se visiter le temps d'une brève escale. Mais entre ses musées, ses quartiers animés, ses cinémas en plein air et ses festivals, Athènes saura également vous combler lors d'un séjour prolongé.

> Autour de l'Acropole***

Plan p. 36-37 / B3-4 – Le billet de l'Acropole donne aussi accès à l'Agora antique, à l'Agora romaine, au théâtre de Dionysos, au cimetière du Céramique et au temple de Zeus Olympien (proposé à l'entrée de chaque site, valable 4 j.). M° Akropoli ou Thissio.

Depuis les Jeux olympiques de 2004, les grandes artères Apostolou Pavlou et Dionysiou Aeropagitou ont été converties en esplanades pavées et arborées, reliant les différents sites archéologiques situés au pied de l'Acropole : temple de Zeus Olympien, théâtres de Dionysos et d'Hérode Atticus, Acropole elle-même, Agora antique, cimetière du Céramique. On flâne désormais avec délice au milieu des ruines, dans ce qui est devenu le poumon vert d'Athènes. Avec d'un côté le rocher sacré et de l'autre les collines verdoyantes de Philopappou et de la Pnyx. La balade jusqu'au sommet de Philopappou offre la plus belle vue sur le Parthénon.

> Voir aussi la balade secrète : Les collines de Philopappou (p. 48).

L'Acropole***

Ακρόπολη

Plan p. 36-37 / B3 – M° Thissio, Monastiraki ou Akropoli. Une seule entrée, côté ouest ☎ 210.32.10.219. Ouv. t.l.j. 8 h-19 h (dernière entrée 18 h 30). Entrée payante. À visiter dès l'ouverture pour éviter la foule des visiteurs. Prévoyez de bonnes chaussures car les pierres sont glissantes.

Inscrit au patrimoine de l'humanité par l'Unesco, ce site indissociable de l'image d'Athènes est le symbole du berceau de la **démocratie grecque**. Cette colline calcaire, coiffée de marbre, émerge au cœur de la ville. Elle était le point de focalisation de toute la vie de la cité antique : les dieux étaient honorés au sommet (Parthénon, temples d'Athéna Niké et Erechteion), les manifestations culturelles se déroulaient sur ses flancs (dans les théâtres de Dionysos et d'Hérode Atticus) et les affaires de la ville étaient gérées à ses pieds, dans l'Agora.

Quelques mots d'histoire

Les seigneurs locaux occupent l'Acropole (la « ville haute » en grec) depuis l'époque mycénienne. Véritable forteresse naturelle dont le plateau rocheux culmine à 156 m d'altitude, elle devint exclusivement un lieu de culte (consacré à Athéna, la déesse de la guerre et de la sagesse), à partir du VIe s. av. J.-C.

En 480 av. J.-C., alors que Grecs et Perses s'opposent dans les guerres médiques, ces derniers ravagent Athènes. Par la suite, la victoire des Grecs sur la flotte ennemie lors de la **bataille décisive de Salamine** marque le début de l'époque classique et l'apogée de la Grèce antique. Les Athéniens relèvent leur cité et reconstruisent ses murs d'enceinte.

La ville connaît son âge d'or entre 450 et 420 av. J.-C. environ, sous l'égide de **Périclès**, un homme d'État influent. Il crée notamment la **ligue de Délos**, une alliance de cités grecques menée par Athènes pour se prémunir du danger perse. Avec le trésor accumulé par cette puissante ligue, Périclès bâtit les monuments de l'Acropole, faisant appel aux plus grands architectes et artistes l'époque : le sculpteur et maître d'œuvre Phidias, l'architecte Ictinos (Parthénon), le sculpteur Callicratès (Athéna Niké, Parthénon)…

Les Propylées

Occupant toute la largeur ouest du rocher, la **seule et unique entrée** de

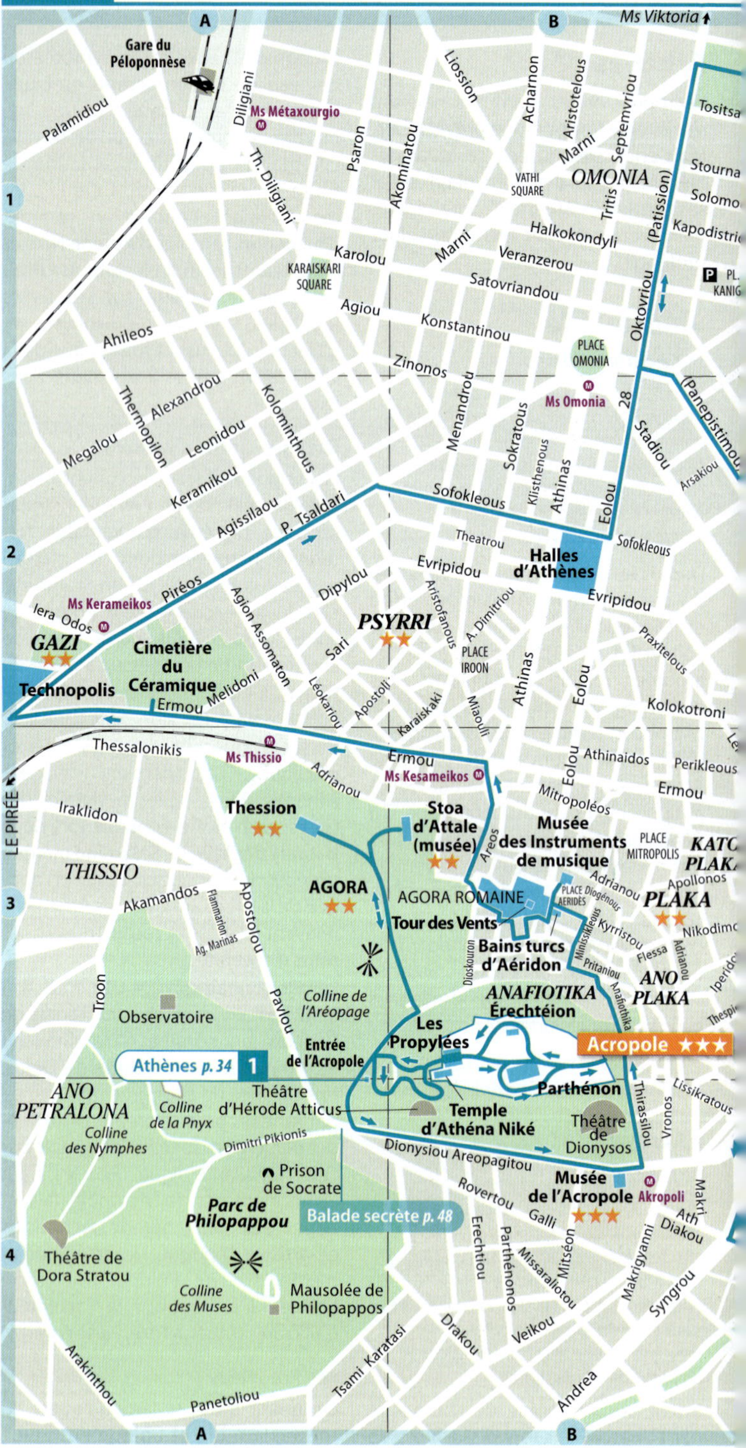
A
B
Ms Viktoria
Gare du Péloponnèse
Palamidiou
Diligiani
Ms Métaxourgio
Th. Diligiani
Psaron
Akominatou
Liossion
Acharnon
Aristotelous
Septemvriou
Marni
VATHI SQUARE
OMONIA
Tritis
(Patission)
Tositsa
Stourna
Solomo
Kapodistri
P PL. KANIG
Halkokondyli
Veranzerou
Satovriandou
Karolou
KARAISKARI SQUARE
Agiou
Konstantinou
Oktovriou
28
PLACE OMONIA
Ms Omonia
(Panepistimou
Ahileos
Zinonos
Thermopilon
Alexandrou
Kolominthous
Menandrou
Sokratous
Klisthenous
Athinas
Eolou
Stadiou
Arsakiou
Megalou
Leonidou
Keramikou
Sofokleous
Agissilaou
P. Tsaldari
Theatrou
Sofokleous
Halles d'Athènes
Evripidou
Piréos
Dipylou
Aristofanous
A. Dimitriou
Evripidou
Praxitelous
Ms Kerameikos
Iera Odos
GAZI
Cimetière du Céramique
Agion Assomaton
PSYRRI
Sari
PLACE IROON
Athinas
Eolou
Technopolis
Melidoni
Léokariou
Apostolou
Karaiskaki
Miaouli
Kolokotroni
Ermou
Thessalonikis
Ms Thissio
Ermou
Ms Kesameikos
Adrianou
Eolou
Athinaidos
Perikleous
Ermou
Mitropoléos
LE PIRÉE
Iraklidon
Thession
Stoa d'Attale (musée)
Areos
Musée des Instruments de musique
PLACE MITROPOLIS
KATO PLAKA
THISSIO
AGORA
AGORA ROMAINE
PLACE Diogénous AERIDES
Adrianou
Apollonos
PLAKA
Akamandos
Flammarion
Apostolou
Tour des Vents
Kyrristou
Nikodimo
Ag. Marinas
Dioskouron
Bains turcs d'Aéridon
Minissikleous
Flessa
Adrianou
Pritaniou
ANO PLAKA
Iperido
Troon
Observatoire
Pavlou
Colline de l'Aréopage
ANAFIOTIKA
Érechtéion
Anafiotika
Thespi
Les Propylées
Acropole ★★★
Entrée de l'Acropole
Athènes p. 34
1
Parthénon
Lissikratous
ANO PETRALONA
Colline de la Pnyx
Théâtre d'Hérode Atticus
Temple d'Athéna Niké
Théâtre de Dionysos
Thirassilou
Vronos
Colline des Nymphes
Dimitri Pikionis
Dionysiou Areopagitou
Prison de Socrate
Musée de l'Acropole
Akropoli
Makri
Ath Diakou
Parc de Philopappou
Balade secrète p. 48
Rovertou
Galli
Théâtre de Dora Stratou
Erechtiou
Parthénonos
Missaraliotou
Mitséon
Makrigyanni
Syngrou
Colline des Muses
Mausolée de Philopappos
Arakinthou
Tsami Karatasi
Drakou
Veikou
Andrea
Panetoliou
2
3
4

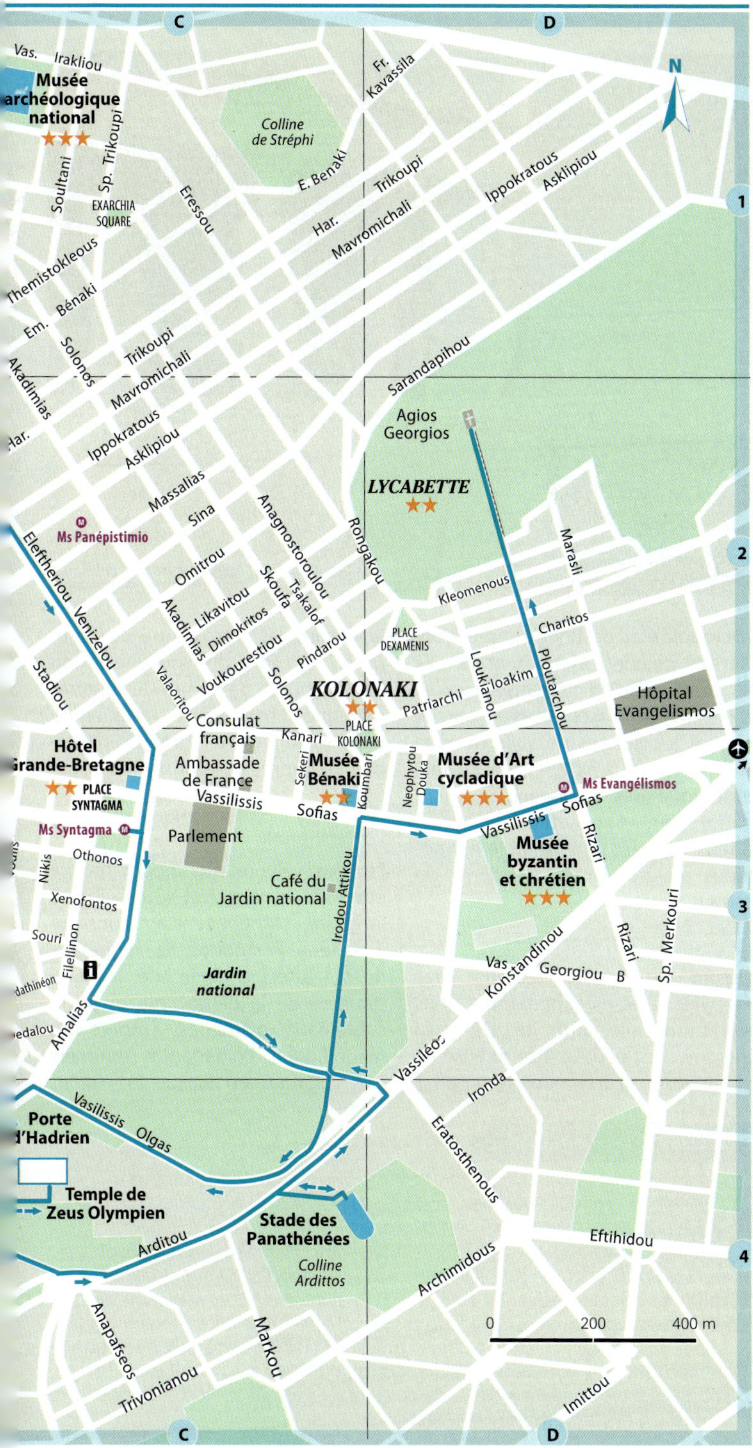

C
D
1
2
3
4
Musée archéologique national
Colline de Stréphi
EXARCHIA SQUARE
LYCABETTE
Agios Georgios
KOLONAKI
PLACE KOLONAKI
PLACE DEXAMENIS
Ms Panépistimio
Hôtel Grande-Bretagne
PLACE SYNTAGMA
Ms Syntagma
Consulat français
Ambassade de France
Parlement
Musée Bénaki
Musée d'Art cycladique
Ms Evangélismos
Hôpital Evangelismos
Musée byzantin et chrétien
Café du Jardin national
Jardin national
Porte d'Hadrien
Temple de Zeus Olympien
Stade des Panathénées
Colline Arditto
Vas. Irakliou
Soultani
Sp. Trikoupi
Eressou
Themistokleous
Em. Bénaki
Solonos
Akadimias
Har. Trikoupi
Mavromichali
Ippokratous
Asklipiou
Massalias
Sina
Omitrou
Likavitou
Dimokritos
Skoufa
Tsakalof
Anagnostopoulou
Rongakou
Sarandapihou
Fr. Kavassila
E. Benaki
Kleomenous
Marasli
Charitos
Ploutarchou
Loukianou
Ioakim
Patriarchi
Pindarou
Voukourestiou
Valaoritou
Kanari
Sekeri
Koumbari
Neophytou Douka
Vassilissis Sofias
Eleftheriou Venizelou
Stadiou
Othonos
Nikis
Xenofontos
Souri
Filellinon
Amalias
Irodou Attikou
Rizari
Sp. Merkouri
Vas Konstandinou
Vas Georgiou B
Vassiléos
Vasilissis Olgas
Ironda
Eratosthenous
Eftihidou
Archimidous
Arditou
Anapafseos
Trivonianou
Markou
Imittou
0
200
400 m
N

Les Caryatides sur le porche de l'Érechtéion

l'Acropole était destinée à impressionner les pèlerins. Monumentale, elle se compose d'un immense escalier, d'une rampe d'accès et d'un porche central à colonnes de style dorique (des chapiteaux simples, en façade) et ionique (des chapiteaux à volutes, à l'intérieur). Son auteur, Mnésiclès, a réussi à créer un ensemble harmonieux malgré le relief accidenté du terrain.

Le temple d'Athéna Niké

Quand on monte l'escalier des Propylées, cet élégant temple nous surplombe sur la droite. De style ionique, il est dédié à **Athéna Niké** (la victorieuse) : il commémore en effet la victoire des Grecs contre les Perses *(p. 231)*. La frise qui souligne le toit est composée de scènes des guerres médiques. Lors de sa restauration dans les années 2000, il a été entièrement démonté et reconstruit bloc par bloc : d'où son aspect éclatant !

Le Parthénon

Le plus célèbre monument grec a été érigé entre 447 et 438 av. J.-C. à la gloire d'Athènes : il est consacré à **Athéna Parthenos** (la vierge), la déesse tutélaire de la cité. Il est le symbole de la démocratie et de la suprématie d'Athènes. Entouré de magnifiques colonnades doriques – 8 colonnes en façade (31 m) et

LES BLESSURES DU PARTHÉNON

Le Parthénon a subi bien des outrages. Sa conversion en église consacrée à la Vierge à l'époque byzantine, s'est accompagnée de destructions. Lors de la conquête d'Athènes par les Ottomans, il est flanqué d'un minaret pour servir de mosquée. En 1687, le Vénitien Morisini tire sur le monument dans lequel la garnison turque entreposait sa poudre. Le toit et plusieurs colonnes volent en éclats. En 1801, lord Elgin dépouille le Parthénon de ses décorations, notamment de sa frise des Panathénées qu'il dépose au British Museum. L'actrice et femme politique grecque Melina Mercouri a lutté jusqu'à sa mort, en 1994, pour obtenir leur retour. Aujourd'hui, le sujet fait toujours l'objet d'un contentieux entre les deux nations. La restauration en cours du Parthénon devrait s'achever vers 2020.

17 sur le côté (71 m) –, le monument crée un sentiment d'harmonie, transmis par l'illusion optique de lignes parfaitement horizontales et verticales. Or, aucune ligne n'est droite ! Les colonnes ne sont ainsi pas parallèles et chacune d'entre elles est bombée en son centre pour accentuer l'effet d'élancement.

Plus qu'un temple, le Parthénon est un trésor, une chambre forte. Le bâtiment abritait la statue chryséléphantine (d'or et d'ivoire) d'Athéna. Il était aussi destiné à accueillir les réserves de métal d'Athènes et le trésor de la ligue de Délos.

Les **frontons** représentent deux des mythes fondateurs de la cité : à l'est, la naissance d'Athéna sortie casquée et armée du crâne de Zeus, son père ; à l'ouest, la querelle entre Athéna et Poséidon en vue de posséder Athènes. C'est la déesse qui remporte la ville grâce au présent qu'elle lui offre : un olivier, symbole de paix. Sur les côtés, les **métopes** – plaques sculptées – illustraient des combats légendaires comme ceux des Centaures contre les Lapites. Ces éléments peuvent être admirés au **musée de l'Acropole** *(p. 40)*.

L'Érechtéion

C'est le temple le plus sacré de l'Acropole. Édifice complexe, il réunit plusieurs sanctuaires dédiés aux dieux et aux rois mythiques fondateurs d'Athènes. Dans le temple principal, on rendait un culte à Athéna « Polias », c'est-à-dire protectrice de la cité, ainsi qu'à Poseidon, le dieu de la mer. Un portique original se détache au S du temple : les **Caryatides**. Il doit son nom aux six femmes au port de tête altier, drapées de tuniques et exécutant un pas de danse, qui jouent le rôle de colonne. Elles couvrent le tombeau de Cécrops, roi légendaire de l'Attique. Selon la légende, c'est ici qu'Athéna offrit l'olivier à la ville.

L'extrémité du site, là où se dresse le drapeau grec, offre une vue plongeante sur le **théâtre de Dionysos**, très abîmé, où furent représentées les pièces de Sophocle, Euripide, Aristophane et Eschyle. En longeant sur la droite le mur qui passe derrière le Parthénon, vous dominerez l'**odéon d'Hérode Atticus**, en excellent état de conservation : c'est, durant l'été, le haut lieu des spectacles du Festival d'Athènes *(encadré p. 41)*.

ROOFTOPS AVEC VUE

Quel plaisir de s'évader soudain d'une rue trépidante et bruyante pour se percher sur un toit-terrasse avec vue sur l'Acropole !

Pour boire un verre, notre cœur balance entre le **360°** *(2, rue Ifestou* ***plan p. 36-37 / B3****, www.three-sixty.gr, ouv. t.l.j.)*, la terrasse de l'hôtel **A for Athens** *(2-4, rue Miaouli* ***plan p. 36-37 / B3****, http://aforathens.com, ouv. t.l.j.)* et le **Roof Garden**, le bar restaurant de l'hôtel Palace Grande-Bretagne *(pl. Syntagma* ***plan p. 36-37 / C3****, www.gbroofgarden.gr, ouv. t.l.j.)*. Côté restaurant, toujours avec une vue à couper le souffle, préférez le **I Kouzina** *(p. 222)* ou le restaurant du **musée de l'Acropole** *(p. 41)*.

L'Agora et son musée**

Αρχαία Αγορά

Plan p. 36-37 / A-B3 *– 24, rue Adrianou ☎ 210.32.10.185. M° Thissio (autre entrée près de celle de l'Acropole, derrière la colline de l'Aréopage). Ouv. t.l.j. 8 h-19 h. Entrée payante.*

Ce jardin romantique et arboré, loin de l'agitation de la ville, laisse difficilement imaginer ce qu'était l'Agora autrefois : le centre trépidant et mouvementé de la cité antique. Toute la vie publique était régie ici : on y concluait des affaires, on commentait l'actualité… C'était également le cœur de la vie politique de la cité. Les ateliers, boutiques et gargotes jouxtaient ainsi les bâtiments administratifs, comme le Boulétérion ou le Tholos qui abritaient les principales institutions de la démocratie grecque. Le **Thession**, consacré à Héphaïstos

Terrasses dans Ano Plaka

et Athéna, est l'un des temples grecs les mieux conservés. Il remonte au Ve s. av. J.-C. et est appelé ainsi en raison de ses frises qui représentent les exploits de Thésée.

La **Stoa d'Attale** (IIe s. av. J.-C., très bien restaurée par l'École de fouille américaine), abrite aujourd'hui un intéressant **musée** qui retrace l'histoire de l'Agora : les objets du quotidien comme les *ostraka*, ces jetons avec lesquels les citoyens votaient, font revivre le site.

La rue piétonne Adrianou *(borde le bas de l'Agora)* est remplie d'agréables **cafés** et **tavernes** ayant vue sur l'Acropole *(p. 180)*.

Le musée de l'Acropole★★★

Μουσείο Ακρόπολης

***Plan p. 36-37 / B4** – 15, rue Dionysiou Aeropagitou ☎ 210.90.00.900,* *www.theacropolismuseum.gr/en. M° Akropoli. En contrebas de l'Acropole (à 500 m à g. de la sortie du site). Ouv. avr.-oct. : lun. 8h-16h, mar.-sam. 8h-20h (22h ven.) ; nov.-mars : lun.-jeu. 9h-17h, ven. 9h-22h, sam.-dim. 9h-20h. Entrée payante.*

Le musée a été entièrement repensé pour accueillir le retour des frises du Parthénon dans le grand rectangle qui coiffe son toit *(encadré p. 38)*.

Au dernier étage, on admire ainsi la fameuse **frise** (moulages pour les pièces manquantes), les **métopes** (92 scènes de la centauromachie) et les **frontons** tels qu'ils ornaient le Parthénon.

Au 1er étage, on se balade dans une forêt de statues archaïques. Ne ratez pas le Moschophore (porteur de veau) où le donateur de l'offrande s'est représenté au visage joyeux. Tout en verre et bâti sur pilotis, le musée a été dessiné par l'architecte Bernard Tschumi (à qui l'on doit le parc de La Villette à Paris). Il se distingue par sa luminosité et le lien visuel qu'il tisse avec l'Acropole et les ruines d'un ancien quartier d'Athènes au-dessus desquelles le bâtiment flotte.

Abordable et délicieux, le restaurant du musée jouit d'une superbe terrasse.

➤ Plaka★★

Πλάκα

Plan p. 36-37 / B3 *– M° Syntagma, Monastiraki ou Akropoli. Perdez-vous dans les ruelles du quartier.*

Le plus vieux quartier de la capitale se presse au pied de l'Acropole. Au moment de l'indépendance du pays, avant d'être choisie comme capitale en 1834, Athènes était une petite bourgade de province : ses 5000 habitants vivaient ici, au nord-est du rocher sacré. Cette ancienneté fait le charme de Plaka : un village pittoresque aux ruelles enchevêtrées dans une mégalopole qui a poussé très vite. Le quartier offre aujourd'hui trois visages.

Kato Plaka

En dessous de la rue Adrianou.

Le quartier peut déplaire par son côté touristique et mercantile avec ses rabatteurs qui ont tôt fait d'agacer. Mais l'effervescence ne doit pas être si différente de celle qui régnait dans l'ancien bazar ottoman, situé à la place de l'actuel Kato Plaka, autour de Monastiraki.

Point d'attrape-touristes en direction de la place Syntagma : les **rues Voulis et Nikis** regorgent de gargotes et de boutiques populaires ou branchées prisées des Athéniens.

Ano Plaka

Au-dessus de la rue Adrianou.

Quelques pas suffisent pour échapper à la cohue et flâner dans ce quartier ponctué de ruelles en escalier, de vestiges antiques et de superbes demeures néoclassiques aux tons ocre et chauds. La balade est jalonnée de quelques musées et vestiges notables.

La **tour des Vents**, curieux bâtiment octogonal, se dresse à l'entrée de l'Agora romaine. Construite vers 50 av. J.-C., elle indiquait les mou-

ATHÈNES BOUGE

Les nuits athéniennes vibrent à la belle saison, animées par de nombreuses manifestations culturelles, souvent en plein air. La plus importante est le **Festival d'Athènes** *(☎ 210.92.82.900, www.greekfestival.gr ; juin-août)*, qui mêle danses et programmation théâtrale de l'avant-garde grecque et internationale dans des lieux mondains, tel le théâtre d'Hérode Atticus sur les flancs de l'Acropole, et des locaux plus originaux comme d'anciens entrepôts à Gazi. Autre événement, le **Festival de jazz à Gazi**, à la renommée internationale (concerts gratuits et en plein air en juin).

➤ Rens. sur la programmation culturelle d'Athènes : www.thisisathens.org, guide en ligne de la ville.

Le cimetière du Céramique

vements des planètes, l'heure et le temps. Sur sa frise, on remarque les huit vents dominants personnifiés par des jeunes hommes ou des vieillards, plus ou moins vêtus.

Juste à côté est installé le **musée des Instruments de musique populaire grecque** *(1-3, rue Diogénous, pl. Aéridès* ***plan p. 36-37/B3*** *☎ 210.32.54.119; www.instruments-museum.gr; ouv. t.l.j. sauf lun. 8h-15h; entrée gratuite)* : petits et grands se régalent à regarder ces objets, comme la cornemuse des Cyclades, et à écouter leur mélodie grâce au casque attaché à chaque vitrine.

À peine plus haut, les **bains turcs d'Aéridon** *(8, rue Kyrristou* ***plan p. 36-37/B3*** *☎ 210.32.44.340; ouv. t.l.j. sf mar. 8h-15h; entrée payante)* plongent les visiteurs dans l'atmosphère feutrée d'une Grèce ottomane. Ce hammam a fonctionné jusqu'en 1965.

Anafiotika

En grimpant sur les hauteurs, apparaît un quartier secret accroché au flanc nord-est de l'Acropole. Petites maisons blanchies à la chaux, géraniums et basilic aux fenêtres, ruelles étroites et escaliers alambiqués : tout évoque les Cyclades. Le quartier tient son nom d'Anafi, une des îles les plus éloignées de l'archipel *(p. 68)*. Chassés par la pauvreté d'Anafi ou de Santorin, des maçons sont venus en nombre pour bâtir la capitale au XIXe s. En s'installant ici, sous le Parthénon, ils ont recréé l'atmosphère de leurs villages cycladiques.

➤ Psyrri et Gazi★★

Ψυρρή et Γκάζι

Plan p. 36-37/A-B2 *– Depuis l'entrée de l'Acropole, comptez 10 à 15 min à pied. Pour Psyrri : M° Monastiraki ou Thissio. Pour Gazi : M° Votanikos.*

Situés au nord-ouest de l'Acropole, Psyrri et Gazi étaient autrefois deux quartiers populaires. Le premier avait l'aspect de friches industrielles ; le second était une zone artisanale avec des dizaines d'ateliers de cuir et de métaux cachés dans le lacis de ses ruelles. Aujourd'hui, ce sont des lieux en pleine effervescence.

À la fin des années 1990, artistes, bobos et noctambules se sont approprié **Psyrri**. Tavernes animées, théâtres alternatifs, bars design et boutiques branchées se mêlent désormais aux ateliers, de moins en moins nombreux. La nuit, tout ce petit monde tourbillonne autour de la place Iroon. Récemment, c'est le quartier des petits commerçants entre Monastiraki et Syntagma qui multiplie les adresses zen et branchées, autour des rues Agias Irinis, Kolokotronis et Romvis.

Désormais relié au Thissio et à Psyrri par une vaste esplanade piétonne *(rue Ermou)*, **Gazi**, l'ancienne usine qui alimentait Athènes en gaz de 1857 à 1983, se trouve de l'autre côté du Kéramikos. Devenue en 1999 un centre multiculturel nommé **Technopolis** *(100, rue Pireos ☎ 210.34.61.589)*, ce Beaubourg grec abrite salles d'expositions et de concerts ainsi qu'un petit musée dédié à Maria Callas.

Tout autour se sont installés des restaurants chic, des boîtes de nuit, des *lounge bars* et des salles de spectacle. Le quartier accueille une grande partie des événements artistiques d'Athènes *(encadré p. 41)*.

Le cimetière du Céramique (Kéramikos)*

Κεραμεικός

***Plan p. 36-37/A2** – 148, rue Ermou ☎ 210.34.63.552. M° Thissio. Ouv. t.l.j. 8 h-19 h. Entrée payante ou accessible avec le billet de l'Acropole (p. 35).*

Hors des sentiers battus, le cimetière du Céramique est un joli but de promenade.

Les riches Athéniens se faisaient enterrer aux portes de la cité antique. Le cimetière tient son nom des anciens ateliers de poterie qui y étaient établis à l'époque mycénienne. La terre argileuse est encore humidifiée par le cours de l'Irydanos qui coule au cœur du site (petit biotope avec roseaux, grenouilles et tortues d'eau).

À gauche, l'**allée des tombeaux** est la partie la plus intéressante. Le style des monuments funéraires (copies) peut se révéler particulièrement ostentatoire, comme le prouve le taureau puissant et massif qui orne la tombe de Dionysos de Kollytos. Les originaux et les nombreux objets qui accompagnaient les morts lors de leur dernier voyage sont exposés dans le **musée du cimetière** *(à g. de l'entrée)*.

➤ Omonia

Ομονοία

Plan p. 36-37/B1.

Avec sa circulation incessante, le quartier ne se prête pas à la balade, bien qu'il soit l'une des places centrales d'Athènes, accueillant le Musée archéologique. La nuit, **évitez de trop vous enfoncer dans les petites rues autour d'Omonia** (drogue, prostitution, délinquance…).

Halles d'Athènes (Varvakios Agora)*

Κεντρική αγορά

***Plan p. 36-37/B2** – Av. Athinas. Entre les stations M° Omonia et Monastiraki. Ouv. lun.-sam. 7 h-15 h.*

Dans ce quartier populaire, la Grèce exhibe son côté oriental. Des montagnes de poissons brillent sous les arcades centrales des halles, tandis que coqs, agneaux et porcs pendent dans les allées latérales, prêts à être débités sur des billots en bois. Et même si les étals sont aujourd'hui réfrigérés et éclairés par des écrans plats – et non plus par de pittoresques ampoules –, le spectacle de ces véritables natures mortes est toujours aussi étonnant. Âmes et odorats sensibles s'abstenir !

Le Musée archéologique national***

Εθνικό Αρχαιολογικό Μουσείο

***Plan p. 36-37/C1** – 44, rue Patission ☎ 213.21.44.890, www.namuseum.gr. M° Omonia ou Victoria. Ouv. t.l.j. 8 h-20 h. F. j.f. Entrée payante. Avec la crise, le musée peut manquer de personnel. Vérifiez les horaires d'ouverture. Agréable café et boutique en sous-sol du musée.*

Le musée possède parmi ses 20 000 objets un nombre impressionnant de pièces maîtresses de l'art antique. Voici quelques chefs-d'œuvre à ne pas manquer.

Les trésors de la préhistoire

En face de l'entrée.

Dans la première salle, les ors de la civilisation mycénienne brillent de tous leurs feux : le **masque funéraire dit d'Agamemnon**, une épée d'apparat, des bijoux, des gobelets dont ceux de Vapheio ornés de superbes scènes de captures de taureaux. Dédiée à la civilisation cycladique *(p. 230)*, la salle de droite réunit quelques-unes des plus belles idoles connues, notamment l'immense **statue d'Amorgos** (1,51 m) et les **joueurs de harpe et de flûte** retrouvés sur l'île de Kéros. Également des objets de culte, une batterie de cuisine, des miroirs et une collection de poêles à frire.

Les statues de marbre et de bronze

Salles latérales 7 à 33, à parcourir dans le sens des aiguilles d'une montre.

Monumentale et figée à la période archaïque, comme la **Nikandra de Naxos** *(salle 7)*, la statuaire grecque prend peu à peu vie vers 600 av. J.-C. : le monumental ***kouros* du cap Sounion** *(salle 8)* avance un pied. Elle se met en mouvement à la période classique : **Zeus (ou Poséidon)** d'Artémision *(salle 15)* s'apprête à lancer la foudre (ou un trident), le **Diadumène** *(salle 21)* retrouvé à Délos se ceint la tête du bandeau de la victoire et le **jeune jockey** en bronze *(salle 21)*, qui monte à cru, a le visage révulsé par l'effort. Au siècle suivant, il n'est plus question de calme et de plénitude, mais de passion. La salle 28 réunit deux éphèbes : celui de Marathon, presque efféminé, attribué à Praxitèle, et celui d'Anthicythère, gracieux, élancé et dont les yeux sont vivants. Ensuite l'art grec perd de sa majesté. Ne ratez pas les incroyables découvertes faites en 1900 dans des épaves *(salles 36 à 39)*, dont la **machine d'Anticythère**, à la fois astrolabe et supercalculateur.

Santorin et la civilisation d'Akrotiri

À l'étage, en face des escaliers.

Une salle est consacrée à la Pompéi grecque, Akrotiri *(p. 138)*. Ensevelie sous les cendres vers 1650 av. J.-C., l'ancienne cité n'a révélé ni mobilier précieux ni ossements, mais des objets du quotidien. Les maisons ont livré des fresques murales pleines de fraîcheur et de gaieté.

Une partie des découvertes a été rapatriée au **Musée archéologique de Santorin** *(p. 134)*.

La céramique grecque

Dans les salles adjacentes à celle de Santorin.

STREET-FOOD

Pour 1 à 3 €, les Grecs adorent caler une petite faim avec un sandwich, une brochette ou un feuilleté au fromage.

- Le meilleur *souvlaki* (brochette) : **Kostas**, *2, place Irini, Monastiraki* ***(plan p. 36-37/B2)***.
- Le meilleur kebab (brochette de viande hachée mélangée agneau et veau) : **Thanassis**, *69, rue Metropoleos, Monastiraki* ***(plan p. 36-37/B3)*** *☎ 210.32.44.705, othanasis.com*. Une institution. Précisez bien ce que vous voulez, sinon on vous servira d'office une grande assiette avec frites et salades.
- Le sandwich grec le plus moderne : **The Greco's project**, *5, rue Metropoleos (à l'angle de la rue Nikis), Plaka/Syntagma* ***(plan p. 36-37/B3)*** *☎ 210.32.52.282.*
- Les meilleurs feuilletés (aux champignons, aux herbes, au fromage, à la viande…) : **Ariston**, *10, rue Voulis, Syntagma* ***(plan p. 36-37/C3)*** *☎ 210.32.27.626.*
- La meilleure pizza orientale : **Feyrouz**, *23, rue Karori (à l'angle de la rue Aioulou), Monastiraki* ***(plan p. 36-37/B2)*** *☎ 213.03.18.060*. Notre coup de cœur !
- Les meilleurs *loukoumadès* (beignets au miel et à la canelle) : **Krinos**, *87, rue Aioulou, Monastiraki* ***(plan p. 36-37/B2)*** *☎ 210.32.16.852.*

La place Syntagma

Sont représentées les grandes périodes de la céramique grecque.

➤ La place Syntagma★★ et le Jardin national★

Σύνταγμα et Εθνικός κήπος

Plan p. 36-37 / C3 – M° Syntagma.

Immense et en pente, c'est la principale place d'Athènes. Son nom vient de la Constitution (*syntagma* en grec) donnée à la Grèce en 1843. Tous les projecteurs sont pointés sur elle depuis le début de la crise car les rassemblements et les manifestations ont lieu ici, devant le **Parlement**. Ce dernier occupe un imposant monument néoclassique qui fut la résidence royale jusqu'en 1924. À son pied se trouve la tombe du soldat inconnu, lieu incontournable pour prendre en photos les *evzones*. Ces soldats en fustanelle (jupette plissée) et en chaussures à pompon montent la garde jour et nuit. La relève a lieu en principe toutes les heures. Le dimanche à 11 h, c'est tout un bataillon qui prend la relève en tenue d'apparat.

La place est bordée par l'hôtel le plus ancien et le plus chic de la capitale : **le Grande-Bretagne**. Cela vaut la peine d'entrer à l'intérieur pour jeter un œil ou boire un verre *(encadré p. 39)*.

Pour retrouver calme et fraîcheur, il faut aller faire un tour dans le **Jardin national** *(Ethnikós Kípos ; entrée principale avenue Amalias)* : ses 16 ha de verdure sont ouverts de l'aube au coucher du soleil. Le jardin abrite dans ses allées un petit zoo et plus de 500 espèces végétales. Un agréable **café** se cache à l'arrière du jardin.

Autour du Jardin national, trois monuments méritent le détour. En bas de l'avenue Amalias, le monumental **temple de Zeus Olympien** *(accessible avec le billet de l'Acropole)*, dont 15 colonnes sur les 114 qu'il comptait, sont encore debout. Juste à côté, la **porte d'Hadrien** séparait la ville romaine de la ville grecque. Au sud-est, vous rejoindrez l'élégant **stade des Panathénées**, fait de marbre, adossé à la colline Ardittos *(entrée payante, mais parfaitement visible de l'extérieur)*. En forme de U, il a été construit vers 1870 et a accueilli les premiers Jeux olympiques de l'ère moderne, organisés en 1896 par Pierre de Coubertin.

➤ Kolonaki et ses musées★★

Κολονάκι

Plan p. 36-37 / C-D3 – M° Syntagma.

Plusieurs raisons justifient la visite de ce quartier où se côtoient ambassades

Le musée Bénaki

et boutiques chic. La première : admirer les vitrines des créateurs grecs, rues Voukourestiou (Lakis Gavalas), Kanari (chausseur Vassilis Zoulias) et Charitos, puis siroter un café frappé rue Tsakalof ou place Kolonaki. La deuxième : visiter trois musées passionnants qui bordent l'avenue Vassilis Sofias. La troisième : faire l'ascension du Lycabette en fin de journée pour apprécier le coucher du soleil sur l'Acropole, avec Athènes à ses pieds.

Le musée Bénaki**

Plan p. 36-37 / C3 – Av. Vassilis Sofias et rue Koumbari ☎ 210.36.71.000, www.benaki.gr. M° Syntagma. Ouv. mer. et ven. 9 h-17 h, jeu. et sam. 9 h-minuit et dim. 9 h-15 h. Entrée payante. Cafétéria avec vue panoramique.

Dans une splendide demeure néoclassique qui jouxte l'ambassade de France, ce musée met en scène 5 000 ans d'histoire grecque.

L'**âge du bronze**, l'**Antiquité** et la **période byzantine** sont réunis au rez-de-chaussée, où l'on peut voir quelques idoles cycladiques *(salle 2; voir aussi p. 234)*, une superbe couronne en or en forme de feuilles de myrte du IVe s. av. J.-C. *(salle 7)* et d'exceptionnelles icônes et mosaïques byzantines *(salles 10, 11 et 12)*.

À l'étage, la première salle *(salle 13)* présente les **costumes des îles**, parmi lesquels des dentelles fines de Milos et d'Anafi, d'élégantes toilettes de Paros et des tenues de ville destinées aux femmes de Sifnos. Le fond de la pièce est tapissé de **marbre des Cyclades** : encadrements de portes sculptés d'Ios et de Sifnos, lucarnes en demi-lune de Tinos. Dans la vitrine du centre, parmi la collection de boucles d'oreilles en forme de caravelle toutes voiles déployées, l'une vient de Sifnos (milieu du XVIIe s.). La pièce maîtresse du musée est sans rapport avec les îles : il s'agit d'une **salle de réception macédonienne**, aux murs et aux plafonds en bois sculpté, richement ornés *(salle 17)*.

Une cornemuse cycladique se cache parmi les instruments de musique exposés au deuxième étage. Le dernier étage est consacré au XIXe s. et au début du XXe s.

Le musée d'Art cycladique (Fondation Goulandris)***

Μουσείο Κυκλαδικής Τέχνης

Plan p. 36-37 / D3 – 4, rue Neophytou Douka ☎ 210.72.28.321, www.cycladic.gr. M° Syntagma ou Evangelismos. Ouv. t.l.j. 10 h-17 h, sf jeu. 10 h-20 h et dim. 11 h-17 h. F. mar. Entrée payante.

C'est l'un des musées incontournables d'Athènes avec la plus grande collection privée d'art cycladique *(1er étage; voir aussi p. 234).* Flottant sur la pointe des pieds dans leurs caissons de verre, les idoles en marbre du IIIe millénaire av. J.-C. subjuguent par la pureté de leurs lignes. La plus grande d'entre elles (1,40 m) est particulièrement harmonieuse avec son cou élancé et son visage plein de majesté. D'autres objets témoignent du caractère doux et pacifique de cette civilisation.

Le deuxième étage est consacré à l'**Antiquité grecque** et le troisième à l'**art chypriote** (de la préhistoire au Moyen Âge). Le dernier étage se distingue par une muséographie vivante, originale et très pédagogique pour les enfants : la **vie quotidienne** au Ve s. av. J.-C. est mise en scène à travers des thèmes comme l'amour, le banquet, la vie publique, l'athlétisme, la mort…

L'aile des expositions temporaires a été aménagée dans la maison néoclassique Stathatos adjacente.

Le Musée byzantin et chrétien***

Βυζαντινό και Χριστιανικό Μουσείο

***Plan p. 36-37/D3** – 22, av. Vassilis Sofias ☎ 213.21.39.500, www.byzantinemuseum.gr/en. M° Evangélismos. Ouv. t.l.j. 8h-20h. Entrée payante.*

Ce musée a été entièrement réaménagé dans des locaux attenants à la maison de la duchesse de Plaisance (1848) selon une muséographie remarquable. Mosaïques, éléments d'architecture, peintures et sculptures couvrent 1500 ans d'**histoire byzantine**.

La christianisation des temples antiques est abordée à travers la conversion au VIe s. du Parthénon en église consacrée à la Vierge, puis en cathédrale d'Athènes au XIIe s. *(salle I.4).* Retrouvée à Naxos, une plaque de marbre représentant la Nativité montre que les Cyclades ont été christianisées dès le IVe s. *(salle I.3).* On peut déambuler entre les icônes et les admirer de très près *(salle II.3)* : Vierge à l'Enfant et saint Georges tuant le dragon.

Le mont Lycabette**

Λυκαβηττός

***Plan p. 36-37/D2** – 20 min à pied depuis le haut de la rue Loukianou. En funiculaire souterrain (en face du 18, rue Aristippou) : départ toutes les 30 min entre 9h et 3h; payant.*

Du haut de ses 278 m d'altitude, le Lycabette domine le centre d'Athènes, offrant une **vue superbe** jusqu'à la mer (bar-restaurant au sommet).

La légende raconte qu'en transportant le rocher pour le déposer sur l'Acropole, Athéna le laissa tomber par mégarde (la déesse voulait rapprocher du ciel le temple qui lui était consacré). Les allées sinueuses et boisées offrent une balade romantique en fin de journée. Évidemment, ça grimpe!

Escaliers sur la colline des Muses.

Balade secrète

Les collines de Philopappou au coucher du soleil

Quelque 70 hectares couverts de pins, d'oliviers et de caroubiers : le parc de Philopappou joue le rôle de poumon vert d'Athènes. Ses trois collines – celle des Muses, celle des Nymphes et la Pnyx – ondulent face à l'Acropole, offrant des vues sublimes sur la ville et le rocher sacré. Y flâner au coucher du soleil est un must, avant de rejoindre, juste derrière, le nouveau quartier qui monte – Ano Petralona – pour dîner en terrasse et s'offrir une toile ou un spectacle de danse traditionnel en plein air *(dans le parc de Philopappou, mais entrée par Ano Petralona)*.

Flânerie au coucher du soleil

Remontez l'avenue pavée de marbre *(route Dimitris Pikionis)* : elle dessert à gauche la colline des Muses, à droite la colline des Nymphes et la Pnyx. Tous les chemins pavés ont été dessinés par l'architecte grec Dimitris Pikionis qui a voulu émouvoir le visiteur avec ses parcours en pleine nature. En prenant de la hauteur, retournez-vous : vous serez surpris par **la plus belle vue sur l'Acropole**, dévoilant l'entrée monumentale des Propylées, le petit temple d'Athéna Niké et le Parthénon en majesté. Pendant ce temps dans votre dos, le soleil se couche sur la mer, faisant briller les toits de la ville.

Un peu d'archéologie

Ici et là, des panneaux *(en anglais)* vous racontent l'histoire des collines. Au tout début de la balade, à gauche dans la forêt, la **prison de Socrate** : une grotte fermée par une grille où le philosophe a avalé la ciguë. Puis au sommet à gauche, le **mausolée de Philopappos**, un consul romain et prince syrien mort en 116 ap. J.-C. : le monument en marbre couronne la colline des Muses. D'ici, la vue à 360° sur la ville est sublime. De l'autre côté du chemin pavé, la Pnyx abrite un **amphithéâtre naturel** qui pouvait accueillir jusqu'à 10 000 personnes : c'est ici que se rassemblaient les citoyens athéniens pour délibérer et voter à main levée les affaires de la ville.

Un spectacle sous les étoiles

Au cœur du parc se cache le **théâtre Dora Stratou**, le musée vivant des danses traditionnelles grecques. La musique, les costumes aux couleurs chatoyantes, le cadre en pleine forêt vous enchanteront. À moins de préférer visionner un film vintage (Hitchcock, la Nouvelle Vague…) au **cinéma en plein air Zefyros**. Il se trouve au pied du parc, dans le quartier populaire en pleine effervescence d'Ano Petralona : tavernes et bars s'y sont multipliés. Le retour se fait par la rue Troon, une agréable portion piétonne, puis la rue Akamandos conduit sur l'avenue piétonne Apostolou Pavlou, le long de l'Agora (M° Thissio).

ACCÈS

Plan p. 36-37/A4 *– En venant de l'Acropole, départ au point de rencontre des rues piétonnes Apostolou Pavlou et Dionysiou Areopagitou, à dr. du restaurant Dionysos* (43, Rovertou Galli, p. 181).

DURÉE

1 h de balade, à faire plutôt en fin d'après-midi, puis restaurant et spectacle en soirée.

PRATIQUE

Taverne To Therapevtirio (p. 180).
Cinema en plein air ***Zefyros*** *:*
ouv. avr.-oct. (p. 182).
Spectacles au théâtre ***Dora Stratou*** *:*
ouv. fin mai-fin sept. mer.-ven. 21 h 30, sam.-dim. 20 h 15 (p. 182).

2 Le Pirée
Πειραιάς

Le Pirée est le plus grand port de passagers d'Europe. Vingt millions de personnes transitent chaque année sur ses quais, dont trois millions et demi à destination des Cyclades. Du vieux ferry au catamaran profilé, le ballet est incessant au fond de cette profonde calanque encerclée par la ville. En dehors de son gigantesque port principal (duquel on embarque pour les Cyclades), Le Pirée compte deux petits ports de plaisance : la marina de Zéas (ou Passalimani) où mouillent de nombreux yachts et Mikrolimano où dansent caïques et voiliers. Si vous avez quelques heures d'attente avant d'embarquer, le Musée archéologique, la pointe de la presqu'île ou le petit port branché de Mikrolimano vous feront patienter agréablement.

- **Plan :** p. 52-53.
- **Arriver, se déplacer :** p. 267.
- **Manger, dormir, s'amuser :** p. 182.

Le Pirée

C'est Thémistocle, premier magistrat d'Athènes et créateur de la Marine athénienne, qui aménagea Le Pirée au Ve s. av. J.-C. Les trois ports naturels qui échancrent la côte du Pirée sont alors fortifiés et aménagés pour accueillir une flotte de 300 navires de guerre et un port de commerce. Les murailles sont encore visibles tout le long de la côte. Aux Ve et IVe s. av. J.-C., Le Pirée assure à Athènes la domination de la mer Égée.

Le port est délaissé à partir du Moyen Âge et, au moment de la libération de la Grèce en 1830 *(p. 232)*, Ermoupolis *(p. 159)*, la capitale de Syros, occupe le rôle de premier port de Grèce. Dans la seconde moitié du XIXe s., Le Pirée lui ravit cette place, favorisé par l'arrivée du chemin de fer et le percement du canal de Corinthe.

➤ Le Musée archéologique*

Αρχαιολογικό Μουσείο

Plan p. 52-53/C2 *– 31, rue Charilaou Trikoupi ☎ 210.45.21.598. Ouv. mar.-dim. 8h-15h. Entrée payante. À pied depuis la station de métro Pireaus : 25 min.*

Le musée possède peu d'objets, mais ils sont d'une grande valeur et bien présentés. À l'étage, l'éperon en bronze et l'œil d'une trirème donnent une idée de ces agiles navires de guerre qui ont fait la gloire du Pirée. Les pièces maîtresses du musée sont les quatre **statues en bronze** retrouvées en 1959 dans la ville. Le *kouros* représentant Apollon (VIe s. av. J.-C.) est d'une grande pureté de ligne, et l'Artémis interpelle par son port de tête gracieux et son regard perçant (IVe s. av. J-C). Le rez-de-chaussée est consacré aux sculptures. Voir notamment le mausolée monumental d'un riche commerçant de la mer Noire.

À 300 m du Musée archéologique, quelques **voiliers** et des **yachts** mouillent dans la **marina Zéas**.

➤ Le tour de la presqu'île

Plan p. 52-53/A-C2-3 *– Au départ de la station de métro du Pirée, le bus 904 fait le tour de la presqu'île toutes les 15 min en env. 40 min (attention aux possibles embouteillages aux heures de pointe).*

Après avoir longé le port, une route en corniche (Akti Themistokleous) surplombe les **fortifications antiques** et les rochers à partir desquels les locaux aiment se baigner. Les tavernes de poisson qui s'égrènent sur cette côte éloignée sont très prisées des Grecs. Avec ses quelques barques et sa jolie chapelle à coupole bleue, la petite **crique d'Aphrodite** (Aphroditis Bay) donne un avant-goût des Cyclades. L'île d'Égine se dessine à l'horizon.

➤ Mikrolimano

Plan p. 52-53/D2 *– En trolleybus jaune n° 20, qui longe le port principal du Pirée et passe sur l'av. Vassilis Pavlou, ou en taxi : 20 min. À pied : 35 min par la rue Dimokratias (Vas. Georgiou).*

Des trois ports naturels qui échancrent la côte du Pirée, Mikrolimano est le plus petit. Il est devenu depuis peu un repaire branché des Athéniens. En rang serré, les caïques multicolores dansent sur l'eau devant les bars design et les élégantes tavernes de poisson qui s'alignent sur son quai.

EN ATTENDANT LE BATEAU

Un café-restaurant populaire et sympathique pour attendre son bateau en grignotant une moussaka pour une somme modique.

➤ ***Plan p. 52-53/B1* – Filoxenia,** *Quai Tzelepi (derrière la pl. Karaïskaki, porte E8) ☎ 210.41.16.562.*

Le Pirée

QUAIS D'EMBARQUEMENT

Les bateaux à destination des Cyclades sont situés sur les quais E5, E6, E7, E9 et E10.

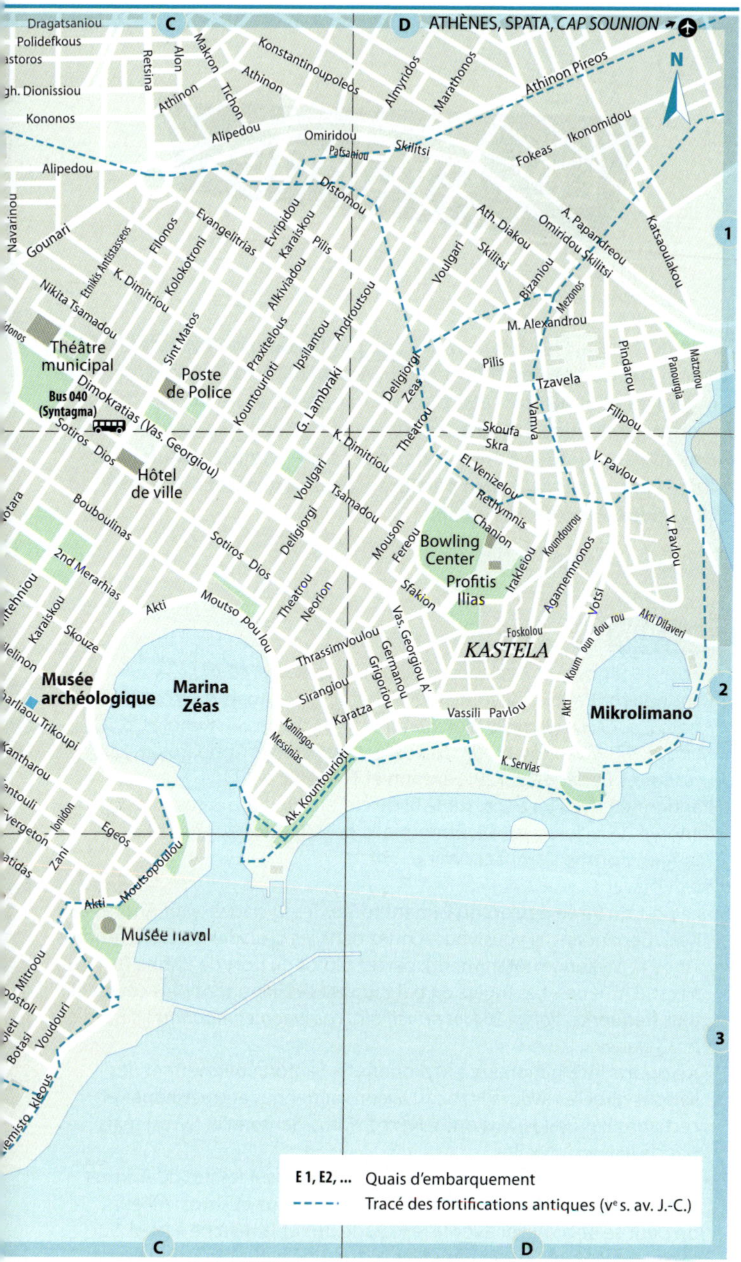
ATHÈNES, SPATA, CAP SOUNION
N
C
D
1
2
3
Dragatsaniou
Polidefkous
Kononos
Alipedou
Navarinou
Gounari
Retsina
Alon
Makron
Tichon
Athinon
Konstantinoupoleos
Almyridos
Marathonos
Athinon Pireos
Omiridou
Skilitsi
Fokeas
Ikonomidou
Drstomou
Filonos
Evangelitrias
Evripidou
Karaiskou
Pilis
K. Dimitriou
Kolokotroni
Nikita Tsamadou
Alkiviadou
Androutsou
Voulgari
Ath. Diakou
Skilitsi
Bizaniou
A. Papandreou
Omiridou Skilitsi
Katsaoulakou
Mezonos
M. Alexandrou
Sint Matos
Praxitelous
Ipsilantou
Théâtre municipal
Poste de Police
Kountourioti
G. Lambraki
Deligiorgi
Zeas
Pilis
Tzavela
Pindarou
Panourgia
Matzorou
Bus 040 (Syntagma)
Dimokratias (Vas. Georgiou)
Sotiros Dios
Hôtel de ville
K. Dimitriou
Theatrou
Skoufa
Skra
Vamva
Filipou
V. Pavlou
El. Venizelou
Rethymnis
Chanion
Bouboulinas
Voulgari
Tsamadou
Deligiorgi
Mouson
Fereou
Bowling Center
Profitis Ilias
Irakleiou
Koundourou
Agamemnonos
V. Pavlou
2nd Merarhias
Sotiros Dios
Moutso pou lou
Akti
Theatrou
Neorion
Sfakion
Votsi
Foskolou
Akti Dilaveri
Karaiskou
Skouze
Thrassimvoulou
Vas. Georgiou A'
Germanou
Grigoriou
KASTELA
Koum oun dou rou
Musée archéologique
Marina Zéas
Sirangiou
Karatza
Kaningos
Messinias
Vassili Pavlou
Akti
Mikrolimano
Trikoupi
Ak. Kountourioti
K. Servias
Ionidon
Egeos
Zani
Akti Moutsopoulou
Musée naval
Mitroou
Botasi
Voudouri
kleous
E 1, E2, ... Quais d'embarquement
Tracé des fortifications antiques (ve s. av. J.-C.)

Les Cyclades

Sur la mer Égée, l'horizon est dessiné par les îles : les Cyclades forment un archipel de 147 îles et îlots dont 24 sont habités. Des plus célèbres – Mykonos et Santorin – aux plus authentiques et reculées – Anafi, Amorgos, Iraklia ou Schinoussa – chaque Cyclade a sa personnalité. Farniente sur le sable doré, randonnées sur les sentiers muletiers, villages préservés ou *beach bars* branchés : concoctez votre cocktail d'îles en fonction de vos envies.

PRATIQUE

Cartes et plans : Les Cyclades, *p. 56-57*; Amorgos, *p. 60-61*; Randonnée : L'ancienne route *(Palia strata)*, *p. 66*; Anafi, *p. 69*; Andros, *p. 73*; Délos, *p. 80*; Folégandros, *p. 84*; Ios, *p. 88*; Kimolos, *p. 93*; Milos, *p. 97*; Mykonos, *p. 107*; Naxos, *p. 113*; Paros et Antiparos, *p. 122*; Les Petites Cyclades, *p. 129*; Santorin et Thirassia, *p. 133*; Randonnée : De Fira à Oia, sur le fil du cratère, *p. 140*; Sérifos, *p. 145*; Sifnos, *p. 151*; Syros, *p. 158*; Ermoupolis, *p. 160*; Tinos, *p. 170-171*.
Manger, dormir, s'amuser : voir p. 184.

Se déplacer :

- Le port du **Pirée** dessert quasiment toutes les Cyclades (sauf Andros et Kéa). Cependant, si vous vous rendez dans les Cyclades du Nord (Andros, Tinos et Mykonos notamment), partez plutôt du port de **Rafina** *(p. 183)*, à l'est d'Athènes. Les trajets en bateau vers ces îles y sont plus courts et plus fréquents. *Voir p. 264 les principales compagnies maritimes desservant les Cyclades.*
- Aéroports internationaux à Mykonos et à Santorin permettant des liaisons directes avec la France. Liaisons aériennes entre Athènes et certaines îles (Milos, Mykonos, Naxos, Paros, Santorin et Syros) mais pas de liaison inter-îles.
- Louer une **voiture** (ou un scooter) est conseillé sur les îles de **Andros, Milos, Mykonos, Naxos, Santorin, Sérifos, Sifnos et Tinos.** Ailleurs, on peut se débrouiller avec le réseau de bus et la marche à pied. Sur les routes non goudronnées et les pistes, une voiture classique peut suffire. Cependant, les dégâts causés par la conduite sur piste ne sont généralement pas pris en charge par l'assurance du loueur. La location d'un **4x4** est particulièrement conseillée à Andros, Paros et Naxos pour rejoindre plages ou monastères reculés.

VISITES
3 à 19

Les Cyclades

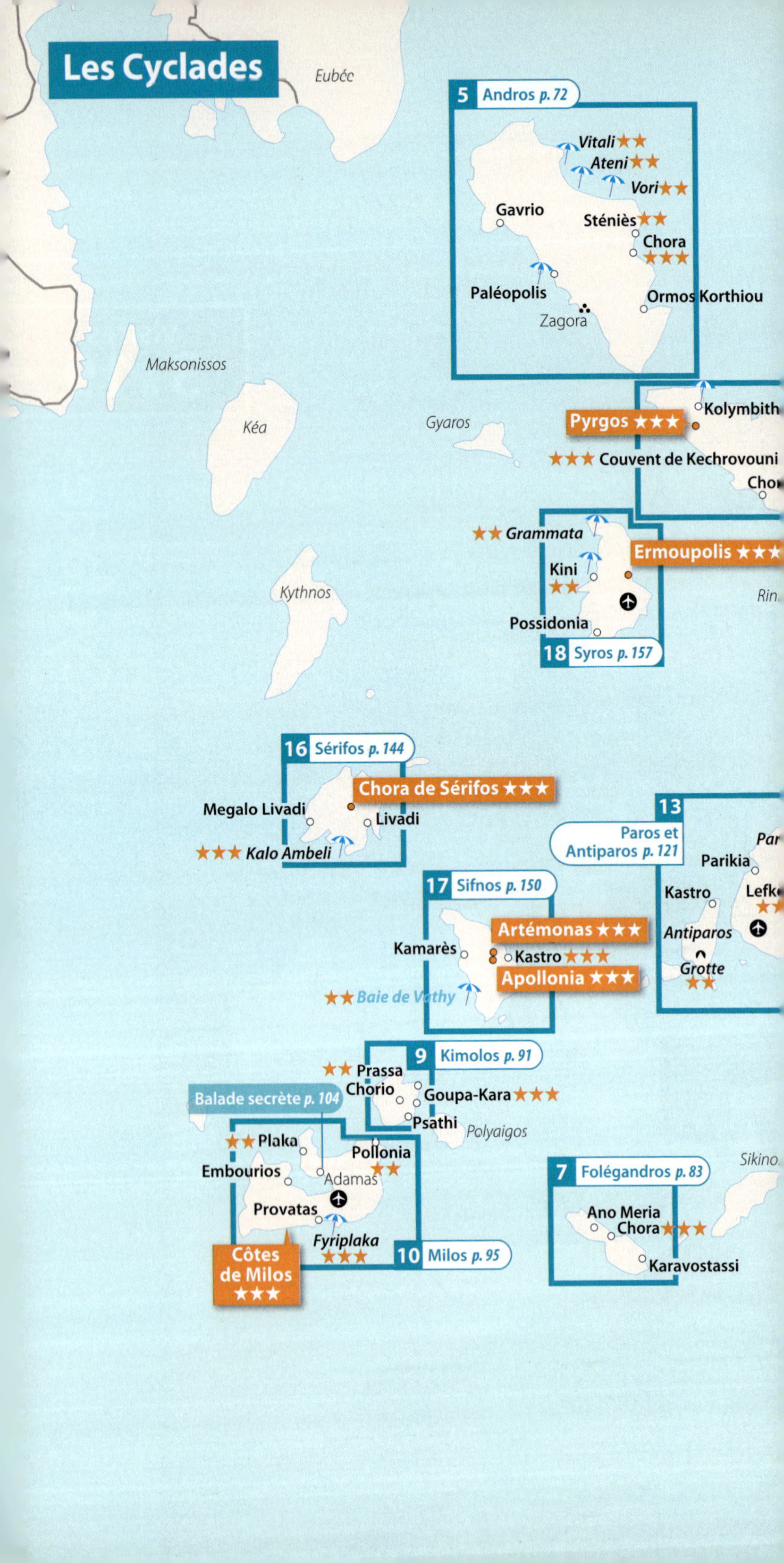
Les Cyclades
Eubée
5 Andros p. 72
Vitali ★★
Ateni ★★
Vori ★★
Gavrio
Sténiès ★★
Chora ★★★
Paléopolis
Zagora
Ormos Korthiou
Maksonissos
Kéa
Gyaros
Kolymbith
Pyrgos ★★★
★★★ Couvent de Kechrovouni
Cho
★★ Grammata
Ermoupolis ★★★
Kini ★★
Possidonia
18 Syros p. 157
Kythnos
Rin
16 Sérifos p. 144
Chora de Sérifos ★★★
Megalo Livadi
Livadi
★★★ Kalo Ambeli
13 Paros et Antiparos p. 121
Par
Parikia
Kastro
Lefk
Antiparos
Grotte ★★
17 Sifnos p. 150
Artémonas ★★★
Kamarès
Kastro ★★★
Apollonia ★★★
★★ Baie de Vathy
9 Kimolos p. 91
★★ Prassa
Chorio
Goupa-Kara ★★★
Psathi
Polyaigos
Balade secrète p. 104
★★ Plaka
Pollonia ★★
Embourios
Adamas
Provatas
Fyriplaka ★★★
Côtes de Milos ★★★
10 Milos p. 95
7 Folégandros p. 83
Sikino
Ano Meria
Chora ★★★
Karavostassi

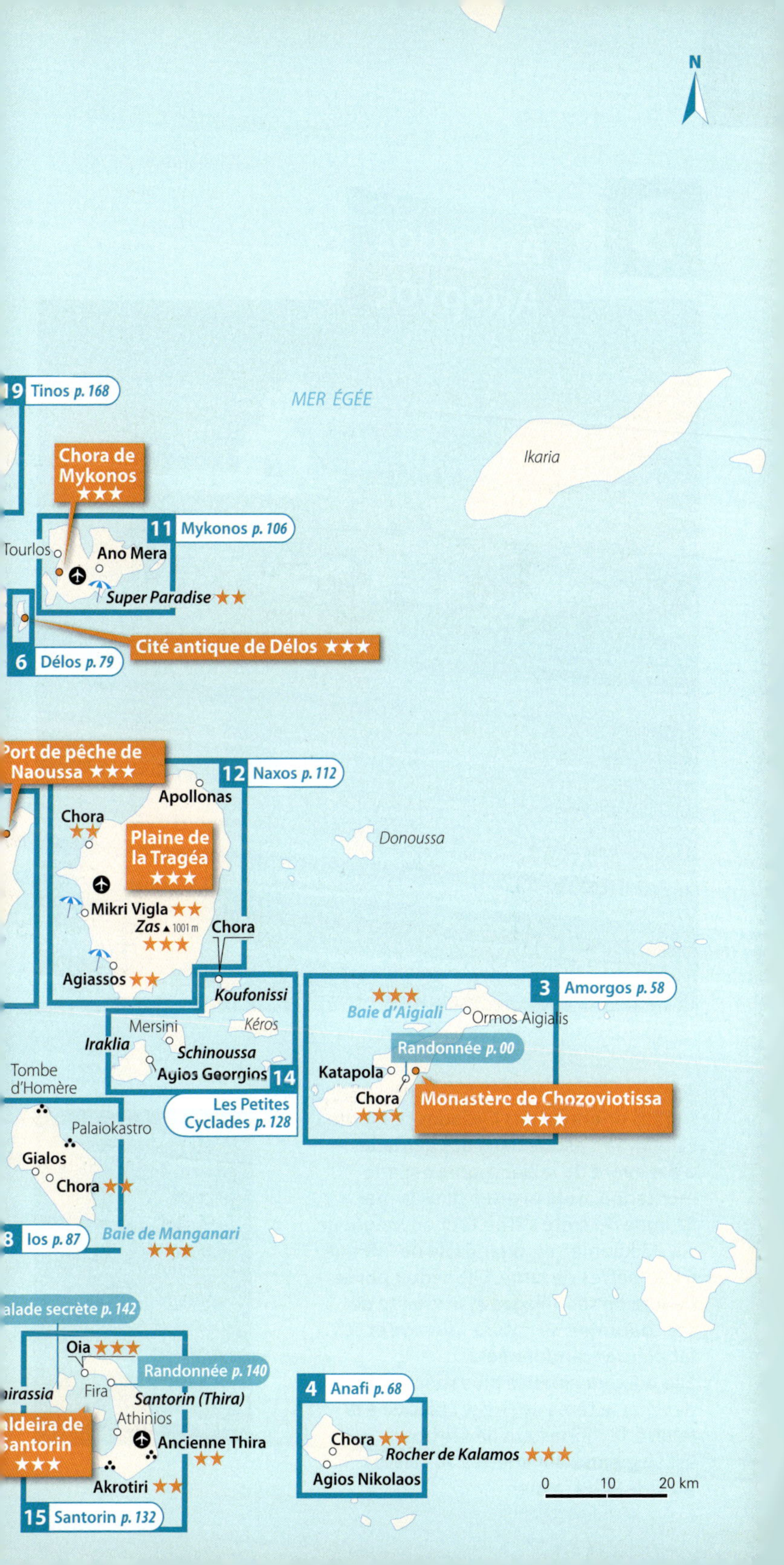
N
MER ÉGÉE
Ikaria
19 Tinos p. 168
Chora de Mykonos ★★★
11 Mykonos p. 106
Tourlos
Ano Mera
Super Paradise ★★
Cité antique de Délos ★★★
6 Délos p. 79
Port de pêche de Naoussa ★★★
12 Naxos p. 112
Apollonas
Chora ★★
Plaine de la Tragéa ★★★
Donoussa
Mikri Vigla ★★
Zas 1001 m ★★★
Chora
Agiassos ★★
Koufonissi
Kéros
Mersini
Iraklia
Schinoussa
Ayios Georgios
14 Les Petites Cyclades p. 128
3 Amorgos p. 58
★★★ Baie d'Aigiali
Ormos Aigialis
Randonnée p. 00
Katapola
Chora ★★★
Monastère de Chozoviotissa ★★★
Tombe d'Homère
Palaiokastro
Gialos
Chora ★★
8 Ios p. 87
Baie de Manganari ★★★
alade secrète p. 142
Oia ★★★
Randonnée p. 140
irassia
Fira
Santorin (Thira)
Athinios
ldeira de Santorin ★★★
Ancienne Thira ★★
Akrotiri ★★
15 Santorin p. 132
4 Anafi p. 68
Chora ★★
Rocher de Kalamos ★★★
Agios Nikolaos
0 10 20 km

3 Amorgos
Αμοργός

Chapelle d'Agios Pantelemonas dans la baie de Katapola

La plus orientale des Cyclades se mérite. Le ferry fait escale dans des myriades d'îles avant de rallier Amorgos : une montagne aride plantée dans la mer. Sa ligne de crête s'étire tout en longueur sur 33 kilomètres, quand l'île ne fait que 6 kilomètres de large. Elle séduit par la beauté de ses villages et la vitalité de ses coutumes, sa nature sauvage et ses fabuleuses randonnées.
Elle possède aussi le plus spectaculaire des monastères de Grèce : plaqué à la falaise, le monastère de Chozoviotissa est suspendu 300 mètres au-dessus du vide et de la mer.

- **Carte :** p. 60-61.
- **Arriver, se déplacer :** p. 268.
- **Manger, dormir, s'amuser :** p. 184.
- **Le + :** une nature sauvage pour les amateurs de randonnées.
- **Le - :** les plages peu nombreuses.
- **Superficie :** 121 km^2.

Amorgos★★★

Si le tournage du *Grand Bleu* (1988, *encadré p. 63*) l'a rendue célèbre, Amorgos a su rester authentique. Les habitants aiment sortir leurs luths et leurs violons à la fin d'un repas ou lors des fêtes religieuses.

➤ Katapola et ses environs★

Κατάπολα

Carte p. 60-61.

Au fond d'une grande baie se nichent trois villages : **Katapola** où accostent les bateaux, **Rachidi** et **Xylokératidi**. Si Katapola est un petit bourg animé et commerçant, Xylokératidi, sympathique petit port de pêche, est le village le plus agréable pour résider dans la baie. Calme et abrité du vent, il donne accès à de belles plages.

Les plages au-delà de Xylokératidi★

Ξυλοκερατίδι

Carte p. 60-61 – Xylokératidi est à env. 1,5 km N de Katapola. À pied depuis le port de Xylokératidi par un sentier agréable au bord de l'eau : 20 min pour Maltézi (facile) et 45 min pour Plakès (difficile). En saison, liaison en kayak depuis Katapola.

Si les deux premières plages n'ont rien d'exceptionnel (galets, peu propres), on croise en chemin une jolie église à coupole bleue, **Agios Pantelemonas**, posée sur un petit cap. La suivante – **Maltézi** – ne manque pas de charme : une bande de sable fin nichée entre deux collines broutées par les chèvres. Plus loin, les rochers plats de **Plakès** sont prisés par les nudistes.

Minoa★

Μίνωα

Carte p. 60-61 – À 2,5 km S de Katapola. À pied depuis les hauteurs de Katapola (du port, prenez la ruelle entre le bar El Greco et le cybercafé), un sentier coupe la route : 40 min de montée raide.

Perchée sur la colline de Moundoulia (246 m), la **cité antique** de Minoa domine la baie de Katapola. Occupé depuis la fin du néolithique, le site a connu son âge d'or pendant la période hellénistique (IVe-IIe s. av. J.-C.) dont il reste encore quelques vestiges : fortifications de l'acropole, temple dédié à Osiris et Sérapis. La vue sur la mer et la baie est époustouflante.

➤ Chora★★★ et ses environs

Χώρα

Carte p. 60-61 – À 5 km E de Katapola. Bus régulier depuis Katapola. À pied depuis Xylokératidi : 1 h par le sentier balisé 2 ; peu difficile.

Gardée par une armée de **moulins** et par une petite **citadelle vénitienne** du XIIIe s. fichée sur son rocher, la Chora d'Amorgos est l'un des plus beaux villages des Cyclades.

On ne peut que succomber au charme des ruelles en escalier, des passages couverts, des placettes fleuries – dont la grande Loza qui tire son nom de l'italien *(loggia)* – et de la

PASTELLI

Sucrerie des baptêmes, des fêtes et des mariages, le *pastelli* est encore confectionné de façon traditionnelle à Amorgos. Dans un grand chaudron sont chauffés 5 kg de miel, 1 kg de sucre et 1 kg de sésame. En caramélisant, le mélange devient compact. On le verse alors sur une table en bois où il est aplati. Les losanges taillés au couteau sont posés sur une feuille de citronnier fraîchement cueillie, donnant un délicat parfum de citron au *pastelli*.
Durant la première quinzaine d'août, se déroule la **fête du *pastelli*** sur la place de la Loza à Chora. Les luths et les violons accompagnent sa fabrication dans une ambiance de fête.

Amorgos

quarantaine de chapelles cachées au cœur de ce labyrinthe. Celle d'Agios Fanourios *(près de la poste)* est réputée être la plus petite de Grèce.

La citadelle

Carte p. 60-61.

Elle se dresse au cœur de Chora sur un éperon. Aujourd'hui en ruine, elle permettait aux Vénitiens de guetter les pirates des deux côtés de l'île. On y aperçoit encore de belles maisons en pierres sèches qui n'ont jamais été blanchies à la chaux. Avant le XIXe s., tout le village se fondait ainsi dans le paysage pour ne pas être repéré depuis la mer.

Le Musée archéologique*

Carte p. 60-61 – Dans la ruelle principale de Chora, avant la place de la Loza. Ouv. mar.-dim. 8h-15h. Entrée gratuite.

La maison de Grava, une belle **demeure vénitienne** du XVIe s., abrite une importante collection d'objets de la préhistoire à l'époque romaine : fragments d'anciennes sculptures (bustes de *kouroï* archaïques), stèles funéraires, divers objets et pièces d'artisanat en terre cuite… Mais les plus beaux objets découverts sur l'île se trouvent à Athènes ou au Louvre (idoles cycladiques, *p. 234*).

Une tombe émouvante réunit les squelettes d'un père, d'une mère et

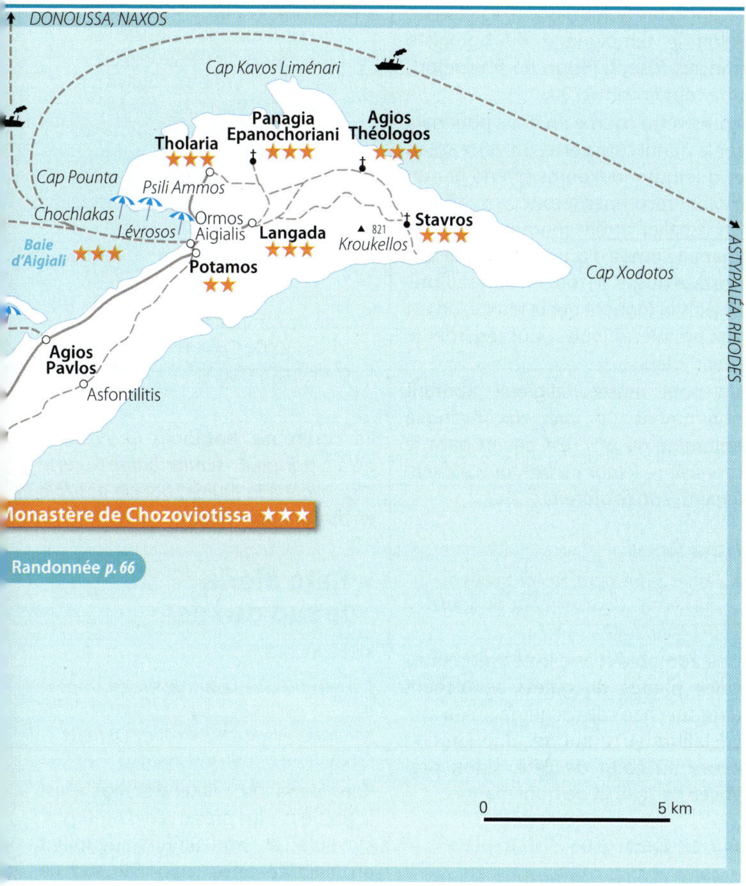

de leur bébé, morts ensemble au IVe s. av. J.-C.

➤ Le monastère de Chozoviotissa★★★

Μονή Χοζοβιώτισσας

***Carte p. 60-61** – À 2 km N-E de Chora. Bus depuis Chora et Katapola ; comptez ensuite 15 min de marche à partir du parking. À pied depuis Chora, sentier raide, mais vue superbe : 35 min. Ouv. t.l.j. 8 h-13 h et 17 h-19 h. Tenue correcte exigée : jupe longue pour les femmes, pantalon pour les hommes et épaules couvertes. Le monastère n'est au soleil que le matin. Entrée gratuite.*

La côte orientale est bordée de falaises se jetant dans la mer. Seul l'aérien monastère de la Panagia Chozoviotissa fait face à l'immensité marine. Mi-troglodytique, mi-suspendu, il est plaqué à la paroi, 300 m au-dessus des flots. De ses hauteurs, la vue est à couper le souffle !

Selon la légende, une icône de la Vierge profanée à Chypre et cassée en deux aurait dérivé jusqu'à Amorgos, où elle se serait miraculeusement ressoudée. C'est à l'endroit même de cet étonnant prodige que l'empereur Alexis Commène décida l'installation d'un monastère, qui fut à l'origine du repeuplement de l'île.

Aujourd'hui, seuls deux moines vivent dans le monastère. Ils étaient, selon le témoignage du botaniste français Joseph Pitton de Tournefort, une centaine en 1700.

Après s'être courbé en deux pour passer la minuscule porte, un verre d'eau et quelques loukoums offerts par un moine récompenseront vos efforts. Un escalier étroit conduit jusqu'à la chapelle ornée d'une magnifique iconostase du XVIIe s., tout en bois sculpté. Depuis la terrasse qui la jouxte, on est aux premières loges pour regarder le grand bleu.

Un petit musée religieux, abritant notamment un précieux évangile enluminé du XIe s., est ouvert dans le monastère *(étage du bas ; ouv. été seulement ; entrée gratuite)*.

Agia Anna

À 2 km N-E de Chora. En contrebas du monastère de Chozoviotissa, au bout de 2 km par la route en lacet.

Une adorable chapelle et trois minuscules **plages de galets** se nichent dans un chaos de roches face à la mer cristalline et turquoise. Une ***kantina*** ouvre au cœur de l'été, sinon prévoyez de l'eau et de quoi manger.

Agios Georgios Valsamitis*

Αγιος Γεώργιος Βαλσαμίτης

Carte p. 60-61 *– À 5 km S de Chora dir. Kato Meria, panneau sur la dr. Souvent fermé.*

Cette dépendance du monastère de Chozoviotissa est bâtie à flanc de colline, dans un écrin de verdure. Ses bâtiments dateraient du XVIIe s. Les potagers cultivés en terrasse, les fleurs et les arbres tranchent avec l'aridité de l'île. C'est d'ailleurs une source qui est à l'origine du site, où était probablement rendu un oracle dans l'Antiquité. L'art divinatoire s'est poursuivi jusqu'au XXe s. : les marins consultaient l'oracle avant de prendre la mer. Ce ne devait pas être au goût de tout le monde, puisque la source a été bétonnée en 1958.

LA FÊTE D'AGIA PARASKÉVI

L'un des temps forts de l'été est le jour de la fête d'Agia Paraskévi, la sainte patronne de l'**église de Kolofana** *(à 6 km O de Vroutsi ; église 700 m après le village sur la dr.)*. Pendant deux jours, autour du 26 juillet, musiques, danses et vin égaient la campagne. Cuisiné dans de grands chaudrons, le traditionnel *patatato* (chevreau aux pommes de terre) est offert aux convives avec un délicieux pain de campagne cuit au four à bois. Toute l'île reste éveillée et défile pour assister à cette fête.

En contrebas, **Katapola** *(p. 59)* n'est qu'à 1 h à pied *(sentier balisé 6, carte disponible à la mairie ; boucle possible en passant par Minoa)*.

➤ Kato Meria : le sud de l'île*

Κάτω Μεριά

Carte p. 60-61 *– Le sud de l'île est desservi par les bus depuis Chora et Kolofana : jusqu'à 4/j. en août. La route est asphaltée jusqu'à la pointe S-O de l'île.*

Kato Meria, ou « lieux d'en bas », est la partie la plus préservée d'Amorgos. Éleveurs et agriculteurs peuplent en majorité cette région du sud de l'île. Plus on descend et plus l'habitat est éclaté : **Vroutsi** est le seul village ayant un centre dans lequel on peut flâner, tandis qu'**Arkessini** et plus encore **Kolofana** se composent essentiellement de fermes posées ici et là, entre moulins, chapelles et aires à battre le blé. Des contrées encore très peu touristiques.

La plage de Mouros*

Μούρος

Carte p. 60-61 *– À 13 km S-O de Chora. À Kamari, tournez à g. puis 5 min de descente à pied par un sentier.*

Cette petite langue de galets se cache sous la falaise. Autrefois complètement sauvage et isolée, elle est aujourd'hui facile d'accès. Une route goudronnée y mène et un café-restaurant la surplombe.

Pour plus de tranquillité. Préférez la plage d'**Ammoudi**, accessible à pied en env. 30 min depuis le village d'Arkessini *(à 12 km de Chora, en continuant tout droit sur env. 2 km après Kamari, piste à g.)*.

Randonnée jusqu'à l'ancienne Arkessini★★

Αρκεσίνη

Carte p. 60-61 – Au départ de Vroutsi (à 12 km S-O de Chora) : sentier balisé 3 ; 1 h A/R ; facile.

Depuis le centre de Vroutsi, un bon sentier encadré de murets en pierres sèches conduit à l'une des trois cités antiques de l'île, avec Minoa *(p. 59)* et Aigiali *(p. 64)*.

L'ancienne Arkessini se dresse sur un promontoire rocheux qui surplombe la mer. Il ne reste aujourd'hui que des ruines de la cité antique et de la forteresse médiévale. La jolie chapelle Panagia Kastriani coiffe désormais l'acropole, offrant une vue à 360° sur la mer et le sud de l'île.

La petite crique en contrebas à droite faisait office de port : on s'y baignera avec plaisir si le *meltem* ne souffle pas.

La plage de Kalotaritissas★★

Όρμος Καλοταρίτισσας

Carte p. 60-61 – À 20 km S-O de Chora. Un bus s'arrête à Kolofana, le dernier village, 5 km avant la plage.

La pointe à l'extrême sud-ouest de l'île se termine comme un doigt recourbé. À tel point que vous aurez l'impression de vous baigner dans un lac. Une belle plage de sable et de pierres ponces se love en creux. Pour une baignade plus solitaire, un caïque fait la navette vers l'îlot voisin de **Gramvoussa**.

➤ Le nord de l'île★★★

Carte p. 60-61 – Les 15 km de route entre Chora et Aigiali serpentent dans un paysage montagneux presque minéral et sculpté par le vent. En chemin, on ne croise aucune habitation, mais beaucoup de chèvres.

Ce n'est que depuis les années 1990 qu'une route asphaltée relie Chora, la capitale, au nord montagneux de l'île. Jusqu'à cette date, la **baie d'Aigiali** était isolée et fonctionnait comme une île avec son propre port et ses trois villages haut perchés. Depuis, la baie s'est développée, devenant une petite station balnéaire à la mode avec son long ruban de sable doré,

LES PAYSAGES DU *GRAND BLEU*

En 1987, Luc Besson plante sa caméra à Amorgos pour le tournage du *Grand Bleu*. L'île est le cadre idyllique de l'enfance de Jacques (Jean-Marc Barr) et d'Enzo (Jean Reno), ainsi que de leur ultime plongée en apnée.

La côte sud-est de l'île. Ses falaises qui plongent dans la mer et le monastère de Chozoviotissa : les scènes clés du film se déroulent ici, dans l'immensité bleue. Accroché à la paroi, le monastère est le témoin de la noyade du père de Jacques et de la dernière compétition de plongée, durant laquelle Enzo meurt et après laquelle Jacques s'en va avec les dauphins.

Agia Anna. Sous le monastère, la chapelle blanche devient la maison de Jacques et de son père, le pêcheur d'éponges. Leur bateau mouille dans la crique, située en contrebas.

Chora. Des enfants dégringolent dans les ruelles de ce bourg. Les images sont mélangées avec des vues prises dans la Chora d'Ios *(p. 88)*.

Enfin, rendons à l'île ce qui lui appartient : l'épave dans laquelle Enzo sauve un Américain gît toujours au **sud-ouest d'Amorgos**, dans une crique avant la plage de Kalotaritissas *(visible depuis la route)*. Pourtant, dans le film, la scène est explicitement située en Sicile !

ses deux *beach bars*, ses tavernes et même un luxueux spa. Mais que l'on ne s'y trompe pas : les personnes éprises d'authenticité et de formes alternatives de tourisme (yoga, escalade, plongée, randonnée) seront comblées par le calme qui règne ici.

Agios Pavlos*

Αγιος Παύλος

Carte p. 60-61 – Entre Chora et Aigiali. Faites-vous déposer par le bus qui va jusqu'à Aigiali.

Une superbe langue de galets s'avance comme une virgule dans la mer. Dommage qu'elle soit souvent sale. La **taverne** de poisson qui la surplombe est ouverte en saison.
De juin à septembre, un caïque fait la navette entre **Agios Pavlos** et l'îlot d'en face, **Nikouria**, où l'on trouve trois belles plages et une chapelle.

La baie d'Aigiali***

Όρμος Αιγιάλης

Carte p. 60-61 – À 16 km de Chora. Bus régulier depuis Chora.

Au pied du mont Kroukellos, la baie d'Aigiali forme un prodigieux amphithéâtre naturel. Les terrasses de culture dégringolent en douceur vers la mer, tandis que la côte, ourlée d'une superbe plage de sable fin, offre en spectacle la mer Égée, Naxos *(p. 112)* et les Petites Cyclades *(p. 128)*. Au-dessus du port **(Ormos Aigialis),** trois villages accrochés à la colline – **Tholaria**, **Langada** et **Potamos** – couronnent l'hémicycle ; ce sont les plus beaux de l'île (avec Chora). Sans connaître l'animation de Katapola, le port aligne cependant quelques bars le long de la mer.
Trois petites plages sauvages se lovent de l'autre côté de la baie : **Lévrosos, Psili Ammos** et **Chochlakas**. Elles sont accessibles à pied *(15 min entre deux plages ; sentier à prendre au bout de la plage principale ; peu difficile)* ou en caïque depuis le port *(en juillet et août)*. Une petite piste *(à prendre juste avant le* Aegialis Hotel & Spa, *p. 184)* mène à Lévrosos en 2 min.

Potamos**

Ποταμός

Carte p. 60-61 – À 1,5 km S-E du port d'Aigiali.

Les cubes blancs des maisons s'étagent à flanc de colline et les ruelles toutes en escalier descendent pratiquement jusqu'au port d'Aigiali. Des hauteurs du village (Ano Potamos), on distingue en contrebas Kato Potamos (le bas du village). La vue sur la baie d'Aigiali y est sublime et les couchers de soleil vraiment magnifiques.

Tholaria***

Θολάρια

Carte p. 60-61 – À 3 km N-E du port d'Aigiali ; à 2 km de la plage d'Aigiali. Bus depuis Aigiali.

Juste à côté de l'antique cité d'Aigiali (dont il ne reste que l'enceinte), le village de Tholaria surplombe les terrasses de culture et la mer. C'est sans doute le plus rustique et le plus accueillant de l'île. Dans les tavernes, luth et violon s'accordent fréquemment pour entamer le chant lancinant des Cyclades.

> À pied, un superbe sentier relie Tholaria et Langada *(dép. du centre du village, au niveau de la grande église Agii Anargyri ; 1 h ; facile).*

Langada***

Λαγκάδα

Carte p. 60-61 – À 3 km N-O du port d'Aigiali. Bus depuis Aigiali.

Le village présente un visage si vivant et authentique que beaucoup d'étrangers, tombés amoureux de l'île, ont acheté une maison ici. Il compte de nombreux cafés et tavernes qui proposent tous des chambres à louer (idéal pour s'intégrer à la vie du village). Le cadre, plus verdoyant qu'ailleurs, rappelle que l'île fut couverte de forêts jusqu'au terrible incendie de 1835. Sillonnés de sentiers muletiers, les alentours se prêtent à la balade. Un joli **chemin** relie ainsi Langada et la plage d'Aigiali *(30 min ; facile).*

Une trilogie d'églises***

Carte p. 60-61 – Randonnée depuis Langada : sentier balisé 5 ; 3 h A/R ; difficile (surtout à la fin car vertigineux).

Panagia Epanochoriani, Agios Théologos et Stavros sont trois édifices religieux, isolés dans la montagne, qui constituent les étapes d'une des plus belles randonnées d'Amorgos. Au départ du village de Langada, un petit chemin mène en 15 min jusqu'à **Panagia Epanochoriani** (fête le 15 août), belle église coiffée d'une grande coupole bleue. Ce chemin longe le pittoresque hameau de Strombos, dont les maisons sont perchées sur des rochers au milieu d'un ravin.

À mi-chemin entre Langada et Panagia Epanochoriani (faites demi-tour après avoir rejoint Panagia Epanochoriani), un sentier un peu raide *(balisé 5)* grimpe en une heure au **monastère d'Agios Théologos**, qui est une dépendance du monastère Chozoviotissa. On traverse un petit plateau agricole, gardé par la chapelle d'Agia Barbara, avant de rejoindre ce bâtiment byzantin à l'architecture fascinante (fête autour du 26 septembre).

Le sentier devient ensuite vertigineux à l'approche de **Stavros** (fête le 13 et le 14 septembre), une chapelle perchée à 700 m au-dessus de la mer.

Chaque fête est l'objet d'un pèlerinage, où les habitants transportent des icônes et des reliques.

LA MARCHE DE L'ICÔNE

À Pâques, les icônes du **monastère de Chozoviotissa** sont de sortie. Pendant une semaine, elles sont promenées de village en village. Le dimanche suivant, une procession part de chaque extrémité d'Amorgos pour rapporter les icônes au monastère. Celle qui part de **Potamos** (baie d'Aigiali) emprunte le vieux chemin muletier qui longe l'épine dorsale de l'île *(voir randonnée p. 66)*. Dans des effluves d'encens, la procession progresse entre les terrasses de culture et le maquis piqué de fleurs, multipliant les points de vue sur la mer. Il est souvent difficile de suivre les grands-mères grecques qui courent dans la garrigue… Heureusement, chaque chapelle croisée est l'occasion d'une halte durant laquelle les cloches carillonnent. Sur le chemin, des bergers attendent la bénédiction du prêtre et embrassent l'icône de la Vierge. Arrivés au monastère, les pèlerins s'installent dans le réfectoire pour manger ensemble.

Randonnée

L’ancienne route *(Palia strata)*

De toute beauté, le plus long sentier d’Amorgos traverse la moitié de l’île. Appelé *Palia strata* – l’ancienne route en grec – il relie Chora, la capitale, à la baie d’Aigiali en passant par l’aérien monastère de Chozoviotissa. Jusque dans les années 1990, ce sentier était, avec le bateau bien sûr, le seul moyen de rejoindre le nord d’Amorgos. Courant sur l’épine dorsale de l’île, il multiplie les points de vue spectaculaires sur la mer.

DÉPART : Chora, la capitale. Traversez à pied tout le village pour rejoindre le parking entre l'école et les moulins. Un panneau en bois indique en grec le monastère (Μοναστήρι).

ARRIVÉE : Aigiali (retour à Chora en bus).

DURÉE : 4 h aller, retour par bus possible.

BALISAGE : sentier balisé n°1 et panneaux en bois avec temps de parcours.

DISTANCE : env. 16 km.

DÉNIVELÉ : env. 400 m.

DIFFICULTÉ : difficile car longue, mais on peut s'arrêter à Xénodocheio *(une douzaine de bus par jour y passent l'été, beaucoup moins le reste de l'année).*

❶ On démarre la randonnée dans Chora, par une vue plongeante sur la mer. Pendant 15 min, un escalier descend en zigzag jusqu'à la route. Après avoir marché pendant quelques minutes sur l'asphalte, on arrive au parking du **monastère de Chozoviotissa.** Le chemin pavé nous mène en une dizaine de minutes au monastère, éclatant de blancheur sur la paroi ocre. L'eau fraîche, les loukoums et le petit verre de liqueur offerts par les moines sont bienvenus.

❷ Juste derrière le monastère, le sentier longe la paroi puis traverse un immense pierrier d'où la vue sur la mer est saisissante. Au bout de 3 km, il rejoint un petit col *(chemin en terre d'où l'on peut rejoindre facilement la route qui va de Chora à Aigiali)* : ici se trouvait autrefois un hôtel, **Xénodocheio,** pour les voyageurs (ruines utilisées par les bergers pour parquer leurs chèvres).

❸ Le chemin bascule pour un moment sur le côté nord de l'île, offrant une vue magnifique sur **l'îlot de Nikouria.** En une petite heure, on rejoint **Asfontilitis,** un village de bergers abandonné à l'architecture traditionnelle émouvante. Ouvrez bien les yeux : des graffitis anciens ont été gravés sur les rochers (hommes, violons, animaux, motifs géométriques…).

❹ L'arrivée sur la baie d'Aigiali est grandiose. On traverse le village d'**Ano Potamos** *(pause possible à Kamara café, p. 185)*, puis le sentier dégringole jusqu'à **Kato Potamos** et le petit **port d'Aigiali** (Ormos Aigialis). La baignade sur la plage est une vraie récompense.

Pour rentrer sur Chora, prenez le bus à Aigiali *(une douzaine de bus par jour durant l'été).*

À ne pas manquer : le dimanche après Pâques, toute une procession ramène l'îcone de la Vierge depuis Potamos jusqu'au monastère *(encadré p. 65).*

4 Anafi
Ανάφη

La côte sud et le rocher de Kalamos

Située à la lisière sud-est des Cyclades, cette petite île s'atteint au terme d'une longue traversée depuis Le Pirée (environ 20 heures !), à moins de venir de Santorin, sa voisine. Montagneuse et escarpée, elle ne compte qu'un village, Chora, qui s'étage 300 mètres au-dessus de la mer. Les habitants d'Anafi étonnent par leur gentillesse : ils dorlotent leurs visiteurs tant ils sont précieux pour l'économie de l'île. Le calme, l'authenticité, les paysages désertiques, les petites chapelles perdues dans la garrigue ainsi que les plages qui ourlent la côte sud suscitent un vrai coup de cœur pour ce bout du monde.

- **Carte :** p. 69.
- **Arriver, se déplacer :** p. 269.
- **Manger, dormir, s'amuser :** p. 188.
- **Le + :** une nature sauvage.
- **Le - :** accès difficile depuis Athènes ; il faut réserver l'hébergement à l'avance en été.
- **Superficie :** 38 km^2.

Anafi

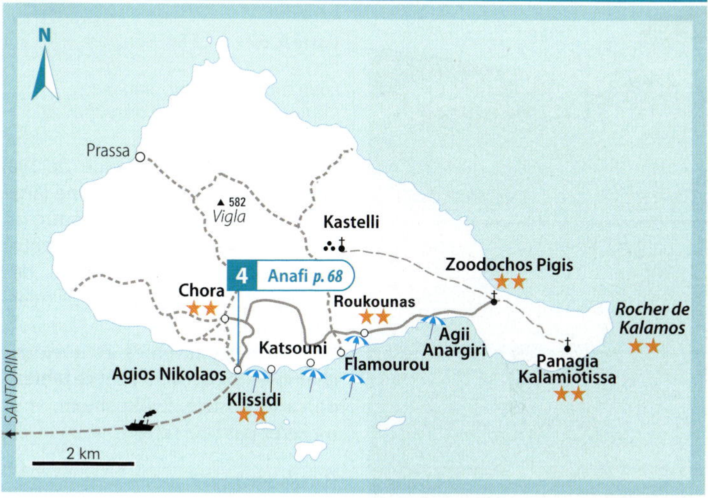

Anafi★★

D'après la mythologie, l'île serait apparue sur ordre d'Apollon pour sauver Jason et les Argonautes pris dans la tempête. Aujourd'hui, Anafi se présente comme un havre de paix, en contraste total avec Santorin, sa célèbre voisine saturée par le tourisme !

➤ Agios Nikolaos

Αγιος Νικολάος

Carte p. 69 – Porte d'entrée de l'île. Plusieurs bus par jour relient le port à Chora et se calent sur les arrivées et les départs de bateau, en plus des horaires réguliers.

Chaque jour, un bateau relie l'île au reste du monde. L'animation bat alors son plein. Le minuscule port se résume à un large ponton artificiel et quelques maisons de pêcheurs cachées dans le rocher, qui proposent hébergement et restauration.

Le bus municipal et les minibus des loueurs de chambres attendent les voyageurs. Une fois débarqué, il ne reste plus qu'à grimper la route en lacet ou le sentier raide qui mène à Chora *(30 min)*. À moins de se laisser tenter par la plage de sable qui s'étire sous la falaise.

➤ Chora★★

Χώρα

Carte p. 69 – À 3 km N du port.

Le blanc est loin d'être parfait, comme si la terre jaune de l'île avait déteint sur les murs chaulés. L'atmosphère de ce village typiquement cycladique n'en est que plus authentique. Enroulées autour d'un rocher, chapelles et petites maisons forment un lacis de ruelles désordonnées. Leurs toits en forme de voûtes s'étagent haut dans le ciel, tandis que la mer offre son bleu insolent pour horizon.

Le soir, les enfants jouent sur la place de l'école, à côté de la délicieuse boulangerie de l'île. C'est ici que se concentrent les tavernes, chambres à louer et épiceries d'Anafi, ouvertes pour la plupart seulement en été.

Derrière l'école primaire, un petit **musée archéologique** *(ouv. mar. et ven. 9h-14h ; ☎ 228.60.61.266 ; entrée libre)* regroupe les découvertes faites sur l'île, comme des bustes romains retrouvés sur le site de la cité antique d'Anaphe, à Kastelli *(p. 71)*.

Chora, le seul village de l'île

➤ Les plages du Sud*

Carte p. 69 – Une route asphaltée de 9 km relie Chora au monastère de Zoodochos Pigis. Des pistes en terre descendent vers les plages. À pied depuis Chora, sentier longeant la côte : env. 2 h jusqu'au monastère ; difficile.

Les paysages secs et montagneux évoquent l'Afrique subsaharienne : la terre jaune et aride est sillonnée d'oueds asséchés. Parfois, une coulée verte indique que le sous-sol est riche en eau : roseaux et lauriers-roses, figuiers de Barbarie et palmiers inondent alors le creux du vallon. Avec leurs carrés de vignes et d'oliviers, les rares habitations font figure de petites oasis.

De magnifiques plages de sable s'égrènent le long de la côte : **Klissidi**, **Katsouni**, **Flamourou**, **Roukounas** et celles des **Agii Anargiri** presque au pied du monastère Zoodochos Pigis.

Klissidi**

Κλεισίδι

Carte p. 69 *– À 1,5 km E du port. Sur la route qui mène à Chora, embranchement à dr. (panneau). Depuis le port, sentier à dr. (panneau) : 10 min ; facile.*

C'est la plage paradisiaque de l'île. Devant une eau cristalline, une large bande de sable doré s'étire entre les rochers. La végétation est luxuriante : des eucalyptus, des roseaux, des tamaris et un bouquet de palmiers qui éclate dans le ciel.

Une ou deux tavernes et quelques chambres à louer achèvent ce tableau de carte postale. Évidemment, vous n'y serez pas seul l'été.

Roukounas**

Ρούκουνας

Carte p. 69 *– À 4 km E de Chora sur la route du monastère de Zoodochos Pigis. Garez-vous devant la taverne Papadia. Bus en saison depuis Chora.*

Cette longue et belle plage de sable bordée de quelques tamaris attire depuis des décennies les campeurs, même si le camping sauvage est théoriquement interdit. En marchant sur la droite jusqu'à l'extrémité de la plage, une ouverture dans le rocher permet de rejoindre la plage voisine de **Mikros Roukounas**.

PAUSE PRÈS DE LA PLAGE

La femme du pope – *papadia* en grec – tient cette agréable taverne, une institution à proximité de la superbe plage de Roukounas (indiquée par un panneau depuis la route). Service un peu rugueux, mais cuisine délicieuse : pain traditionnel, tourtes succulentes, fromage de l'île, mais essayez surtout le chevreau cuit pendant dix heures au four, un véritable délice.

➤ ***Carte p. 69*** **– I Papadia**, *Roukounas* ☎ *228.61.12.000.*

➤ Kastelli★

Καστέλλι

Carte p. 69 – Sur la route du monastère de Zoodochos Pigis, garez-vous au panneau Kastelli, après la plage de Roukounas. Bus en saison depuis Chora. Un sentier grimpe à l'église Panagia Dokari en 5 min, puis jusqu'à l'ancienne cité en 15 min. À pied depuis Chora en passant par l'intérieur : 2 h ; moyennement difficile.

Entre une aire à battre le blé et une bergerie, la petite église de Panagia Dokari se dresse sur un replat qui regarde la mer. Elle est flanquée d'un sarcophage et d'un mur antique. Il y a encore quelques années gisaient des bustes romains décapités, aujourd'hui conservés dans le minuscule **musée archéologique de Chora** *(p. 69)*. Le lieu est magique.

Plus haut apparaissent les ruines de la **cité antique**, ancienne capitale sans doute fondée au IXe s. av. J.-C. par les Doriens. On y voit des murs réemployés par les bergers et des tessons de terre cuite qui couvrent le sol. Une **voie sacrée** (aujourd'hui sentier) relie l'antique cité au sanctuaire d'Apollon où se trouve le monastère de **Zoodochos Pigis** *(1 h de marche ; facile)*.

➤ Les monastères du rocher de Kalamos★★

Κάλαμος

Carte p. 69 – À 9 km E de Chora. Bus en saison depuis Chora. Terminus de la route au monastère de Zoodochos Pigis.

La pointe sud-est de l'île forme une spectaculaire péninsule : le rocher de Kalamos se dresse comme une gigantesque pyramide dans l'eau. Aussi impressionnant que celui de Gibraltar, il culmine à près de 500 m d'altitude et se jette brusquement dans la mer.

À son pied, un sanctuaire dédié à Apollon aurait selon la légende été construit par les Argonautes pour remercier le dieu d'avoir sauvé leur navire de la tempête. Il n'a jamais été fouillé, d'autant moins qu'il a été recouvert par un monastère fondé en 1830, **Zoodochos Pigis**, « source de vie ». Un petit temple consacré au dieu solaire est néanmoins encore visible dans la cour du monastère.

PANIGYRI

Autour du 8 septembre, on célèbre pendant 2 jours la naissance de la Vierge. Une procession conduit l'icône jusqu'au sommet du rocher de Kalamos.

Ascension du rocher de Kalamos★★★

Carte p. 69 – Les passages les plus aériens sont protégés par une barrière. Éprouvant pour les personnes sujettes au vertige, surtout par jour de grand vent : 1 h aller et 45 min retour ; assez difficile.

Derrière le monastère de Zoodochos Pigis, un sentier grimpe dans la gar- rigue jusqu'au **monastère de Panagia Kalamiotissa** qui couronne le sommet du rocher de Kalamos. Cette ascension offre une vue époustouflante sur les Cyclades. La longue chaîne montagneuse d'Amorgos surgit la première de la mer, bientôt suivie à l'ouest par Naxos, Ios et les Petites Cyclades, puis à l'est Astypaléa, injustement séparée des Cyclades au moment des guerres d'indépendance de la Grèce au XIXe s. Du sommet, on distingue Chora, qui surplombe le port et, au large, Santorin. Par temps clair, la Crète et sa silhouette crénelée de montagnes barrent le sud.

Ligne de crête découpée et à-pics vertigineux : le rocher lui-même impressionne, vu d'en haut. En balcon sur l'Égée, l'église du monastère de se dresse quasiment au sommet. Reconstruite après le séisme de 1956, elle est surmontée d'une belle coupole. Les amateurs dorment ici à la belle étoile pour être aux premières loges d'un coucher et d'un levé du soleil grandioses *(camping sauvage toléré)*.

5 Andros
Άνδρος

Chora et la plage de Paraporti

Andros ne ressemble à aucune autre des Cyclades. Ses maisons ne sont pas des petits cubes blancs, mais de solides bâtisses au toit couvert de tuiles rouges. Quant aux moulins, ils ne tournent pas au vent mais à l'eau qui coule en abondance au creux de vallons luxuriants. En fait, cette île montagneuse évoque davantage sa grande voisine du Nord, l'Eubée. Sa côte nord-est aligne de superbes plages sauvages difficilement accessibles. Sa côte ouest est plus sage, abritant le port, Gavrio, et Batsi, la grande station balnéaire de l'île.

- **Carte :** p. 73.
- **Arriver, se déplacer :** p. 270.
- **Manger, dormir, s'amuser :** p. 189.
- **Le + :** une nature sauvage idéale pour la balade.
- **Le - :** le relief montagneux rend les distances longues en voiture.
- **Superficie :** 380 km² (2e île des Cyclades par la taille).

Andros

Andros★

Andros est une île riche. Les armateurs, très attachés à leur terre natale, l'ont couverte de magnifiques demeures néoclassiques et ont fondé de prestigieux musées. Chora, la capitale, connaît une vie culturelle intense, rare pour une ville des Cyclades. Conformément à la volonté de ses habitants influents, le tourisme s'est peu développé sur l'île. Aussi Andros séduira-t-elle par son authenticité, ainsi que par sa nature sauvage et ses sentiers de randonnée. Mais explorer les charmes d'Andros demande du temps : cette île des Cyclades a un relief extrêmement accidenté.

➤ Gavrio et ses environs

Γαύριο

Carte p. 73 – Porte d'entrée de l'île.

Andros a deux ports : dans l'Est celui de Chora, la capitale, et dans le Nord-Ouest, Gavrio où s'arrêtent tous les ferries. Bien abrité mais sans grand charme, ce port a grandi de manière anarchique depuis les années 1970, étirant ses tavernes et ses magasins le long du quai. Autour, pourtant, les jolies plages ne manquent pas, comme celle de **Félos** lovée au creux d'une baie *(à 5 km N-O du port; pas de bus)*.

La tour d'Agios Pétros★

Πύργος του Αγιου Πέτου

Carte p. 73 *– À 3 km N-O de Gavrio. À la sortie de Gavrio (direction Batsi), tournez à g. après la station-service BP, puis immédiatement à dr. en direction d'Agios Pétros. La tour se dresse à 2 km S du village. Difficile d'accès à pied à cause des ruches.*

Même si ses pierres brunes se confondent avec le paysage, cette **tour hellénistique**, qui daterait du IVe s. av. J.-C., impressionne par ses proportions : près de 10 m de diamètre sur 20 m de haut. Sa fonction reste un mystère : silo à grain, entrepôts pour le fer exploité dans les mines ou tour de transmission des signaux lumineux ?

Les plages de Gavrio à Batsi

Carte p. 73 *– Trois belles plages s'égrènent le long des 6 km qui séparent les deux villes. En saison, un bus fait la navette.*

Même bordé par la route, leur sable blond est accueillant. À 1,5 km au sud-est de Gavrio, la plage d'**Agios Pétros** est la plus grande. On y trouve transats, parasols et sports nautiques. Juste après, **Psili Ammos**, appelée aussi Golden Beach, s'adosse à un petit cap recouvert de garrigue. Elle est tout autant équipée. Derrière le nom d'**Agios Kyrpianos** se cachent une petite plage, une chapelle et une taverne. Le lieu est charmant, même s'il se trouve au creux d'un virage *(à 4 km S-O de Gavrio)*.

➤ Batsi et ses environs★

Μπατσί

Carte p. 73 *– À 6 km S de Gavrio. La route principale passe au-dessus de la ville, tandis qu'une route côtière longe la baie et le port. Bus depuis Gavrio.*

Le petit port de pêche a sans doute grandi trop vite. En se couvrant d'hôtels, de magasins et de bars dans les années 1980, Batsi est devenue la station balnéaire de l'île. Une jolie baie protégée du vent, une grande plage de sable fin et des eaux peu profondes en font cependant une destination agréable pour les familles. En se baladant au pied de l'église qui domine la petite ville, vous découvrirez de belles bastides néoclassiques entourées de jardins luxuriants.

À environ 1 km vers le sud s'étirent les plages d'Agia Marina *(p. 189)* et de l'hôtel Aneroussa *(p. 190)*.

> La route principale rejoint Chora en 30 min. Elle longe la côte ouest en corniche avant de traverser l'île en suivant la plaine fertile de **Messaria**.

Paléopolis★★

Παλαιόπολη

Carte p. 73 *– À 9 km S de Batsi; à 15 km O de Chora.*

En balcon sur l'Égée, la route offre un panorama sublime, surtout à l'arrivée sur Paléopolis. Noyé dans la verdure, le village est coiffé de cimes rocheuses. À ses pieds, des terrasses en amphithéâtre dégringolent jusqu'à la mer. Paléopolis fut la capitale d'Andros pendant plus de 1 000 ans, du VIe s. av. J.-C. au Ve s. apr. J.-C. Petit **musée archéologique** dans le village, au bord de la route *(en principe ouv. dim. 10 h-16 h; entrée libre)*.

Plusieurs sentiers descendent jusqu'à la **plage** *(à pied du village jusqu'à la plage : 20 min; sentiers abrupts avec de nombreux escaliers et 200 m de dénivelé)*. La balade dans ce paysage agricole se révèle pleine de surprises. Suspendue au-dessus de la mer, une aire à battre le blé dallée de schiste brille au soleil comme un miroir. En contrebas se trouvait la capitale de l'île dans l'Antiquité. Il n'en reste presque plus rien, à part une colonne de marbre dans le mur d'une simple bergerie ou les ruines de l'agora au milieu des champs.

Petite chapelle sur la plage d'Achla

Zagora*

Ζαγορα

Carte p. 73 *– À 16 km S de Batsi. À pied, le sentier balisé 7 démarre sur la route de Korthi, 600 m après le carrefour pour Chora, au niveau de l'église Agia Triada : 1 h A/R ; facile. En bus depuis Batsi, Chora ou Korthi, demandez au chauffeur de vous arrêter au carrefour.*

Le site archéologique de Zagora, capitale de l'île aux IXe et VIIIe s. av. J.-C., est situé sur un promontoire dominant la mer Égée. C'est la plus vaste ville de l'époque géométrique (VIIIe-VIIe s. av. J.-C.) jamais découverte. Outre un important mur d'enceinte, les archéologues ont mis au jour un temple et surtout des quartiers d'habitations. Le Musée archéologique de Chora *(p. 76)* consacre un étage à ces découvertes.

➤ Les plages isolées** du Nord-Est

Carte p. 73 *– Prévoyez une bonne carte, comme celle d'Anavasi* (p. 270), *de l'eau et un pique-nique.*

La côte nord-est est la plus sauvage.

Vitali, Ateni et Vori**

Depuis Gavrio en voiture : Vitali (25 min, 13 km N-O de Gavrio), Ateni (40 min, 21 km N-O de Gavrio en passant par Batsi) et Vori (1 h 10, 36 km N-O de Gavrio en passant par Batsi).

Sable ivoire, mer turquoise et rochers aux formes étonnantes, ces plages se méritent au terme de longs kilomètres, gages de beauté préservée et de tranquillité.

Achla**

La piste qui y mène (4x4 fortement conseillé) se prend haut dans la montagne, 600 m avant le village de Vourkoti en venant de Batsi. Comptez 1 h depuis Chora.

Plus belle encore que les précédentes, Achla se mérite. Ses 8 km de piste en terre vertigineux multiplient les points de vue sur la mer et une garrigue sillonnée de murets en pierres sèches. Tout au bout, on arrive dans un véritable paradis : une petite chapelle veille sur une longue plage de sable blanc et une rivière couverte de roseaux. Remonter le lit de la rivière offre une belle balade (platanes, piscines naturelles).

➤ Chora et ses environs***

Χώρα

Carte p. 73 *– À 31 km S-E du port de Gavrio. En arrivant dans le centre piéton, tournez à dr. pour trouver parking et station de bus.*

Son site est remarquable. Encadrée par deux belles plages de sable, la capitale occupe une langue rocheuse qui avance dans la mer. Un parfum de vieille Grèce flotte dans ses ruelles piétonnes, particulièrement agréables le soir.

Pavée de marbre, l'artère principale est la rue Embirikos, du nom d'un des grands armateurs de l'île. Ici se succèdent *pantopoleia* – magasins où l'on trouve de tout –, pâtisseries au charme désuet, vieux kiosques à journaux et de superbes bâtiments néoclassiques. La rue Embirikos mène à la place ombragée Théophilos Kaïris (prélat qui déclencha la révolution contre les Turcs). De là, les musées sont à portée de main. Des escaliers dégringolent vers les plages de Nimbourio à gauche et Paraporti à droite, tandis qu'un passage couvert conduit dans la **ville médiévale** bâtie sur la péninsule. Tout au bout se trouvent le **musée de la Marine** *(heures d'ouverture variables ; entrée libre)* et la place Riva sur laquelle une statue monumentale du sculpteur Michalis Tombros rend hommage au marin inconnu. Juste en face, une fine arche de pierre conduit à une petite île où s'élève une citadelle vénitienne en ruine.

Le Musée archéologique*

Carte p. 73 – Pl. Théophilos Kaïris ☎ 228.20.23.664. Ouv. en principe mar.-dim. 10 h-16 h. Entrée payante.

DÉJEUNER AVEC DESSERT

Une taverne simple et populaire fréquentée essentiellement par les locaux. On y sert une authentique cuisine grecque patiemment mijotée au four ou dans de grandes casseroles. Viandes et poissons sont délicieux. Petit plus par rapport aux autres tavernes : il y a toujours un dessert à la carte, que ce soit un yaourt ou une crème au caramel.

➤ ***Carte p. 73* – Archipélagos,** *Nimborio, Chora ☎ 228.20.24.430. Ouv. toute l'année. Au milieu de la plage de Nimborio, en contrebas de Chora.*

Fondé en 1981, ce musée présente notamment le résultat des fouilles de Zagora *(p. 75)*. À l'étage, des photos aériennes, des objets antiques et de belles maquettes rendent compte de la vie quotidienne de la cité à l'époque géométrique (VIIIe-VIIe s. av. J.-C.). Moins pédagogique dans sa présentation, le rez-de-chaussée expose néanmoins d'intéressantes trouvailles faites sur l'île, comme une superbe copie hellénistique de l'*Hermès* de Praxitèle ou un étonnant lion des IXe-Xe s.

> Derrière le Musée archéologique, descendez la rue en escalier vers Nimborio : musée à g., salle d'exposition temporaire un peu plus bas à dr.

Le musée d'Art contemporain**

Carte p. 73 – En contrebas de la pl. Théophilos Kaïris ☎ 228.20.22.444, www.moca-andros.gr. Été : ouv. lun. 11 h-15 h, mer.-dim. 11 h-15 h et 18 h-21 h ; hiver : ouv. sam.-lun. 10 h-14 h ; printemps et automne : mer.-lun. 10 h-14 h. Entrée payante.

Initialement fondé pour présenter l'œuvre du sculpteur d'Andros et élève de Maillol, Michalis Tombros, le musée s'est rapidement enrichi d'œuvres d'artistes contemporains grecs comme les installations sonores de Takis, connu en France pour ses signaux lumineux du parvis de la Défense. Le fonds, alimenté par la fondation Goulandris *(encadré ci-contre)*, est si riche que les œuvres sont présentées par intermittence. L'aile des expositions temporaires accueille chaque été les grands artistes du XXe s. : Braque, Mirò, Toulouse-Lautrec, Klee, Giacometti, Chagall, Rodin, Claudel, De Chirico, Man Ray…

Balade d'Apikia à Sténiès**

*Carte p. 73 – Faites-vous déposer par votre logeur ou par un taxi à Apikia (**Αποίκια**, à 5 km O de Chora). Sentier balisé 8 ; 1 h de marche en descente ; facile.*

C'est dans le village d'Apikia que l'eau minérale Sariza est mise en bouteille. Depuis l'usine d'embouteillage, le sentier descend en escalier à travers le village puis traverse une campagne verdoyante plantée d'arbres fruitiers jusqu'à Sténiès. Tout en bas, les plages de Gialia et Pisso Gialia viennent comme une récompense.

Avant de vous rendre à Sténiès, vous pouvez, également depuis Apikia, rejoindre **Pithara** en remontant le cours d'eau *(20 min A/R)*. Vous découvrirez une **chute d'eau** et une **piscine naturelle** surprenantes.

Sténiès★★

Στενιές

Carte p. 73 *– À 3 km N de Chora. Pas de bus.*

Plus qu'un village, Sténiès est un ensemble de superbes résidences accrochées en amphithéâtre au-dessus d'un vallon verdoyant. Ici, les familles d'armateurs – Goulandris, Embirikos, Polemis – ont leur maison, des villas cossues blanches, coiffées de tuiles rouges et enfouies dans un jardin fleuri. Autrefois, il était peuplé d'enfants et de femmes de capitaines. Aujourd'hui, le village ne s'anime qu'à Pâques et au mois d'août lorsque les Athéniens originaires d'Andros retrouvent leur maison de famille. Il est agréable de flâner dans ses ruelles piétonnes parfaitement entretenues. Partout se lit l'attachement des armateurs à leur village natal. Des plaques en marbre commémorent les dons des généreux bienfaiteurs : là le dallage d'une rue, ici la restauration d'une place, plus loin la création d'une fontaine. Vers le bas du village, l'imposante **tour féodale de Bisti-Mouvela** est la mieux conservée de l'île.

UNE *SUCCESS STORY*

Né à Andros, **Basil Goulandris** (1913-1994) a hissé au plus haut rang la compagnie navale créée par son père à Chora. Grand collectionneur d'art moderne avec sa femme, ils créèrent une fondation pour la promotion des arts visuels. En plus de doter Andros d'un Musée archéologique, ils y établirent un musée d'Art contemporain au rayonnement international *(ci-contre)*.
Un musée d'art contemporain verra bientôt le jour à Athènes.

Balade de Messaria à Chora★

Μεδδαριά Χώρα

Carte p. 73 *– Cette balade passe par Ménitès et Lamyra, deux villages au creux du vallon : sentier balisé 1 ; 2 h 30 ; assez facile. Départ derrière l'église d'Agios Nikolaos à Messaria.*

Rien n'est plus agréable que de parcourir ces villages à pied, accompagné par la musique de l'eau qui court. Elle jaillit de la gueule de quatre lions à Ménitès, ruisselle dans les rigoles qui bordent les champs, se faufile sous les ponts. Le sentier traverse une végétation luxuriante au creux du vallon ou bien longe les terrasses de culture. Appartenant souvent à de riches Athéniens, les maisons ne sont occupées que l'été.

Le monastère de Panachradou★

Μονή Παναχράντου

Carte p. 73 *– À 2 km du village de Fallika ; à 5 km S-O de Chora.*

Suspendu au-dessus du vide, il offre une vue aérienne sur la vallée de Messaria et, au loin, sur Chora. Modeste et fleuri, l'intérieur s'articule autour de plusieurs cours. Le monastère aurait été fondé en 961 par deux moines venus de Constantinople. Dans l'église, belle **iconostase** en bois sculpté et reliques de saints. Le monastère doit aussi sa réputation au père Evdokimos. Excellent cuisinier, il régale tous les convives lors des fêtes patronales (autour du 27 juillet, du 15 août et du 2 octobre).

➤ Le sud de l'île*

Carte p. 73 – Bus depuis Chora.

Cette boucle traverse des paysages agricoles et des villages paisibles, dont l'authenticité séduira les amateurs de calme.

Syneti et la vallée de Dypotamata

Συνετι Διποτάματα

Carte p. 73 – À 7 km S de Chora.

La route en direction de Korthi offre une vue imprenable sur Chora et sa baie. Le village de Syneti s'accroche au flanc de la gorge de Dypotamata et surplombe une jolie petite plage encaissée. Au-delà, dans la vallée verdoyante de la rivière, les ruines d'une trentaine de moulins à eau jalonnent le paysage. On pourra observer l'un d'entre eux à l'endroit où la route traverse la gorge *(panneau)*. Riche en eau, Andros a privilégié la force hydraulique à celle du vent : plus de cent cinquante moulins à eau tournaient au XIXe s.

La forteresse de Pano Kastro*

Πάνω Κάστρο

Carte p. 73 – À 13 km S de Chora. Au village de Kochylou, tournez à g. et allez au bout de la bonne piste en terre (1,3 km).

Le rocher de la plage de Grias Pidima

Les ruines de la forteresse médiévale se trouvent sur un plateau entouré de falaises à pic à près de 500 m d'altitude. Construite par les Vénitiens, elle aurait été la plus puissante d'Andros au Moyen Âge. L'**église** en pierres sèches de Panagia Faneromenis garde l'entrée du village en ruine.

L'ascension du sentier en escalier *(5-10 min)* est récompensée par la vue à couper le souffle sur la baie de Korthi où les terrasses de culture dégringolent jusqu'à la mer. Tout en bas, le village d'Ormos Korthiou semble minuscule au bord de la plus grande plage de l'île.

Ormos Korthiou*

Όρμος Κορθίου

Carte p. 73 – À 19 km S de Chora.

La route du bus pour Ormos Korthiou qui descend sur la **baie de Korthi** croise de nombreux villages pittoresques construits à flanc de colline entre cyprès et oliviers. La campagne est hérissée de pigeonniers, qui ressemblent fort à ceux de Tinos, l'île voisine. Le village d'Ormos Korthiou se distingue par son immense plage appréciée des véliplanchistes et ses tavernes posées face à la mer.

La plage de Grias Pidima**

Γριάς Πήδημα

Carte p. 73 – Bien fléchée depuis Ormos Korthiou : 1 km de piste, puis 5 min à pied (sentier abrupt mais protégé par des barrières en bois).

Avec son sable gris argent, la plage « du saut de la vieille » est réputée être l'une des plus belles de l'île. Dans la mer, un rocher s'élance comme une tour face à la plage. La légende raconte qu'une vieille femme trahie par les Turcs se serait jetée de la falaise et aurait été pétrifiée en rocher en touchant le sol.

6 Délos
Δήλος

Ruines des maisons de Cléopâtre et de Dionysos

Comment une si petite île a-t-elle pu être le centre du monde antique ? Lieu de naissance d'Apollon, elle eut un rayonnement tant religieux qu'économique. L'île connut son apogée sous les Romains, qui en firent un port franc en 167 av. J.-C. : Délos devint alors la plaque tournante du commerce en Méditerranée. Fortement affaiblie au Ier s. av. J.-C. par le passage destructeur du roi Mithridate, l'île fut totalement abandonnée vers le VIe s. de notre ère. Les paysages sont ainsi restés intacts depuis l'Antiquité et l'ampleur du site archéologique est saisissant.

- **Carte :** p. 80.
- **Arriver, se déplacer :** p. 271.
- **Point de départ :** l'agora des Compétaliastes.
- **Manger, dormir, s'amuser :** p. 191.
- **Le + :** un must pour les amoureux d'archéologie. Inscrite au patrimoine de l'humanité par l'Unesco.
- **Le - :** l'île n'est accessible que le matin, lorsque le site archéologique est ouvert.
- **Superficie :** 3,6 km².

Site archéologique de Délos

Délos★★★

Le site archéologique *(accès en bateau depuis Mykonos t.l.j. en saison, p. 271)* réunit l'ancienne ville cosmopolite, son port commercial et une centaine de sanctuaires dont le plus illustre d'entre eux, consacré à Apollon, rivalisait avec celui de Delphes. Les archéologues français fouillent l'île depuis 1873 et seule la moitié de la ville a été mise au jour.

L'entrée du site s'effectue par l'**agora des Compétaliastes,** esplanade où les esclaves affranchis vendaient aux pèlerins ex-voto et objets de piété.

➤ Le cœur de la cité sacrée

Carte p. 80 – Entrée payante (5 €).

Le sanctuaire d'Apollon★★

Depuis l'entrée, traversez l'agora des Competaliastes, puis tournez à g.

L'entrée dans le saint des saints se fait par **la Voie sacrée** : elle était bordée par deux portiques monumentaux

et de nombreuses statues dont subsistent encore quelques socles.
À gauche du sanctuaire, le **portique des Naxiens**, dont le dallage en marbre est parfaitement conservé, fut l'un des temples les plus importants de la période archaïque (VIIe s. av. J.-C.). Il était flanqué d'un gigantesque *kouros* (statue d'homme), dont la base de 40 t est encore visible *in situ*. Le torse et les hanches sont visibles à une cinquantaine de mètres plus au nord.
Le sanctuaire lui-même se compose de trois temples parallèles dédiés à Apollon datant des VIe et Ve s. av. J.-C. Celui du centre, érigé par les Athéniens, était coiffé d'un groupe de statues représentant Borée, dieu des Vents du Nord enlevant Orithye, une princesse athénienne dont il s'était épris. Au nord, cinq petits édifices disposés en quart de cercle abritaient les trésors déposés par les cités grecques pour montrer au monde hellène leur piété et leur richesse.

L'agora des Italiens et le lac sacré*

Au IIe s. av. J.-C., les Romains forment la communauté la plus puissante de l'île. Ils empiètent sur le lac sacré pour construire leur agora (le plus important complexe de l'île).
La cour centrale était entourée d'une immense colonnade. Ici devait se tenir le marché aux esclaves. Les versants sud et ouest de l'agora abritaient des ateliers. Les archéologues y ont retrouvé des instruments de musique et des débris de sculptures. Entouré d'un muret moderne, le lac sacré a été asséché en 1925 en raison de la malaria. Il faisait partie du paysage délien au même titre que le palmier (planté symboliquement au centre du lac par les archéologues) et le mont Cynthe.

> **CONSEILS**
>
> Aucun circuit n'est balisé et seuls quelques panneaux indiquent les monuments les plus importants. Deux conseils : procurez-vous le plan de Délos à l'entrée du site mais prenez aussi le temps de vous perdre dans les ruelles et sur les sentiers de ce site évocateur.

La terrasse des Lions***

Élancés, les côtes visibles et la gueule ouverte, neuf ou seize lions, selon les sources, gardaient le lac sacré. Alignés le long d'une esplanade, ils accompagnaient les pèlerins vers le sanctuaire de Léto, amante de Zeus et mère d'Artémis et d'Apollon. Ils auraient été offerts par les Naxiens au VIIe s. av. J.-C. Les statues en place sont des copies, les originaux étant placés dans le musée de l'île *(ci-dessous)*.

L'établissement des Poséidoniastes*

Cet édifice est caractéristique des formes associatives qui réunissaient des commerçants et des armateurs d'une même région (ici, ceux de Beyrouth). Les bâtiments assuraient les fonctions de sanctuaire religieux, bourse d'échange, entrepôts et logement. Une statue d'Aphrodite se débattant dans les bras de Pan y a été retrouvée avant d'être exposée au Musée archéologique national d'Athènes *(p. 43)*.

Les quartiers modernes*

Au-delà de la terrasse des Lions apparaissent les quartiers modernes, c'est-à-dire construits après 167 av. J.-C., aussi appelés **quartier des Lions.** Les ruelles sont rectilignes. Aveugles sur la rue, les maisons s'organisent autour d'une cour pourvue d'une citerne et entourée d'un péristyle : maisons du Diadumène, des Comédiens…

Le musée**

C'est ici que sont conservés les cinq lions restants de la terrasse. La pièce consacrée au mobilier est très intéressante. Fresques murales (scènes de chasse, de banquets, des

UNE PETITE SOIF ?

La buvette du musée tombe à point (la seule de l'île). Attention, les prix sont assez élevés.
➤ *Carte p. 80 – Ouv. mar.-dim. 8h-15h.*

boxeurs), mosaïques fines, table à trois pieds, vaisselier, éléments de serrure de porte, petit heurtoir avec une tête de lion… ces objets du quotidien permettent au visiteur de se représenter l'intérieur des maisons de la cité. Une vitrine est réservée aux objets et scènes érotiques.

Le temple de Dionysos*

En retournant vers le port, vous passerez devant les monuments les plus surprenants du site : deux gigantesques phallus dressés chacun sur un pilier. Il s'agit de la chapelle de Dionysos, dieu du Vin et de la Fertilité.

Juste avant le port se situe l'**agora des Déliens**, où les inspecteurs des marchés avaient leur office. Un peu plus au sud apparaissent les vestiges d'une **basilique chrétienne** du Ve s. dédiée à saint Cyriaque.

➤ Le quartier du théâtre et le mont Cynthe

Carte p. 80.

Les riches maisons de la vieille ville***

Depuis l'agora des Compétaliastes, devant le port, suivez le panneau « théâtre ».

La vieille ville est identifiable avec ses ruelles étroites et sinueuses. Quelques mobiliers apparaissent ici et là : table, mortier, pierre à aiguiser. Les plus belles demeures de l'île se cachent dans les ruines. Le dieu du Vin chevauchant une panthère orne la cour à colonnade de la **maison de Dionysos**. Dans la cour, les deux margelles de puits sur la droite permettaient de puiser l'eau dans la citerne.

Non loin, la **maison de Cléopâtre** est toujours gardée par son couple de propriétaires (deux statues drapées). Plus haut, les différents édifices doivent leur nom aux mosaïques qui ornent leur sol : **maison du Trident**, **maison des Dauphins**, **maison des Masques**.

Le théâtre citerne**

Dépourvue de source, l'île s'était organisée pour récupérer l'eau de pluie. La cour des maisons servait d'*impluvium* ; la citerne se trouvait sous la mosaïque. Les bâtiments publics étaient mis à contribution : la citerne plus remarquable est celle du théâtre, alimentée en eau par les gradins bâtis à flanc de colline. Bâti au IIIe s. av. J.-C., il pouvait accueillir jusqu'à 6 500 spectateurs.

Le mont Cynthe**

Du sommet du mont Cynthe (112 m), la vue est spectaculaire : elle embrasse à la fois les vestiges du site archéologique et les Cyclades voisines : Mykonos, Tinos et Syros. Son sommet était coiffé d'un sanctuaire dédié à Zeus et à Athéna.

La terrasse des Dieux étrangers**

Preuve de leur intégration dans la cité, les communautés étrangères qui venaient sur l'île pour y faire des affaires importaient avec elles leurs dieux. Sur cette fière terrasse qui surplombe la cité, les Égyptiens adoraient Isis et Sérapis (temple reconstruit), et les Syriens Aphrodite (un théâtre encore visible se cachait dans le sanctuaire).

7 Folégandros
Φολέγανδρος

L'église de la Panagia surplombant Chora

Il y a une cinquantaine d'années, c'était une île prison pour les dissidents politiques ***(encadré p. 232)*****. Montagneuse et entourée d'à-pics vertigineux, Folégandros se singularise par des paysages austères et dépouillés. Elle est désormais en vogue chez les Athéniens. La multiplication des liaisons en bateau avec Athènes et des hébergements ont augmenté le flux des visiteurs. Cette petite île possède même l'un des meilleurs hôtels design des Cyclades. Malgré de superbes plages accessibles uniquement en caïques ou à pied, on s'y sent un peu à l'étroit au cœur de l'été. La beauté sauvage de Folégandros s'apprécie mieux hors saison.**

- **Carte :** p. 84.
- **Arriver, se déplacer :** p. 271.
- **Manger, dormir, s'amuser :** p. 192.
- **Le + :** une capitale superbe.
- **Le - :** des plages difficiles d'accès.
- **Superficie :** 32 km^2.

Folégandros

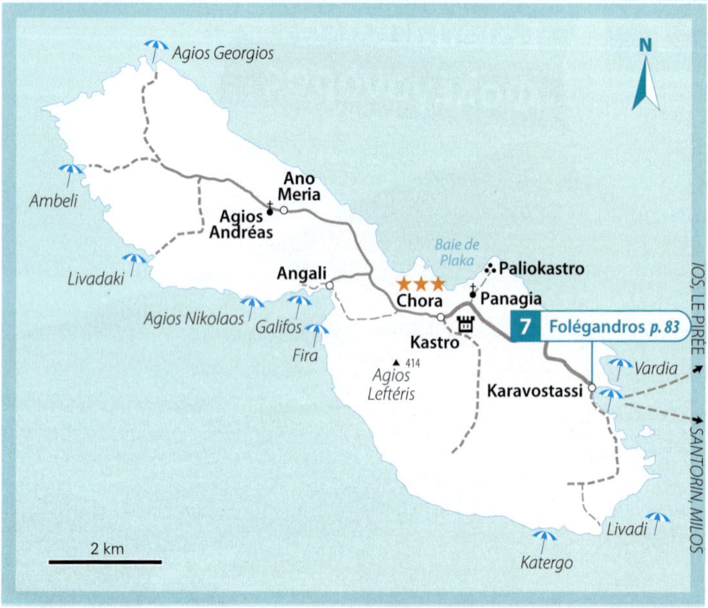

Folégandros**

Située entre Milos et Santorin, Folégandros est une île tranquille au succès grandissant. Ses criques secrètes et ses chemins dans la garrigue sauront vous séduire.

➤ Karavostassi

Καραβοστάση

Carte p. 84.

Après avoir longé des falaises vertigineuses, le bateau rentre dans la petite baie de Karavostassi. Le port se love au creux de collines pelées dans un environnement quasi désertique. Avec le développement du tourisme, il est devenu une station balnéaire sympathique animée par la danse des bateaux.

De part et d'autre, plusieurs plages sont accessibles à pied. Sur la gauche quand on regarde la mer, **Vardia** *(à 5 min du village par des escaliers ; facile)* et, sur la droite, **Livadi** *(à 1 h de marche en passant par le camping ; assez difficile)* méritent une mention particulière. Également accessible en caïque depuis le port *(navettes régulières)*, **Katergo** est l'une des plus belles plages de l'île : dans un chaos monumental de roches, la grande langue de galets fins s'étire face à des eaux cristallines. Mais elle n'offre ni ombre ni buvette. Karavostassi est aussi le point de départ des excursions qui font le tour de l'île en bateau.

➤ Chora***

Χώρα

***Carte p. 84** – À 3,5 km du port. Bus régulier depuis le port. Attention : il est interdit de stationner dans Chora (même en scooter) ; les contrevenants risquent une amende.*

C'est l'un des plus beaux villages cycladiques. Construite au bord d'une falaise, à 200 m au-dessus de la mer, la capitale de Folégandros se distingue par son enfilade de places ombragées – unique dans l'archipel – et par l'absence d'escalier ! La **place Pounta** *(arrêt du bus)* offre une vue vertigineuse sur le large. Les suivantes accueillent de nombreuses tavernes et des bars à l'ombre des arbres de Judée et des bougainvillées. Deux passages seulement conduisent au **Kastro**, le cœur médiéval du village. Bâtie au XIIIe s. en bordure de précipice, la citadelle franque est aujourd'hui dans un parfait état de conservation. Ses petites maisons blanches à deux étages se pressent toujours les unes contre les autres en souvenir de leur rôle défensif. Aujourd'hui, les fleurs et les escaliers en bois peint égayent le bourg médiéval. Un ravissement !

Chora, centre touristique de l'île, est saturée de monde en été et il est parfois difficile de marcher dans les ruelles le soir. Une ambiance au coude à coude qui permet de copiner facilement sur les terrasses.

L'église de la Panagia*

Παναγιά

***Carte p. 84** – Au-dessus de Chora. À pied : 15 min ; facile. En principe, ouv. en fin d'après-midi.*

Un sentier délimité par des murets blanchis à la chaux serpente le long de la colline aride qui sépare la capitale de l'église la plus importante de l'île. À la tombée du jour, c'est une magnifique balade : le soleil couchant embrase les terrasses de culture et le village de Chora. Une curiosité : le buste romain encastré dans la base du clocher.

Pour prendre encore plus de hauteur, la balade se poursuit jusqu'à **Paliokastro** *(10 min ; assez facile)*, l'acropole antique de l'île (rares vestiges).

➤ Angali et ses plages*

Αγκαλη

***Carte p. 84** – À 3 km N de Chora, une route descend à g. vers la mer (1 km). Bus en été seulement depuis Chora.*

Après Karavostassi, Angali est l'autre station balnéaire de l'île (inhabitée hors saison), avec des chambres à louer, quelques tavernes et un embarcadère qui permet de prendre un petit bateau pour la très belle plage de **Livadaki**, puisque celle d'Angali est très vite surpeuplée. On peut aussi en rejoindre deux autres à pied, **Fira** *(à 10 min sur la g. quand on est face à la mer)* et **Agios Nikolaos** *(à 20 min sur la dr. ; accessible également en caïque*

Le Kastro, le cœur médiéval de Chora

depuis le port). On atteint cette dernière au terme d'une jolie balade à travers la garrigue, mais elle est également accessible en bateau. Avec ses apparences hippies et rebelles, elle séduit les Robinsons : quelques tamaris y font de l'ombre, une petite taverne surplombe la plage pour se restaurer ou jouer au *tavli* (sorte de backgammon) et, sur le chemin, des chambres spartiates offrent une possibilité d'hébergement face à la mer.

➤ Ano Meria et les plages du Nord*

Ανο Μεριά

Carte p. 84 *– Village s'étirant entre 3 et 6 km au N-O de Chora. Bus régulier en été, rare hors saison.*

Le nord de Folégandros offre un visage rural et agricole qui contraste avec l'aridité du Sud. Au détour des moulins et des aires à battre le blé, la route se faufile dans un paysage grandiose cerné par la mer. D'un côté les pentes abruptes des falaises et de l'autre les terrasses de culture qui descendent jusqu'au niveau de l'eau. L'habitat est dispersé : les fermes en pierres sèches forment de **petits hameaux** sur la crête de l'île. Chacune de ces fermes (*thimonìès)* réunit les bâtiments nécessaires à la survie de la famille : les habitations, l'étable, le four, le cellier et la « maison de l'arbre » *(dendrospito)*, un mur circulaire qui permet de faire pousser quelques citronniers et oliviers en les protégeant du vent.

POUR GOÛTER AUX *MATSATA*

Une dizaine de tables occupent le centre de cette ravissante petite épicerie, dont les rayons sont soigneusement rangés. Irini sert une cuisine paysanne fine. Excellentes *matsata*, pâtes maison fondantes, accompagnant un lapin ou un coq en sauce.

➤ ***Carte p. 84*** **– Irini,** *Ano Meria*
☎ *228.60.41.436.*

À l'entrée d'Ano Meria, sur la gauche, un intéressant **musée folklorique**, qui retrace la vie paysanne du XIXe s., a été aménagé dans une *thimonia (ouv. juil.-15 sept. t.l.j. 17h-20h; don bienvenu)*.

Tout le long du village, des **sentiers** souvent pavés conduisent à la mer. Ils ne sont pas balisés, mais en se renseignant auprès des habitants, on peut emprunter celui qui relie **Agios Andréas** *(église à la sortie d'Ano Meria)* et la petite baie d'**Agios Georgios** (exposée au *meltem*) ou encore emprunter le sentier situé entre Agios Andréas et la **crique de Livadaki**. Dans l'extrême nord de l'île, deux pistes récemment ouvertes, mais difficiles, conduisent à Agios Georgios et à la toute petite crique d'Ambeli.

La baie d'Agios Georgios

8 Ios

Ιος

La plage de Mylopotas

Surprenante Ios ! Quel contraste en effet entre son centre très touristique et le reste de l'île, complètement sauvage. Depuis les années 1960, l'île est le rendez-vous des moins de 25 ans : les étudiants anglo-saxons et nordiques viennent fêter leur diplôme dans une ambiance alcoolisée. La vie nocturne se concentre dans le petit triangle formé par Gialos (ou Ormos), le port, Chora, la belle capitale, et la station balnéaire de Mylopotas. En dehors de cet axe, les amateurs de vieilles pierres, de sable blond – la côte est ourlée de dizaines de plages vierges – et de tranquillité apprécieront cette très belle île.

- **Carte :** p. 88.
- **Arriver, se déplacer :** p. 272.
- **Manger, dormir, s'amuser :** p. 193.
- **Le + :** 32 km de plages de sable fin.
- **Le - :** l'affluence des étudiants qui viennent fêter leur diplôme.
- **Superficie :** 108 km².

Ios*

Si sa réputation sulfureuse faiblit (de nombreux bars et discothèques mettant dernièrement la clé sous la porte), l'île revêt un intérêt culturel insoupçonné : elle était, il y a 5000 ans, un foyer de la civilisation cycladique *(p. 230)* comme en témoignent son Musée archéologique et le site de Skarkos, en forme de spirale. Son théâtre en plein air Odysséa Élytis accueille des concerts de qualité en été.

➤ Gialos (ou Ormos)

Γιαλός Όρμος

Carte p. 88.

L'église blanche d'**Agia Irini**, construite sur les rochers, accueille les bateaux qui entrent dans la profonde calanque où se cache le port. Dépourvu de charme, il est cependant bordé à l'ouest par une grande langue de sable. À 1,5 km à l'ouest, la plage de **Koumbara** est magnifique et s'étire au fond d'une baie bordée de rochers : ambiance romantique au coucher du soleil.

➤ Chora**

Χώρα

Carte p. 88 *– À 2 km du port.*
Bus depuis le port : ttes les 15 min en été.
À pied depuis le port : 20 min par un beau sentier pavé.

UNE TAVERNE ATYPIQUE

Ce minuscule restaurant caché dans les ruelles du village propose les meilleurs *mezzés* de l'île, comme les boulettes de viande ou la feta au miel et au sésame.
➤ ***Carte p. 88* – Katogi**, *Chora ☎ 69.76.59.86.59 (port.). Sous le bar No Name. Rés. conseillée.*

C'est l'un des plus pittoresques villages des Cyclades. Bâtis sur la cité antique, les petits cubes blancs des constructions s'emboîtent les uns dans les autres contre la colline rocheuse qui domine le port. Dans certaines ruelles, le rez-de-chaussée des maisons est occupé par des bars et des discothèques. Mais en journée la promenade est tranquille. L'ascension jusqu'au sommet mène à la cour de la belle **église Panagia Gremiotissas** avant de rejoindre trois petites chapelles qui s'étagent sur le mont dénudé parmi les ruines du Kastro (superbe vue).
À l'est du village, au-dessus des douze moulins, se trouve l'amphithéâtre en plein air **Odysséa Élytis** : là-haut, le spectacle qu'offre Chora au coucher du soleil est sublime.

Le Musée archéologique*

Carte p. 88 *– Au niveau de la station de bus de Chora, dans la mairie ☎ 228.60.91.246. Ouv. mar.-dim. 8 h-15 h. Entrée payante.*

Pédagogique, ce petit musée moderne constitue une excellente introduction à la civilisation cycladique *(panneaux en anglais)*, présentée à partir du résultat des fouilles exécutées dans le **village néolithique de Skarkos** (2700-2400 av. J.-C.). Des objets retrouvés ailleurs sur l'île sont aussi exposés.

➤ Skarkos*

Carte p. 88 *– À 1 km N de Chora et du port. Ouv. mar.-dim. 8 h-15 h. Entrée payante. Circuit balisé (panneaux en anglais).*

Bâti en forme de spirale autour d'une colline, le **village néolithique** se voit de loin. Il domine la fertile plaine de Kato Kambos. Le site archéologique a reçu le prix du patrimoine culturel de l'Union européenne en 2008. Skarkos est le plus grand village connu du début de l'âge du bronze. Maisons à deux étages, système de récupération d'eau de pluie, réseau d'égout… : il met en lumière le savoir-faire en matière d'organisation urbaine au moment où la civilisation cycladique était à son apogée.

➤ Mylopotas**

Μυλοπότας

Carte p. 88 *– À 2,5 km S de Chora. Bus depuis le port et Chora : toutes les 15 min en été.*

Certains comparent la plus belle plage de l'île à Miami Beach. Le lieu est tout indiqué pour parfaire son bronzage en monokini ou exhiber son corps bodybuildé : alignement de transats et de parasols, *beach bars* diffusant de la musique et sports nautiques dernier cri.

Les moulins de Chora

➤ Le nord de l'île

La tombe d'Homère

Τάφος του Ομήρου

Carte p. 88 – À 13 km N de Chora. Prenez la route des Moulins puis tournez à g. en direction d'Agios Ioannis (panneau). Pas de bus.

Quelques marbres antiques scellés dans du béton : l'escapade vers la tombe d'Homère vaut surtout pour la découverte des paysages sauvages du nord de l'île. La vue est superbe : des collines rayées d'anciennes terrasses, des dizaines de ruches et la garrigue qui tombe en pente douce dans la mer.

Agia Théodoti*

Αγία Θεοδότη

Carte p. 88 – À 10 km N-E de Chora. Pas de bus.

Lovée au creux des montagnes, la petite plaine côtière d'Agia Théodoti est ourlée d'une longue écharpe de sable clair. Elle tire son nom de l'église du XVIe s. qui la domine. À gauche, la plage est dotée d'infrastructures; à droite, elle se prête au nudisme *(piste en terre juste avant la taverne).* Au centre de la plage, des rochers plats léchés par les vagues sont couverts de graffitis.

Vers Psathi*

Ψάθη

Carte p. 88 – À 18 km E de Chora. Prenez la route en direction d'Agia Théodoti sur 7 km puis tournez à dr. (panneau). Pas de bus.

Après avoir laissé Agia Théodoti à gauche, la route traverse des paysages superbes et montagneux offrant une vue plongeante sur les Petites Cyclades et Naxos.

En descendant vers la mer *(à env. 15 km de Chora)*, les ruines d'une forteresse byzantine sont visibles sur la gauche : **Palaiokastro** se dresse sur un éperon rocheux *(à pied par un sentier aménagé en 10 min).* Psathi se réduit à un hameau comptant une taverne réputée, une église et quelques chambres à louer. Sa plage est enlaidie par des constructions inachevées.

➤ Le Sud inhabité**

Carte p. 88 – La route goudronnée, qui dessert Agia Théodoti et Psathi, a été prolongée jusqu'à la pointe sud de l'île et la célèbre plage de Manganari. Elle serpente dans des paysages sauvages de toute beauté.

Le monastère de Kalamos*

Κάλαμος

Carte p. 88 – À 19 km S-E de Chora. Route de Manganari.

Même inoccupé, ce monastère dégage une ambiance joyeuse et festive. Entre les chapelles, les cellules des moines et le jardin soigné s'alignent des dizaines de tables, une cuisine et un comptoir pour servir les boissons. La fête de son saint, **Agios Ioannis Prodromos**, se tient le 29 août et réunit toute l'île autour d'un grand repas.

Une piste (mauvaise) qui part à g. derrière le monastère mène à la superbe plage solitaire de **Kalamos** *(à 3,6 km).*

La baie de Manganari***

Μαγγανάρι

Carte p. 88 – À 26 km S de Chora. Bus (privé) depuis le port via Chora : départ à 11 h et retour à 18 h. Accessible en bateau depuis le port.

Au fond d'un large golfe se succèdent quatre plages de sable, dont celle qui servit de décor à plusieurs scènes du *Grand Bleu.* Accessible seulement par caïque il y a encore quelques années, elle attire désormais de nombreux visiteurs. Tavernes, chambres à louer et activités nautiques se sont multipliées le long de la baie, suffisamment grande toutefois pour ne pas s'y sentir à l'étroit. Attention, quand le *meltem* souffle, il n'y a pas de vagues, mais du sable dans l'air…

9 Kimolos
Κίμωλος

Le port de Psathi

Petite île hors des sentiers battus, Kimolos a su rester authentique. L'excursion à la journée depuis Milos est facile à réaliser, mais l'île a suffisamment d'atouts pour vous retenir plus longtemps. Notamment une très belle capitale, construite autour de sa citadelle franque en ruine, et d'agréables plages. Beaucoup plus verdoyante que Milos, sa grande voisine, Kimolos cache également de petites plaines couvertes d'oliviers, de vignes et de ruches. Les habitants vous assureront que le miel de Kimolos est le meilleur des Cyclades.

- **Carte :** p. 93.
- **Arriver, se déplacer :** p. 273.
- **Manger, dormir, s'amuser :** p. 194.
- **Le + :** île préservée du développement touristique, paysages variés.
- **Le - :** peu de bateaux directs, il faut passer par Milos. Peu de transports en commun.
- **Superficie :** 36 km².

Kimolos★★

Entre sa terre volcanique et ses vallons cultivés, Kimolos offre une synthèse harmonieuse de ses deux voisines Sifnos et Milos.

Les amateurs de marche seront comblés : l'île ne compte qu'une route asphaltée. Sur ses pistes ou ses sentiers muletiers, vous aurez le plaisir de croiser des *papous* (grands-pères), fiers et droits sur leur âne.

PAUSE GLACÉE

Outre un sorbet au chocolat noir à se damner, Stavros fabrique notamment trois glaces au lait de chèvre de l'île : yaourt au miel, mastic et crème. Un délicieux cornet à la main, vous voilà prêt à flâner dans les ruelles.

➤ ***Carte p. 93* – Stavento**, *Chorio, dans la rue principale en haut du village ☎ 228.70.51.699. Ouv. t.l.j. 8h-2h.*

➤ Psathi, le port★

ΨαΘΙ

Carte p. 93 *– Bus municipal régulier (20 places) qui dessert le port, le village de Chorio et les plages. Mais les sites se concentrant principalement au sud et à l'est de l'île, tout est assez facilement accessible à pied.*

Lové au creux d'une petite baie abritée, le port se résume à un ponton de débarquement, quelques maisons, trois tavernes et un petit café branché ouvert en été.

➤ Chorio

Χωριό

Carte p. 93 *– À 1,5 km du port. Bus municipal depuis le port. À pied, comptez de 10 à 15 min.*

Quel plaisir de se perdre dans la petite capitale de l'île, si soignée et vivante (en dehors des heures de la sieste évidemment) ! Véritable labyrinthe, vous repasserez immanquablement devant les mêmes églises, tavernes, petits commerces ainsi que sur la place du village, Kampos, et son aire de jeux.

Kastro★

Carte p. 93.

Les ruelles pavées du village tournent autour la citadelle, appelée Kastro, où toute l'île résidait pour se protéger des pirates entre les XIVe et XVIIIe s. Deux entrées permettent de pénétrer dans cette forteresse carrée. L'intérieur n'est qu'un champ de ruines car les maisons des notables ont depuis longtemps été abandonnées et leurs matériaux réutilisés. Seules une église consacrée à la Nativité (1592) et une chapelle dédiée à Agia Methodia (1861-1908), la sainte de l'île récemment canonisée, sont encore debout. Les remparts en revanche retiendront toute votre attention : ils sont formés par une centaine de minuscules maisons à un étage serrées les unes contre les autres et abritent aujourd'hui un **musée folklorique** renfermant tout le patrimoine populaire de l'île des XIXe et XXe s. *(se renseigner sur place sur les horaires d'ouverture)*, une jolie maison à louer et une sympathique boutique de souvenirs qui donne aussi sur Palia Agora (l'ancienne agora).

Palia Agora★★

Carte p. 93.

Au pied du Kastro, dans la rue de l'ancien marché *(Palia Agora)*, se concentre une grande partie de la vie du village. Bars, rôtisserie et boutiques y ont fleuri récemment. À une extrémité de cette rue se trouve le **Musée archéologique** (☎ *228.70.28.026, se renseigner sur place pour les horaires)*. Financé grâce aux fonds européens, sa scénographie moderne retrace l'histoire de Kimolos.

De l'autre côté de la rue, l'**église privée des Taxiarques**, consacrée aux Archanges, est un petit bijou. Demandez à la boutique de souvenirs Arzentiera *(juste en face)* si Manolis, le propriétaire, est disponible. Il se

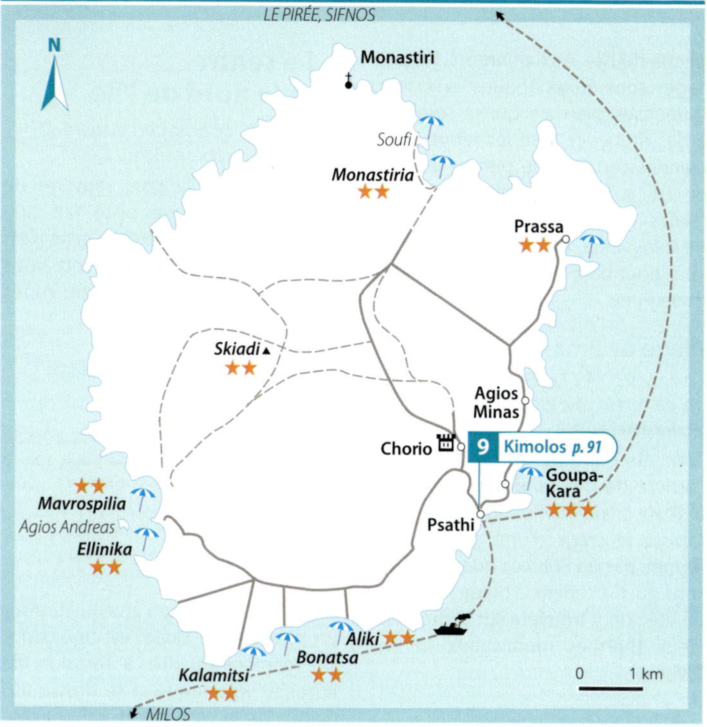

fera un plaisir de vous en révéler les trésors : sous sa coupole constellée d'étoiles, elle abrite une iconostase en bois du XVIIe s. et des icônes de toute beauté, dont l'une peinte sur du marbre.

➤ La côte est

Carte p. 93 – Du port jusqu'à la pointe nord-est, la route de 7 km dessert la côte est. La dernière portion n'est pas goudronnée.

Au nord du port se suivent de belles anses protégées. Certaines abritent des hameaux de pêcheurs avec leurs pittoresques garages à bateaux.

Goupa-Kara★★★

Carte p. 93 – En voiture, 2 km depuis le port. À pied en 15 min par un petit chemin : du débarcadère, suivez la rue principale en direction du village. À la première intersection, prenez la petite rue pentue à dr. (en voiture, continuez sur la rue principale). En haut de cette rue, à 200 m, tournez à dr. devant l'église : ce chemin en terre mène en 5 min à la première plage.

C'est peut-être le village de pêcheurs le plus charmant de Grèce. Sculptés dans la falaise, les maisons et les garages à bateau se succèdent face à la mer cristalline. Il faut marcher au fil de l'eau et contempler une à une les portes de ces garages à bateaux : de couleur vive, chaque panneau en bois est une œuvre d'art, teintée de rouille et délavée par le soleil.

Éblouissantes de simplicité, les maisonnettes font aussi rêver. Cette architecture populaire, souvent assemblée de bric et de broc, dégage une authenticité émouvante, née de la nécessité de vivre avec la mer. Emportez de l'eau et de quoi grignoter (aucun commerce).

Calanque Agios Minas★

Carte p. 93 – À 4 km du port par la route qui dessert la côte est.

C'est dans cette profonde crique que se cache la majorité des caïques de pêche de l'île. Aux alentours, les paysages sont énigmatiques avec leurs immenses pierriers qui ressemblent à des murs : ce sont les rebuts d'anciennes carrières de pierres de taille en tuf volcanique. Légères, solides, faciles à extraire, les pierres de Kimolos était exportées aux XIXe et XXe s. pour bâtir les maisons d'Athènes et du Pirée.

Plage de Prassa**

Carte p. 93 – À 6 km du port par la route qui dessert la côte est. Buvette pour se sustenter en été.

Tout au bout de la route, sous la carrière de perlite, une plage divine à l'eau cristalline : son sable blanc tapisse le creux d'une grande anse fermée par un îlot. Les quelques maisons qui précèdent la plage s'animent en été : on y trouvera sur la droite de vieux thermes municipaux et une taverne.

➤ Les plages du sud**

Carte p. 93 – De 3 à 7 km du port par la route qui dessert la côte sud.

Des tamaris pour leur ombre, du sable fin pour les serviettes et la mer en pente douce pour jouer dans l'eau et se baigner : en enfilade, Aliki, Bonatsa et Kalamitsi sont chacune dotées d'une taverne et de quelques chambres. La première, **Aliki**, n'est pas forcément la plus belle. Aussi, si vous êtes à pied, poussez jusqu'au petit cap rocheux qui sépare **Bonatsa** de **Kalamitsi**, le plus bel endroit de ce bout de côte *(accès depuis Aliki par la plage en env. 10 min)*.

Au-delà, la route dessert deux très belles plages sur la côte ouest. Celle d'**Ellinika** *(à 6 km du port)*, entre la plage et l'îlot d'Agios Andreas, vous permettra de nager au-dessus des vestiges d'une ville engloutie (murets, puits, tombes). Et, juste après, celle de **Mavrospilia** qui déroule son long ruban de sable entre des îlots blancs, est un lieu magique pour contempler le coucher du soleil.

➤ Le centre et le nord de l'île

Carte p. 93 – La piste part du nord de Chorio. Suivez les panneaux Skiadi.

C'est la partie la plus sauvage de Kimolos. Seule une piste fait une incursion en son centre. Le reste n'est que sentiers, depuis lesquels vous découvrirez ici et là de petites zones cultivées.

Randonnée jusqu'à Skiadi**

Σκιαδι

Carte p. 93 – 1 h 15 à pied (aller). Empruntez la piste carrossable qui, en haut du village, s'enfonce au centre de l'île (panneau Skiadi à la sortie du village). 2 km plus loin, tournez à g. (panneau). Reste 30 min de marche sur un sentier enchanteur.

Énorme champignon en équilibre sur un pied fragile, Skiadi est une curiosité géologique due à l'érosion de la roche volcanique. Il se dresse au-dessus de la côte ouest, offrant une vue splendide sur toute cette partie de l'île et la mer. Si le champignon est la destination, la balade se suffit à elle-même tant les paysages traversés sont beaux. Le sentier parfois pavé surplombe ou croise des bergeries, des aires à battre le blé, des petits vallons cultivés.

Possibilité de dégringoler jusqu'à la plage de **Mavrospilia** en contrebas à gauche *(45 min de plus, difficile)*, puis de rentrer à pied au village par la route *(1 h 15)*.

Plage de Monastiria**

Carte p. 93 – À 6 km de Chorio, par la même piste qui traverse le centre de l'île. Les derniers 800 m ne sont pas accessibles en voiture.

Il faut traverser l'île *(à pied : 1 h 30 aller, facile)* pour rejoindre cette plage magnifique et sauvage tout au nord.

S'il y a du vent, poussez jusqu'à **Soufi**, parfaitement abritée du *meltem* *(à g., 15 min, facile)*. Ombragée par les tamaris, cette plage de sable fin prend des airs de paradis.

10 Milos
Μίλος

Le port de pêche de Firopotamos

Île volcanique, Milos a la forme d'un cratère dans lequel la mer s'est engouffrée. D'une incroyable diversité, sa côte est considérée comme l'une des plus belles de Méditerranée. Elle déroule des plages magnifiques, des grottes sous-marines, des orgues balsatiques et surtout des petits ports de pêche qui ne ressemblent à aucun autre dans les Cyclades avec leurs garages à bateaux creusés dans les falaises.
L'adorable port de Pollonia multiplie les adresses de charme et les restaurants gourmands. D'une manière générale, on mange bien à Milos !

- **Carte :** p. 97.
- **Arriver, se déplacer :** p. 273.
- **Manger, dormir, s'amuser :** p. 195.

- **Le + :** la nature-spectacle.
- **Le - :** peu de transports en commun.
- **Superficie :** 155 km^2.

Milos★★

À l'intérieur des terres, seuls la capitale et ses alentours, avec leurs maisons chaulées et leurs cultures en terrasse, affichent un visage cycladique. Ailleurs, des carrières d'extraction de minerais jalonnent le paysage : depuis 10 000 ans, l'île vit de l'exploitation des roches de son sous-sol. Cette industrie a freiné le développement du tourisme, rendant les séjours à Milos plus tranquilles et plus hospitaliers qu'ailleurs.

➤ Adamas ou Adamantas

Αδάμας ου Αδάμαντας

Carte p. 97.

Même s'il ne dispose pas du statut de capitale, le port en cumule les caractéristiques : centre économique, nœud touristique et principale ville de l'île. Les agences de voyages, les tavernes et les bars se succèdent le long de ses quais, particulièrement animés le soir. Au coucher du soleil, vous pourrez flâner sur le port et choisir un bateau pour effectuer le tour de l'île le lendemain.

Le port est encadré de deux plages ombragées par des tamaris : à l'ouest, **Lagada** *(à 300 m du port)* ; à l'est, **Papikinou** *(à 1 km du port ; le long de la route).*

➤ ***Voir aussi notre balade secrète : Les trésors de Milos à la voile (p. 104).***

Le Musée ecclésiastique★

Carte p. 97 – À 50 m du port ☎ 228.70.23.956. Ouv. lun.-sam. 9 h-13 h et 18 h-22 h (vérifiez les horaires avant la visite). Entrée gratuite.

La très belle église d'Agia Triada, dont la fondation remonterait au XIIIe s., abrite quelques icônes rares du XVIIe s. et des panneaux en bois peint. Presque carrée, elle a la forme d'une basilique à trois ailes, coiffée d'un campanile et d'un petit toit voûté. Une belle mosaïque de galets représentant des centaures orne sa cour.

Milos

Le musée de la Mine★

Μεταλλευτικό Μουσείο Μήλου

Carte p. 97 – À 400 m E du port, en face de la plage de Papikinou ☎ 228.70.22.481, www.milosminingmuseum.gr. Ouv. juin-sept. : t.l.j. 10 h-14 h et 17 h 30-22 h ; oct. et mai : t.l.j. 10 h-14 h et 17 h 30-20 h 30 ; avr. : 9 h 30-14 h ; nov.-mars. : sam. 9 h-14 h (les horaires varient selon la fréquentation, vérifiez avant la visite). Entrée payante.

Perlite pour la construction et la filtration, bétonite pour le béton et la litière pour chat, kaolin pour la porcelaine et le talc, etc. : la richesse minérale de Milos et ses applications industrielles n'auront plus de secret pour vous. Moderne et pédagogique, ce musée raconte également l'his-

toire de l'exploitation minière sur l'île. Les principales carrières de l'île et le musée ont été rachetés par un groupe français en 2015.

➤ Plaka★★

Πλάκα

Carte p. 97 – À 4 km N d'Adamas ; à l'O de l'agglomération formée de Trypiti, Plakès, Triovassalos et Péra Triovassalos. Bus régulier depuis Adamas. Le centre est piéton ; parking près du Musée archéologique.

Le village cycladique dans toute sa splendeur ! Son lacis de ruelles fleuries et blanchies à la chaux s'étire au bord de la falaise et surplombe l'immense baie de l'île. La belle **église de Korfiatissa** (1800) est suspendue au-dessus du vide. À la tombée de la nuit, boutiques, bars et tavernes s'animent. L'ascension qui mène au **Kastro** *(10 min à pied par un sentier en escalier au N du village, près de la station de bus)* est recommandée : du haut de la colline, où se trouvent les ruines de la forteresse franque, la vue est exceptionnelle.

Le Musée archéologique★

Carte p. 97 – À l'entrée de Plaka
☎ 228.70.28.026. Ouv. mar.-dim. 9 h-16 h. Entrée payante.

Les pièces exposées sont peu nombreuses, mais bien présentées dans ce musée aux allures néoclassiques. On y découvre l'importance de la

Le port de pêche de Klima

cité de Philakopi *(dans le N-E de Milos, p. 100)* à l'âge du bronze (3300-1100 av. J.-C.), et celui de l'île dans l'Antiquité (1000 av. J.-C. jusqu'à l'époque chrétienne). Dans l'entrée, non loin d'une copie de la fameuse *Vénus de Milo* (IIe s. av. J.-C., *encadré ci-contre*), le musée conserve une importante collection d'obsidiennes – une roche noire très dure utilisée pour la fabrication des outils et des pointes de flèche. Le commerce de cette pierre volcanique permit à Philakopi de rayonner dans toute la Méditerranée orientale. Les poteries de l'âge du bronze, et notamment la figurine de la *Dame de Philakopi* en terre cuite (1200 av. J.-C.), témoignent du raffinement des ateliers de l'île.

Le Musée historique et folklorique*

***Carte p. 97** – Dans le centre piéton, en face de la grande église de Korfiatissa ☎ 228.70.21.292. En principe ouv. mar.-sam. 10 h-14 h et 18 h 30-21 h 30, dim. 10 h-14 h (vérifiez les horaires avant la visite). Entrée payante.*

Entre 1850 et 1930, l'île connut une grande prospérité grâce à l'augmentation du rendement des mines, mais aussi à la croissance des échanges maritimes. L'excellence de son port et sa position au carrefour des trajectoires commerciales en Méditerranée firent de Milos une île cosmopolite. Il se forma ainsi une élite de notables, influencée par le mode de vie occidental.

Le musée reconstitue l'intérieur bourgeois de cette période ; la salle centrale est la pièce de réception.

À noter également l'importance du métier à tisser : pendant la Première Guerre mondiale, la présence de navires de guerre franco-anglais dans la rade entraîna une forte demande d'objets tissés pour les équipages.

➤ Les catacombes et le théâtre romain*

***Carte p. 97** – À Trypiti, suivez sur 500 m un chemin de terre (panneau) qui mène vers la mer ☎ 228.70.21.625, www.catacombs.gr. Ouv. mar.-dim. 8 h-16 h (horaires restreints en hiver, vérifiez avant la visite). Entrée payante. Bus jusqu'à Trypiti.*

Cette **nécropole souterraine** est la plus grande du début de l'ère chrétienne (IIe-Ve s.), après celle de Rome. Répartis dans trois galeries (d'une longueur totale de 180 m), un millier

de corps furent enterrés dans des tombeaux voûtés creusés dans le tuf volcanique.
À l'extérieur de la **nécropole** *(à 200 m),* le théâtre romain se trouve comme suspendu au-dessus du port de Klima et de la mer. Il est prévu que des représentations s'y tiennent l'été. Renseignez-vous sur place.

Promenade au milieu des ruines★★

Carte p. 97 *– Départ au S de Plaka puis suivez les ruelles qui longent la falaise (panneau Klima, Katakombès) : 1 h de descente ; facile. Pas de bus à Klima : entendez-vous avec un taxi ou, à mi-chemin, remontez vers Trypiti.*

Cette merveilleuse balade descend de la capitale jusqu'au port de pêche de Klima en traversant des paysages agricoles de toute beauté et les vestiges de la cité antique de Milos : le théâtre romain, le site où fut retrouvée la *Vénus* (au panneau bleu, descendez en contrebas) et les catacombes paléochrétiennes.
Pour une pause romantique, grimpez au sommet de la butte couronnée par la **chapelle du Profitis Ilias** *(10 min aller ; facile)* : elle est identifiée comme l'ancienne Acropole. Entre les arbres couchés par le vent du nord, les fûts de colonnes et les marbres éparpillés, la chapelle blanche offre une vue superbe sur la mer au soleil couchant.

➤ Klima★★

Κλήμα

Carte p. 97 *– À 1,4 km E en contrebas de Trypiti. Pas de bus.*

Les petites maisons de pêcheurs, en partie troglodytiques, se pressent contre la colline. Elles sont caractéristiques de l'île avec leurs portes multicolores. L'étage inférieur sert de garage à bateaux *(syrmata)* pendant l'hiver et par jour de gros temps ; un escalier en bois conduit à l'habitation, située juste au-dessus. Le soir, les habitants sortent leurs chaises pour prendre l'apéro face à la mer. De nombreux *syrmata* ont été transformés en maison d'été.

➤ La côte nord★★

Carte p. 97.

Ports miniatures, paysages lunaires, grottes et arches creusées dans des falaises : l'homme et les éléments ont sculpté cette côte tout en tuf blanc ou beige.

Mandrakia★★

Μανδράκια

Carte p. 97 *– À 4 km N d'Adamas. Pas de bus.*

Ce village de pêcheurs est installé sur un petit promontoire au-dessus de la mer. Lové au creux de la falaise, son minuscule port compte une ving-

LES PÉRÉGRINATIONS DE *LA VÉNUS DE MILO*

Avec ses seins nus et son déhanchement gracieux, était-elle trop dévêtue pour la morale de l'époque ? C'est possible, car en 1820, quand elle fut retrouvée dans un champ, la belle aux bras cassés s'apprêtait à terminer sa vie dans un four à chaux ! Heureusement, un élève de la Marine française, en relâche à Milos, s'émut de la beauté de la *Vénus*. Entre intrigues amoureuses et complots diplomatiques, l'information remonta jusqu'à l'ambassadeur de France à Constantinople, le marquis de Rivière, qui, par l'intermédiaire de son secrétaire, réussit à acheter la statue au nez et à la barbe d'un prince turc. C'est ainsi que le marquis offrit le précieux objet au roi Louis XVIII, qui en fit don au Louvre. Immédiatement, la statue cristallisa la passion des Philhellènes comme Victor Hugo ou Eugène Delacroix : la France soutint ainsi la Grèce dans sa longue guerre d'indépendance contre les Turcs (1821-1830).
Un excellent roman pour en savoir plus sur la découverte rocambolesque de l'Aphrodite et de son accès au statut de chef-d'œuvre : *L'Invention de la Vénus de Milo*, T. Théodoropoulos.

taine de garages à bateaux *(syrmata)* creusés dans le tuf volcanique. Leurs grandes portes dessinent des rectangles verts ou bleus sur l'ocre de la roche : un ravissement pour les yeux.

Firopotamos**

Φυροπόταμος

Carte p. 97 *– À 6 km N d'Adamas. Pas de bus.*

Ce petit port de pêche tout aussi pittoresque étire ses garages à bateaux blancs et bleus dans une baie divinement turquoise.

Sarakiniko***

Σαρακίνικο

Carte p. 97 *– À 4,5 km N d'Adamas. 4 bus/j. en plein été, sinon pas de bus.*

D'un blanc pur, ce bout de côte est l'un des lieux les plus magiques de l'île. Le vent et la mer ont sculpté le tuf volcanique, formant un univers immaculé et arrondi, tout en creux et en bosses. Une **calanque** ourlée de sable blanc se love dans ce paysage lunaire. Cheminées de fée, arches, piscines, falaises : il est conseillé d'explorer à pied les alentours pour apprécier toute la diversité du paysage. À environ 10 min à pied à l'est, l'épave d'un **petit cargo** gît dans l'eau. En vous baignant, prenez garde aux anémones collées sur les rochers : elles peuvent brûler les peaux les plus fragiles.

Philakopi et Papafranga***

Φυλακωπή et Παπαφράγκα

Carte p. 97 *– À 7 km N-E d'Adamas, 3 km avant Pollonia, juste avant le site archéologique de Philakopi. Bus régulier en direction de Pollonia.*

À part quelques murs et des vestiges sous-marins, il ne reste pas grand chose de la **ville préhistorique** de Philakopi. Elle fut pourtant un centre important entre 2 300 et 1 400 av. J.-C. grâce au commerce de l'obsidienne. Juste à côté, ne manquez pas la larme émeraude de **Papafranga** : entièrement fermée, cette calanque ourlée de sable communique avec la mer par une arche. À voir d'en haut car il est dangereux d'y descendre à pied. À moins d'y aller à la nage depuis la calanque d'à côté… En face, les îlots de Glaronissia forment d'impressionnants orgues de basalte *(certaines excursions en bateau permettent de s'en approcher).*

Le paysage lunaire de Sarakiniko

Randonnée le long de la côte nord**

Carte p. 97 – De Philakopi (faites-vous déposer en bus) à Sarakiniko (un bus vous ramène à Philakopi) : 2 h 30 de marche ; assez difficile. En été, il fait chaud et il n'y a pas d'ombre : prévoyez de l'eau et un départ tôt. De nombreuses pistes permettent de rejoindre la route en cours de balade. Balade détaillée sur www.cycladen.be/MilosFra.htm.

Entre la route et la côte, ce trek au fil de l'eau traverse des paysages spectaculaires. On y croise de petits ports de pêche sculptés dans le rocher (Agios Konstantinos, Mytakas, Mandrakia), la calanque de Papafranga, des plages paradisiaques (Alogomandra, Agia Irini), une épave échouée et l'environnement lunaire et sculptural de Sarakiniko. Le sentier n'est pas balisé : suivez la côte en faisant attention aux rochers friables. Vous pourrez pousser jusqu'à Mandrakia, le paysage ocre et blanc et les rochers sculptés par la mer et l'homme (anciennes mines de kaolin) sont de toute beauté *(2,2 km de Sarakiniko, env. 40 min ; agréable taverne, mais pas de bus ; pour le retour, entendez-vous avec un taxi ou marchez par la route jusqu'à Pera Triovassalos à 1,5 km).*

➤ Pollonia ou Apollonia**

Πολλώνια ου Απολλώνια

Carte p. 97 – À la pointe N-E de l'île, à 10 km N-E d'Adamas. Bus réguliers pour Adamas.

SAVEURS LOCALES

Une famille d'apiculteurs a ouvert cette « Arche des saveurs » (Kivotos ton Gevseon). Pâtisseries, glaces, feuilletés au fromage ou à la crème, *ladenia* (pizza locale), mais aussi miel, pâtes et huile d'olive : tout est maison et d'excellente qualité. Agréable cour pour déguster sur place (petit déjeuner, goûter). À moins de faire des emplettes pour un pique-nique mémorable sur la plage.

➤ ***Carte p. 97* – Kivotos ton Gevseon**, *à l'entrée de Pollonia (100 m avant d'arriver à la mer) ☎ 228.70.41.121. Ouv. mi-mai à mi-oct. t.l.j. 7 h-1 h (f. 15 h-18 h hors juil.-août).*

Particulièrement sympathique, la principale station balnéaire de l'île se trouve juste en face de Kimolos, qui la protège du *meltem (un petit ferry fait la navette plusieurs fois pas jour).* En arrivant par la route d'Adamas, le petit port de pêche se découvre sur la droite et la majorité des chambres à louer sur la gauche sur le petit cap de Pélékouda. Au centre s'étire une large plage de sable plantée de tamaris et équipée d'une aire de jeux pour les enfants. L'ambiance y est familiale. Des tavernes alléchantes – le niveau gastronomique ne cesse de monter ! – et des bars aux couleurs acidulées s'alignent sur le port face à une jolie collection de barques multicolores. Le village est réputé pour

UN HOMME ENGAGÉ

À Paris, Yannis Havakis a été mécanicien sur le Concorde et danseur pour Nana Mouskouri pendant dix ans, avant de s'engager pendant dix-neuf mois dans l'équipe du commandant Cousteau. Il travaille ensuite sur toutes les mers du globe comme instructeur de plongée sous-marine. En 1996, il décide de se poser pour ouvrir son propre club à Milos, son île natale, *p. 198.* Il choisit Pollonia pour sa situation unique au cœur du triangle des surprises : Milos, Polyaigos et Kimolos (superbes fonds marins, des ruines archéologiques englouties et une faune aquatique diversifiée).

Très engagé dans la protection de l'environnement, il se bat contre la pêche à la dynamite (encore pratiquée en Grèce) et pour la protection des phoques moines qui se reproduisent entre Kimolos et Polyaigos.

son club de plongée *(p. 198 et encadré p. 101)* – tenu par un Grec qui a longtemps vécu en France – et la richesse des fonds marins qui se trouvent à proximité. De belles adresses, petits hôtels et *guesthouses* ont récemment ouvert leurs portes.

➤ D'Adamas à Embourios*

Εμπουργιός

Carte p. 97 – 17 km de route, dont 5 km sur une bonne piste en terre. Pas de bus.

Le fond de l'immense baie de Milos est tapissé par la grande plage d'**Achivadolimni** aux eaux peu profondes *(camping en retrait de la plage, sports nautiques)*. En approchant des flancs du Profitis Ilias, le sommet de l'île (748 m), les paysages se font austères et montagneux.

L'asphalte s'arrête au niveau de l'ancien **monastère d'Agia Marina** où vous tournerez à droite. En plongeant sur la rade de Milos, la piste offre une **vue** à couper le souffle. Peu à peu, les paysages deviennent agricoles et se font plus souriants : champs cultivés et oliveraies piquées par quelques arbres majestueux. Si les plages et la lagune ne sont pas toujours très propres, l'un des buts de l'excursion – la taverne du hameau d'**Embourios** *(p. 197)* – se rapproche.

➤ Exploration de l'Ouest sauvage*

Carte p. 97 – Boucle d'une quarantaine de km au départ de la plage d'Achivadolimni (ci-dessus). *Depuis la plage, continuez sur la route jusqu'au monastère d'Agia Marina, puis continuez tout droit. Une grande partie se fait sur piste (véhicule tout-terrain conseillé).*

La piste qui tourne autour du sommet de l'île est appelée « le périphérique » par les habitants. Elle dessert quelques plages de sable superbes et solitaires, adossées à des falaises jaunes et orangées.

Le grand **monastère d'Agios Ioannou Siderinios** *(à 20 km d'Achivadolimni sur la piste principale)*, inoccupé malgré ses soixante cellules, est l'objet d'une *panigyri* (fête religieuse) importante le 25 septembre. Les familles qui l'entretiennent ont transformé les cellules en astucieux petits studios. Pendant tout le mois de septembre, période des préparatifs des célébrations, il y règne une atmosphère de village en fête.

Exactement 1,5 km après le monastère, il est possible de rejoindre à pied **Kleftiko**, autrefois repère de pirates et aujourd'hui objet de toute les excursions en bateau. Un piquet métallique indique le début du sentier. Au bout de 30 min de marche peu difficile, on rejoint ce site grandiose tout en falaises, arches et îlots blancs plantés dans l'eau turquoise. Rocher pour poser sa serviette.

Au-delà, la piste surplombe la côte sud avant de rejoindre la petite station balnéaire de **Provatas** *(ci-contre)*. Tout l'est de l'île a été classé par le réseau Natura 2000 afin de protéger la vipère de Milos, une espèce endémique menacée. Prenez garde en marchant.

➤ Les plages du Sud

Carte p. 97 – La plupart de ces plages sont accessibles en voiture.

C'est sans doute sur la côte sud que Milos porte le mieux son surnom d'« île aux couleurs ». Si le cratère de Fyriplaka (au sud de l'aéroport) est éteint depuis 90 000 ans, les plages alentour témoignent d'une activité volcanique souterraine, entre résurgences d'eau chaude et falaises arc-en-ciel.

Paliochori**

παλιοχώρι

Carte p. 97 – À la pointe S-O de l'île, à 10 km d'Adamas. Bus en été.

Pour accéder à Paliochori, il faut traverser Zefyra. À partir de ses quelques maisons bâties au milieu d'une plaine

poussiéreuse et couverte de cactus, il est alors difficile d'imaginer que Zefyra fut la capitale de l'île aux XVIIe et XVIIIe s. Des vapeurs de soufre l'ont dévastée en 1735.

La petite station balnéaire de **Paliochori** se trouve 5 km plus loin. La plage est sublime, en particulier sur la droite où la langue de sable est protégée par des falaises multicolores et bordée par la mer turquoise. Paliochori est le point de l'île où l'on resentira le mieux l'activité volcanique : résurgences chaudes en bord de mer, légère odeur de soufre et… cuisine volcanique ! L'une des tavernes *(p. 197)* s'enorgueillit de ses spécialités cuites dans le sable brûlant (90 °C par géothermie en un point précis).

Fyriplaka*** et Tsigrado**

Φυριπλάκια et Τσιγκράδο

Carte p. 97 *– À 10 km S d'Adamas. Après la plage d'Achivadolimni, prenez la direction de Provatas, puis tournez à g. direction Tsigrado. Pas de bus.*

Pour rejoindre l'une des plus belles plages de Milos, il faut affronter le ballet des camions et le spectacle des carrières à ciel ouvert. Mais à l'arrivée, l'immense langue de sable gris argent de **Fyriplaka** se déroule entre une mer aussi bleue que celles des Caraïbes et des falaises blanches, rouges, jaunes et ocre. Quelques transats et parasols à louer et une petite *kantina* (boissons, sandwichs) pour se sustenter.

À 300 m à l'est, la jolie plage de **Tsigrado** est réservée aux aventuriers. Coincée entre les falaises, il faut, pour s'y rendre, descendre le long d'un petit canyon creusé par la pluie en s'aidant d'une corde.

Provatas*

Προβατάς

Carte p. 97 *– À 8 km S d'Adamas. Pas de bus.*

Un hôtel (le plus grand de l'île), quelques chambres à louer et des tavernes autour d'une jolie plage de sable doré.

La baie de Kleftiko, ancien repaire de pirates

Balade secrète

Les trésors de Milos à la voile

Des plages de rêve, des ports croquignolets, des formations géologiques spectaculaires et des grottes où se cachaient les pirates : de toute beauté, la côte de Milos est constellée de trésors qui ne sont souvent accessibles que par la mer. Promenez-vous un soir sur les quais d'Adamas pour choisir votre embarcation : une réplique de caïque en bois du XIXe s. comme le *Thalassitra*, un fier catamaran tel que le *Chrysovalandou*, ou un voilier dodu. En fonction de la demande et du vent, ils vont jusqu'à Kleftiko à la pointe sud-ouest de Milos, ou bien ils font le tour complet de l'île.

Garages à bateaux multicolores

À peine a-t-on levé l'ancre que les petits ports de pêche de **Klima** et **Fourkovouni** apparaissent à tribord. Un régal pour les yeux. Les grandes portes rouges, jaunes, vertes ou bleues des garages à bateaux contrastent avec la falaise ocre. L'hiver, ils protègent les caïques en bois du mauvais temps. À la belle saison, ils se transforment en adorables maisons d'été aux façades léchées par l'écume.

Géologie surnaturelle

Îlot en forme d'ours, falaises multicolores : les trésors marins de Milos défilent. On se rafraîchit face à des plages de rêve comme **Ammoudaraki** ou **Agios Ioannou** avant d'arriver à la grotte effondrée de **Sikia** : on plonge dans cette ancienne cachette de pirates avant d'atteindre la plage qui ourle son fond.

Plus loin, on jette l'ancre à **Kleftiko**, un autre repère de pirates spectaculaire. Grottes sous-marines, arches, pitons et falaises blanches baignent dans l'eau translucide : ce site grandiose fascine !

Version courte, le retour se fait par le même chemin. Mais dans tous les cas, des boissons, des collations et un mémorable déjeuner sont servis à bord.

Version longue : le tour complet de l'île

Après Kleftiko, le périple continue, non sans piquer quelques têtes dans la mer. Au sud, on longe l'immense plage argentée de **Fyriplaka** et les plages colorées autour de **Paliochori**. À l'est, une plage magnifique étire son sable blond dans un décor à la *Indiana Jones* : rails et wagonnets, machines rouillées et bâtiments en ruine sont les vestiges d'une ancienne mine de soufre. Plus loin, l'activité minière bat son plein dans la baie incroyablement turquoise de **Voudia**. Puis on flirte avec Kimolos avant de tourner autour du port de Pollonia. Côté nord, quel contraste entre les îlots noirs de **Glaronissia** avec leur orgues de basaltes et, juste en face, les paysages lunaires et féeriques en tuf blanc et ocre autour de **Sarakiniko** !

Alternative : la version sport

Vous pouvez également explorer la côte au rythme de la pagaie : c'est possible en mode sportif avec **Sea Kayak Milos** (kayak de mer rapide, *p. 198*), ou plus tranquillement, avec **Alternative Milos** (gros canots, *p. 198*). L'itinéraire se choisit en fonction du vent.

PRATIQUE

Carte p. 96-97 – *Rés. auprès des bateaux, sur le quai d'**Adamas**. On peut aussi réserver via une agence telle que Travel me to Milos* (p. 174).
Départ du port à 10 h, retour vers 18 h.

BUDGET

Les prix varient en fonction de la saison, du vent et du parcours… Comptez entre 60 et 100 € la j./pers. De gros bateaux font le tour complet de l'île avec pause déjeuner à Kimolos pour 30 € la journée mais embarquent jusqu'à 150 passagers.

11 Mykonos Μύκονος

La plage de Paradise

Festive et cosmopolite, voici l'île jet-set des Cyclades. Ses magnifiques plages permettent aux nombreux noctambules venus se divertir de se reposer la journée. Si DJ et décibels ne sont pas à votre goût, contentez-vous d'une escale pour vous perdre à Chora, sa magnifique capitale. Dans son labyrinthe de ruelles blanches, vous croiserez Christos le pélican ou… une bande de *drag queens* rejoignant l'une des sulfureuses soirées de l'île. Notez qu'en dehors de la capitale et des plages, il y a peu de chose à visiter. Si ce n'est Délos *(p. 79)*, l'île archéologique et sanctuaire d'Apollon, toute proche. En effet, pour s'y rendre, une nuit à Mykonos est quasiment obligatoire.

- **Carte :** p. 107.
- **Arriver, se déplacer :** p. 275.
- **Manger, dormir, s'amuser :** p. 198.
- **Le + :** l'ambiance festive et la variété des plages (une trentaine).
- **Le - :** c'est l'île la plus chère de l'archipel.
- **Superficie :** 88 km².

Mykonos

Mykonos★★★

Dans les années 1950, quelques aquarellistes posent leur chevalet dans les ruelles de Mykonos, alors une île pauvre, comme les autres Cyclades. La jet-set et les hippies leur emboîtent le pas dès les années 1960. Romain Gary et Jean Seberg y ont leur cabane de pêcheur. L'île se remplit de *paparazzi* venus photographier les frasques d'Onassis avec Maria Callas, puis Jackie Kennedy. Les chambres à louer poussent comme des champignons, redistribuant ainsi la manne du tourisme à toutes les familles de l'île. Au tournant du XXIe s., Mykonos – comme Santorin, Sifnos et Folégandros – mise sur un tourisme plus haut de gamme.

➤ Chora★★★

Χώρα

Carte p. 107 – Chora est un véritable labyrinthe. La meilleure façon de découvrir la ville est donc de s'y perdre, sans inquiétude puisqu'en demandant la mer ou le port, jamais très loin, on retrouve vite son chemin !

À la différence des autres Cyclades, la capitale de Mykonos n'est pas bâtie sur un promontoire rocheux : elle occupe un terrain plat en bord de mer. La seule manière de se protéger des pirates et du vent fut de créer un dédale de ruelles inextricables, qui font aujourd'hui le bonheur des flâneurs.

Voici cependant quelques indications pour comprendre la ville. Sur le front de mer, la **place Manto Mavrogenous**, plus simplement appelée Manto Square ou même Taxi Square, est la plus centrale. De cette place, la rue Matogianni (Main Street) – ou celles qui lui sont adjacentes – s'enfonce dans la vieille ville commerçante. Les boutiques chic se concentrent au bout de cette rue, après la banque Alpha Bank *(rues Kalogera et Enoplon Dynameon, sur la dr.)*. En longeant le front de mer, en direction du quai d'où partent les bateaux pour Délos, vous rejoin-

Bord de mer à Chora

drez l'église Paraportiani. Au-delà, en direction des fameux moulins, vous trouverez la petite Venise, avec ses maisons de capitaines transformées en bars léchés par l'écume.

L'église Paraportiani***

Παραπορτιανή

***Carte p. 107** – En direction du quai d'où partent les bateaux pour Délos, un peu en hauteur. À pied depuis la place Manto Mavrogenous : 5 min. Ouv. une fois/an, le 15 août, le jour de sa fête.*

Aux XVIe et XVIIe s., cinq églises se sont imbriquées les unes dans les autres pour former un bâtiment d'une grande et merveilleuse complexité à la fois, comme seule l'architecture populaire grecque peut en présenter. Il faut passer et repasser devant, se laisser surprendre par les jeux d'ombre et de lumière qui caressent sa coupole, son campanile, ses voûtes et ses escaliers. Les murs, maintes fois recouverts par de la chaux, sont devenus voluptueux.

Le musée d'Art populaire*

***Carte p. 107** – À côté de l'église Paraportiani, dans un bâtiment parallèle à la mer ☎ 69.77.43.98.32 (port.). Ouv. avr.-oct. lun.-sam. 10 h 30-14 h et 17 h 30-20 h 30. Don bienvenu (2 €) : il permet de payer l'employé.*

L'intérieur bourgeois de cette maison de capitaine est décoré d'objets du monde entier (meubles vénitiens, service de porcelaine anglaise…). À noter, la belle collection de boucles d'oreilles en or et en perles portées par les femmes des capitaines. Le sous-sol est consacré à Mykonos et à la mer : reconstitution du pont d'un navire de guerre datant de 1821, maquettes, canons…

Les moulins (Kato Myli)***

Κάτω Μύλοι

***Carte p. 107** – À pied en longeant la mer depuis la place Manto Mavrogenous : env. 12 min.*

Le vent souffle ici trois cents jours par an. Mykonos a compté jusqu'à vingt-huit moulins, dont dix-huit sur la petite Venise. Aux XVIIIe et XIXe s., le blé venait de toute la Méditerranée pour y être moulu. En guise de règlement, 10 % de la farine produite étaient laissés sur place. Une armée de boulangers fabriquait alors des *paxymadia*, sorte de pain sec qui ravitaillait les navires. Les cinq moulins qui surplombent aujourd'hui la petite Venise témoignent de ce brillant passé.

Le Musée maritime de la mer Égée**

Carte p. 107 – Rue Enoplon Denameon ☎ 228.90.22.700. Ouv. avr.-oct. t.l.j. 10 h 30-13 h et 18 h 30-21 h. Entrée payante.

Ce musée relate, à travers de superbes maquettes et de passionnantes explications *(en anglais)*, l'histoire de la navigation en Méditerranée : depuis le raft sur une peau de bête jusqu'au *pérama* – le bateau cargo traditionnel de la mer Égée, construit jusqu'en 1940 à Syros –, en passant par la trière athénienne ou le *kyrema* d'Alexandre le Grand. La tête d'un phare de 1890 est exposée dans le beau jardin.

La maison de Léna*

Carte p. 107 – À côté du Musée maritime ☎ 228.90.28.764. Ouv. avr.-oct. t.l.j. 18 h-21 h. Don bienvenu (2 €) : il permet de payer l'employé.

Cette belle maison appartenait à une grande famille de commerçants du XIXe s. spécialisés dans le commerce du bois : ils alimentaient le chantier naval et les entreprises chargées de la construction des moulins. L'intérieur bourgeois s'articule autour d'un grand salon meublé d'objets anciens venants des quatre coins du monde.

LA MASCOTTE DE L'ÎLE

Sauvé par un pêcheur dans les années 1960, le **pélican Pétros** s'est rapidement acclimaté à Mykonos. Devenu la mascotte de l'île, il prenait fièrement la pose devant les photographes et se nourrissait aux étals des pêcheurs. À la mort de Pétros, les Mykoniotes étaient si tristes que Jackie Kennedy, compatissante, leur offrit un nouveau pélican, une femelle nommée Irini. Puis, ce fut au zoo de Hambourg de faire don à l'île d'une seconde mascotte nommée Pétros en hommage au pélican défunt. Aujourd'hui, Mykonos compte trois pélicans et ces derniers sont toujours au centre des attentions des touristes comme des résidents, qui leur offrent à manger et les caressent.

Le Musée archéologique*

Carte p. 107 – Au-dessus du vieux port ☎ 228.90. 22.325. Ouv. mar.-dim. : avr.-oct. 9 h-16 h, nov.-mars 8 h-15 h (en principe). Entrée payante.

Dans ses six salles, le musée réunit notamment une grande collection d'objets funéraires originaires de Rhénée, l'île voisine qui servait de cimetière à Délos *(p. 79)*, parmi lesquels vous observerez des vases à libation, des stèles en marbre, des figurines en argile, des pièces de poterie… La pièce maîtresse est une grande amphore funéraire du VIIe s. av. J.-C. ornée des épisodes de la prise de Troie.

➤ Les plages vedettes du sud de l'île

Carte p. 107 – Suivez les panneaux depuis Chora.

Du sable blond, des hôtels et des *beach bars*, pour, au choix, une ambiance familiale, déjantée ou… très snob.

Les plages de la pointe sud-ouest*

Carte p. 107 – De 1 à 5 km de Chora.

Large écharpe de sable, **Megali Ammos** est la plage la plus proche de la ville *(env. 15 min à pied de Chora en longeant la mer)*. Puis on rejoint **Korfos** *(dans la continuité, à 15 min de Megali Ammos, bus depuis Chora)*, plage très exposée au vent du nord et appréciée des kitesurfers (école, location de kites). De l'autre côté de l'isthme, **Ornos** *(35 min à pied de Chora, bus depuis Chora)*, sa sœur jumelle, est complètement protégée du vent car tournée plein sud. Elle est bordée d'hôtels, bars et restaurants, mais l'ambiance reste familiale. Enfin **Agios Ioannis** *(40 min à pied de Chora, bus depuis Chora)*, plus calme, étire son long ruban de sable face à Délos et le coucher du soleil.

Psarou

Carte p. 107 – À 4 km de Chora, entre Ornos et Platys Gialos. Pas de bus. Parking payant.

Quasi privée, cette plage est occupée par le *beach bar* le plus chic de l'île. C'est le rendez-vous des starlettes et de la jet-set. Ambiance très snob, entre langoustes, cigares et magnum de champagne.

Platys Gialos

Carte p. 107 – 4 km de Chora. Bus.

Bondée et bordée d'hôtels, Platys Gialos est une plage familiale et facile d'accès. Elle est pratique pour prendre un caïque pour les plages suivantes, Agia Anna Paranga, Paranga, Paradise et Super Paradise *(horaires affichés sur place)*.

Agia Anna Paranga, Paranga, Paradise et Super Paradise★★

Carte p. 107 – À 5-6 km de Chora. Route étroite pour Super Paradise. Bus pour Paradise. Parking payant. Le mieux est de les rejoindre en bateau depuis Platys Gialos.

À l'est de Platys Gialos, **Agia Anna Paranga** (agréable taverne traditionnelle, *p. 200*) est une plage très tranquille. **Paranga**, derrière le petit cap, est également calme et agréable.

Beach bars, cocktails colorés et décibels rythmés : entièrement dédiées à la fête, **Paradise** et **Super Paradise** sont les deux plages mythiques de Mykonos. Elles sont très fréquentées, indifféremment par les gays et les hétéros, réunis ici pour parfaire leur bronzage, draguer et danser… La baignade est secondaire et pourtant la mer est sublime. Nudisme pratiqué.

➤ Ano Mera★

Άνω Μερά

Carte p. 107 – À 8 km E de Chora. Bus régulier depuis Chora.

Après la place avec ses tavernes, visitez le **monastère Tourliani** *(ouv. avr.-nov. t.l.j. 10h-12h45 et 15h-19h ; entrée gratuite)* où un moine souriant assure l'accueil. Petite cour fleurie et belle église du XVIIIe s. dotée d'une superbe iconostase.

La petite crique d'Agios Sostis

➤ Les plages en vogue du sud-est de l'île

Carte p. 107 – Il vaut mieux passer par Ano Mera pour les rejoindre. Depuis Chora, suivez la dir. Ano Mera, traversez le village et suivez les panneaux.

Elia et Agrari*

Carte p. 107 – À 10 km de Chora. Bus.

Elia est plus branchée et plus gay que Paradise et Super Paradise. Nudisme pratiqué. Superbe sentier pour la jolie plage d'**Agrari** *(10 min à pied; également accessible par une route vertigineuse)*, qui est aussi un rendez-vous de la communauté homosexuelle. Ambiance *beautiful people.*

Kalafatis**

Carte p. 107 – À 12 km de Chora. Bus.

Paradis du windsurf. Juste à droite en arrivant, ne ratez pas l'adorable port de pêche d'Agia Anna sur le cap Tarsanas (bonne taverne, *p. 201*).

Lia

Carte p. 107 – À 15 km de Chora. Pas de bus.

Presque à la pointe sud-est de l'île, belle plage également très prisée.

➤ Les plages tranquilles du nord de l'île

Carte p. 107 – Suivez les panneaux depuis Chora.

Agios Stéfanos*

Carte p. 107 – À 3 km de Chora, après le nouveau port. Bus régulier.

Superbe plage de sable abritée du *meltem*. Facile d'accès et familiale.

Panormos*

Carte p. 107 – À 9 km de Chora. Pas de bus.

Un croissant de sable bordé de dunes et un *beach bar* plus cool qu'ailleurs. Peu de *sunbeds* (transats).

Agios Sostis**

Carte p. 107 – À 11 km de Chora. Pas de bus.

L'une des rares plages sauvages de l'île. Prisée par les hippies chic. Nudisme pratiqué. Prévoir de l'eau. Une taverne croquignolette se cache derrière l'église (souvent prise d'assaut, attention à l'attente, *encadré ci-dessous*).

Fokos**

Carte p. 107 – À 11 km en passant par Ano Mera depuis Chora. Pas de bus.

Du sable blond encadré de rochers noirs, verts et ocre. Excellente taverne *(p. 200)*.

POUR UNE PAUSE À L'ÉCART

Dégustez un calamar grillé au feu de bois et des salades colorées chez Kiki, au bout de la plage d'Agios Sostis. Ambiance cabane de pêcheur et vue splendide dans une crique à l'eau turquoise. Quand il y a la queue, rosé et eau sont offerts pour patienter.
➤ ***Carte p. 107* – Kiki,** *à l'extrémité de la plage d'Agios Sostis, au nord, derrière la chapelle. Ouv. mai-oct. 12 h 30 à la nuit.*

12 Naxos
Νάξος

Chapelle byzantine dans la plaine de la Tragéa, au centre de l'île

Elle est la plus grande, la plus haute et, pour certains, la plus belle des Cyclades. Mais Naxos est avant tout une île nature. Les amateurs de farniente et les véliplanchistes apprécient ses kilomètres de sable blond, tandis que son centre est hérissé de crêtes minérales. Là se cachent des vallées couvertes d'oliviers et de citronniers, d'adorables chapelles byzantines et des villages authentiquement agricoles. Autant de possibilités de magnifiques randonnées.

- **Carte :** p. 113.
- **Arriver, se déplacer :** p. 276.
- **Manger, dormir, s'amuser :** p. 201.
- **Le + :** idéal en famille ; nombreuses activités culturelles et sportives.
- **Le - :** les constructions pas toujours heureuses du boom immobilier des années 2000.
- **Superficie :** 428 km² (la plus grande île des Cyclades).

Naxos

Naxos★★

Habitée depuis 5 000 ans, Naxos a connu deux périodes brillantes dans son histoire. Dans l'Antiquité, aux VIIe et VIe s. av. J.-C., elle fut une puissante cité comme en témoignent ses monuments (temple d'Apollon, temple de Déméter…). Plus tard, les Vénitiens la choisirent comme siège pour gouverner les Cyclades (de 1207 à 1566). Une superbe citadelle médiévale couronne ainsi Chora, la capitale.

➤ Chora★★

Χώρα

***Carte p. 113** – Port d'arrivée sur l'île.*

En arrivant à Naxos, le bateau vous dépose au cœur-même de la capitale. À gauche, vous apercevrez le temple d'Apollon et sa célèbre porte des Naxiens *(ci-dessous)*. En face, le front de mer avec ses bars, ses *ouzeri* (tavernes) et ses boutiques. Et derrière, la vieille ville qui se presse contre la colline couronnée par le Kastro.

Portara, le temple d'Apollon★★★

Πορτάρα

***Carte p. 113** – À 3 min à pied du port.*

Située sur la presqu'île de Palatia, la porte des Naxiens – appelée

Portara – garde l'entrée du port. C'est le seul élément achevé du sanctuaire commandé par le tyran Lygdamis à la gloire d'Apollon (VIe s. av. J.-C.). La promenade sur la presqu'île est magique.

La vieille ville et la citadelle**

Κάστρο

Carte p. 113.

Pour découvrir la vieille ville, entrez par l'ancien bazar *(pancarte « Old Market » face aux quais, env. 100 m après la station de bus)*. Plus que les boutiques et les tavernes touristiques, l'attrait réside dans le charmant dédale de ruelles. Entre les passages voûtés et les bougainvillées, grimpez vers le Kastro pour rejoindre la seule porte fortifiée encore debout de la citadelle.

Construit par Marco Sanudo dès 1207 sur l'acropole antique, le Kastro et son architecture massive contraste avec les maisonnettes cycladiques de la vieille ville. Outre les maisons seigneuriales ornées de blasons francs, la citadelle protégeait la cathédrale catholique, le palais archiépiscopal, les écoles des Ursulines et des Jésuites ainsi que le monastère des Capucins.

Le Musée vénitien

Maison Della Rocca-Barozzi
☎ 228.50.22.387, www.naxosfestival.com/fr. Ouv. avr-oct. t.l.j. 10 h-22 h (appelez avant d'y aller). Entrée payante (cher). Soirées folkloriques où l'on pourra entendre jouer la tsoumba, la cornemuse locale.

La maison fortifiée d'un descendant des Francs arrivé en Grèce pendant la quatrième croisade abrite un musée. Meublée et décorée d'objets ayant traversé les siècles, la résidence montre que la famille aristocratique y vivait somme toute assez modestement.

Le Musée byzantin*

À côté du Musée vénitien
☎ 228.50.22.525. Ouv. lun.-ven. 9 h-15 h. Entrée gratuite.

À visiter pour ses sculptures byzantines (marbres d'église…) et pour la tour Glézos (XIIIe s.), entièrement restaurée. Belle cuisine avec une immense cheminée, puits, citerne, toilettes extérieures et terrasses offrant une vue fantastique sur le port.

Le Musée archéologique*

Au centre du Kastro, à deux pas des deux précédents musées
☎ 228.50.22.725. Ouv. en été mar.-dim. 8 h-19 h 30, le reste de l'année 8 h-15 h. Entrée payante.

Il est installé dans l'ancienne école des Jésuites où étudia le romancier Nikos Kazantzaki. De magnifiques objets témoignent d'une occupation continue de Naxos depuis le néolithique. Malgré le manque d'explications, les collections des époques cycladiques (notamment l'idole d'une femme enceinte, des poêles à frire en marbre du IIIe millénaire av. J.-C.), mycéniennes (XVe-XIIe s. av. J.-C.) et géométriques (VIIIe-VIIe s. av. J.-C.) sont particulièrement remarquables. En entrant, montez sur la terrasse pour admirer la mosaïque romaine de l'enlèvement d'Europe par Zeus et quelques blasons francs.

➤ Le sud-ouest de l'île**

Carte p. 113 – Boucle de 50 km environ.

Naxos peut s'enorgueillir d'abriter quelques-unes des plus belles plages des Cyclades. Au sud de sa capitale, des kilomètres de sable fin se déroulent le long d'une mer au dégradé de bleu étourdissant. Entre les gigantesques plages équipées et les criques solitaires, chacun trouvera son bonheur. Certaines, balayées par le vent, comme Mikri Vigla, sont des paradis pour les kitesurfers et les véliplanchistes. Plus on descend vers le sud, plus le littoral devient sauvage.

Au retour, passez par l'intérieur des terres pour visiter le remarquable temple dédiée à Déméter, la déesse de l'agriculture *(p. 116)*.

Agios Georgios, Agios Prokopios et Agia Anna*

Αγιος Γεώργιος, Αγιος Προκόπιος et Αγία Αννα

Carte p. 113 – Au S de Chora. Bus toutes les 30 min en été depuis Chora.

Ce sont les plages les plus touristiques de l'île. C'est ici que vous trouverez *beach bars* et sports nautiques (notamment windsurf). Agios Georgios touche la ville. Les deux suivantes sont à 5 km. La route côtière se transforme en bonne piste après le petit port d'Agia Anna. Elle longe la plage de 4 km de long de Plaka. Là, il est enfin possible de se retrouver seul sur le sable.

Mikri Vigla et Kastraki**

Μικρή Βίγλα et Καστράκι

Carte p. 113 – À 17 km S de Chora ; à env. 8 km d'Agia Anna (piste en terre carrossable). 3 à 6 bus/j. depuis Chora.

Exposée plein nord, la plage qui précède le cap de **Mikri Vigla** est le paradis de la glisse (écoles de kitesurf). Le cadre est superbe, mais la baignade est à proscrire. En revanche, derrière le cap, le calme est absolu. Les gros rochers arrondis qui bordent la mer évoquent les Seychelles. Puis le sable se déroule sur 7 km, au milieu desquels la plage ventée de **Kastraki**, avec ses dunes, donne l'impression d'être au bout du monde.

PAUSE SUR LA PLAGE

Depuis 1966, cette petite taverne, idéalement située sur le sable, sous le cap rocheux de Mikri Vigla, sert une cuisine typique de l'île à des prix modiques.
➤ ***Carte p. 113* – Mikri Vigla,** *Plage de Mikri Vigla, à 17 km S de Chora ☎ 228.50.75.214, www.mikriviglanaxos.com. Ouv. mai-mi-oct.*

Alyko, Agios Georgios et Agiassos**

Αγιος Ιωάννης, Αλυκό et Αγιάσσος

Carte p. 113 – À 22 km S (en passant par Galanado ou Sangri) de Chora. Quelques bus en été.

Le cap rocheux d'**Angali** est percé de toutes petites criques de sable, très appréciées des nudistes. Juste derrière, l'adorable plage d'**Agios Georgios** se cache en contrebas d'un hôtel inachevé, par lequel il ne faut pas se laisser rebuter. Suit la plage d'**Alyko**, l'une des plus belles de l'île : rochers ocre, dunes de sable doré

La plage d'Alyko, l'une des plus belles de l'île

et eau cristalline. Plus bas encore, la plage d'**Agiassos** se développe doucement avec ses tavernes et chambres à louer.

Le temple de Déméter**

Ναος Δημήτρας

Carte p. 113 – À 3 km S de Sangri. À pied d'Ano Sangri, prenez, à côté du buste de Xénakis, le chemin qui passe sous la chapelle d'Agia Paraskévi : 2 h A/R. Musée ouv. mar.-dim. 8 h 30-15 h. Entrée gratuite.

Piquée d'oliviers et de cyprès, la petite vallée au sud de Sangri est très fertile et rappelle à cet égard certains paysages toscans *(entre Agiassos et Sangri)*. C'est ici que le site archéologique de Gyroulas fut mis au jour et aménagé de manière aussi agréable que pédagogique (sentier bordé de lauriers-roses, pancartes explicatives en anglais…).

Dès la période archaïque (VIIIe s. av. J.-C.), les paysans y honoraient les déesses de la Terre et de la Fertilité, Déméter et Koré. Le temple en marbre fut érigé en 530 av. J.-C. quand Naxos subissait le joug du tyran Lygdamis : c'est à ce moment que le culte rendu dans ce sanctuaire connut son apogée. Sous l'empereur byzantin Justinien (VIe s.), il fut transformé en église puis en monastère. Peu de sanctuaires ruraux ont été découverts. Celui-ci permet de suivre les aménagements entrepris au cours des âges.

Moderne, le **musée** présente des reconstitutions du temple archaïque et de la basilique byzantine. Les colonnes votives autour du temple servaient de socle aux statues offertes par les fidèles (*kouros*, Sphinx…).

LES TOURS SEIGNEURIALES DE NAXOS

Les imposantes tours qui se dressent dans la campagne de Naxos – elles sont rarissimes ailleurs – sont héritées de la période vénitienne. Construites entre le XIIIe et le XVIIIe s., elles sont la survivance du système féodal importé par les Francs. Elles permettent aux aristocrates de l'île de veiller et d'administrer les paysans qui cultivent leur terre. Leur plan rappelle la position sociale de son propriétaire : réserves au rez-de-chaussée, salle de réception et chambres au premier et éventuellement deuxième étage, terrasse défensive avec créneaux et mâchicoulis sur le toit.

Sangri

Σαγκρί

Carte p. 113 – En bus, à 5 km S-O de Chalki ; à 12 km S-E de Chora.

Ce tranquille village rural est composé de trois hameaux séparés par des champs ponctués de moulins. **Ano Sangri** est le plus intéressant avec son lacis de ruelles tranquilles et son monastère fortifié d'**Agios Eleftherios** qui a été restauré.

Un sentier permet de rejoindre le temple de Démeter *(ci-contre)*.

À 1 km à l'E de Sangri se dresse l'imposante **tour de Bazéos** (XVIIe s.), superbement restaurée. Le **festival de Naxos** se tient ici chaque été avec de nombreux concerts, expositions et conférences *(programme : www.bazeostower.gr)*.

➤ La plaine de la Tragéa***

Τραγαία

Carte p. 113 – Au centre de l'île.

L'immense plaine intérieure de Tragéa fait la richesse de Naxos depuis l'Antiquité. Ses 200 000 oliviers aux formes noueuses se dressent comme une armée de soldats sous le pic minéral du mont Zas. Les alentours sont sillonnés par des troupeaux de chèvres et de moutons. Authentiques villages d'éleveurs, chapelles byzantines et tours vénitiennes émaillent cette douce campagne.

Chalki**

Χαλκί

Carte p. 113 – À 12 km E de Chora en passant par la fertile plaine de Potamia. Bus régulier depuis Chora.

Un coup de cœur pour ce village, autrefois capitale de l'île : ses maisons néoclassiques témoignent de sa richesse passée. Aujourd'hui, on trouve au détour de ses ruelles un atelier de céramiste, une galerie d'art, de petits cafés et un producteur de délicieuses confitures. La **distillerie Vallindras** *(☎ 228.50.22.227 ; entrée gratuite)*, aménagée comme un petit musée, mérite la visite : elle produit la fameuse liqueur Kitron de Naxos depuis 1896. Sur la route qui traverse le village se dresse la **tour vénitienne Barozzi-Gratsia** (XVIIIe s.).

Les chapelles byzantines des environs**

Carte p. 113 – Ouv. des chapelles lun.-ven. 10 h-14 h 30 en principe.

Toute la plaine de la Tragéa est parsemée d'églises byzantines aux fresques exceptionnelles. Un panneau indique le nom de chaque chapelle. La plus remarquable et la plus grande est la **Panagia Drosiani** (Παναγιά Δροσιάνη), près de Moni *(à 3 km N-E de Chalki, au-dessus de la route qui relie Chalki et Moni)*. Son architecture complexe réunit trois chapelles, dont la plus ancienne remonte au VIe s.

En empruntant de beaux sentiers agricoles, une boucle autour de Chalki permet de visiter plusieurs petites chapelles *(carte de randonnée de type Anavasi indispensable car sentier non balisé. 1 h de marche facile, églises assez difficiles à trouver)*. À 10 min à pied depuis le centre du village en direction du nord, **Agios Georgios Diassoritis** (Αγιος Γεώργος Διασορίτης) se perd dans une oliveraie. Ses fresques restaurées datent du XIe s. À 10 min au nord, **Agios Antonios** (Αγιος Αντονιος) se cache dans le hameau de Monitsia. Plus difficile à trouver *(bifurquez au N-E et marchez 10 min)*, la **Panagia Damiotissa** (Παναγιά Δαμιώτισσα) se dresse peu avant la route et le village de Kaloxylo. Enfin, **Agios Ioannis Théologos** (Αγιος Ιωάννης θεολόγος) qui date du XIIIe s. se trouve juste avant d'entrer dans Kérami *(10 min au S)*.

NAXOS TERRE FERTILE

Naxos est une île très verte qui offre agrumes, légumes et vins délicieux. Sa renommée ***Patata Naxou*** (patate de Naxos) est enregistrée depuis 2011 en IGP (indication géographique protégée). Les frites, excellentes, accompagnent tous les repas. Goûtez également l'agneau (ou le chevreau) au citron, cuit au four avec des pommes de terre.

Filoti*

Φιλότι

Carte p. 113 – À 15 km S-E de Chora ; à 3 km S de Chalki. Bus régulier.

De loin, Filoti forme un triangle blanc de maisons adossées à la montagne. La vue sur la plaine y est exceptionnelle. De près, ce gros bourg agricole affiche sa prospérité. Village le plus riche de l'île après Chora, il dispose de trois banques (avec distributeur), d'un grand nombre de cafés et de tavernes, de magasins bien achalandés. Filoti tire ses ressources de l'élevage, ce qui lui vaut des grillades d'agneau et de bœuf réputées dans toutes les Cyclades.

En grimpant dans ses ruelles pavées, on accède à la **Panagia Filotissa** surmontée d'un impressionnant beffroi à sept cloches. Autour du 15 août, une grande fête en l'honneur de la Vierge a lieu pendant trois jours.

La **tour hellénistique de Chimarou** *(13 km S de Filoti)*, est la mieux conservée des Cyclades. La route se poursuit jusqu'à la belle **plage de Kalados** *(11 km S)*.

Ascension du mont Zas***

Ζας

Carte p. 113 – Au départ de la chapelle d'Agia Marina, à 3,8 km S de Filoti sur la route de Danakos. De la chapelle, prenez le sentier à dr. ; lorsque le sentier s'incurve, quittez-le et grimpez : 2 h A/R ; 400 m de dénivelé ; assez facile.

Cette randonnée est un must. Le beau sentier bâti s'élève entre les enclos à chèvres pour arriver au sommet, (1001 m d'alt.) d'où la vue sur l'île et tout l'archipel est époustouflante. Le livre d'or laissé en haut montre que cette ascension est très appréciée des Français. La descente par la grotte de Zas est déconseillée : au point le plus pentu, le sentier disparaît dans les broussailles…

Le monastère de Fotodotis**

Μονή Φωτοδότης

Carte p. 113 – À 19 km E de Chora. 3 km après Filoti, prenez la route pour Danakos puis, à 800 m au niveau de la chapelle d'Agia Marina, tournez à g. (1,6 km de piste). Accessible à pied par un superbe sentier bâti depuis Danakos où l'on peut laisser sa voiture : 15 min ; facile.

Le monastère fortifié surgit au milieu d'un cadre bucolique de chênes et d'oliviers. Le tour de l'édifice permet d'apprécier son caractère défensif avec ses créneaux, ses meurtrières et ses mâchicoulis. De toute évidence, la tour surveillait la gorge de Danakos et son accès depuis la mer. À l'intérieur se niche une jolie chapelle avec une magnifique iconostase en marbre blanc. Fête le 5 ou le 6 août avec danses, musiques traditionnelles et repas.

➤ L'Est*

Carte p. 113.

La visite du village perché d'Apiranthos est incontournable et celle de la côte est facultative, en raison de son isolement *(voiture indispensable)*, mais comblera les amateurs de plages sauvages.

Apiranthos**

Απείρανθος

Carte p. 113 – À 32 km E de Chora. Bus depuis Chora.

À 680 m d'altitude, Apiranthos s'accroche à la montagne, d'où il tire fierté et indépendance. Manolis Glézos – figure nationale de la Résistance contre l'occupation allemande et célèbre pour avoir dérobé le drapeau nazi qui flottait sur l'Acropole en 1941 – est né dans ce village. Au détour de ses ruelles pavées de marbre surgissent deux **tours vénitiennes** (Zevgoli et Bardani), de superbes **maisons néoclassiques** du XIXe s. et des placettes ombragées.

Le village compte trois musées intéressants. Le **Musée archéologique** *(rue piétonne principale ; en principe ouv. mar.-dim. 8 h-15 h ; entrée gratuite)* présente les objets découverts sur la côte sud-est de l'île, peuplée depuis le IIIe millénaire av. J.-C., parmi lesquels une collection de graffitis gravés sur des pierres. Le **Musée folklorique** *(rue piétonne principale ; en principe ouv. mai-oct. t.l.j. 10 h 30-19 h 30 ; entrée payante)* réunit des objets de la vie quotidienne : berceau en bois, métier à tisser, gourdes de berger… Quant au **Musée géologique** *(route principale ; billets et horaires communs avec le Musée folklorique)*, il expose une collection impressionnante de marbres grecs et d'émeri *(encadré ci-dessous)*.

L'EXPLOITATION DE L'ÉMERI

Pierre extrêmement dure, l'émeri était utilisé pour polir le marbre et fabriquer le papier de verre. Son exploitation à Naxos remonte à 1500 av. J.-C. et s'est poursuivie jusqu'en 1985. Durant la première moitié du XXe s., un téléphérique de 9 km, dont les 72 pylônes se dressent encore dans la montagne, transportait la lourde pierre jusqu'au port de Moutsouna *(ci-contre)*. Là, les rails, les wagonnets et les grues permettaient de charger les navires.

Le kouros de Flério

Moutsouna et la côte sauvage de l'Est*

Carte p. 113 – Moutsouna, à 37 km E de Chora.

Depuis Apiranthos, la route plonge vers la mer en effectuant de nombreux lacets. Elle rejoint le port de Moutsouna : une plage et trois tavernes bordent les quais de chargement de l'émeri, une pierre très dure longtemps exploitée sur l'île *(encadré ci-contre)*. Depuis Moutsouna, une très bonne route descend jusqu'à la pointe sud de Naxos en longeant la mer sur 17 km. Une petite plage de sable fin se love au creux de chaque virage *(poss. de se garer)*.

À mi-chemin, celle de **Psili Ammos** est l'une des plus belles : bordé de genévriers, le sable fin descend en pente douce vers une mer cristalline. La route s'arrête 8 km plus au sud, à la plage de **Panormos**, dominée par une **acropole mycénienne** *(10 min de marche entre la plage et l'acropole à travers un paysage du bout du monde)*.

➤ Le Nord**

Carte p. 113 – Cette grande boucle de 80 km autour du N de l'île traverse une grande variété de paysages sauvages.

Les *kouroï* de Mélanès**

Κούροι Μελάνων

Carte p. 113 – À 10 km E de Chora. En principe 3 bus/j. en été depuis Chora. Les kouroï (statues) ne se trouvent pas à Mélanès même, mais à 2 km après Kournochori (panneau).

Avec ses orangers, ses citronniers et ses figuiers, la vallée de Mélanès est la plus verdoyante de l'île. Faufilez-vous à travers ses vergers pour surprendre le ***kouros* de Flério,** dormant à l'ombre d'un chêne depuis 2600 ans. Il faut ensuite revenir sur ses pas, remonter la piste empruntant le lit de la rivière sur 200 m et, après le panneau situé à droite, remonter le sentier durant 5 min.

Le second *kouros* – dit de Potamia – dore au soleil dans la garrigue parmi les enclos à moutons *(bien refermer leurs portails)*. Les statues étaient dégrossies dans la carrière avant d'être transportées à l'atelier. Quand le matériau présentait un défaut, la statue était laissée sur place.

En direction de Koronos, la route longe les carrières de marbre encore exploitées.

Koronos*

Κόρωνος

***Carte p. 113** – À 26 km E de Chora. À 16 km E de Mélanès, tournez à g. avant d'arriver à Moni. 3 bus/j. depuis Chora.*

Peu de gens s'arrêtent à Koronos. Suspendue à près de 600 m d'altitude, la route passe au-dessus du village. On se contente de regarder d'en haut les maisons qui dégringolent en amphithéâtre dans un vallon à pic. Pourtant, ce village authentique et rural réserve de belles surprises. Il ne faut pas craindre les escaliers : sept cent quarante-quatre marches séparent le haut du bas du village ! Dans le labyrinthe de ruelles fleuries, vous passerez devant les vestiges d'un Kastro vénitien, ainsi que par l'agréable place de l'église d'Agia Marina où se tiennent des fêtes colorées (*panigyri* les 16 et 17 juin avec danse et violon ; fête de la Saint-Jean les 23 et 24 juin).

> Une belle randonnée descend du village jusqu'à **Lionas** (plage de galets et tavernes) en marchant au creux du vallon *(2 h 30 ; facile)*. Avant de partir, entendez-vous avec un taxi pour rejoindre le point de départ.

Apollonas*

Απόλλωνας

***Carte p. 113** – À 35 km N-E de Chora ; à 13 km N de Koronos. Bus depuis Chora.*

Depuis Koronos, la route dégringole le long de la montagne en traversant des paysages vertigineux striés par les terrasses de culture où poussent encore quelques vignes. La vue surplombant Apollonas est superbe. La charmante petite station balnéaire se love au creux d'une large baie fermée sur sa droite par une falaise et sur sa gauche par un petit port, où s'égrènent une dizaine de cafés et de tavernes. Apollonas est désert hors saison.

Au-dessus du village *(panneau)*, gît le troisième *kouros* de l'île (VIe s. av. J.-C.) – une statue de 10,5 m. À peine ébauchée, elle a été abandonnée.

Agia*

Αγιά

***Carte p. 113** – À 6 km N-O d'Apollonas. Faites-vous déposer par le bus qui va de Chora à Apollonas.*

La tour seigneuriale d'Agia se dresse au bord de la route. Elle tombe en ruine depuis un récent incendie. En descendant sous la tour, à droite, on rejoint un lieu de pèlerinage consacré à la Vierge (fête le 15 août). À côté d'une chapelle lilliputienne coule une abondante source d'eau fraîche. D'anciennes cellules d'un **monastère** et une **belle église** bordent cet espace dominé par de majestueux platanes.

La baie d'Abram*

όρμος Αμπράμ

***Carte p. 113** – À 15 km O d'Apollonas ; à 20 km N-E de Chora. Faites-vous déposer par le bus qui va de Chora à Apollonas.*

Voilà une agréable étape pour se baigner, manger et admirer le coucher de soleil. Cette petite plage de sable et de galets est ombragée par des tamaris. On plonge depuis les beaux rochers qui se trouvent sur la gauche. La taverne **Abram** est réputée pour ses soirées animées par le chant du *bouzouki*.

13 Paros et Antiparos
Πάρος et Αντίπαρος

Le village de Naoussa

Paros doit son charme et son succès à l'harmonie et à la douceur de ses paysages : de petites vallées verdoyantes ponctuées de villages pittoresques et bordées de belles plages de sable.
Sa petite sœur, Antiparos, est facilement accessible grâce à un bac. C'est une petite île bien agréable pour faire une excursion à la journée. On peut y croiser quelques célébrités.

- **Carte :** p. 122.
- **Arriver, se déplacer :** p. 277.
- **Manger, dormir, s'amuser :** p. 205.
- **Le + :** Paros : accès facile depuis Athènes et les autres Cyclades ; idéale en famille. Antiparos : la couleur de l'eau ; vous serez vraiment tranquille.
- **Le - :** Paros est une île très construite (villas et projets immobiliers qui altèrent un peu le paysage).
- **Superficie :** Paros 195 km². Antiparos : 35 km².

Paros et Antiparos

Paros★★

Ce n'est pas un hasard si les esthètes épris de bleu et de blanc ont fui les îles les plus courues pour faire escale à Paros, dans le ravissant port de pêche de Naoussa, devenu tendance. Là, les tavernes raffinées et les bars design s'égrènent entre les guirlandes de poulpes qui sèchent au soleil. Île familiale, Paros offre une multitude d'activités allant du yoga à l'équitation et à la plongée sous-marine…

➤ Parikia★

Παροικιά.

Carte p. 122.

En face du débarcadère, au milieu de l'agitation des quais, un beau moulin accueille les estivants. Sur la gauche, une succession de tavernes touristiques délimite la ville nouvelle.

Sur la droite s'étend la vieille ville et son lacis de ruelles où se cachent de multiples chapelles et les ruines du Kastro vénitien. Édifiés en 1260 par le duc de Naxos – Marco Sanudo – avec des fûts de colonnes et des chapiteaux antiques, les murs de la citadelle forment un magnifique patchwork de pierres.

Bruyante et bondée de monde, Parikia n'est pas l'endroit le plus agréable pour séjourner à Paros. Et il est par ailleurs conseillé d'entreprendre sa visite tôt le matin, avant que les devantures des boutiques de souvenirs n'aient envahi les rues.

La Panagia Ekatondapyliani (ou Katapoliani)**

Παναγία Καταπολιανή

Carte p. 122 – À 300 m du débarcadère vers l'E. Ouv. avr.-oct. 9 h-21 h. Entrée gratuite.

Dans sa version longue, le nom de cette église signifie la « Vierge aux cent portes ». La version courte se traduit par : « dans la ville basse ». Cet imposant édifice, dont les fondations remontent au IVe s., aurait été conçu par l'un des architectes de Sainte-Sophie à Constantinople, dont il adopte le plan cruciforme, surmonté d'un grand dôme central. La légende attribue sa construction à sainte Hélène, mère de l'empereur Constantin. Celle-ci, alors qu'elle se rendait en Terre sainte, aurait été contrainte de faire escale à Paros en raison d'une violente tempête.

À ce moment, elle aurait émis le vœu de faire bâtir une église si elle retrouvait les reliques de la sainte Croix, ce dont attestent les récits primitifs.

Fleurie et rafraîchissante, la cour est entourée d'arcades. À l'intérieur, l'église frappe par son dépouillement, son architecture massive (énormes piliers) et ses quelques très beaux ornements, comme l'iconostase en marbre et les icônes. Sur la droite, un escalier offre une vue plongeante sur le chœur et les fresques de la nef.

Dans la cour, le **Musée byzantin** *(entrée payante)* vaut le détour : sa collection d'icônes remontant au XVe s. est très bien mise en valeur.

Le Musée archéologique*

Carte p. 122 – Derrière la Panagia Ekatondapyliani ☎ 228.40.21.231. Ouv. mar.-dim. 8 h-15 h. Entrée payante.

Quelques beaux marbres reflètent l'habileté des sculpteurs de Paros dans l'Antiquité, comme des stèles funéraires ou cette monstrueuse Gorgone au torse couvert d'écailles et aux ailes déployées dans le dos. Une petite salle est consacrée aux découvertes récentes faites sur **Despotiko**, un îlot au large d'Antiparos d'à peine 6 600 m^2 et sur lequel se dressait un immense sanctuaire dédié à Artémis et Apollon.

➤ Naoussa***

Νάουσα

Carte p. 122 – À 10 km N-E de Parikia. Bus très régulier depuis Parikia.

Située au fond d'une baie immense, Naoussa est depuis toujours réputée pour son ravissant port de pêche. Les Vénitiens, du temps où ils contrôlaient les Cyclades, l'utilisaient également pour gagner Naxos, dont la capitale – à seulement 1,5 km – était dépourvue de bon mouillage. Les caïques colorés et disposés en forme de « U » sont dominés par la chapelle d'Agios Nikolaos et une tour vénitienne dressée sur la jetée. Sur les quais s'alignent bars et tavernes derrière les poulpes et les *gouna* (maquereaux) qui sèchent au soleil.

La **vieille ville médiévale** est tout aussi charmante. Le labyrinthe de ruelles couvertes d'arcades protégeait autrefois les habitants du vent et des pirates. Aujourd'hui, dans ce dédale entrecoupé de petits escaliers

LE MARBRE DE PAROS

La *Vénus de Milo*, la *Victoire de Samothrace*, l'*Hermès* de Praxytèle…, les plus belles statues du monde antique, tout comme le tombeau de Napoléon, ont été réalisés en marbre de Paros. Plus qu'à sa blancheur, la célèbre roche tient sa réputation de sa translucidité : les rayons du soleil pénètrent dans le marbre jusqu'à 7 cm de profondeur, donnant une luminosité éclatante aux statues. Entre Parikia et Lefkès, la montagne est percée de longues galeries.

et fleuri de bougainvillées éclatantes se nichent des églises et leurs iconostases en bois doré.

Il flotte dans ce village un petit air de Saint-Tropez et du quartier du Marais à Paris : Naoussa est devenue à la mode et rivalise à ce titre avec la Chora de Mykonos. Établissements chic et branchés, boutiques de vêtements et bijouteries attirent la jeunesse athénienne, mais aussi un grand nombre de Parisiens et quelques-unes de nos stars nationales comme Stéphane Bern ou Nikos Aliagas. Le nombre de chambres à louer est devenu presque excessif et la destination chère, mais le charme opère toujours.

En été, des fêtes religieuses ont lieu chaque semaine. Autour du 23 août, tout le village en émoi célèbre la victoire qu'il remporta au XVIe s. contre le corsaire Barberousse dans une parodie d'attaque du pirate.

Kolymbithrès★★

Κολυμπήθρες

Carte p. 122 – À 3 km O de Naoussa. Accessible en été en caïque (10 min de traversée) de 10 h 30 à 18 h.

Les quatre petites plages de Kolymbithrès se nichent entre de merveilleux rochers gris et roses, polis par la mer et le vent. En été, il est cependant difficile de poser sa serviette sur le sable fin, recouvert de transats et de parasols à louer.

Parc environnemental et culturel Aï Giannis Detis★★

Αϊ-Γιαννης Δέτης

Carte p. 122 – 1 km après Kolymbithrès ☎ 228.40.53.560, www.parospark.com.

Créé en 2009, ce parc vise à protéger et valoriser les 80 ha de la péninsule de Aï Giannis Detis. Il doit son nom au joli monastère blanchi à la chaux d'Agios Ioannis Detis (grande fête autour du 29 août). Quelque 7 km de **sentiers** ont été balisés, permettant de découvrir les trésors de la péninsule, notamment géologiques. Il abrite aussi un **chantier naval traditionnel** (construction de caïques en bois), ainsi qu'un phare bâti par les Français en 1882 *(20 min à pied depuis le monastère)*. Au pied du monastère, la plage aménagée de Monastiri abrite un bon club de ski nautique et de wakeboard. De juin à octobre, un festival annuel propose des concerts, du théâtre, de la danse mais aussi des actions environnementales et sportives. Le parc appartient à la municipalité de Paros et existe grâce aux dons et au bénévolat.

La péninsule de Santa Maria★

Σάντα Μαρία

Carte p. 122 – À 3 km E de Naoussa. Prenez la route à g., 3 km après Naoussa. En caïque depuis Naoussa en été : 10 min. Pas de bus.

L'autre côté de la baie de Naoussa est sans doute plus sauvage. Accessible seulement à pied ou en caïque, la **plage de Langueri** est prisée par les gays et les nudistes.

Même aménagée, la **plage de Santa Maria** *(à 5 km de Naoussa)* garde son cadre enchanteur avec ses deux petites anses de sable bordées de rochers.

➤ Lefkès★★

Λεύκες

Carte p. 122 – À 10 km E de Parikia. Bus régulier depuis Parikia.

Les amateurs d'authenticité apprécient ce village, qui fut la capitale de l'île aux XVIIe et XVIIIe s., quand la mer Égée était infestée de pirates. Sous une rangée de moulins, Lefkès s'étire au creux d'un vallon verdoyant planté

MARCHÉS PAYSANS

Chaque matin, les producteurs de l'île vendent leurs produits sur les marchés paysans : melons parfumés, tomates gorgées de soleil, concombres, olives, vin…
➤ *Carte p. 122 – À Parikia : à 50 m à g. du débarcadère ; à Naoussa : sur la place, à côté de l'aire de jeu pour enfants. Lun.-ven. 8 h-13 h 30 env.*

Les rochers de Kolymbithrès, polis par la mer

d'oliviers et de citronniers. Ses ruelles sinueuses ornées de géraniums et de bougainvillées comptent quelques délicieuses tavernes et vieux cafés.

Balade jusqu'à Prodromos

Carte p. 122.

Les environs de Lefkès se prêtent à la randonnée. Le sentier byzantin qui descend jusqu'au beau village de Prodromos (Πρόδρομος) est particulièrement agréable *(1 h ; facile)*. Pour rejoindre cet ancien sentier dallé, il suffit de dégringoler les ruelles en escalier de Lefkès.

➤ Le sud-est de l'île*

Carte p. 122 – À 15-20 km de Parikia. Bus depuis Parikia en été.

À l'intérieur des terres, deux petits bourgs agricoles – **Prodromos** et **Marpissa** – offrent leurs entrelacs de ruelles pour flâner. Tandis que côté mer, s'égrène une douzaine de plages dont la fameuse **Golden Beach**, avec son alignement de transats et de clubs de sports nautiques, ou les plus confidentielles **Mesada** et **Glyfa**. Pour des vacances tranquilles, les amateurs de farniente trouveront leur compte dans les petites stations balnéaires de **Dryos** et **Pisso Livadi** où se concentrent un grand nombre de pensions familiales.

LES MONASTÈRES DE PAROS

On compte une vingtaine de monastères sur l'île. La plupart sont encore habités par des communauté mais sont ouverts aux visiteurs qui bien sûr ne dérogent pas aux rigueurs vestimentaires exigées. Celui de **Christos tou Dassous** *(à 6 km S de Parikia, près de la vallée des Papillons ; vis. 9 h-12 h et 18 h-20 h)*, situé sur un promontoire, offre une belle vue sur Antiparos. Le riche monastère de **Longovarda** *(à mi-chemin entre Parikia et Naoussa, sur la dr. ; vis. le matin)*, obéit à la règle de l'*abaton* : aucune femme n'y est admise.

Le village de Kastro

➤ La vallée des Papillons

Carte p. 122 – À 7 km S de Parikia. Sur la route de Pounda, tournez à g. à 4 km de Parikia et continuez sur 1 km. Ouv. juin-sept. 9 h-20 h. Entrée payante. Buvette.

Voici une excursion à faire par jour de grande chaleur pour profiter de la fraîcheur de ce petit vallon envahi de lierre qui abrite une véritable forêt vierge d'oliviers et de cyprès. Ce biotope est le lieu de reproduction du *Panaxia quadripunctaria*, un papillon de nuit aux ailes noires zébrées de blanc qui, en plein vol et de façon subite, devient rouge. Attention, il ne faut pas faire de bruit pour ne pas déranger ces lépidoptères dans leur sommeil.

➤ Pounda

Carte p. 122 – À 8 km S de Parikia.

Point de départ du bac pour Antiparos, le village en lui-même ne présente pas un grand intérêt. Sa plage de sable très ventée est connue des véliplanchistes et kitesurfers.

Antiparos*

Αντίπαρος

Carte p. 122 – **Accès :** *depuis Paros ; prenez le bac à Pounda : 10 min (en été, bateaux toutes les 20 min entre 6 h 30 et 1 h 30 ; en hiver, toutes les heures de 7 h à minuit) ; quelques bateaux depuis Parikia.*

Située dans le prolongement de Paros, Antiparos fait tout pour se distinguer de sa grande sœur. Longtemps confidentielle, l'île est aujourd'hui prisée par les *people*. Ce qu'elle a payé de sa quiétude… et de quelques projets immobiliers disgracieux.

Cet ancien repaire de pirates ne manque cependant pas d'atouts pour séduire : un village agréable et animé, une côte parsemée de petites plages et une grotte aux surprenants graffitis.

➤ Kastro et ses plages*

Κάστρο

Carte p. 122.

C'est le port et seul village de l'île, qui a tout d'une petite capitale. Dans la rue principale, perpendiculaire à la mer pour se protéger du vent, se concentrent les commerces, les tavernes et, tout au bout, à l'entrée du Kastro vénitien, les bars et les boîtes de nuit. Juste après s'élèvent les remparts du Kastro, un bel exemple d'habitat défensif construit par les Vénitiens au XIVe s.

À quelques enjambées, de belles plages s'offrent à tous les publics : **Agios Théologos**, avec son sable fin et ses eaux bleu lagon pour les adeptes du nudisme; **Psaraliki**, plus au sud, pour ceux qui recherchent une ambiance familiale *(location de pédalos et canoës)*; et la belle plage de sable de **Sifnaïko**, à l'ouest, pour ceux qui ne redoutent pas le *meltem*.

➤ La grotte d'Antiparos★★

***Carte p. 122** – À 10 km S de Kastro. Bus municipal ttes les heures. Bus privé (Pullman) plus cher. www.antiparos.info. Ouv. avr.-juin et sept.-oct. : 11 h-13 h; juil.-août : 10 h-15 h 30. Entrée payante. Attention : la température intérieure n'excède pas 16 °C.*

C'est la plus majestueuse grotte des Cyclades. Un escalier vertigineux de quatre cent onze marches conduit à l'immense salle, 140 m plus bas, ornée de stalagmites géantes. Émerveillé par cette cathédrale naturelle, le marquis de Noitel y fit célébrer l'office de Noël devant cinq cents personnes alors qu'il était en déplacement dans les Cyclades en 1673. L'ambassadeur de France à Constantinople ne fut pas le seul Français à passer par là, comme en témoignent les inscriptions que certains de ses successeurs apposèrent dans la cavité : « Cabuchet père et fils, 3 juin 1776 ». Vous pouvez encore voir aujourd'hui la stalagmite, grande pierre plate, qui fit office d'autel.

➤ Agios Giorgios★

Άγιος Γεώργιος

***Carte p. 122** – 12 km S-O de Chora. Bus.*

Sable fin, eau d'un bleu-vert cristallin et vue sur l'îlot de Despotiko (où se trouve un petit site archéologique) : dommage que ce magnifique endroit soit quadrillé de pistes pour un projet de lotissement sur la colline, juste au-dessus de la plage. Quelques tavernes et hébergements.

La grotte d'Antiparos

14 Les Petites Cyclades
Οι Μικρές Κυκλάδες

Piscine naturelle creusée dans les rochers à Koufonissi

Ce sont quelques kilomètres carrés de pur bonheur égéen qui émergent de façon éparse entre Naxos et Amorgos. Seulement quatre d'entre elles sont habitées : Koufonissi, Schinoussa, Iraklia et Donoussa. Et paradoxalement, les plus petites sont souvent les plus touristiques ! Autre caractéristique, chacune a sa spécificité : la plate Koufonissi est une île de pêcheurs réputée dans les milieux hippies chic pour ses plages ; Schinoussa, douce et vallonnée, accueille un tourisme familial ; Iraklia, montagneuse et agricole, s'explore à pied ; Donoussa est à peine effleurée par le tourisme. Sur ces poussières d'îles, le programme se résume à la trilogie cycladique : baignade, taverne et balade à pied.

- **Carte :** p. 129.
- **Arriver, se déplacer :** p. 278.
- **Manger, dormir, s'amuser :** p. 209.
- **Le + :** Koufonissi : pour les plages ; Schinoussa : idéale en famille ; Iraklia : pour la randonnée.
- **Le - :** très fréquentées l'été.
- **Superficie :** Koufonissi : 3,5 km^2 ; Schinoussa : 9 km^2 ; Iraklia : 19 km^2.

Les Petites Cyclades

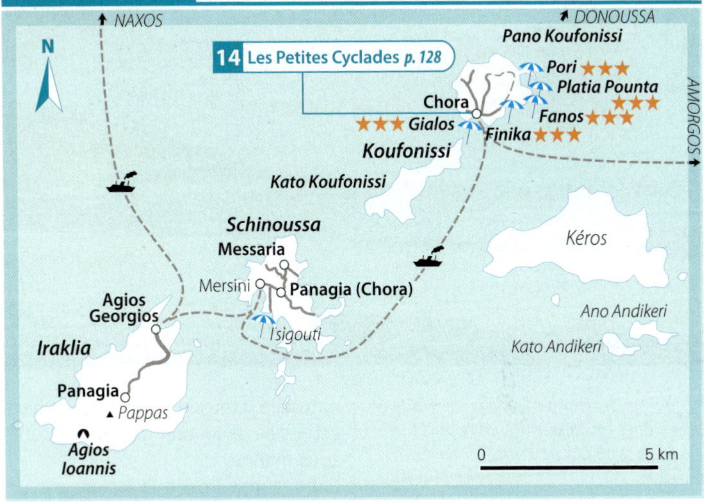

Les Petites Cyclades★

À l'âge du Bronze, les Petites Cyclades ont produit un grand nombre d'idoles cycladiques *(p. 234),* aujourd'hui exposées dans les plus grands musées à Athènes, Paris ou New York. Au Moyen Âge, les pirates turcs et francs s'en disputaient le contrôle : leurs côtes en dentelle offraient d'excellentes cachettes. À partir du XVIIe s., les habitants d'Amorgos ont repeuplé ces îles – jusque-là désertées à cause des pirates –, qui appartenaient au monastère de Chozoviotissa : les colons exploitaient la terre et reversaient une partie de leur récolte au monastère. La pêche et l'agriculture leur permettaient de vivre quasiment en autarcie. Électricité, téléphones, routes goudronnées : les Petites Cyclades furent les dernières îles à se développer.

➤ Koufonissi★

Κουφονήσι

Carte p. 129.

Il s'agit en réalité de deux îles jumelles séparées par un étroit chenal de 200 m de large. Pano (en haut) Koufonissi est l'île habitée, tandis que Kato (en bas) Koufonissi n'est peuplée que de chèvres. Sur cette dernière se trouvent cependant une taverne qui fonctionne l'été *(caïque régulier depuis le port de Pano Koufonissi)* et une chapelle dédiée à la Vierge.

L'activité première de Koufonissi est la pêche : son petit port compte un nombre impressionnant de caïques. Mais ses plages au bleu étourdissant et ses côtes bien abritées du vent ont très tôt attiré les voiliers et les gros yachts qui viennent mouiller dans ses petites baies. Les produits de la pêche – langoustes, mérous et rougets – ont alors servi à approvisionner les tavernes, qui se sont multipliées pour accueillir ces étrangers de passage.

Le secret de cette petite île paradisiaque s'est rapidement éventé : chambres à louer et hôtels ont poussé comme des champignons pour hisser Koufonissi au rang de la Petite Cyclade la plus touristique. Le boom immobilier a malheureusement en partie défiguré l'île.

Des plages de rêve★★★

Carte p. 129 – À pied depuis Chora pour rejoindre Pori, la plage la plus éloignée : 1 h ; facile. Le sentier est suffisamment large pour y passer en VTT. Un bus fait

La plage de Lioliou, sur l'île de Schinoussa

la navette de Chora à Pori en été. Plages accessibles en caïque depuis le port : 4 à 5 fois/j. en été. Attention, il n'y a pas d'ombre.

Des plages paradisiaques s'égrènent dans le sud et l'est de Pano Koufonissi. Elles portent plusieurs noms, ce qui prête à confusion. Pour les atteindre, empruntez le magnifique sentier qui longe la côte, mer sur votre droite.

La première plage, **Gialos**, aussi appelée Amoudia, se trouve au cœur de l'unique village de l'île. Ensuite, il faut dépasser les maisons à l'est du village et le chantier naval où se font radouber les caïques. Plus on s'éloigne, plus les plages sont belles, avec leur sable doré et leur eau bleue rappelant celle des mers du Sud : **Finika** (ou Charokopou), où l'on peut se restaurer (self-service) et louer des chambres ; **Fanos**, avec un snack-bar et des chambres ; et, plus loin, **Platia Pounta** (ou Italida).

Au-delà de Fanos se succèdent de petites criques paradisiaques avec juste assez de sable ou de galets pour poser une serviette. Une piscine naturelle creusée dans les rochers est reliée à la mer par une grotte sous-marine.

Enfin, surgit **Pori** à la pointe est de l'île : un immense lagon aux eaux vertes et turquoise étirant son long ruban de sable fin autour d'une baie (plusieurs tavernes et bars).

KOUFONISSI EN FÊTE

Grande fête célébrée le 15 août à **Kato Koufonissi**, l'île inhabitée. Tous les caïques de l'île sont donc mis à contribution pour transporter les villageois et les visiteurs.

Koufonissi *by night*

En fin de journée, la ruelle principale de Chora s'anime. Les plus âgés sortent leur chaise et discutent de tout et de rien à la fraîche et les cafés se remplissent. Les enfants courent gaiement après un ballon ou grignotent un *souvlaki* sur les marches d'un escalier. Pour être aux premières loges de la pièce qui se joue chaque soir, asseyez-vous sur la banquette du café Astrolouloudo *(ouv. toute l'année)* ou sur celle du Kochyli.

Une fois la nuit tombée, dirigez-vous vers l'une des tavernes réputées comme le Néo Rementzo, le Nikitouri ou le Mélissa pour vous régaler de poissons frais et de plats typiquement grecs. Sur les coups de minuit, rien ne vaut un verre de *rakomélo* ou un *mojito* au clair de lune à la terrasse du Mylos, un moulin transformé en bar, ou du Sorokos face à la mer.

➤ Schinoussa★

Σχοινούσα

Carte p. 129.

Ses paysages vallonnés en font la plus harmonieuse des Petites Cyclades. Son port miniature se cache au fond d'une jolie crique. Son village cycladique, **Panagia** (ou Chora), occupe le centre de l'île et le hameau, **Messaria**, se tient autour de son moulin en ruine, sa chapelle et sa petite taverne. Sa côte accueille de belles plages de sable en pente douce aux eaux cristallines.

L'île se développe en douceur – on trouve désormais un distributeur de billets et un loueur de scooters dans le village – mais n'a rien perdu de son âme… Les villas et les pensions qui se construisent ici et là respectent le style cycladique. Les deux cents habitants vivent encore essentiellement de l'élevage et de l'agriculture. Les tavernes proposent une délicieuse cuisine de terroir. Et le tourisme, familial et décontracté, est constitué de fidèles qui reviennent chaque année.

➤ Iraklia*

Ηρακλειά

Carte p. 129.

L'hiver, seulement quatre-vingt-dix habitants vivent à Iraklia : la moitié à **Agios Georgios**, le port où se trouvent les chambres à louer, et le reste à **Panagia**, la minuscule capitale avec sa boulangerie-taverne-épicerie et son médecin. Les plages de l'île sont comptées, mais les paysages sont particulièrement propices à la balade : murets en pierres sèches, champs de blé ondulant sous le vent, petits vallons hérissés de genévriers aux formes noueuses, quelques vaches dans un pré… Iraklia peut parfois faire oublier son insularité. Mais arrivé en haut d'une crête, la mer surgit de tous côtés. Les îles se dessinent une à une : juste en face, Schinoussa et ses moulins; derrière, Koufonissi, sans relief apparent; un peu plus loin, Kéros; tandis que la géante Naxos plonge la tête dans les nuages.

Lové au fond d'une jolie baie, **Agios Georgios** manque un peu de charme à cause des constructions récentes. En revanche, à 5 km au-dessus par la seule route asphaltée de l'île, le temps semble s'être arrêté à **Panagia**. L'église couronnée de sa coupole bleue domine les petites maisons en pierres sèches badigeonnées de blanc. Encore plus haut se trouve l'attraction de l'île : la **grotte d'Agios Ioannis** *(1 h de marche depuis Panagia ; facile)*. Les villageois s'y rendent le 28 août, jour de la fête du saint : une messe est célébrée à la bougie dans son dédale de salles souterraines.

La baie de Tourkopigado sur l'île d'Iraklia

15 Santorin Σαντορίνη

Les églises et les maisons de Oia, enchevêtrées les unes dans les autres

L'île-volcan offre la vision apocalyptique d'un immense cratère effondré dans la mer. Vers 1650 av. J.-C., le centre de l'île, alors ronde, sauta comme un bouchon lors d'une formidable irruption. Aujourd'hui, les rebords de la caldeira sont comme saupoudrés de neige par les villages blancs qui s'accrochent à la falaise. Malgré la foule – 1,5 million de visiteurs par an, un record dans les Cyclades – Santorin mérite qu'on s'y attarde, surtout hors saison.

- **Carte :** p. 133.
- **Arriver, se déplacer :** p. 279.
- **Manger, dormir, s'amuser :** p. 210.

- **Le + :** la nature-spectacle, les randonnées et la plongée, la découverte de la caldeira, son excellent vin.
- **Le - :** la plus visitée des Cyclades. Il faut parfois s'attendre à se fondre dans la foule.
- **Superficie :** 76 km².

Santorin et Thirassia

Santorin★★★

Les amateurs de vin et de bonne chère seront comblés devant le concentré de saveurs locales. Ceux qui aiment les vieilles pierres seront émerveillés par Akrotiri, une ville préhistorique qui fut engloutie sous les cendres. Les randonneurs apprécieront le trek époustouflant sur le fil de la caldeira. Vous pourrez même goûter à la solitude sur une plage de sable noir ou lors d'une balade sur la petite île voisine de Thirassia.

➤ Fira★★

Φηρά

Carte p. 133.

Entièrement vouée au tourisme, la capitale de Santorin a perdu une grande partie de son charme. Son centre piéton est inondé de boutiques et concentre l'activité nocturne de l'île. Une succession de bars, restaurants et hôtels s'étend vers le cratère. Cependant, la visite de la capitale reste incontournable pour ses musées et ses balades le long de la caldeira. En rejoignant le quartier catholique vers le nord, la pression touristique se relâche. On prend alors un réel plaisir à marcher dans l'enchevêtrement des ruelles en regardant le volcan.

Le Musée préhistorique★★★

Carte p. 133 – Près de la gare des bus ☎ 228.60.23.217. Ouv. t.l.j. sf mar. 8 h 30-20 h (15 h hors saison). Entrée payante.

La caldeira de Santorin

Moderne et passionnant, ce musée éclaire le visiteur sur la civilisation brillante qui s'épanouissait sur l'île jusqu'à l'explosion du volcan vers 1650 av. J.-C. Les objets présentés viennent du site d'Akrotiri, la ville cosmopolite et marchande de Santorin. Les métiers étaient organisés par guilde : peintres, potiers, charpentiers, etc. Certaines fresques originales qui ornaient les maisons sont exposées ici, notamment la remarquable scène des singes bleus, jouant et sautant dans les rochers, ou encore les femmes aux papyrus.

Le Musée archéologique*

Carte p. 133 – À côté du téléphérique, dans le quartier catholique ☎ 228.60.22.217. Ouv. mar.-dim. 8 h-15 h. Entrée payante.

Ce musée, qui mériterait d'être rafraîchi, présente quelques découvertes archéologiques de l'île, en particulier dans l'ancienne Thira : *kouroï* en marbre, lion archaïque, poteries de l'époque géométrique (VIIIe-VIIe s. av. J.-C.) et plus tardives… et une intéressante figurine en terre peinte, du VIIe s. av. J.-C., représentant une pleureuse.

Le musée Mégaro Ghizi*

Carte p. 133 – Tout près du Musée archéologique ☎ 228.60.23.077, www.megarogyzi.gr. Ouv. mai-oct. lun.-sam. 10 h-16 h. Entrée payante.

Située dans le quartier catholique, cette maison patricienne date de 1700. Elle appartenait aux Ghizi, une famille vénitienne. Intéressantes collections de gravures du XVe au XIXe s. et de photos prises avant le tremblement de terre de 1956. Festival de musique en août.

La fondation Thera-Pétros Nomikos**

Carte p. 133 – Centre des conférences, après le téléphérique, à 200 m vers le N ☎ 228.60.23.016/017, www.thera-conferences.gr. Conférences avr.-oct. Exposition fresques d'Akrotiri- Santozeum ☎ 228.60.21.722, www.santozeum.com. Ouv. t.l.j. mai-oct. 10 h-18 h. Entrée payante.

Les fresques murales retrouvées à Akrotiri ont été reconstituées, grandeur nature, selon la technique utilisée en France dans les grottes de Lascaux II. La finesse des traits des jeunes boxeurs et pêcheurs, la délicatesse des motifs floraux, le souci des détails dans les navires décorés de guirlandes révèlent l'habileté des artistes du IIe millénaire.

➤ Oia et ses environs★★★

Finikia★★

Φοινικιά

Carte p. 133 – À 9 km N de Fira. Bus régulier depuis Fira.

Juste avant d'arriver à Oia sur la route principale, un petit village plein de charme se cache en contrebas. Ses maisons troglodytiques blanches, saumon ou abricot se lovent au creux d'un vallon et ne sont accessibles qu'aux piétons. Un palmier courbé se dresse devant l'église ocre du village, Matrona (la Vierge), qui doit sa construction aux Vénitiens.

Ici, le temps semble être suspendu. Les enfants jouent dans les ruelles, les ânes transportent le matériel de leurs maîtres, qui se retrouvent le soir devant leur maison pour discuter au frais. Parce qu'il ne regarde pas la caldeira, le village est resté intact. La vue est pourtant superbe sur l'île d'Ios et sur les vignes qui descendent en pente douce jusqu'à la mer. Deux tavernes et une charmante maison d'hôtes relient le villag[e] [...] tourisme *(p. 210)*.

Oia★★★

Οία

Carte p. 133 – À 10 km O de Fira. Bus régulier.

Célébrissime pour son coucher de soleil, voici le village plus photographié des Cyclades ! Imbriquées les unes dans les autres, ses maisons troglodytiques et ses chapelles à coupole bleue dégringolent avec panache dans la caldeira. En plein boom ces dernières années, les hôtels de luxe se multiplient. Et Oia est prise d'assaut par les asiatiques en lune de miel. Mais le charme continue d'opérer, surtout le matin, avant que la foule n'arrive.

Le haut du village est constitué de maisons néoclassiques, dont une qui accueille le **Musée maritime** *(☎ 228.60.71.156. Ouv. t.l.j. sf mar. 10h-14h et 17h-20h. Entrée payante)*. Au XIXe s., ce village d'armateurs et de capitaines connut la prospérité grâce au **commerce du vin** exporté dans la région d'Odessa en mer Noire. Les bateaux partaient d'Ammoudi, le petit port en contrebas du village. Gravement endommagée par le tremblement de terre de 1956, Oia a sombré dans une grande misère avant que quelques artistes n'entreprennent sa reconstruction.

EXCURSION AU CŒUR DU VOLCAN

La caldeira offre un spectacle hypnotisant. Ne vous contentez pas de la surplomber : descendez au creux du volcan, prenez un bateau et foulez ses îlots brûlés, nés des dernières éruptions de lave. Toutes les agences proposent cette excursion *(dont **Pelican travel** ☎ 228.60.22.220, www.santorini-sailing.gr, à partir de 18 € pour 3 h)*. De Fira, rejoignez son vieux port en dégringolant les 600 marches qui zigzaguent dans la falaise ou en téléphérique (on déconseille en revanche les pauvres ânes). Un caïque en bois vous emmène à **Néa Kaméni** (« la nouvelle brûlée »), un îlot qui s'est formé entre 1570 et 1950. Depuis 2001, il est classé **parc géologique naturel** *(2 € l'entrée)*. Paysage lunaire, lave noire et craquelée, fumerolles et cristaux de soufre : pendant plus d'une heure, on marche sur les entrailles de la terre. Deuxième escale **Palia Kaméni** (« l'ancienne brûlée », apparue il y a 2000 ans) pour un bain dans des sources d'eau chaude et sulfureuse, couleur rouille… Selon la formule choisie d'autres escales sont possibles comme Thirassia et Ammoudi (le port d'Oia).

Et que le village connaisse un développement exponentiel au point de ressembler aujourd'hui à Fira, en plus chic et plus charmant.

Les plages autour d'Oia**

Carte p. 133.

Creusées dans la falaise rougeoyante, deux cent trente-cinq marches séparent Oia du minuscule port d'**Ammoudi**, également accessible par la route *(à 1 km)*. Là, quelques caïques colorés dansent en face de trois excellentes tavernes de poisson. L'eau est si claire que certains n'hésitent pas à se baigner. Mieux vaut cependant prendre à gauche et marcher pendant 5 min jusqu'aux rochers qui font face à l'îlot Saint-Nicolas.

À mi-chemin sur la route entre Oia à Ammoudi, une piste mène à **Katharos**, plage superbe et peu fréquentée : galets gris, pierres ponces blanches et pierres rondes noires forment trois bandes de couleur sous la falaise en tuf de couleur crème. Attention au courant, dangereux quand souffle le *meltem*.

LES VINS DE SANTORIN

Il suffit de grimper à **Pyrgos** pour découvrir les nombreux vignobles de Santorin. Ils n'ont pas du tout la même structure qu'en France. Les vignes sont isolées les unes des autres afin de pouvoir puiser un peu d'eau dans un sol volcanique qui en est souvent dépourvu. Les ceps sont tressés en spirale : les grappes placées à l'intérieur sont ainsi protégées du vent. Le principal cépage de l'île est l'***assyrtiko***, qui donne un vin blanc très agréable pour accompagner le poisson ou même la viande. Il faut aussi goûter au ***vinsanto***, vin muscat délicieux, dont on a laissé les grappes mûrir au soleil. L'île compte une dizaine de producteurs dont on peut visiter les domaines *(p. 213)*. L'entrée des caves est indiquée depuis la route.

Sable et galets noirs sous une belle falaise grise : la plage du **cap de Koloumbo** est un secret bien gardé. À 5 km N-E d'Oia par la petite route qui longe la côte nord, le sentier apparaît au moment où la route s'éloigne de la mer en formant un grand virage *(5 min à pied depuis le creux du virage ; poss. de se garer)*.

➤ Le centre de l'île

Pyrgos**

Πύργος

***Carte p. 133** – À 6 km S de Fira.*
Bus régulier depuis Fira.

À l'écart des grandes trajectoires touristiques, Pyrgos se dresse sur une colline, dans le centre de l'île. Ses ruelles forment un labyrinthe concentrique dans lequel quelques vieux *papous* vendent leur *vinsanto* (vin doux) et leurs câpres. Dans ce village de six cents personnes et d'une quarantaine d'églises aux coupoles bleu azur, les fêtes religieuses se succèdent tout au long de l'année au rythme des cortèges de fidèles et des processions.

En partie détruite par le séisme de 1956, la **citadelle vénitienne** (Kastelli) coiffe le haut du village. La balade jusqu'au sommet est hautement récompensée par la **vue** sur les vignes et la moitié nord de l'île, l'intéressant **musée** d'icônes post-byzantines *(dans l'église d'Agia Triada ; ouv. mar.-dim. 10h-16h ; entrée gratuite)*, et enfin, plus prosaïquement, par une buvette qui sera la bienvenue après la grimpette. Pyrgos offre une agréable alternative à Oia pour admirer le coucher de soleil.

De Pyrgos, la route continue jusqu'au **Profitis Ilias** *(à 4 km S-O de Pyrgos, ouv. mer. et ven.-sam. 15h)*, qui désigne un monastère fortifié et le point culminant de l'île (567 m). Entouré d'antennes radio et de bâtiments modernes, l'édifice religieux, fondé en 1711, possède néanmoins une belle iconostase et abrite un petit **musée** *(entrée libre)*.

L'église Panagia Episkopi**

Παναγία Επισκοπής

Carte p. 133 – À 7 km S-E de Fira. À l'entrée de Messa Gonia, tournez à dr. (panneaux) au carrefour où s'arrête le bus pour Kamari. L'église se trouve ensuite à 700 m à pied. Ouv. t.l.j. 9 h-13 h et 17 h-20 h. Entrée payante.

Fondée vers 1115 par l'empereur Alexis Comnène, c'est l'une des rares églises recouvertes de tuiles à Santorin. L'architecture complexe et ramassée de l'église lui confère beaucoup d'intimité. Des dizaines d'ex-voto, de colliers et de bagues sont suspendus sur l'iconostase en marbre. Une précieuse **icône de la Vierge**, dont le visage dégage une grande tendresse, date du XIIe s. Derrière l'église, parmi les vignobles et avec une vue plongeante sur la mer, un caroubier plusieurs fois centenaire offre son ombre aux pèlerins. Un grand pèlerinage a lieu les 14 et 15 août au moment de l'Assomption.

Kamari

Καμάρι

Carte p. 133 – À 10 km S de Fira ; à 5 km E de Pyrgos. Bus régulier depuis Fira.

Avec sa **plage** aménagée de 2 km, c'est la station balnéaire la plus animée de l'île. Située derrière l'aéroport, elle accueille des groupes. Si vous y dormez, veillez à ne pas prendre un hôtel dans l'axe de la piste.

L'ancienne Thira**

Θήρα

Carte p. 133 – Accessible par la route au-dessus de Kamari (3 km) ou à pied depuis Perissa (p. 138). Ouv. mar.-dim. 8 h-15 h. Entrée payante. Prévoyez de bonnes chaussures, un chapeau et de l'eau.

Perchée en nid d'aigle sur un éperon rocheux (le Mesa Vouno, 369 m), cette **cité antique** offre des points de vue étourdissants sur la mer. Elle a été fondée au IXe s. av. J.-C. par les Lacédémoniens et fut la capitale de l'île jusqu'au IIIe s. apr. J.-C. À l'époque hellénistique, les rois égyptiens de la dynastie des Ptolémées en firent une garnison militaire. Les vestiges s'étirent au sommet sur 800 m de long et 150 m de large. Ses ruelles pavées, ses sanctuaires, son agora, ses maisons et ses citernes creusées dans le calcaire témoignent de l'importance de cette cité antique.

➤ Le sud de l'île

Carte p. 133.

Emborio**

Εμπορείο

Carte p. 133 – À 12 km S de Fira, tournez à g. après avoir dépassé le village de Mégalochori. Bus régulier.

Emborio a longtemps joué le rôle de centre commercial de Santorin (*emborio* signifie « commerce » en grec). Adossé à la plus haute montagne de l'île et entouré de terres fertiles, il profitait de sa proximité du port de Perissa.

L'entrée du village est gardée à gauche par la **forteresse vénitienne de Goulas** et à droite par huit **moulins** alignés sur la crête de Gavrilos. Peu de personnes visitent son centre médiéval, qui est pourtant une petite merveille : deux passages permettent d'entrer dans cette citadelle, le **Kastelli** (appelé Kastro dans les autres Cyclades), qui correspond à l'habitat médiéval fortifié, dont l'enceinte était constituée par les murs extérieurs des maisons. À l'intérieur, celles-ci sont imbriquées les unes dans les autres autour de l'imposant campanile de la **Palea Panagia**. L'ensemble dégage un charme fou. Escaliers, murs, fenêtres : tout est arrondi ou biseauté. De belles pierres volcaniques se détachent des murs en crépi pastel ou blanc. Au fur et à mesure que l'on s'enfonce dans le dédale des ruelles étroites, les maisons se font de plus en plus petites.

Perissa

Περίσσα

***Carte p. 133** – À 13 km S-E de Fira via Mégalochori et Emborio. Bus régulier depuis Fira. En bateau : au pied du rocher à Perissa, un bateau fait la navette avec Kamari (p. 137) entre 10 h et 16 h 30.*

L'ancien port d'Emborio est devenu la plus grande station balnéaire de l'île. La plage s'étire sur 7 km : parasols, activités nautiques et centres de plongée sont installés sur le sable gris, tandis que tavernes et bars branchés s'égrènent de l'autre côté de la route. La plage traverse les localités de **Perissa**, à l'ambiance assez familiale, **Perivolos**, plus branchée, puis **Agios Georgios** et **Exomytis**, où les commerces en moins grand nombre permettent un peu plus de tranquillité.

Balade de Perissa à l'ancienne Thira*

Comptez 1 h de montée raide sur la colline rocheuse de Mesa Vouno ; assez difficile. La descente est plus facile. 1 h 45 A/R. Pas de bus.

Au nord de Perissa se situe le point de départ d'une belle randonnée qui mène à l'ancienne Thira : le sentier commence environ 400 m après les vestiges de la basilique paléochrétienne. En chemin, il faut s'arrêter à l'église de **Panagia Katefiani**, construite au creux du rocher. L'eau qui ruisselle contre les parois est réputée miraculeuse *(non potable)*.

> **DES TOMATES EXCEPTIONNELLES**
>
> Une terre balayée par le vent, aux journées brûlantes et aux nuits humides : l'île-volcan est un écosystème particulier qui produit des **fruits** et des **légumes** d'une qualité exceptionnelle. Minuscules et à la peau dure, les tomates sont extrêmement savoureuses (elles ont été classées au niveau européen en 2013). Autre spécialité, les aubergines blanches : de forme allongée, elles sont douces et juteuses. Les câpres et leurs feuilles relèvent souvent les salades. Servie en purée, la *fava* (pois cassés jaunes) fait une délicieuse entrée.

Vlychada**

Βλυχάδα

***Carte p. 133** – À 10 km S de Fira. Après Mégalochori, prenez la direction de Perissa et tournez à dr. 400 m après l'embranchement, un peu avant Emborio. Nudisme toléré sur la plage.*

En arrivant, une ancienne **usine de conserves de tomates** magnifiquement restaurée accueille le visiteur : cet espace industriel (fonctionnement de 1945 à 1980) vient d'être transformée en **musée industriel de la tomate** *(www.tomatomuseum.gr ; ouv. avr.-nov. mar.-dim. 10 h-16 h et en principe jusqu'à 19 h juil.-août ; payant)* et accueille expositions, performances et concerts l'été.

Dernier espace sauvage de l'île, la **plage** est de toute beauté : l'immense langue de sable noir et de galets s'étire sous un raz de marée rocheux couleur café au lait. Sculpté par la mer, le tuf volcanique prend la forme d'une succession de vagues qui semblent prêtes à déferler sur le sable. Plus on avance, plus les rochers s'élèvent et deviennent effilés. Depuis la construction de son port artificiel, Vlychada accueille pêcheurs et plaisanciers.

Akrotiri**

Ακρωτήρι

***Carte p. 133** – À 14 km S de Fira. Le site archéologique est à 1 km après le village d'Akrotiri ☎ 228.60.81.366. Bus régulier.*

La découverte de ce site archéologique en 1866 est liée au percement du canal de Suez : la terre volcanique qui le recouvrait fut utilisée pour étanchéifier les parois du canal. L'École française d'Athènes fit alors quelques recherches sur le site, mais la véritable campagne de fouille démarra en 1967. Aujourd'hui, les 3 % mis au jour révèlent une civilisation aussi brillante que la civilisation

minoenne qui s'épanouissait en Crète à la même époque.
Cette cité de l'âge du bronze était en pleine expansion lorsque l'explosion du volcan l'a figée sous les cendres dans les années 1650 av. J.-C. Des signes avant-coureurs ont averti les habitants, qui ont eu le temps de s'enfuir avec leurs biens les plus précieux. Très bien conservé, le bâti donne la mesure de la ville : maisons à deux ou trois étages richement décorées, système de tout-à-l'égout sous les rues dallées, parcage du bétail à l'extérieur de la ville… Les superbes fresques murales et le mobilier sont exposés au Musée préhistorique de Fira *(p. 133)* ainsi qu'au Musée archéologique national d'Athènes *(p. 43)*.

Red Beach★★

Κόκκινη παραλία

Carte p. 133 *– À 2 km S du village d'Akrotiri, peu après le site archéologique. À pied depuis le parking de la plage : 10 min.*

Deux minutes de marche sur la terre brûlante suffisent pour apercevoir la célèbre plage aux falaises rouges. Le sentier se faufile ensuite dans un chaos de lave solidifiée rouge et fracturée en rochers puis se transforme en sable noir recouvert de pierres ponces. Vous ne serez pas seul : la plage est entièrement aménagée. Au cœur de l'été, on peut se désaltérer dans une buvette installée dans un ancien garage à bateaux creusé dans la falaise.

En revenant sur Akrotiri, vous pouvez rouler jusqu'au **phare** à la pointe S-O de l'île. La route offre une belle vue sur la caldeira.

PAUSE SUR LA PLAGE

Une taverne de poisson bien sympathique, les pieds dans l'eau, pour se rafraîchir après la visite du site archéologique d'Akrotiri. Le capitaine Georgios et ses deux fils pêchent et s'occupent du service. Vanguelitsa, la mère, cuisine et fabrique elle-même le fromage qui accompagne la salade.
➤ ***Carte p. 133*** **– Ta Delfinia,** *Plage d'Akrotiri ☎ 228.60.81.151. Ouv. toute l'année. Entre le site archéologique et Red Beach.*

Red Beach

Randonnée

De Fira à Oia, sur le fil du cratère

Cette randonnée emprunte le sentier le plus spectaculaire des Cyclades. Surplombant la caldeira et la mer, il mène de Fira, la capitale de Santorin, à Oia, tout au nord de l'île. À chaque pas, le panorama change. Églises, moulins, maisons et hôtels enchevêtrés : les villages traversés dégringolent dans le vide, tandis que les vues sont à couper le souffle sur les falaises, la mer abyssale et les îlots brûlés qui flottent au centre du cratère.

© Anavasi

DÉPART ET ARRIVÉE : Départ de Fira, la capitale *(nombreux parkings)*, pour arriver à Oia, le village à la pointe nord de l'île. Retour en bus ou en taxi.

DURÉE : env. 3 h (1 h de plus avec le crochet pour le rocher de Skaros).

BALISAGE : il n'y a qu'un sentier, impossible de se tromper.

DISTANCE : 10 km.

DÉNIVELÉ : env. 300 m.

DIFFICULTÉ : Assez difficile (prévoyez de bonnes chaussures car le sentier est parfois rocailleux).

❶ Le départ se fait de la capitale de Santorin, Fira. Suivez les panneaux pour les téléphériques puis traversez le quartier catholique. La capitale ne cessant de s'agrandir, les maisons blanches et les hôtels ont depuis longtemps englobé le village de Firostefani et rejoindront bientôt le village suivant d'Imerovigli. En ligne de mire, le rocher de Skaros.

❷ **Imerovigli** *(ou Merovigli ; 30 min du départ)* est le plus haut village perché au-dessus de la caldeira (à 350 m). Si vous êtes en jambes, vous pouvez descendre sur le **rocher de Skaros,** cette pyramide brune et solitaire qui s'avance vers le centre du cratère. Jusqu'au XVIIIe s., elle était le siège de la capitale de l'île, couronnée par une citadelle vénitienne. La citadelle et le village ont été emportés par le tremblement de terre de 1956 mais, juste derrière le rocher, au bout du sentier *(20 min)*, vous arriverez à la **Panagia Theoskepasti,** avec sa terrasse suspendue dans le vide et une vue magique.

❸ Dès que l'on quitte Imerovigli en direction de Oia, on s'engage sur la portion la plus sauvage du sentier, parfois pavé de galets, parfois couvert de sable ou de cailloux abrasifs. La vue est spectaculaire. Les **chapelles bleues et blanches** croisées (Agios Georgios, Agios Antonios, Profitis Ilias ou Stavros) offrent autant d'occasions de faire une pause.

❹ Arrivée à **Oia** : le premier bâtiment croisé est la petite usine de désalinisation qui alimente l'île en eau douce. Puis se succèdent une ribambelle d'hôtels chic avec leurs piscines débordant sur la mer. Il est temps de se restaurer dans un des restaurants du village ou, mieux, de Ammoudi, le petit port entre contrebas *(moins de 10 min pour descendre)*. Là, depuis les rochers, on pourra se rafraîchir dans une eau translucide et faire une pause dans l'une des tavernes sur le port *(p. 212)*.

Recommandation : Cette randonnée est particulièrement agréable en fin de journée pour profiter du coucher du soleil à Oia (mais il y aura à l'arrivée des embouteillages de piétons venus admirer le soleil disparaître dans la mer)

Le port de Korfos, à Thirassia

Balade secrète

Thirassia, Santorin sans la foule

Qui sait que Santorin compte deux îles habitées ? Tout le monde se presse à Thira, l'île principale (appelée aussi Santorin), saturée par le tourisme. Rares sont ceux en revanche qui font un saut de puce sur Thirassia, la petite sœur jumelle aussi spectaculaire que sa voisine. L'îlot serait né il y a plus de 2000 ans, lorsqu'un pan du cratère s'est effondré dans la mer, coupant Santorin en deux. Aujourd'hui, ses 250 habitants vivent hors du temps.

La traversée

Pour y aller, faites comme les locaux : embarquez à Ammoudi, le petit port d'Oia, sur le bateau qui fait trois fois par jour la navette avec Thirassia. Dix minutes plus tard, vous voilà à Riva. Le port principal de l'île ne compte qu'un ponton et quelques maisons. Un minibus *(gratuit)* vous emmène jusqu'à la ville principale, Manolas, à 3 km.

Manolas, la capitale

Même village qui s'étire sur le fil du cratère, mêmes maisons troglodytiques creusées dans le tuf volcanique, même vue grandiose sur la caldeira : Manolas, c'est **Fira ou Oia en miniature**, 40 ans en arrière. Quelques coupoles bleues, une petite école, une boulangerie, une épicerie d'un autre âge et une sympathique taverne *(ci-contre)* : on déambule avec plaisir dans ses minuscules ruelles.

Balade jusqu'au monastère Panagia Kimissi

Direction plein sud : la petite route parallèle à la caldeira se transforme rapidement en piste. Elle traverse la campagne tranquille, sculptée par les terrasses de culture : quelques vignes tressées en panier, une poignée de chèvres, un couple d'ânes, des lièvres bondissants. Tout au bout, le **ravissant monastère** dédié à la Vierge (Panagia Kimissi) se dresse comme une sentinelle à la pointe sud de l'île, au-dessus de la caldeira. De l'autre côté, Santorin semble nous embrasser de ses bras. À l'aller (ou au retour), faites un crochet par le hameau abandonné de Kera et l'église du Profitis Ilias, haut perchée au-dessus de la caldeira. La vue est splendide *(balade : 5 km A/R jusqu'à Panagia Kimissi, env. 2 h ; facile)*.

Korfos

De retour à Manolas, régalez-vous d'une délicieuse moussaka à la taverne Panorama (qui porte bien son nom). Puis dégringolez les escaliers jusqu'à Korfos *(env. 200 marches)*, le **port touristique** de Thirassia. Au pied de la falaise, une ribambelle de tavernes accueille ceux qui font l'excursion en bateau dans la caldeira. Depuis la plage de gros galets ou du ponton, vous pouvez vous rafraîchir en attendant le bateau. Il fera une escale à Riva avant de vous déposer à Ammoudi.

ACCÈS

Carte p. 133 *– 3 fois/j., le bateau part d'Ammoudi (le port d'Oia) pour desservir Riva et Korfos, les ports de Thirassia. Horaires affichés sur le quai dans chaque port. En principe (en été) : 8 h, 13 h 10, 16 h 40. Retour 10 à 20 min plus tôt, aux mêmes heures, depuis Korfos et Riva (prenez donc un des deux premiers bateaux de la j. si vous souhaitez rentrer à Ammoudi le soir-même). N.B. : un ferry fait aussi la navette t.l.j. sf mar. et sam. à 15 h 30 au départ d'Athinios, le port principal de Santorin (2 € l'aller).*

DURÉE

Une demi-journée.

OÙ MANGER ?

Taverne Panorama*, Manolos, Thirassia ☎ 228.60.29.186. Typique, chaleureuse et un patron sympathique, Yannis.*

16 Sérifos Σέριφος

Chora, enroulée autour d'un piton rocheux

Sérifos est une île hors des sentiers battus. Très rocailleuse, elle a longtemps vécu de l'exploitation de ses mines de fer. Le tourisme s'y est développé plus tardivement qu'ailleurs, lui permettant de conserver son authenticité.
Les objectifs de visite ne sont pas nombreux mais se démarquent par leur qualité. Accrochée à son piton rocheux, Chora, la capitale, s'impose comme l'un des plus beaux villages des Cyclades. Les sentiers muletiers offrent de superbes possibilités de randonnée et les plages, souvent ourlées de sable doré, sont de toute beauté.

- **Carte :** p. 145.
- **Arriver, se déplacer :** p. 280.
- **Manger, dormir, s'amuser :** p. 215.
- **Le + :** île authentique qui offre de belles plages et randonnées. Chora est l'un des plus beaux villages cycladiques.
- **Le - :** le passé minier de l'île lui donne parfois un côté austère.
- **Superficie :** 73 km^2.

Sérifos

Sérifos★★

L'île est liée au mythe de Persée. Après avoir échoué sur Sérifos avec sa mère Danaé, le fils de Zeus grandit en cachette sur l'île. Devenu grand, le héros accomplit l'exploit de tuer la redoutable Méduse au regard pétrifiant. Grâce à la tête de ce monstre, il délivre sa mère des assiduités de Polydectès, le roi de Sérifos, en le transformant en pierre *(p. 235)*.

➤ Livadi et ses plages★

Λιβάδι

Carte p. 145.

L'arrivée à Sérifos est l'une des plus magnifiques des Cyclades : le bateau longe des côtes arides et rocailleuses, et soudain vire de bord pour pénétrer dans l'immense calanque du port de Livadi. Au-dessus, les cubes blancs des maisons de Chora dégringolent du ciel : la capitale est accrochée en nid d'aigle à un éperon rocheux.

Livadi est aussi la station balnéaire de l'île. À droite du débarcadère se déroule l'immense plage d'**Avlolimonas,** où les tables des tavernes et des bars sont posées sur le sable. L'animation se concentre ici, tandis que le reste du village est consacré à la culture maraîchère. De l'autre côté du débarcadère *(10 min à pied)*, on trouvera la ravissante plage ombragée de **Livadakia**, bordée par le camping de l'île. En continuant vers le sud, un sentier mène à celle de **Karavi** *(encore 10 min à pied ; facile)*, plus calme, petite mais sans ombre. Elle doit son nom (« le bateau » en grec) à une épave antique gisant dans sa baie.

➤ Les plages de l'Est★★

Carte p. 145 – Allez au bout de la plage d'Avlolimonas et tournez à g. (panneau). Depuis le port, pour rejoindre Psilli Ammos, la plage la plus éloignée, comptez 10 min en voiture (1 h à pied).

Sur la côte est de l'île se succèdent des plages de sable fin aux eaux cristallines. La première en partant au nord de Livadi, **Lia**, est en principe réservée aux nudistes *(à 2,5 km du port, puis 5 min à pied ; pas de taverne)*. La seconde, **Agios Sostis**, se love au creux d'une petite crique gardée par une chapelle *(à 3 km du port; pas de taverne)*. La troisième, **Psili Ammos** – « sable fin » en grec – est un petit paradis pour les familles *(à 4 km du port)* : entrée dans la mer en pente douce, dunettes couvertes de joncs et de tamaris, bonne taverne pour se restaurer *(p. 216)*.

➤ Chora★★★

Χώρα

Carte p. 145 *– À 5 km N de Livadi. Bus régulier depuis Livadi.*

Enroulée autour d'un piton rocheux, la capitale de l'île est l'un des plus pittoresques villages des Cyclades. Derrière les trois beaux **moulins** de l'entrée se cache un dédale de jolies ruelles en escalier. Faites un tour au petit **musée archéologique** *(à l'entrée du village, en face de l'arrêt du bus ☎ 228.10.52.611; ouv. mar.-dim. et mer. 9h-16h; entrée payante)*.

Sur la charmante place du village trône majestueusement la petite **mairie** néoclassique aux couleurs vives, dotée d'une façade ornée de stucs, d'un escalier imposant et de balcons en fer forgé. Les chaises ripolinées des deux cafés sont l'occasion d'une pause salvatrice avant de continuer à grimper. Les quelques petites maisons blanches collées au rocher sont superbement restaurées (souvent par des étrangers). Leur dépouillement et l'harmonie de leurs formes allient architecture cycladique et design. Du sommet, couronné par les ruines d'un **Kastro vénitien** et deux chapelles suspendues au-dessus de la mer, la vue est à couper le souffle : la baie de Livadi et toute

l'Égée méridionale, avec au loin les silhouettes de Sifnos et Kimolos.

De Chora, vous pourrez suivre un **superbe sentier pavé** qui descend vers Livadi *(50 min de marche depuis l'entrée de Chora, panneau près des moulins, sentier balisé 1A; assez facile)*. Avant la création de la route (que vous croiserez plusieurs fois), ce sentier muletier était le seul moyen de relier Chora à Livadi. En chemin, panorama splendide sur la baie de Livadi.

➤ Balade au cœur de l'île**

Carte p. 145 – Au départ des moulins de Chora: 45 min A/R jusqu'à la chapelle d'Agios Georgios par le sentier balisé 2. Les bons marcheurs poursuivent jusqu'au village de Panagia: 1 h 30 de Chora (sentier balisé 4 à partir de la route de l'héliport, difficile à trouver à cause de la végétation). Au-delà, jusqu'à la plage de Sikamia: 2 h 30 de Chora par le sentier balisé 5.

Ce magnifique sentier – l'un des plus beaux des Cyclades –, qui grimpe de la capitale vers le centre de l'île, offre un panorama magique sur Chora accrochée à son pain de sucre et sur tout le sud de l'île. Le sentier est construit sur le flanc du mont Pétrias qui culmine à 553 m. Il est tellement large (2,50 m) que les caravanes des mineurs pouvaient se croiser sans difficulté : autrefois, il menait aux mines de Koutalas. La partie la plus intéressante du sentier s'arrête au niveau de la chapelle d'**Agios Georgios**, posée sur un petit col. De là, vous pouvez rebrousser chemin ou continuer de monter : le sentier mène à l'héliport *(20 min)* et rejoint la route qui traverse l'île.

La côte de Sérifos égrenne baies, golfes et criques ourlés de sable fin

UNE PAUSE RAFRAÎCHISSANTE

Après la visite du monastère, rejoignez Platys Gialos. Surplombant la plage, la taverne Nikoulias vous accueille avec quelques poissons frais et une excellente cuisine du terroir. Goûtez aux croquettes de fenouil.
➤ *Carte p. 145* – **Nikoulias**, *plage de Platys Gialos (à l'extrême N de l'île, 3 km après le monastère ; tournez à g. à la première bifurcation ; pas de bus)* ☎ 228.10.52.174. *Ouv. en été.*

➤ Panagia*

Παναγιά

Carte p. 145 – À 6 km N de Chora. 1 bus/j.

Les paysages du Nord sont dessinés par les terrasses de culture. Accroché à la colline, le petit village de Panagia domine la vallée verdoyante qui le sépare de la plage de Sikamia. Il doit son nom à la plus ancienne **église byzantine** de Sérifos (xe s.) qui se dresse sur sa charmante place : consacrée à la Vierge, la Panagia (ou *Kimisi tis Theotokou*, la « dormition de la Vierge ») était l'église principale d'un monastère détruit sous les Vénitiens. Bâtie sur un plan basilical à double nef, elle est coiffée d'une coupole recouverte de tuiles rouges. Elle renferme de belles fresques des xive et xviie s. Toute l'île célèbre la fête de l'église autour du 15 août.

➤ Sikamia*

Συκαμιά

Carte p. 145 – À 10 km N de Chora. Accessible depuis Panagia par la route (4 km) ou à pied, toujours au départ de Panagia, par l'une des plus charmantes balades de l'île (sentier balisé 5 : 1 h ; facile).

Avant de rejoindre la **plage**, le sentier traverse carrés de vignes et oliviers, pigeonniers et aires à battre le blé, passant dans le creux du vallon, rafraîchi par un ruisseau.

La plage de sable gris-vert et de galets de Sikamia s'étire au fond d'une baie qui fait face à Kythnos. Quelques tamaris l'ombragent. Attention : la plage est très exposée au *meltem*. Une sympathique taverne familiale est ouverte en été *(p. 216)*.

➤ Le monastère des Taxiarques*

Μονή Ταξιαρχών

Carte p. 145 – À 10 km N de Chora, 2 km après le village de Galani. Quelques bus par jour. Prenez rendez-vous, si besoin avec l'aide de votre logeur car le moine ne parle pas anglais ☎ *228.10.51.027. Don plus que bienvenu.*

Le seul édifice imposant qui se visite à Sérifos est le monastère des Taxiarques, fondé autour de 1400. Ramassé sur lui-même, le monastère est bâti comme une forteresse : il dresse ses hauts murs blancs percés de meurtrières au-dessus du rivage. À l'intérieur, une cour fleurie et arborée accueille l'église du monastère (le *katholicon*), dotée d'une belle iconostase et d'un trône épiscopal. Au moment de son apogée (xviiie s.), le monastère mettait en valeur une grande partie de l'île et comptait une cinquantaine de moines. Aujourd'hui, il n'en reste plus qu'un : Makarios Kotsikos, entré en 1958. Petite barbe fleurie et yeux pétillants, il reçoit aimablement les visiteurs qui auront pris rendez-vous. Car Makarios est occupé. Il se lève tous les jours à 4 h du matin pour nourrir ses animaux, arroser les champs, tailler les vignes, mais aussi pour peindre et restaurer le monastère. Fièrement, il montre ses mains burinées.

Il a en charge trois villages et un tiers des cent seize chapelles que compte l'île. Il lui est parfois nécessaire de prendre la barque pour exercer son ministère, comme c'est le cas le 23 août quand il se rend à la chapelle d'Agios Nikolas Skalas, située à la pointe nord de l'île et inaccessible autrement. Le 8 novembre, le monastère est en fête : après la liturgie, toute l'île est invitée à manger et à boire dans son grand réfectoire. Au menu : pois chiches au four, filets de morue frits et vin du monastère.

➤ L'ouest de l'île

Carte p. 145 – Boucle de 35 km au départ de Livadi.

Kalo Ambeli***

Καλό αμπέλι

Carte p. 145 – À 4 km S-O de Livadi. Pas de bus. Au passage du petit col à 3,5 km env. de Livadi, tournez à g. puis à dr. (piste en terre carrossable). Il faut encore marcher 15 min sur un sentier.

Kalo Ambeli signifie la « bonne vigne ». Pour rejoindre cette belle **plage**, il faut descendre quelques marches, traverser le creux d'un vallon verdoyant, longer une petite chapelle et courir la garrigue quelques instants. Pour poser sa serviette, vous aurez le choix entre le sable blond ou les magnifiques rochers ronds en granit sculpté par les éléments. La clarté de l'eau permet de traquer avec plaisir les poissons jusqu'au fond des petites calanques.

La baie de Koutalas*

Όρμος Κουταλά

Carte p. 145 – À 8 km S-O de Livadi (env. 4 km après Kalo Ambeli). Bus en été.

La route rejoint la mer au niveau de la baie de Koutalas qui fut l'un des centres miniers de l'île à la fin du XIXe s. Trois grandes plages bien abritées occupent ses rives en forme de trèfle : **Vagia**, **Ganema** et **Koutalas** (ombre et taverne pour les deux dernières). Les vestiges de la **mine** – maisons d'ouvriers en ruine, rampes de chargement du minerai, etc. – se font plus discrets qu'à Mégalo Livadi. La ravissante chapelle d'**Agia Irini**, l'une des plus anciennes de l'île, se dresse au milieu de la baie (belle fête le 5 mai).

Mégalo Livadi*

Μεγάλο Λιβάδι

Carte p. 145 – À 17 km de Livadi par le S ; à env. 7 km de Koutalas. Bus en été.

La baie ne manque pas de charme avec sa petite vallée fertile, ses tamaris plantés sur le sable et ses deux petites tavernes face à la plage. Mais Mégalo Livadi était le port industriel de l'île jusqu'en 1960, et les traces de son passé minier distillent une atmosphère un peu triste : wagonnets rouillés, pontons de chargement se balançant au-dessus de la mer et une terre couleur rouille percée par l'entrée des mines. Sur la plage, un bâtiment néoclassique et cossu en ruine abritait le siège de l'entreprise minière gérée par la famille allemande Gromann.

Petit **musée de la mine** à gauche de la plage *(exposition de pierres et d'outils ; ouv. juil.-août mar.-dim. 11 h-14 h et 18 h-21 h ; entrée gratuite).*

En repartant vers Livadi en passant par l'intérieur des terres et Chora, arrêtez-vous à la tour blanche – **Aspros Pyrgos** *(à 3 km sur la dr.)* : récemment restaurée, cette imposante tour de guet dont seule la base est visible remonte au IVe s. av. J.-C. *(informations en anglais).*

LES MINES DE FER

Riche en fer, le sous-sol de Sérifos a été valorisé dès l'Antiquité. Entre 1870 et 1960, l'exploitation des mines devient industrielle. Tous les hommes de Sérifos, ainsi qu'un grand nombre de migrants venus des îles voisines, sont alors employés dans la mine. Les conditions de travail très dures et les nombreux accidents mortels conduisent les travailleurs à s'organiser derrière leur leader syndical, **Constantinos Speras**, natif de l'île. Le 21 août 1916, la police réprime leur grève dans le sang. Quatre mineurs sont tués : un monument aux morts sur la plage de Mégalo Livadi a été érigé à leur mémoire. La fermeture définitive des mines dans les années 1960 a plongé Sérifos dans une immense misère… jusqu'à ce que le tourisme vienne lui redonner des couleurs.

17 Sifnos
Σίφνος

Le monastère de la Panagia Poulati

Souriante Sifnos ! Collines vallonnées, baies échancrées, terrasses de culture couvertes de vignes et d'oliviers et villages éclatant d'authenticité : elle déroule des paysages harmonieux et étonnants de diversité pour une île de si petite taille. Parcourue par un excellent réseau de sentiers muletiers, elle ravira les randonneurs. Sifnos incarne aussi l'élégance et le raffinement dans l'archipel : sa gastronomie et ses céramiques sont réputées dans toute la Grèce.

- **Carte :** p. 151.
- **Arriver, se déplacer :** p. 281.
- **Manger, dormir, s'amuser :** p. 217.

- **Le + :** pour les amateurs de randonnées, de poterie et de gastronomie.
- **Le - :** les plages sont belles, mais pas époustouflantes.
- **Superficie :** 74 km².

Sifnos

Sifnos★★★

Longtemps confidentielle et toujours authentique avec ses chemins de randonnée et ses jolis villages, l'île est par ailleurs devenue à la mode chez les Grecs quand les médias se sont aperçus qu'hommes politiques et armateurs y passaient leurs vacances chaque année. Aujourd'hui, l'île s'est équipée d'hôtels haut de gamme et de bars branchés, tout en cultivant sa simplicité. Sifnos est très appréciée dans les milieux intellectuels et artistiques français.

➤ Kamarès★

Καμάρες

Carte p. 151.

Porte d'entrée de Sifnos, Kamarès est le port principal de l'île. Son existence remonte à la fin du XIXe s., époque à

laquelle une compagnie française, qui exploitait les mines toutes proches, a entrepris son aménagement.
Bordée par une grande plage et installée au fond d'une calanque entre deux montagnes, Kamarès héberge des ateliers de poterie et propose de nombreuses chambres à louer. L'intérêt principal de Kamarès est de pouvoir glaner des informations à l'office du tourisme.

➤ Le centre de l'île

Apollonia★★★ et Artémonas★★★

Απολονία et Αρτεμώνας

Carte p. 151 – À 6 km E de Kamarès. Bus depuis Kamarès. Pour rejoindre Artémonas depuis Apollonia à pied, prenez la ruelle en escalier à partir de la place principale : 20 min ; facile.

Sur le plateau fertile qui domine le centre de l'île, un long ruban de cubes blancs réunit sept villages, dont Apollonia, la capitale animée, et Artémonas, le paisible village de notables. Baptisés respectivement du nom des divinités jumelles, Apollon et Artémis, ce sont les deux principales localités de l'île. Une superbe ruelle longée de maisons blanches et d'églises aux coupoles cobalt les relie. Ici, le style cycladique est présent dans tous les éléments architecturaux : murs veloutés par les passages répétés de la chaux, escaliers conduisant aux toits-terrasses, portes et fenêtres soulignées de linteaux en pierre ou en marbre, dalles cernées de blanc. Outre le sempiternel bleu, les huisseries se parent aussi de vert, de rouge ou de gris du plus bel effet.

Apollonia dispose de toutes les ressources d'une capitale. Les banques, la poste et les commerces se concentrent sur sa place, tandis

UNE HISTOIRE RICHE

Le goût de Sifnos pour les belles choses s'est manifesté à plusieurs reprises au cours de son histoire. Dès l'Antiquité, ses **mines d'or et d'argent** firent la prospérité et la richesse de l'île. Au point que le trésor des Sifniens érigé au VIe s. à Delphes, le sanctuaire d'Apollon, était l'un des plus beaux du sanctuaire d'Apollon… Au moment de la domination ottomane (XVIe-XVIIIe s.), Sifnos était un **foyer de l'hellénisme** : les arts et les lettres grecs étaient enseignés dans ses monastères.

Boutique vendant des poteries locales

que les tavernes, les bijoutiers et les bars branchés se suivent le long de la ruelle piétonne centrale, que les locaux appellent *sténo* (« étroit »).

Aux XVIIIe et XIXe s., les notables se firent construire de belles demeures patriciennes à **Artémonas**. Les maisons affichent portails et balcons en fer forgé, ornements en marbre au milieu de jardins fleuris plantés de majestueux palmiers. Entouré de terrasses de culture et de vieux moulins, le village dégage une atmosphère reposante.

Ascension du Profitis Ilias★★★

Προφήτης Ηλίας

***Carte p. 151** – À pied, le sentier commence à 2,5 km au S-O d'Apollonia et à 300 m du monastère Fyrogia (fléché) : 1 h 30 de marche jusqu'au sommet (2 h 30 A/R) ; assez difficile (400 m de dénivelé).*

Cette randonnée est un must des Cyclades. Entouré par les chèvres, le sentier souvent pavé grimpe entre le thym, la sauge et l'origan. Progressivement, les paysages de l'île se découvrent : Apollonia et les villages voisins s'étirent en contrebas ; les terrasses de culture dégringolent jusqu'à la mer ; les îles voisines se dessinent à l'horizon…

L'arrivée est une récompense : le **monastère fortifié** du Profitis Ilias couronne le sommet de l'île (682 m). Dans sa cour se dresse une **église** fondée en 1654. De son toit-terrasse, la **vue** sur Sifnos et les Cyclades est époustouflante.

Kastro★★★

Κάστρο

***Carte p. 151** – À 3 km E d'Apollonia. Plusieurs bus/j. depuis Artémonas et Apollonia. Beau sentier pédestre entre Apollonia et Kastro qui passe par Kato Pétali (1 h ; facile).*

En descendant d'Apollonia, après avoir traversé un superbe vallon ponctué de petites chapelles et de pigeonniers au milieu de la vigne et des oliviers, surgit Kastro, situé sur un promontoire au-dessus de la mer. Il était déjà habité dans l'Antiquité, Hérodote notant la présence d'ornements architecturaux en marbre de Paros dans les ruelles de la cité. Aujourd'hui encore, les réemplois – colonnes ioniennes, sarcophages, etc. – sont visibles, enchâssés dans les parois de certains édifices. Les Vénitiens, au moment de leur domination (XIIIe-XVIe s.), utilisèrent le lieu pour y établir leur capitale, qui le resta jusqu'en 1836.

Les petites maisons blanchies à la chaux se pressent les unes contre les autres et forment avec leur mur extérieur l'enceinte du village. Seules les belles demeures seigneuriales, souvent ornées d'un blason franc, font exception à cette économie d'espace. Le tour de Kastro à pied offre de beaux points de vue sur la mer et en particulier sur la ravissante église des Sept-Martyrs, érigée sur un rocher entouré d'eau. Quelques sympathiques tavernes et bars gentiment branchés peuvent agrémenter la balade.

FÊTES AU SOMMET

Le monastère de Profitis Ilias (XIIe s.) domine toute l'île. On le rejoint à pied par un superbe sentier *(ci-contre)*. À l'intérieur, les cellules des moines entourent l'église.

Le monastère s'anime autour du **19 juillet** quand une procession rassemblant une grande partie de la population locale célèbre le Profitis Ilias (prophète Élie). Plus modestement, autour du **14 juin** a lieu la fête d'Agios Ileseos *(petite chapelle à l'extérieur du monastère)*. Pour ces deux *panigyria*, une soupe de pois chiches et des spaghettis à la viande sont offerts dans l'immense réfectoire après la messe. Le vin coule à flots. Le luth et le violon chantent tard dans la nuit. Beaucoup dorment sur place (de manière très spartiate dans les cellules ou à la belle étoile) afin d'assister au lever du soleil : un moment unique.

Balade jusqu'au monastère de la Panagia Poulati**

Παναγία Πουλάτι

Carte p. 151 – À pied depuis Kastro : 30 min ; facile.

Au départ des moulins situés à l'entrée de Kastro, le sentier surplombe la mer et conduit dans un paysage agreste jusqu'au petit monastère de la Panagia Poulati, remarquable pour ses courbes harmonieuses et la blancheur de ses murs. Une pause sur un muret, à l'ombre d'un grand cyprès, est un pur délice. Le sentier se poursuit en contrebas, donnant accès à quelques rochers plats et à des eaux cristallines (lieu-dit Dialiskari). Cette balade est un enchantement.

➤ Faros* et le sud de l'île

Φάρος

Carte p. 151 – À 7 km S-E d'Apollonia. Bus fréquents depuis Apollonia.

Deux plages de sable au fond d'une crique, des maisons en forme de cubes blancs, des tavernes au bord de l'eau : le petit port de pêche de Faros ne manque pas de charme.

Balade jusqu'au monastère de Chryssopigi***

Μόνη Χρυσοπηγή

Carte p. 151 – À 8 km S d'Apollonia par la route. En voiture, prenez la route d'Apollonia, tournez à g. vers Platys Gialos puis de nouveau à g. En bus d'Apollonia pour Platys Gialos : arrêt à 1 km du monastère. À pied, agréable balade depuis Faros au fil de l'eau : 30 min ; facile.

À droite du port de Faros, un sentier pavé longe la mer et rejoint la belle plage d'**Apokofto**. Ombragées par des tamaris, deux tavernes proposent leurs chaises pour une halte savoureuse. À moins de marcher les pieds dans l'eau jusqu'au monastère de Chryssopigi qui se dresse au bout de la plage. Tout chaulé de blanc, le bâtiment, construit sur un rocher, s'avance telle une sentinelle sur la mer. La légende raconte qu'une icône miraculeuse de la Vierge flottant sur l'eau est à l'origine de sa fondation en 1650.

Quarante jours après la Pâques orthodoxe (Ascension), une fête spectaculaire et joyeuse est organisée au monastère. Le gros ferry qui relie Le Pirée aux Cyclades de l'Ouest y fait alors escale et dépose le pope, l'icône de la Vierge et l'orchestre embarqués à Kamarès. La fameuse *revithada*, soupe de pois chiches de l'île, est offerte à tous.

Les rochers plats qui entourent le lieu se prêtent particulièrement aux baignades solitaires… Les religieux ont posé un panneau interdisant le nudisme.

Platys Gialos

Πλατύς Γιαλός

Carte p. 151 – À 9 km S d'Apollonia. Bus fréquent depuis Apollonia.

C'est la plus grande station balnéaire de l'île : 800 m de sable blond avec tous les équipements, un grand nombre de tavernes, d'hôtels et de chambres à louer. Si la plage est agréable, le village offre peu d'intérêt. La baie est délimitée sur sa gauche par le cap Amoni, sur lequel on peut apercevoir la tour antique d'Aspros Pyrgos en ruine. Dans l'Antiquité, Sifnos comptait soixante-treize tours de guet pour se protéger des raids ennemis.

Balade jusqu'à la pointe sud de l'île**

Carte p. 151 – Le départ se fait au bout de la plage de Platys Gialos par la piste qui passe au-dessus du restaurant Lazaro Beach. Pour les bons marcheurs (sentier en partie balisé, carte d'Anavasi conseillée), comptez 1 h 15 jusqu'à la plage de Fikiada et 2 h 30 jusqu'à Vathy ; assez difficile.

La pointe sud de l'île offre une magnifique balade dans une campagne inhabitée et verdoyante au milieu des espèces dominantes de la végétation méditerranéenne. Le sentier se faufile dans une forêt de genévriers avant de longer la mer et de traverser une ferme abandonnée. De hauts murs chaulés et percés de meurtrières entourent les chambres et salons de la ferme occupés aujourd'hui par les moutons. L'oliveraie de la ferme mène jusqu'à une superbe crique sauvage où se trouvent les ruines d'un ancien atelier de poterie. La plage de **Fikiada** est sale (galettes de mazout). Mais il est possible de se baigner au niveau de la petite **église d'Agios Georgios**, construite sur les rochers.

Acropole d'Agios Andreas*

Carte p. 151 – Sur la route de Vathy, à 3 km d'Apollonia. Ouv. mar.-dim. 8 h-15 h. Entrée gratuite.

La baie de Vathy

Situé au sommet d'une colline du centre de l'île, cette **ville antique** occupe une position stratégique. Ouvert au public depuis 2010, le site archéologique a pris le nom de l'église qui le jouxte. Imposantes murailles, fondations des temples et des maisons, citerne : occupé depuis le IVe millénaire av. J.-C., ce sont surtout les restes de la ville mycénienne que l'on voit (XIIe-XIe s. av. J.-C.), ainsi que de la ville archaïque (VIe-VIIe s. av. J.-C.). Vue magnifique sur l'île. Petit **musée**.

La baie de Vathy**

Βαθύ

***Carte p. 151** – À 12 km S-O d'Apollonia. Bus assez fréquent depuis Apollonia.*

Le sud-ouest de l'île est entaillé par une immense et superbe baie en forme de coquillage, ourlée de sable fin. Jusqu'en 1995, il n'y avait ici ni route ni électricité et Vathy était habitée par un potier et quelques pêcheurs au milieu de centaines d'oliviers. Depuis, le lieu a changé d'allure avec l'ouverture en 2004 d'un hôtel de luxe *(p. 218)*. Les authentiques petites tavernes au bord de l'eau sont restées, quelques charmantes chambres à louer se sont implantées et le plus ancien potier de l'île travaille toujours dans son atelier *(Antonis Atsonios, à g. de la baie)*. Les barques du petit port de pêche sont veillées par la séduisante **église des Taxiarques** (XVIe s.). Sous ses deux coupoles et sa double nef, elle est un cadre très romantique pour les mariages.

L'ÎLE DES CÉRAMISTES

Sifnos comptait au début du XXe s. quatre-vingt-dix **ateliers de poterie** et était célèbre pour sa céramique dans toute la Méditerranée orientale. Installé là où il y avait de l'eau, de l'argile et surtout la mer afin de charger facilement les caïques qui livraient leur production, chaque atelier comptait une trentaine d'ouvriers : l'artisan, ses apprentis, ceux chargés de l'extraction de l'argile, du ramassage du bois destiné aux fours, de l'emballage ou de l'exportation… Et les conditions de travail étaient rudes. Aujourd'hui, le développement du tourisme s'accompagne d'un regain d'intérêt pour la céramique. Les céramistes des seize ateliers toujours en activité produisent les plats traditionnels comme le *mastello* (pour cuire le chevreau) et de superbes cheminées en terre *(flaros)* qui coiffent les maisons. Ils collaborent aussi avec des artistes pour créer de nouveaux objets.

➤ Le port de Chéronisos*

Χερρόνησος

***Carte p. 151** – À 15 km N d'Apollonia. Bus fréquent depuis Apollonia.*

En se faufilant dans les paysages sauvages et vallonnés de la pointe nord de l'île, la route multiplie les points de vue sur la mer. Tout au bout, elle s'arrête au niveau du port miniature de Chéronisos, niché au fond d'une profonde calanque. Une vingtaine de barques et de caïques dansent sur l'eau face à deux petites tavernes. Sur la plage, des canards s'ébrouent sur le sable à côté de l'atelier d'un vieux potier. Kostas Depastas aime montrer les plats traditionnels en terre de l'île. Il fait aussi essayer avec malice un verre farceur qui mouille celui qui y pose ses lèvres. Depuis le **monastère d'Agios Georgios** qui se trouve juste au-dessus du port *(10 min à pied)*, le coucher de soleil est magique.

18 Syros
Σύρος

Le quartier Ta Vaporia, à Ermoupolis

Sèche, rocailleuse et inhabitée… Telle est la première image que renvoie Syros depuis le pont du navire. Puis, en franchissant le cap Vaporia, une immense ville apparaît, qui se déploie sur deux collines. À droite, Ermoupolis, la capitale administrative des Cyclades, à gauche Ano Syros, le vieux village catholique accroché à son éperon rocheux. Des deux côtés, les cubes des maisons aux couleurs pastel dégringolent jusqu'au port. Vallonné, le sud de l'île est constellé de petites stations balnéaires. Tandis que le Nord montagneux et sauvage est un paradis pour les randonneurs.

- **Carte :** p. 158.
- **Plan :** p. 160.
- **Arriver, se déplacer :** p. 282.
- **Point de départ :** Le port d'Ermoupolis.
- **Manger, dormir, s'amuser :** p. 221.
- **Le + :** le charme d'Ermoupolis, une ville animée toute l'année, avec de nombreuses manifestations culturelles.
- **Le - :** il faut réserver à l'avance son hébergement à Ermoupolis, surtout le week-end.
- **Superficie :** 86 km^2.

Syros

Syros★★

Île aux multiples facettes, Syros ne se résume pas à sa ville. Sa campagne offre des paysages très différents. Aux petites stations balnéaires qui occupent les terres vallonnées du Sud s'oppose un Nord montagneux et sauvage, façonné par les terrasses de culture et les à-pics vertigineux sur la mer. Là, les randonneurs peuvent rejoindre des plages solitaires et oublier que Syros est l'île la plus peuplée des Cyclades.

➤ Ermoupolis***

Ερμούπολης

Plan p. 160.

Pavée de marbre, Ermoupolis, la ville d'Hermès dédiée au dieu du commerce, dessinée par l'urbaniste allemand Wilhelm von Weiler en 1837, possède une histoire fascinante *(p. 166)*.

Aujourd'hui, la seule véritable ville de l'archipel séduit au-delà de son architecture. Ses festivals de musique et de cinéma, ses bars et ses restaurants assurent une ambiance jeune et culturelle. Elle est même vivante toute l'année grâce à son grand nombre d'étudiants et de jeunes fonctionnaires envoyés ici en début de carrière.

Sur les quais, le port alterne les tavernes, les bars branchés et les étals recouverts de loukoums et de *nougats*, spécialités de l'île. En pénétrant dans son lacis de rues, la ville affiche orgueilleusement les splendeurs d'une grande ville européenne avec ses places, ses institutions et ses quartiers résidentiels.

Le port***

Plan p. 160 / B1.

Une fois à terre, si vous voulez être de nouveau ébloui par la ville, marchez jusqu'au bout de la jetée. En vous retournant subitement, vous serez surpris par les deux collines jumelles : Ano Syros, la catholique, et Ermoupolis, l'orthodoxe.

La place Miaouli***

Πλατεία Μιαούλη

Plan p. 160 / B1.

La commerçante rue Venizelos (El Venizelou) – autrefois Ermou –, perpendiculaire au port, débouche sur la place Miaouli, somptueuse et d'une taille étonnante pour une si petite île. Pavée de marbre et entourée d'arcades, ornée de palmiers et d'un kiosque à musique, elle sert de piédestal à l'imposant hôtel de ville.

L'hôtel de ville***

Ouv. lun.-ven. 8h-15h.

Œuvre de l'architecte allemand **Ernst Ziller**, la mairie – la plus majestueuse et la plus grande de Grèce – accueille également la Cour de Justice grecque. Son escalier monumental conduit à l'entrée décorée d'une double colonnade de styles toscan et ionien. À l'intérieur, des puits de lumière inondent les patios au dallage en damier.

Attablez-vous au **café** *(ouv. lun.-ven. 8h-15h)* situé dans le patio de droite : vous pourrez regarder la ville s'affairer.

Le Musée archéologique*

Même bâtiment que l'hôtel de ville, accessible depuis le côté g., rue E. Benaki

L'hôtel de ville, sur la place Miaouli

☎ *228.10.88.487. Ouv. en été t.l.j. 8 h-20 h ; en hiver mar.-mer. et ven.-dim. 8 h-15 h. Entrée payante.*

Sont présentées quelques idoles cycladiques, des stèles funéraires et des statues, ainsi qu'une intéressante exposition permanente consacrée à Christos Tsountas, archéologue qui a découvert la civilisation cycladique *(p. 230)*. Il a fouillé dès 1898 l'acropole de Kastri, à Syros.

Le cercle Hellas

À dr. de l'hôtel de ville. Ouv. lun.-sam. 9 h-14 h. Entrée gratuite.

Il servait de club aux riches négociants de la ville. Aujourd'hui, il accueille un centre culturel. À l'étage, un petit musée explique la civilisation cycladique aux enfants.

Le théâtre Apollon**

En haut à dr. de la place Miaouli. Ouv. t.l.j. 10 h-15 h pour la visite. Entrée : 2 €. Spectacle régulièrement le soir (p. 224).

Dès sa fondation, Ermoupolis offre un excellent accueil aux troupes de théâtre. Un commerçant originaire de Chios, Michalis Salvagos, prend l'initiative de doter la ville d'un magnifique théâtre. Il fait appel à l'architecte italien Pietro Sampo, qui dessine une réplique en miniature de la Scala de Milan. Entre velours rouge et dorures, la scène est doublée d'un orchestre et dominée par trois étages de loges.

Il est inauguré le 20 avril 1864 avec l'opéra de Verdi *Rigoletto*. Les romances italiennes sont alors très à la mode et la ville s'enorgueillit d'accueillir les troupes italiennes en deuxième représentation, juste après celle à la Scala.

Au XXe s., le théâtre suit le déclin de la ville et ferme ses portes en 1953. Il faut toute la détermination d'associations culturelles pour le sauver de la ruine. Aujourd'hui plus resplendissant que jamais, le théâtre Apollon accueille à nouveau les troupes du monde entier, notamment lors des festivals l'été *(encadré p. 223)*.

Ta Vaporia**

Τα Βαπόρια

Plan p. 160 / B1.

L'ensemble néoclassique se poursuit au-delà du théâtre Apollon, côté mer : la **cathédrale Agios Nikolaos** avec ses deux coupoles bleu et or et le riche quartier de Ta Vaporia, la « Venise des armateurs ». Partout, des demeures de maître, des colonnades et des balcons en fer forgé, des statues d'Aphrodite et de poètes modernes. Assis sur l'agréable petite place Tsiropina, vous pourrez à loisir observer les marbres et les stucs de la **préfecture**, ancienne maison de K. Tsiropinas, maire, banquier et armateur de la ville.

Plage d'Agios Nikolaos**

***Plan p. 160 / B1** – Juste derrière la cathédrale Agios Nikolaos, une ruelle en zigzag rejoint la mer. À 5-10 min de marche du port.*

Une agréable plate-forme a été aménagée face à Ta Vaporia et le large pour une baignade ou prendre un verre à mille lieues de la frénésie de la ville. Belle vue sur les élégantes maisons des armateurs léchées par l'écume.

L'église Anastassi*

Ανάσταση

***Plan p. 160 / A1** – Au sommet de la colline d'Ermoupolis.*

L'exploration de la ville se poursuit sur les hauteurs. À partir de l'entrée de la cathédrale d'Agios Nikolaos, grimpez par les ruelles en escalier jusqu'au sommet couronné par l'église Anastassi (Résurrection). Quelque

L'église Anastassi dominant la ville

PAUSE FACE AUX BATEAUX

Cette petite *ouzeri* à l'entrée du chantier est fréquentée par les ouvriers et permet de prendre un verre et déjeuner face aux bateaux qui se font radouber.
➤ ***Plan p. 160/A2*** **– O Tarsanas,** *13, rue Ir. Polytechniou,* ☎ *228.10.77.667, www.tarsanas.net.*

450 marches donnent accès à cette église massive offerte en 1874 par les nouveaux colons pour imposer l'orthodoxie sur l'île. La **vue** mérite cet effort : vous dominez Ermoupolis, tandis qu'Ano Syros se dresse sur le côté. En fin de journée, les ruelles sont vivantes et animées.

Le musée de l'Industrie**

Plan p. 160 / A2 *– 11, rue Georgios-Papandréou, juste après le Neorion (chantier naval). Navette gratuite depuis le port (descendez place Iroon, en face de l'hôpital)* ☎ *228.10.81.243 ou 228.10.84.762. Ouv. avr.-sept. : lun.-ven. 10 h-15 h 30, sam. 10 h-15 h30 et 18 h-20 h, dim. 10 h-15 h ; oct.-mars : t.l.j. 9 h-17 h. Entrée : 2 €.*

Situé au cœur de l'ancienne zone industrielle, ce musée moderne occupe les bâtiments d'une ancienne usine de peinture (1888). Plusieurs vues de la ville (gravures, photos, peintures) rendent compte de l'incroyable rapidité de son développement : des cabanons posés sur le sable en 1802 à la ville telle qu'elle existe aujourd'hui.

➤ ***Lire aussi le coup de cœur de l'auteur : Le musée de l'Industrie (p. 166).***

L'ancien chantier naval*

Plan p. 160 / A2 *– Depuis le port, à 1,5 km à dr. (quand on est face à la mer), peu après le Neorion (le chantier naval moderne) en direction du S. Navette gratuite.*

C'est l'un des derniers chantiers traditionnels de Grèce. En hiver et au printemps, il est le lieu d'un incroyable bric-à-brac de bateaux qui tiennent en équilibre sur des tabourets et des chevrons de bois. Vieux caïques, vedettes, voiliers, catamarans, et même de vrais bijoux, comme ce bateau de type corsaire (un *pérama*) avec ses gréements âgés de plus cent ans, se refont une beauté avant d'attaquer la saison estivale. Tous les corps de métiers sont présents : menuisiers, calfateurs, motoristes… L'ambiance y est cosmopolite : on s'interpelle en français, en brésilien, en anglais, en polonais et en grec ! Au printemps, quatre à cinq bateaux sont mis à l'eau quotidiennement ; l'été le chantier tourne au ralenti.

➤ Ano Syros**

Ανω Σύρος

Carte p. 158 *– Commune limitrophe d'Ermoupolis. Prenez la direction d'Ano Meria (partie nord de l'île, en grec) et arrêtez-vous à l'une des trois portes de la citadelle. Plusieurs bus par jour. Route très raide pour une montée à pied.*

Seul village typiquement cycladique de l'île, Ano Syros regorge de charme avec son enchevêtrement de ruelles en escalier, ses passages couverts et ses maisons de poupée. Il fut bâti sous la domination latine (XIIIe-XVIe s.) sur un éperon rocheux pour se protéger des pirates. La ville médiévale s'est ensuite développée de manière concentrique, du sommet vers le

L'ÎLE DU PAPE

Suite au détournement de la IVe croisade, Venise s'empare des Cyclades. Syros est ainsi annexée en 1207 au duché de Naxos. Réduite, la communauté locale adopte le dogme catholique. Lorsqu'en 1537, les Cyclades passent sous domination ottomane, Francs et catholiques viennent trouver refuge à Syros. Des moines capucins s'installent sur l'île en 1633, suivis un siècle plus tard par les jésuites. L'île prend alors le surnom de « l'île du pape ».

bas. Les façades des maisons collées les unes aux autres formaient la fortification.

Bastion catholique depuis toujours, Ano Syros cache au détour des ruelles deux anciens monastères : celui des Jésuites (fondé en 1744) et celui des Capucins (fondé en 1633). La **cathédrale Agios Georgios** coiffe son sommet, offrant une vue pleine de contrastes : la capitale bouillonnante et la campagne paisible.

La **maison de Markos Vamvakaris,** célèbre compositeur de *rébétika,* se trouve rue Piatsa, la ruelle commerçante du village, à côté du *kafénio* Apano Chora. Elle a été transformée en petit musée présentant quelques effets personnels du musicien *(ouv. sur rés. au ☎ 228.10.81.243 ou 228.10.84.762).*

PAUSE À ANO SYROS

En bas d'Ano Syros, cette sympathique boutique de produits du terroir offre quelques tables pour se poser et savourer un café ou un raki (eau-de-vie) accompagné de douceurs locales sucrées ou salées : fruits au sirop, confiserie à la figue séchée, pistaches, *paximadi…*
➤ *Carte p. 158* – **Maison de Mezé,** *rue Piatsa, Ano Syros ☎ 69.30.15.71.93 (port.), www.maisondemeze.gr. Ouv. mai-sept. : t.l.j. 11 h-14 h et 18 h-minuit ; oct.-mai : ven.-dim. 11 h-14 h et 18 h-minuit.*

➤ Ano Meria*

Ανω Μεριά

Carte p. 158.

Le Nord montagneux de l'île affiche une beauté sauvage et pourtant dessinée par l'homme. Sillonnées de petites gorges où l'on entend résonner les clochettes des chèvres, les collines sont modelées par les terrasses de culture et les murets en pierres sèches. La route offre des points de vue aériens sur les terres cultivées et la mer.

Chalandriani et Kastri*

Χαλανδριανή et Καστρί

Carte p. 158 – À 5 km N d'Ermoupolis. À 4 km, tournez à dr. en direction de Lygero. Pas de bus. Entrée gratuite.

Chalandriani

En partie mis au jour à la fin du XIXe s. par le professeur Tsountas, le site de Chalandriani se révèle être la ville protohistorique (IIIe millénaire av. J.-C.) la plus importante et la mieux organisée des Cyclades.

Il reste fort peu de vestiges, puisque les quelque mille tombes de la nécropole ont été pillées et ont alimenté les collections d'idoles cycladiques des plus grands musées du monde.

Kastri

Un sentier au départ du hameau de Chalandriani conduit à la **forteresse cycladique** de Kastri qui couronne une colline escarpée face à la mer *(1 h 30 A/R ; niveau moyen).* Vue superbe et vestiges de l'enceinte.

San Michalis*

Σαν Μιχάλης

Carte p. 158 – À 8 km N d'Ermoupolis. Pas de bus.

Au nord, la route arrive à San Michalis, un petit hameau de paysans qui domine la mer. Il y a encore quelques années, c'était le bout du monde. Mais aujourd'hui, les Ermoupolitains s'y donnent rendez-vous le week-end et se disputent les tables des nombreuses tavernes.

Balades vers les plages**

Carte p. 158.

Juste après San Michalis, au lieu-dit Kampos – là où s'arrête la route goudronnée – se trouve le point de départ *(fléché)* de deux superbes balades qui mènent aux plages les plus sauvages de l'île : **Lia** *(35 min aller ; facile)* et **Grammata** *(1 h aller ; assez facile).* Elles sont également accessibles en bateau depuis Kini *(p. 164).*

La baie de Galissas

Les plages du Nord-Ouest

Kini**

Κίνι

Carte p. 158 – À 7 km O d'Ermoupolis. Bus régulier.

Lové au fond d'une baie ourlée de sable fin, ce port de pêche ne manque pas de charme. On y trouve une taverne réputée *(p. 222)*.

À l'intérieur des terres, le village s'étend vers une petite plaine couverte de vignes et de potagers.

Balade vers Delfini**

Δελφίνι

Carte p. 158.

Au nord de Kini se cache Delfini, **la plus belle plage de l'île** (sable fin et tamaris, nudisme toléré). On peut s'y rendre à pied en suivant la côte *(25 min ; facile)* ou en prenant la piste en terre qui passe entre les deux collines *(2 km)*.

Balade en bateau**

Carte p. 158 – Excursion en bateau avec Nikos Printezis ☎ 69.47.30.85.80 (port.). Prévoyez de l'eau et des provisions.

Nikos Printezis fait la navette plusieurs fois par jour *(lui faire signe ou lui téléphoner pour le retour)* sur sa barque rapide, le *Perla I*, entre le port de Kini et la côte nord, où s'égrènent de superbes petites plages vierges *(env. 20 min pour la plus éloignée)*.

Il n'y a plus qu'à choisir en fonction du monde, de la couleur de l'eau et de son envie entre les rocheuses **Varvaroussa** et **Aétos**, la minuscule **Avlaki**, l'ombragée **Lia**, les calanques de **Marmari** et de **Giria Spilia** ou enfin **Grammata**, la plus abritée du *meltem*. Excellent mouillage par gros temps, Grammata est couverte d'épigraphes gravées par les marins.

Les stations balnéaires du Sud

Carte p. 158.

Vallonné, fertile et agricole, le Sud est la partie la plus habitée de l'île. L'intérieur des terres cache quelques bourgades, comme **Chroussa** ou **Piskopio**, formées par de magnifiques résidences secondaires construites au XIXe s. La côte en dentelle égrène des petites stations balnéaires très fréquentées par les Grecs. Mais il existe aussi des criques plus tranquilles.

La baie de Vari

Ορμος Βάρης

Carte p. 158 *– À 5 km S d'Ermoupolis. Bus régulier depuis Ermoupolis.*

Lovée au fond d'une grande baie, la plage de sable de Vari est très familiale et populaire (bondée en été). À moins de 1 km *(sur la dr. quand on est face à la mer)*, la petite **anse d'Achladi** offre beaucoup plus de calme. Tout y est miniature : son port, sa charmante taverne et son hôtel posé sur le sable.

Ambéla*

Αμπέλα

Carte p. 158 *– Entre Vari et Possidonia, la route se prend sur la g., 5 km après Vari et 1,5 km avant d'arriver à Possidonia. Pas de bus.*

Calme et familiale, la petite crique d'Ambéla, à la pointe sud de l'île, offre une jolie plage de sable et de galets abritée du *meltem*. Quelques tamaris y font même de l'ombre. Excellente taverne *(p. 222)*.

Possidonia*

Ποσειδωνία

Carte p. 158 *– À 9 km S-O d'Ermoupolis. Bus régulier.*

Une tour habitée par les jésuites, enfouie dans la pinède, des villas néo-classiques ou extravagantes en tuf et en calcaire de Malte : Possidonia – appelée autrefois Dellagracia – abritait les résidences secondaires des riches Ermoupolitains. Il a même été envisagé, dans les années 1880, de construire la première ligne de chemin de fer de Grèce pour que la bourgeoisie d'Ermoupolis puisse prendre facilement ses quartiers d'été. Aujourd'hui, la station balnéaire conserve un petit côté chic, même si ses plages sont coincées entre la route et la mer. La plus agréable est celle d'**Agathopès** *(à g. quand on est face à la mer, derrière le cap)* : des lys blancs sauvages y fleurissent au mois d'août, ainsi que **Komito** *(à 800 m au-delà)* : sable, tamaris et un agréable *beach bar*.

Possidonia partage la baie avec **Finikas**, un petit port de pêche transformé en station balnéaire. En construisant sa marina dans les années 1990, les vestiges du plus vieux port de l'île – probablement fondé par les Phéniciens en 3000 av. J.-C. – ont été mis au jour.

FÊTES DE LA MER

Entre fin juillet et début août, la mairie de **Possidonia** organise une fête de la pêche traditionnelle *(travgma tratas)*. Depuis la plage, les pêcheurs remontent à bout de bras un immense filet de poissons frétillants, technique aujourd'hui interdite.
Juste après le 15 août, **Finikas** fête la *kakavia*, une bouillabaisse grecque, offerte à tout le monde pour l'occasion.
Ces fêtes se déroulent toujours en musique.
➤ *Renseignez-vous sur place pour connaître les dates exactes.*

Galissas*

Γαλησσάς

Carte p. 158 *– À 7 km O d'Ermoupolis. Bus régulier.*

Le paysage est spectaculaire : une grande plage de sable encadrée de falaises et d'une colline surmontée par la chapelle catholique d'Agia Pakou. Le village en retrait donne à la plage un air sauvage hors saison. L'été, elle se couvre de transats et de parasols, et est très prisée par les jeunes (*beach bar* la nuit). Un restaurant ravira les gastronomes *(p. 223)*.
La plage naturiste d'**Arméos** attend les amateurs de baignade nature *(à g. quand on est face à la mer, sous la chapelle d'Agia Pakou ; 10 min à pied)*.

Ermoupolis, la seule vraie ville des Cyclades

Coup de cœur de l'auteur

À la découverte d'Ermoupolis au musée de l'Industrie

Syros fut à la pointe de l'industrie en Europe durant la seconde moitié du XIXe s., puis à nouveau dans les années 1970, quand elle produisit une voiture électrique révolutionnaire. Ce musée raconte l'histoire industrielle passionnante d'Ermoupolis, la capitale des Cyclades fondée par des réfugiés entreprenants. Il est situé au cœur de l'ancienne zone industrielle, dans une usine de peinture datant de 1888.

Une capitale surgit des flots

La première pièce est consacrée à la naissance d'Ermoupolis. Une plage, quelques cabanons : en 1804, il n'y avait rien à l'emplacement de la ville, comme le montre la gravure à droite en entrant. Puis, en 1821, éclata la **guerre d'indépendance grecque**. Île catholique, Syros reste neutre durant le conflit : elle accueille alors en masse les réfugiés venus de Chios, de Crète ou d'Asie Mineure, chassés par les Turcs. Ils découvrent rapidement que l'île possède un excellent port naturel et se trouve au carrefour des voies commerciales en Méditerranée. En dix ans, ils fondent une ville de 13 000 habitants (plans de la ville, de l'hotel de ville, du théâtre Apollon). Ermoupolis s'impose comme le **premier port commercial de Grèce** et le **centre économique du pays**. Son nom fut même évoqué face à Athènes quand le jeune royaume hellénique était en quête d'une capitale.

Une ville ouverte sur le monde

Dans la pièce suivante, quelques portraits présentent les grands entrepreneurs de la ville comme **Vafiadakis**, qui en fut le maire pendant de nombreuses années. Ils ont bâti une industrie à la pointe dans le monde occidental. Verrerie, boissons gazeuses et sous-vêtements étaient exportés en France, en Italie ou en Allemagne.

L'industrie navale

La troisième et la quatrième pièce sont dédiées à la construction navale et aux technologies maritimes. Dès leur arrivée, les réfugiés de Chios fabriquèrent des bateaux en bois. Rapidement, Ermoupolis devint le **premier chantier naval de Grèce** grâce à ses armateurs. Le Neorion a vu naître quelques-uns des premiers bateaux en acier et à vapeur au XIXe s.

Le boom industriel

Dès sa création, la ville se dote d'industries de transformation : minoteries pour moudre le blé d'Ukraine et d'Égypte, tanneries et filatures pour traiter les peaux et le coton d'Asie Mineure. Puis l'industrie textile prend le relais. Le percement du canal de Corinthe en 1893 détourne les voies maritimes vers Le Pirée ; la ville se réinvente alors dans l'industrie mécanique. Dans les années 1970, les ingénieurs grecs et anglais dessinent la première voiture électrique, l'Enfield Neorion 8000 : le modèle exposé fonctionne toujours !

PRATIQUE

Musée de l'Industrie (p. 162), 11, rue Georgios-Papandréou ***(plan p. 160 / A2)****.*
Ouv. avr.-sept. : lun.-ven. 10 h-15 h 30, sam. 10 h-15 h 30 et 18 h-20 h, dim. 10 h-15 h ; oct.-mars : t.l.j. 9 h-17 h.
Durée : *env. 30 min.*
Budget : *entrée plein tarif 2 €.*

À NOTER

Achille Dimitropoulos, le conservateur du musée, sera heureux de vous renseigner en français.

19 Tinos
Τήνος

L'église Panagia Evangelistria, haut lieu de pélerinage

Tinos présente deux visages bien distincts. D'un côté, une île sanctuaire qui accueille des milliers de pèlerins venus implorer la Vierge. De l'autre, une île d'agriculteurs et d'artisans. Le premier se limite à la capitale, un port animé sans grand charme coiffé d'une église monumentale. Le second occupe l'intérieur des terres où les paysages d'une grande beauté sont parsemés de nombreux villages, à peine effleurés par le tourisme.

- **Carte :** p. 170-171.
- **Arriver, se déplacer :** p. 283.
- **Manger, dormir, s'amuser :** p. 224.
- **Le + :** ses villages, nombreux et splendides, ses chemins de randonnée.
- **Le - :** la saturation de la capitale lors du pèlerinage du 15 août.
- **Superficie :** 195 km^2.

Tinos★★

Réputée pour ses artisans de la pierre, l'île offre des paysages façonnés par de superbes terrasses de culture et ponctués de pigeonniers aux ouvertures travaillées comme de la dentelle. L'architecture est remarquable : églises et maisons sont embellies de lucarnes, de linteaux et de plaques de marbre finement sculptées. Tinos a donné naissance aux plus grands sculpteurs grecs du XIXe s., comme Giannoulis Chalepas. La tradition se perpétue à Pyrgos, dans le nord de l'île, où se trouvent les carrières de marbre et de nombreux ateliers.

Une île vénitienne

De 1207 à 1715, les Vénitiens dominèrent l'île : leur capitale (aujourd'hui en ruine, Exombourgo, *p. 173*) couronnait le sommet d'un magnifique piton rocheux. De cette influence multiséculaire – deux siècles de plus que ses voisines cycladiques –, Tinos a gardé le goût pour les ornements en pierre, les pigeonniers dressés partout dans la campagne *(encadré p. 172)* et la religion catholique : un tiers de l'île revendique encore son allégeance au siège romain.

➤ Chora★

Carte p. 170-171.

Tous les commerces et l'animation de l'île se concentrent ici. Son sanctuaire dédié à la Vierge attire en masse les pèlerins. Surtout les week-ends et lors de deux grandes fêtes religieuses : le 25 mars (jour de l'Annonciation) et le 15 août (Assomption). Les ferries déversent alors une foule de fidèles : les plus implorants montent à genoux jusqu'à l'église Panagia Evangelistria.

Le Musée archéologique

Carte p. 170-171 – Av. Megalocharis, à g. à mi-chemin entre le vieux port et la Panagia ☎ 228.30.22.670. Ouv. mar.-dim. 8 h-15 h. Entrée payante.

Le musée expose les découvertes faites sur les deux sanctuaires de l'île – l'un consacré à Déméter sur la colline de l'Exombourgo, l'autre à Poséidon, au nord-ouest de la ville. Parmi les objets, des jarres du VIIe s. av. J.-C. sont décorées de scènes du culte de Déméter. Visitez ce musée avant de vous balader autour de l'Exombourgo, où il ne reste que de rares vestiges du site antique.

LE LOURDES GREC

En 1823, en pleine guerre d'indépendance contre les Turcs, la nonne Pélagie du couvent orthodoxe de Kéchrovouni eut une vision fort opportune sur cette île riche catholique : la Vierge lui indiquait le lieu où trouver une icône peinte, selon la légende, par saint Luc. Après quelques fouilles, la fameuse icône représentant l'Annonciation fut déterrée et à l'endroit même de sa découverte fut construit le premier monument du jeune État grec : la **Panagia Evangelistria**. En devenant un haut lieu de pèlerinage de l'orthodoxie, Tinos a été préservée du tourisme.

Panagia Evangelistria★

Παναγία Ευαγγελίστρια

Carte p. 170-171 – En haut de l'av. Megalocharis. Ouv. t.l.j. 8 h-20 h. Tenue correcte exigée.

La monumentale église se dresse à 1 km au-dessus du port, au bout d'une avenue bordée d'un tapis rouge pour soulager les genoux des fidèles venus implorer la Vierge. À l'ombre d'arbres majestueux, une immense cour pavée de galets est entourée des galeries longées d'arcades donnant accès aux cellules et aux différents musées.

L'église trône au centre. À l'entrée, les pèlerins embrassent l'icône sacrée de la Vierge *(encadré ci-dessus)*. Les ex-voto suspendus au plafond de l'édifice sont dignes d'un inventaire à la Prévert : bateaux, maisons, lunettes, poissons, moutons, vache et faisan, tour Eiffel, clé de mécanicien, île de

Tinos

Chypre, etc. autant de vœux ou de remerciements déposés par les fidèles. Sous l'église, la crypte est aménagée pour les baptêmes (grands fonts baptismaux en marbre et en cuivre), mais aussi pour recueillir l'eau bénite qui coule dans une fontaine.

Les musées de l'église*

En principe ouv. mar.-sam. 8h-15h, dim. 10h-14h (également 16h30-20h30 en été). Entrée payante.

Autour de la cour du sanctuaire sont installés cinq musées consacrés aux **arts religieux** et aux **artistes de l'île**. Les plus intéressants sont le musée des Icônes (belles peintures des XVIIe-XIXe s.) et le musée consacré aux sculpteurs de Tinos. On y admire les œuvres de Nicolas Gyzis, Ioannis Voulgaris, Lazaros Sochos, Nykiforos Lythras et du surréaliste Jean Gaïtis, qui vécut de nombreuses années à Paris, jusqu'à sa mort en 1984.

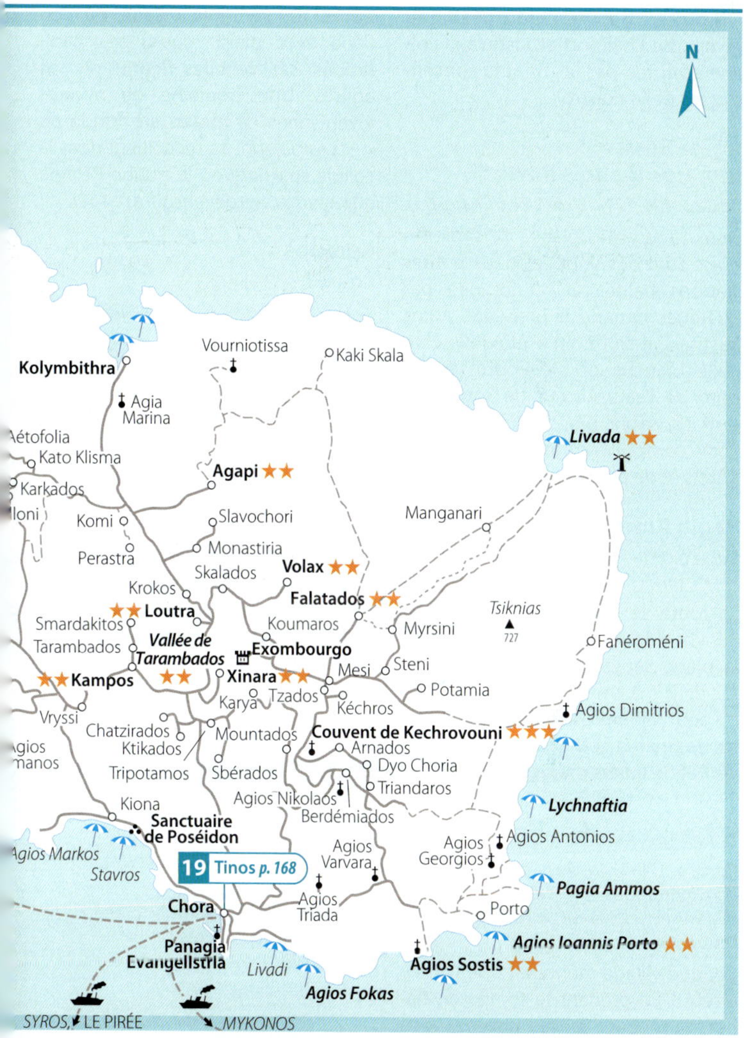

Le sanctuaire de Poséidon

Carte p. 170-171 – À 3 km N-O de Chora, juste avant la station balnéaire de Kiona. Ouv. mar.-dim. 8 h-15 h. Entrée payante.

Aux périodes hellénistique et romaine, Tinos abritait déjà un centre de pèlerinage réputé. Marins et voyageurs venaient sacrifier à Poséidon, le dieu de la Mer, et à sa femme Amphitrite, maîtresse des Monstres marins. On distingue le temple, les bains et un autel monumental.

➤ Les plages du Sud-Est★★

Carte p. 170-171.

La pointe sud-est de l'île abrite de jolies plages de sable très accessibles.

Agios Fokas★

Carte p. 170-171 – 1 km SE de Chora en longeant la mer.

Cette longue plage de galets et de sable se trouve quasiment aux portes de la ville. Au début peu attrayante, elle devient franchement agréable au niveau de l'héliport et jusqu'à la colline sculptée par les murets concentriques de Vrekastro.

Agios Sostis et Agios Ioannis Porto**

Carte p. 170-171 – 5 km S-E de Chora, bus.

Deux ravissantes plages de sable fin où se sont développées deux petites stations balnéaires. Ombragée par quelques tamaris, la première, Agios Sostis, doit son nom à une jolie chapelle blanche et bleue dressée au bord de l'eau. Autour de son croissant de sable blond, Agios Ioannis Porto compte une vingtaine de petits hôtels et de pensions familiales.

Pagia Ammos et Lychnaftia*

Carte p. 170-171 – 7-8 km de Chora. Pas de bus.

La route se poursuit et conduit en 2,5 km depuis Agios Ioannis Porto à la plage sauvage de Pagia Ammos. Au-delà, à 3 km (dont 1 km de piste), on peut rejoindre la grève du hameau de Lychnaftia couverte de sable gris-vert et de galets multicolores.

➤ Le cœur de l'île

Carte p. 170-171 – Du port, deux routes principales partent vers le cente de l'île : une va vers le couvent de Kechrovouni, l'autre vers Kampos et Loutra.

Chaque village mériterait que l'on s'y arrête ! En prenant le temps de flâner dans leurs ruelles pavées, vous découvrirez une fontaine, un lavoir communal ou tout simplement les lucarnes en demi-lune qui embellissent les maisons.

Le couvent de Kechrovouni***

Μονή Κεχροβούνι

Carte p. 170-171 – À 8 km N de Chora. Bus régulier depuis Chora en été. Ouv. lun.-sam. 7h30-13h15 et 16h15-18h30, dim. 8h-17h30. Entrée gratuite. Tenue correcte exigée.

À flanc de montagne, le couvent forme un véritable village où l'on flâne avec plaisir parmi ses habitations, ses venelles fleuries et ses églises. Une trentaine de nonnes vivent dans ce monastère fondé au Xe s. Les pèlerins se recueillent dans la cellule spartiate où la nonne Pélagie aurait vu la Vierge *(encadré p. 169)*.

Kampos**

Κάμπος

Carte p. 170-171 – À 7 km N-E de Chora.

Son nom signifie « la plaine cultivée » en grec. Situé sur les hauteurs de l'île et entouré de champs, ce village charmant abrite, dans son ancienne école, le **musée consacré à Constantin Tsoclis,** grand artiste grec contemporain et l'un des mécènes de l'île *(☎ 228.30.51.009, www.tsoclismuseum.gr)*. Nouvel accrochage chaque année. À l'entrée, installation monumentale représentant saint Georges tuant le dragon. Atelier de dessin pour les enfants en été *(se renseigner au musée)*.

LES PIGEONNIERS

Plutôt rares sur les autres Cyclades, pas moins de **640 pigeonniers** se dressent dans la campagne tiniote. Ces tours carrées de deux étages sont décorées de soleils, de cyprès, d'étoiles et de losanges formés par des plaques de schiste vert ou d'ardoises grises. Leur origine viendrait du droit de colombier (privilège d'élever des pigeons) que se réservaient les seigneurs vénitiens. Leur nombre s'accrut considérablement au moment de la domination turque (XVIIIe-XIXe s.) : chaque famille construisit alors son pigeonnier. Élever des pigeons n'était pas seulement un privilège ou un signe extérieur de richesse. Cette activité participait à la fertilisation des sols, avec l'épandage de la fiente.

Les pigeonniers de la vallée de Tarambados

La vallée de Tarambados★★

Ταραμπάδος

Carte p. 170-171 – À 7 km N de Chora, à dr. sur la route de Pyrgos.

La vallée concentre les plus beaux pigeonniers de l'île, dont onze superbement restaurés *(à Kampos, prenez la petite route en dir. de Tarambados)*. Construit au XVIIe s., **Tarambados** se caractérise par ses nombreux passages voûtés.

À 1 km, **Smardakitos** s'étire en contrebas de la route comme une véritable oasis de verdure : lauriers-roses, citronniers, géraniums et palmiers colorent ses ruelles piétonnes. La source qui jaillit de l'imposante fontaine-lavoir rafraîchit le village, même au cœur de l'été.

De pittoresques villages catholiques★★

Carte p. 170-171.

Coiffée par l'ancienne citadelle vénitienne, l'aiguille massive de l'Exombourgo est entourée de villages plus pittoresques les uns que les autres. De superbes sentiers muletiers les relient entre eux.

Entre Tripotamos et Koumaros, ne manquez pas l'ascension *(30 min ; facile)* de l'**Exombourgo** : s'il ne reste que des ruines de la citadelle détruite par les Turcs en 1715, la vue sur l'île est époustouflante.

Deux des villages sont les foyers catholiques de l'île. **Xinara** (Ξινάρα) est le siège de l'archevêché, tandis que **Loutra** (*Λουτρά*) abrite deux bâtiments démesurément grands par rapport à la taille du village : le monastère des Jésuites qui abrite aujourd'hui un musée folklorique *(ouv. t.l.j. en été)* et le couvent des Ursulines transformé lui aussi un musée *(ouv. juil.-août mar.-dim. 10h-14h)*. On y découvre que son école réputée assurait l'éducation en français de jeunes filles de bonne famille entre 1862 et 1984. Déserté depuis par les nonnes, le couvent accueille aujourd'hui une petite école communale.

À 3 km de Loutra *(après Koumaros, tournez à dr.)*, **Volax** (*Βολάξ*) surgit dans un paysage lunaire parsemé de rochers. Dans ce village réputé pour sa vannerie, trois artisans travaillent encore l'osier et le roseau. Le petit musée folklorique ouvre à la demande *(adressez-vous à Anastasia et Anna ; don bienvenu)*.

Plus au nord *(à 5 km du croisement Volax et Loutra)*, **Agapi** (Αγάπη, ce qui signifie « amour » en grec) est remarquable pour son architecture médiévale et ses pigeonniers.

Kolymbithra★

Κολυμπήθρα

Carte p. 170-171 – À 14 km N de Chora. 2 bus/j. en été

Exposée au vent du nord, la baie dentelée de Kolymbithra abrite plusieurs plages de sable. Bordée par une mare aux canards, la première plage accueille en été une école de surf unique en Grèce *(p. 227)*. La seconde est aménagée avec transats et taverne. Les suivantes, beaucoup plus sauvages et petites, se lovent au creux de rochers dénudés.

Balade à Falatados et ses environs**

Φαλατάδος

Carte p. 170-171 *– À 10 km N de Chora. Boucle depuis Falatados, en passant par Manganari et Myrsini : 2 h de marche par les sentiers balisés 1a et 1b.*

Falatados est un joli bourg agricole ramassé autour de son église majestueuse. La vallée qui descend vers la plage de Livada est aussi verdoyante d'un côté qu'elle est minérale de l'autre avec ses blocs de granite. Souvent dallé, le sentier se faufile, à proximité de la rivière, dans un paysage bucolique ponctué de cultures, de prairies, de bergeries et de petites chapelles.

Avec ses arbres fruitiers, **Manganari** est un véritable éden. Un sentier raide à travers une forêt de chênes remonte vers le vieux village de **Myrsini** d'où l'on rejoint Falatados en 10 min.

Au lieu de faire cette boucle, une belle randonnée descend à la plage de Livada *(4 h de marche, difficile)*. Au printemps, avant la sècheresse, on longe une rivière habitée de tortues d'eau douce, hérons cendrés et canards, avec cascades et bassins. Prévoyez un moyen de transport pour le retour.

La plage de Livada**

Λιβάδα

Carte p. 170-171 *– À 18 km N-E de Chora, en passant par Myrsini (piste en terre pour les 2 derniers km). Pas de bus.*

Sur la gauche, une forêt de rochers semble rouler vers la plage. Sur la droite, des falaises noires et grises se jettent dans la mer. Entre les deux, une plage de galets, sauvage et superbe, mais ventée les jours de *meltem*. L'environnement est quasiment vierge si ce n'est une petite taverne *(ouv. en été)*. La marche jusqu'au **phare** situé à la pointe est de Tinos *(1 h 30 A/R)* donne le sentiment d'atteindre le bout du monde.

➤ Le Nord***

Carte p. 170-171.

La partie nord est isolée du reste de l'île par la montagne de Mesovouni (649 m). Une boucle de 60 km environ permet de découvrir les deux versants du nord de Tinos.

À l'aller, empruntez la route du Nord, récemment goudronnée, qui va d'Aetofolia (plaine de Komi) à Pyrgos : elle traverse des paysages secs et marins sublimes, autrefois cultivés en terrasses mais aujourd'hui désertés (superbes murets en pierres sèches et village fantôme de Koris Pyrgos).

Pour le retour, prenez la route principale : vous serez aux premières loges pour regarder le coucher de soleil. Pour l'apprécier, flânez dans les ruelles pavées d'Isternia ou de Kardiani, superbes villages en balcon sur l'Égée.

Pyrgos***

Πύργος

Carte p. 170-171 *– À 28 km N-O de Chora. Plusieurs bus par jour.*

C'est le plus pittoresque et le plus opulent village de l'île. À cheval sur une petite gorge, les maisons blanches, surveillées par les ruines de six moulins, s'étirent dans la garrigue parmi les oliviers. Au XIXe s., Pyrgos était à la tête d'une flottille de trente caïques qui exportaient le marbre et le talc de Tinos à travers la Méditerranée.

Le marbre est indissociable de la vie de ce village. Tout est centré autour de ce matériau : ses trois musées dont le musée des Techniques du marbre, son école des beaux-arts (ouverte en 1955, elle compte une trentaine d'élèves aujourd'hui), le cimetière aux pierres tombales finement

PAUSE GOURMANDE

La place du village de Pyrgos est un petit paradis. Entre le majestueux platane (planté en 1859) et l'orgueilleuse fontaine, elle est envahie des chaises de quatre cafés et d'une sympathique taverne. Tous proposent le fameux *galaktoboureko* de Pyrgos, un gâteau à la crème de lait saupoudré de cannelle. La palme des gâteaux orientaux revient au café Megalos Kafenes, aux chaises vert amande.
➤ *Carte p. 170-171* – **Megalos Kafenes,** *Pyrgos* ☎ *228.30.31.647. Ouv. t.l.j.*

ciselées et surtout les neuf ateliers où l'on peut voir œuvrer les sculpteurs.

Le musée des Techniques du marbre**

Juste avant l'entrée du village sur la dr. (panneau) ☎ *228.30.31.290. Ouv. t.l.j. sf mar. mars-15 oct. : 10h-18h ; 16 oct.-fév. : 10h-17h. Entrée payante.*

Ce musée moderne et passionnant raconte le savoir-faire des Tiniotes dans le travail du marbre, depuis l'extraction dans les carrières jusqu'à la réalisation d'œuvres, notamment les fameuses lucarnes en forme de demi-lune, spécialité de l'île.

Le musée des Artistes et la maison de Giannoulis Chalepas*

À l'entrée du village, ruelle piétonne en face du parking ☎ *228.30.31.918. Horaires aléatoires, vérifier avant la visite. Entrée payante (un billet pour les deux musées).*

Sont exposées les maquettes originales en plâtre des œuvres célèbres – moissonneur, pêcheurs, portraits d'enfants – des artistes de Pyrgos et d'Isternia, comme Dimitrios Filippotis, Georgios Rigas, Georgios Vitalis.
Juste à côté, visitez la maison au charme rustique de **Giannoulis Chalepas** (1851-1938), considéré comme le plus grand sculpteur grec de l'époque néoclassique. Ses œuvres s'inspirent de la mythologie.

Panormos*

Carte p. 170-171 – À 2,5 km N de Pyrgos.

Dans ce petit port tout bleu et blanc, il flotte un parfum de bout du monde. Il faut dire que c'est le village le plus éloigné de Chora. Lové au fond d'une baie échancrée, Panormos égrène quelques chambres et de bonnes tavernes de poisson le long de son quai.
D'agréables plages se situent de part et d'autre de la baie. À droite, la route mène à la grande plage familiale de **Rochari** *(à 1 km du port)*, équipée d'un filet de beach-volley et d'un *beach bar* en saison. À gauche, une piste en terre conduit à la plage de sable gris d'**Agiathalassa** *(à 800 m du port)*, veillée par la chapelle d'Agios Nikolaos. Et, plus loin, à 10 min à pied, la plage solitaire de **Kavalorko** est prisée par les nudistes.

Pyrgos

Manger, dormir, s’amuser…

Toutes nos bonnes adresses région par région

La saison touristique s'étend de Pâques à octobre. Mais sur les îles moins fréquentées ou dans les villages reculés, les adresses peuvent n'ouvrir qu'en juin et fermer en septembre. Le pic de fréquentation se concentre entre le 25 juillet et le 20 août. Réserver à l'avance son hébergement est alors fortement recommandé ! À savoir : le prix d'une même chambre varie du simple au double (voire au triple) en fonction de la période.
Prix doux, climat agréable et peu de monde… Deux périodes permettent de profiter au mieux des Cyclades : de mai à début juillet mais aussi de fin août à fin septembre.
Bon marché, les tavernes sont ouvertes toute la journée et jusqu'à tard dans la nuit. Vous vous régalerez quotidiennement de salades colorées, de délicieuses grillades et de plats cuisinés !
Attention, les cartes de paiement sont très rarement acceptées sur les îles. Plus souvent dans les hôtels de Mykonos, Santorin et sur le continent.
Notre auteur a testé et sélectionné toutes les adresses présentées dans ces pages. Le symbole ♥ indique ses coups de cœur.

Athènes et Le Pirée

Les tarifs des hébergements sont indiqués sur la base d'une nuit en chambre double en août, petit déjeuner compris pour les hôtels, petit déjeuner non compris pour les locations. Ils baissent généralement de moitié en basse saison.
Sauf mention contraire, les cartes de paiement sont acceptées dans les hôtels à Athènes et au Pirée.

Les prix des restaurants sont calculés sur la base d'un repas comprenant une entrée, un plat et le couvert. Sauf mention contraire, les cartes de paiement ne sont pas acceptées.

➤ ATHÈNES

Visite 1, p. 34 – Plan p. 36-37

Carnet pratique p. 266

OÙ DORMIR ?

Deux tendances dans l'hôtellerie à Athènes : la multiplication des boutiques-hôtels dans le centre et un tassement des prix pour les hôtels d'entrée et de moyenne gamme, surtout au Pirée. La majorité des hôtels sont présents sur www.booking.com, qui donnera les meilleurs prix du moment. À Athènes, tous les hôtels présentés se trouvent au pied de l'Acropole car ce sont les quartiers les plus intéressants et les plus pratiques. Évitez de dormir autour d'Omonia, un quartier peu sûr la nuit.

➤ Plaka et Monastiraki

De 40 à 65 €

Tempi
Plan p. 36-37/B2 – 29, rue Eolou. M° Monastiraki ☎ 210.32.13.175 ou 210.32.13.179, www.tempihotel.gr. Petit déj. non compris pour les ch. les moins chères.
Ce petit hôtel familial jouit d'une situation en or : une rue piétonne calme au cœur du centre. Accueil sympathique. Ch. vétustes mais propres. Pas d'ascenseur. Petite cuisine commune. Consigne.

De 60 à 100 €

Attalos
Plan p. 36-37/B2 – 29, rue Athinas. M° Monastiraki ☎ 210.32.12.801, www.attaloshotel.com. Consigne et Wi-Fi gratuits.
Un deux-étoiles avec une situation centrale pratique. Ch. spacieuses mais un peu vieillottes. *Roof garden* remarquable pour sa vue sur l'Acropole et le Lycabette. Demandez une chambre sur cour.

Hôtel Amazon
Plan p. 36-37/B3 – 19, rue Mitropoleos et 7, rue Pentelis. M° Syntagma ☎ 210.32.34.002, www.amazonhotel.gr/fr. Wi-Fi gratuit.
Bien situé, ce petit hôtel sans prétention a rejoint en 2011 le réseau Best Western. Propre et relativement bon marché, même si les s.d.b. sont petites.

De 100 à 150 €

A for Athens
Plan p. 36-37/B3 – 2-4, rue Miaouli. M° Monastiraki ☎ 210.32.44.244, www.aforathens.com. Wi-Fi gratuit.
Assez récent, cet hôtel surplombe la place Monastiraki (métro direct pour l'aéroport et le port) et jouit d'une vue sublime sur Plaka et l'Acropole. Prenez une ch. avec vue (supplément). Bémol : très tendance et ouvert à tous, le bar sur le toit est bruyant le soir.

Central
Plan p. 36-37/B3 – 21, rue Apollonos. M° Syntagma ou Monastiraki ☎ 210.32.34.357, www.centralhotel.gr/fr. Wi-Fi gratuit.
Cet élégant hôtel affiche un design sobre et chaleureux grâce à l'emploi du bois. Ch. petites mais fonctionnelles et agréables, certaines avec vue sur l'Acropole. Bien situé. *Roof garden* en été.

Diamond
Plan p. 36-37/C3 – 24, rue Voulis et Mitropoleos. M° Syntagma ☎ 210.32.32.443, www.athensdiamondhotel.com. Wi-Fi gratuit.
Noir et argent ou blanc et or : cet hôtel kitschissime jouit d'une bonne situation près de Syntagma. Ch. confortables, bon rapport qualité-prix. Les photos du site Internet le montrent plus luxueux qu'il ne l'est. Il occupe deux immeubles de part et d'autre de la rue (Diamond et Diamond Plus).

Plus de 180 €

New Hotel
***Plan p. 36-37/C3** – 16, rue Filellinon. M° Syntagma ☎ 210.32.73.000, www.yeshotels.gr. Wi-Fi gratuit.*
Original et… recyclé. Ce quatre-étoiles fait partie du groupe Yes! Hôtels, dont le propriétaire, Dakis Joannou, est un célèbre collectionneur d'art contemporain. Le design a été confié à un duo brésilien, les frères Campana, qui ont fait preuve d'imagination pour les ch., très confortables. Excellents services, restaurant bio.

➤ Au sud de l'Acropole

Moins de 70 €

Athens Backpackers
***Plan p. 36-37/B4** – 12, rue Makri. M° Akropoli ☎ 210.92.24.044, www.backpackers.gr. Dortoirs uniquement. Wi-Fi gratuit.*
Atmosphère jeune et souriante pour cette auberge de jeunesse située en plein centre d'Athènes. Cadre moderne.

Autour de 70 €

Art Gallery Hôtel
***Plan p. 36-37/B4** – 5, rue Erechthiou (à 5 min à pied du musée de l'Acropole et de l'Odéon d'Hérode Atticus), Koukaki. M° Singrou-Fix ☎ 210.92.38.376, www.artgalleryhhotel.gr. Carte de paiement non acceptée.*
Un petit hôtel un peu vieillot mais charmant et bien tenu, situé dans un quartier vivant et commerçant, loin des touristes.

De 70 à 100 €

Athens Studios & Apartments
***Plan p. 36-37/B4** – 3a, rue Veikou et Makrigyianni. M° Akropoli ☎ 210.92.35.811, www.athensstudios.gr. Min. 3 nuits. Wi-Fi gratuit.*
Derrière le musée de l'Acropole. Un bon concept à Athènes : des appartements récents à louer, assez spacieux et bien équipés.

De 100 à 150 €

Parthenon Airotel
***Plan p. 36-37/B4** – 6, rue Makri. M° Akropoli ☎ 210.92.34.594, www.airotel.gr/france.*
Sur les six hôtels que compte cette chaîne, c'est le mieux situé, à deux pas du musée de l'Acropole. La façade tristounette contraste avec l'intérieur plutôt lumineux. Ch. propres avec baignoire. Distinction fumeurs/non fumeurs.

Plus de 150 €

♥ **Athens Was**
***Plan p. 36-37/B4** – 5, av. Dionysiou Areopagitou. M° Akropoli ☎ 210.92.49.954, http://athenswas.gr.*
Ce tout nouvel hôtel, à deux pas de l'Acropole et du quartier animé de Plaka, arbore un style urbain ultra-contemporain, mêlant mobilier design et références subtiles à l'Antiquité. Excellent petit déjeuner, restaurant moderne et bar à cocktails sur le *rooftop* (vue sur le rocher sacré). Il appartient au même groupe que l'Anemi *(p. 192)*, l'hôtel design de Folégandros.

➤ Thissio

De 50 à 80 €

Jason Inn
***Plan p. 36-37/A2** – 12, rue Agion Assomaton. M° Thissio ☎ 210.32.51.106. Carte de paiement non acceptée.*
Un petit hôtel familial avec une situation en or : une petite rue parallèle à la grande esplanade piétonne Apostolou Pavlou qui longe l'Agora. Même si elles sont rustiques, certaines ch. ont vue sur l'Acropole et on prend son petit déjeuner sur la terrasse située sur le toit.

Plus de 150 €

O&B
***Plan p. 36-37/A2** – 7, rue Leokoriou. M° Thissio ☎ 210.33.12.950 ou 210.33.12.940, www.oandbhotel.com. Moins 30 % sur un séjour de 5 nuits et plus.*
À deux pas de Psyrri et de l'Agora. Sobre et très élégant, il est le pionnier des boutiques-hôtels à Athènes. Ses ch. luxueuses et sa localisation dans un quartier populaire et vivant (artistes, vie nocturne) donnent un sentiment d'exclusivité. Quelques ch. ont vue sur le Thissio. Restaurant.

➤ Kolonaki

De 100 à 150 €

Athens Lycabetus
***Plan p. 36-37/C2** – 6, rue Valaoritou et Voukourestiou. M° Syntagma*

☎ 210.36.00.600, www.athens lycabettus.gr.
Hôtel de charme dans une rue piétonne du quartier chic de la capitale. Lits *king size*. Ch. plus lumineuses au dernier étage.

Plus de 160 €

Periscope
***Plan p. 36-37/D2** – 22, rue Charitos. M° Evangélismos ☎ 210.72.97.200, www.yeshotels.gr.*
Cet hôtel urbain et chic dans des tons gris anthracite a un côté ludique : au bar, un joystick en acier commande le périscope sur le toit pour faire défiler la vue à 360° sur Athènes. Ch. très confortables, certaines avec vue imprenable sur le Lycabette.

➤ À l'aéroport

Plus de 150 €

Sofitel Athens Airport
***Plan p. 36-37/hors pl. par A3** – Spata ☎ 210.35.44.000, www.sofitel.com.*
La seule solution pour dormir à côté de l'aéroport. Très chic et moderne, avec un spa. Les prix sont en conséquence. Bar-restaurant avec vue sur les pistes.

OÙ MANGER ?

Les rues piétonnes Adrianou et Apostolou Pavlou (au niveau du Thissio), qui bordent l'Agora, sont idéales pour prendre un verre ou se restaurer avec vue sur l'Acropole.

➤ Ano Petralona

De 12 à 18 €

Taverne To Therapevtirio
***Plan p. 36-37/hors pl. par A4** – 41, rue Kydantidon (angle rue Troon). M° Petralona ☎ 219.34.12.538.*
L'une des meilleures tavernes d'Athènes. Quelques tables sur le trottoir et une cuisine grecque fraîche et toute en finesse. Excellent poisson, magnifique présentation et service impeccable.

➤ Monastiraki

Moins de 6 €

♥ Feyrouz
***Plan p. 36-37/B2** – 23, rue Karori (à l'angle de la rue Aiolou), proche de la place Aigia Irini. M° Monastiraki ☎ 213.03.18.060, http://feyrouz.gr. Ouv. lun.-sam. 12 h-22 h (23 h le ven. et sam.).*
Elégante, raffinée, orientale, cette toute petite échoppe familiale propose d'extraordinaires *lahmatzoun*, pizzas turques. Trois parfums : viande hachée, épices et fruits secs ou légumes. La galette est délicatement roulée et farcie de salades. À manger avec les mains sur place ou dans la rue.

➤ Thissio

De 10 à 15 €

To Steki tou Ilia
***Plan p. 36-37/A3** – 7, rue Thessalonikis ou 5, rue Eptachalkou. M° Thissio ☎ 210.34.22.407 ou 210.34.58.052.*
Une taverne rustique où la viande est découpée sur un billot en bois. Simple, délicieux et bon marché. Très prisée par les Grecs. À deux pas du quartier branché de Thissio.

Attalos
***Plan p. 36-37/A3** – 9, rue Adrianou. M° Thissio ou Monastiraki ☎ 210.32.19.520. Carte de paiement acceptée.*
Piétonne et bordée par l'Agora, la rue Adrianou est certainement l'une des plus agréables pour déjeuner ou dîner à Athènes. Le plus : sa vue sur l'Acropole. Une cuisine correcte bon marché.

Plus de 30 €

Kuzina
***Plan p. 36-37/A3** – 9, rue Adrianou. M° Monastiraki ou Thissio ☎ 210.32.40.133, www.kuzina.gr. Carte de paiement acceptée.*
Ce restaurant rafraîchissant propose de la nouvelle cuisine grecque à base de produits traditionnels. Les desserts sont créatifs, comme la glace Armenonville à la ganache au chocolat et amandes caramélisées. Agréable toit-terrasse avec vue sur le temple du Thissio.

➤ Psyrri

Moins de 10 €

Bougatsadiko
***Plan p. 36-37/B2** – Pl. Iroon. M° Monastiraki. Ouv. 24 h/24.*
Voici le temple des *pites*. Ces délicieux feuilletés sont fourrés au fromage, à la saucisse, aux herbes… Idéal pour caler un petit creux pour 2 €. En dessert, goû-

tez au *bougatsa* fourré à la crème et saupoudré de sucre glace et de cannelle.

De 10 à 15 €

♥ I Ivi
Plan p. 36-37/A2 *– Angle des rues Apostoli et Ivis. M° Thissio ☎ 210.32.32.554.*
Cette adresse minuscule et mignonne comme tout donne un avant-goût des Cyclades : *kopanisti* de Tinos (crème de fromage), *pasto* d'Amorgos (porc confit), salades parsemées de tomates cerises de Santorin… *Mezzés* délicieux accompagnés d'un choix incroyable d'ouzos.

Klimataria
Plan p. 36-37/B2 *– 2, pl. Théatrou. M° Monastiraki ou Omonia ☎ 210.32.16.629, www.klimataria.gr.*
Derrière le marché central. Le quartier est chaud (prostitution, drogue) mais le lieu et la cuisine sont authentiques : petite maison des années 1920 et plats appétissants comme l'agneau cuit sous une cloche. Musique vivante *(rébétika)* ven., sam. et dim.

➤ Syntagma, Kolonaki

De 40 à 50 €

Papadakis
Plan p. 36-37/C2 *– 15, rue Fokylidou. M° Syntagma, Panépistimio ou Evangélismos ☎ 210.36.08.621.*
Le restaurant préféré de Jean-Paul Gaultier à Athènes. Originaire de Paros, la chef Argyro propose une cuisine cycladique très fine, mettant fruits de mer et poissons à l'honneur.

GLACIERS ET PÂTISSERIES

Chatzis
Plan p. 36-37/C3 *– 5, rue Mitropoleos, Syntagma. M° Syntagma ☎ 210.32.22.647, www.chatzis.gr.*
La meilleure pâtisserie orientale de la ville, spécialisée dans les laitages à base de lait de buffle. Le *kadaïfi* (cheveux d'ange) croustillant et la crème ekmek sont à se damner.

Le Greche
Plan p. 36-37/B-C3 *– 18, rue Mitropoleos, Syntagma. M° Syntagma ☎ 210.70.06.458, http://legreche.gr.*
Des glaces de qualité… italienne. On adore le parfum ricotta-figue.

Cremino
Plan p. 36-37/C3 *– 50a, rue Nikis, Syntagma. M° Syntagma ☎ 69.48.43.01.04 (port.).*
Un tout petit glacier original et bon marché ! Sorbets aux fruits de saison, chocolat au curcuma ou au mastic de Chios et à la pistache, glace à l'ouzo… : Athanassia fabrique chaque jour ses glaces en petite quantité.

CAFÉS ET BARS

Le cœur d'Athènes est en pleine effervescence. De plus en plus d'adresses alternatives ou branchées voient le jour, notamment entre les places de Syntagma et de Monastiraki. La place Agias Irinis est ainsi devenue l'un des hauts lieux de rencontres de la jeunesse athénienne.

Rock & Balls
Plan p. 36-37/B2 *– 2, rue Vasilikis. M° Monastiraki ☎ 210.32.11.112, www.rocknballs.gr.*
Ce grand bar au design vintage sert des cocktails et des boulettes de viande jusqu'à tard dans la nuit.

Pure Bliss
Plan p. 36-37/B2-3 *– 24 A, rue Romvis. M° Monastiraki.*
Très zen et green attitude, ce bar propose des cocktails fraîcheur, de bons vins et une carte de cuisine bio, en plus de cours de yoga.

Dionysos
Plan p. 36-37/B4 *– Rovertou Galli 43. M° Akropoli ☎ 210.92.31.936, www.dionysoszonars.gr. Ouv. lun.-ven. 12h-1h.*
Le bar (4 à 8 € le verre, restaurant huppé), au pied de Philopappou, offre de l'ombre et une vue en contre-plongée magnifique sur le Parthénon.

Poems&Crimes
Plan p. 36-37/B3 *– 17, rue Agias Irinis. M° Monastiraki ☎ 210.32.28.839, www.poemsandcrimes.gr.*
L'éditeur de polars et poésie Gavriélides a ouvert un « art bar poemes'n crimes ». Dans les rayons de sa librairie, il a aménagé un bar élégant avec terrasse (petite carte pour manger).

The Art Foundation (taf)
Plan p. 36-37/B3 *– 5, rue Normanou. M° Monastiraki ☎ 210.32.38.757,*

www.theartfoundation.gr. Ouv. t.l.j. 12 h-21 h (19 h le dim.).
Seuls les initiés s'y rendent, car il n'y a aucune enseigne. La cour de cette vieille maison presque en ruine est occupée par un bar (bonne musique, animé le soir). Des installations artistiques occupent les pièces qui l'entourent. Espace atypique dédié à l'art contemporain.

Micra Asia
Plan p. 36-37 / hors pl. par A2 *– 70 av. Konstantinopoulos (angle avec la rue Evmoplidon, bordure de Gazi). M° Keramikos ☎ 210.34.69.139. Ouv. t.l.j., à partir de 18 h (en hiver terrasse fermée).*
Un bar *lounge* alternatif et orientalisant dédié aux saveurs et à la musique d'Asie Mineure. Agréable terrasse sur le toit. Performance d'artistes le ven. et sam. à partir de minuit.

Six d.o.g.s.
Plan p. 36-37 / B2 *– 6-8, rue Avramiotou. M° Monastiraki ☎ 210.32.10.510, http://sixdogs.gr. Jardin ouv. t.l.j. de 10 h jusqu'à très tard dans la nuit.*
Expositions, performances, DJ sessions : cet espace multiculturel est dédié à l'art et à la création (programme sur leur site). Son jardin (il faut descendre l'escalier pour y accéder) offre une retraite secrète au cœur de Monastiraki : des bancs, des arbres, des hamacs pour boire une bière ou un cocktail, ou bien grignoter une salade ou un… hot dog, bien sûr.

SHOPPING

Olive Wood Shop
Plan p. 36-37 / B3 *– 8, rue Mnisikleous. M° Monastiraki ☎ 210.32.16.145. Ouv. t.l.j. 11 h-20 h 30, 19 h en hiver.*
Sympathique échoppe d'objets sculptés dans du bois d'olivier… grec (le patron insiste). On y trouvera des bols, dessous de plats, coupes à fruits et surtout de jolis couverts à salade à prix très corrects.

Syn Allois
Plan p. 36-37 / A3 *– 35, rue Nileos. M° Thissio ☎ 210.34.56.681, http://synallois.org.*
Vins, fromages, huiles d'olive, pains, pistaches, nougats, etc. : dans cette petite coopérative, on trouvera non seulement les meilleurs produits du terroir grec (pour les épices notamment), mais toute une philosophie. Syn Allois fait la promotion de l'économie solidaire et du commerce équitable en Grèce.

Matalou at home
Plan p. 36-37 / B3 *– 5, rue Ipitou (angle du 40, rue Voulis), Plaka. M° Syntagma ☎ 211.18.45.416.*
Carnets, sacs, tabliers, tee-shirts, bijoux, pliages… Ce concept store original réunit le travail de 70 designers qui réinventent le souvenir de Grèce. Pour ramener dans ses valises, quelque chose de beau et utile, plus proche de l'objet d'art que de la babiole.

SORTIES

Théâtre Dora Stratou
Plan p. 36-37 / A4 *– 33, rue Arakinthou, Ano Petralona. M° Petralona ☎ 210.32.44.395, www.grdance.org. Ouv. de fin mai à fin septembre, spectacles les mer., jeu. et ven. à 21 h 30, sam. et dim. à 20 h 15. Entrée plein tarif : 15 €.*
Spectacles de danses traditionnelles dans un amphithéâtre en plein air.

Cinéma en plein air Zefyros
Plan p. 36-37 / hors pl. par A4 *– 36, rue Troon, Ano Petralona. M° Petralona ☎ 210.34.62.677. Ouv. avr.-oct. Entrée plein tarif : 8 €.*

Cine Paris
Kydathynaion 22, Plaka. M°Akropoli ☎ 210.32.22.07, www.cineparis.gr.
Une véritable expérience : cinéma en plein air sur la terrasse d'un immeuble avec vue sur l'Acropole !

➤ LE PIRÉE

Visite 2, p. 50 – Plan p. 52-53

Carnet pratique p. 267

OÙ DORMIR ?

Un départ aux aurores pour les îles ou un retour tardif sont les seules raisons qui justifient de dormir au Pirée.

De 50 à 80 €

Piraeus Dream
Plan p. 52-53 / C2 *– 79-81, rue Filonos et 78-80, rue Notara. À 10 min du métro ☎ 210.41.10.555 ou 210.41.10.540,*

www.piraeusdream.gr. Carte de paiement non acceptée.
Hôtel moderne et confortable avec TV à écran plat dans toutes les ch. Bon rapport qualité-prix. Bon petit déjeuner. Vente de billets pour les îles sur le site.

Triton
Plan p. 52-53/C1 *– 8, rue Tsamadou. En face du marché aux légumes ☎ 210.41.73.457 ou 210.41.73.458, www.htriton.gr. Carte de paiement non acceptée. Wi-Fi gratuit.*
La situation de cet hôtel propret et rénové est parfaite : le métro, le bus pour l'aéroport et le port sont à moins de 300 m. Ch. correctes.

OÙ MANGER ?

➤ Sur les quais (ou presque)

De 10 à 15 €

Arlekinos
Plan p. 52-53/C2 *– 104, rue Karaiskou ☎ 210.41.32.555. Ouv. t.l.j. 12 h-minuit (2 h l'été).*
Dans une rue piétonne qui jouxte la mairie, ce restaurant coloré propose d'excellentes brochettes et grillades, en plus de délicieuses entrées grecques. Service ultrarapide.

➤ À 20 min du port

De 12 à 20 €

Diasimos
Plan p. 52-53/A3 *– 306, quai Themistokléous ☎ 210.45.14.887. Carte de paiement acceptée.*
À 20 min du port par le bus 904 (passages très fréquents). Une des premières tavernes installées sur la route en corniche. On y goûte *mezzés* et poissons en contemplant la mer.

➤ RAFINA

Carte en rabat avant de couverture

Carnet pratique p. 268

OÙ DORMIR ?

Ces adresses sont à côté du port et pratiques pour prendre un bateau tôt.

Moins de 80 €

♥ **Kokkino home**
Carte en rabat avant de couverture *- Dimokratias 113, Kokkino Limanaki ☎ 229.41.10.820, http://pascalineboss.wix.com/kokkinohome. Carte de paiement non acceptée.*
À 2 km du port de Rafina, l'artiste et décoratrice française Pascaline Bossu a transformé sa grande villa en maison d'hôtes. Un jardin et une jolie crique à proximité pour se baigner.

Moins de 120 €

Avra
Carte en rabat avant de couverture *- 3, rue Arafinidon Alon ☎ 229.40.22.780, www.hotelavra.gr. Wi-Fi gratuit.*
Ce gros cube est posé à l'entrée du port. Ch. plutôt confortables. Prix en fonction de la vue.

Les Cyclades

Les tarifs des hébergements sont indiqués sur la base d'une nuit en chambre double en août, petit déjeuner compris pour les hôtels, non compris pour les locations. Ils baissent généralement de moitié en basse saison.

Les prix des restaurants sont calculés sur la base d'un repas comprenant une entrée, un plat et le couvert.

Sauf mention contraire, les établissements (hôtels et restaurants) sont ouverts d'avr. à oct. et n'acceptent pas les cartes de paiement.

➤ AMORGOS

Visite 3, p. 58 – Carte p. 60-61

Carnet pratique p. 268

OÙ DORMIR ?

➤ Baie d'Aigiali (nord de l'île)

Moins de 15 €

Camping Aegiali
Carte p. 60-61 *– Aigiali, à 200 m de la plage ☎ 228.50.73.500, www.aegialicamping.gr.*
Le plus agréable camping de l'île. Installé sur d'anciens champs cultivés, il reste quelques vignes et orangers. Bien équipé et ombragé. Tenu par la famille de la Pension Askas *(ci-dessous)*.

De 50 à 70 €

Pension Askas
Carte p. 60-61 *– Aigiali, à 200 m de la mer ☎ 228.50.73.333 ou 228.50.73.050 (hors saison), www.askaspension.gr. Carte de paiement acceptée. Wi-Fi gratuit.*
Ch. bien équipées avec vue sur mer ou sur montagne. Machine à laver à disposition. Sympathique propriétaire qui peut venir vous chercher au port. Taverne fleurie à côté.

De 60 à 90 €

Gryspo's
Carte p. 60-61 *– Aigiali ☎ 228.50.73.412, www.gryspohotel-amorgos.com. Carte de paiement acceptée. Wi-Fi gratuit.*
Studios confortables et spacieux, avec terrasse. Litsa, la jeune patronne, frappe par sa gentillesse et son sens de l'hospitalité. Elle parle français. Location de voitures.

Hôtel Pagali
Carte p. 60-61 *– Langada, vers le bas du village ☎ 228.50.73.310, www.pagalihotel-amorgos.com. Carte de paiement acceptée. Ouv. toute l'année. Wi-Fi gratuit.*
Ch. simples et bien équipées. Figure de l'île, Nikos règne sur son petit hôtel et sa taverne juste à côté. Il emmène à l'occasion ses clients pêcher avec lui.

♥ Pano Gitonia
Carte p. 60-61 *– Ano Potamos, en haut du village (juste à côté d'Uranos, ci-dessous) ☎ 228.50.73.205, www.amorgos-panogitonia.gr. Wi-Fi gratuit.*
Trois petites étables, une ancienne boulangerie et une vénérable maison ont été transformées en adorables studios ou appartements pour 2 à 4 pers. Ils appartiennent à la taverne To Limani tis Kyra Katinas *(p. 185)*. Vue sublime.

Uranos
Carte p. 60-61 *– Ano Potamos, en haut du village (juste à côté de Pano Gitonia, ci-dessus) ☎ 69.39.69.68.93 (port.), www.uranos.gr. Wi-Fi gratuit.*
L'exquise maison blanche surplombe la baie d'Aigiali. Fabuleux coucher de soleil depuis les terrasses. Très calme. Attention, ça grimpe depuis le port.

Plus de 150 €

Aegialis Hotel & Spa
Carte p. 60-61 *– Aigiali ☎ 228.50.73.393, www.amorgos-aegialis.com. Carte de paiement acceptée. Ouv. toute l'année.*
Hôtel situé de l'autre côté de la baie par rapport au port. C'est le plus grand de l'île, récemment agrandi avec de nouvelles suites et un immense spa ultramoderne dans un très beau domaine. Coiffeur. Piscine d'eau salée. Toutes les ch. ont une vue plongeante sur la baie. Cours de yoga. Petit déjeuner grec et américain. Restaurant.

➤ Arkessini (sud de l'île)

De 40 à 60 €

Kira Sofia
Carte p. 60-61 *– ☎ 228.50.72.304.*

Chambres simples mais bien tenues et bien équipées. Celles du haut ont une meilleure vue, celles du bas sont plus fraîches en été. Sofia ne parle pas anglais, mais demandez son fils.

Marousso – Kovaios Theodoros
Carte p. 60-61 – ☎ 228.50.72.253, www.marousoroomsamorgos.4ty.gr.
Marousso est une figure dans le village : elle tient la taverne avec son fils, la supérette et ces ch. toutes simples (TV, frigo, air cond.).

➤ Chora

De 60 à 70 €

Polytimi Studios
Carte p. 60-61 – Bas du village ☎ 228.50.71.542 et 69.77.41.37.33 (port.), www.amorgos-studios-politimi.gr. Wi-Fi gratuit.
Confort basique à deux pas du centre de Chora dans une rue calme.

De 90 à 150 €

♥ Traditional Guest House Emprostiada
Carte p. 60-61 – ☎ 228.50.71.814 et 69.32.24.88.67 (port.), www.emprostiada.gr. Wi-Fi gratuit.
En haut du village sur la dr. L'adresse de charme de Chora. C'est charmant et décoré avec goût : meubles anciens, lit en fer forgé, boiseries peintes en bleu lavande. Machine Nespresso ou cuisine dans les ch.

➤ La baie de Katapola

Moins de 20 €

Camping Kastanis de Katapola
Carte p. 60-61 – ☎ 228.50.71.277 et 69.38.30.39.12 (port.), www.kastanisgroup.gr/campingkastanis.
Le camping privé Kastanis constitue une bonne alternative au camping municipal de Katapola *(à 300 m du port ☎ 228.50.71.802)* : cadre agréable, calme et à 10 min de la mer.

De 50 à 80 €

♥ Diosmarini
Carte p. 60-61 – Xylokératidi, prenez la rue en escalier après la taverne Vitsentzos ☎ 228.50.71.636, www.diosmarini.com. Wi-Fi gratuit.
Dans un environnement fleuri, ch. simples et agréables avec vue sur la baie. Air cond. et grand ventilateur suspendu au plafond. Rania parle parfaitement français et donne de précieuses informations sur l'île.

OÙ MANGER ?

➤ Baie d'Aigiali (nord de l'île)

De 10 à 15 €

To Limani tis Kyra Katinas
Carte p. 60-61 – Aigiali, dans une petite ruelle derrière le port ☎ 228.50.73.269, http://limani.amorgos.net.
Du poisson toujours frais, des plats typiques… et de la cuisine thaï le vendredi ! Goûtez à la *kakavia* (sorte de bouillabaisse).

I Loza
Carte p. 60-61 – Langada, sur la place du village ☎ 228.50.73.315, www.artemis-pension.gr.
Taverne traditionnelle ombragée par une treille. Le patron possède aussi des ch. dans le village et au bord de la plage d'Aigiali.

Kamara Café
Carte p. 60-61 – Potamos, grimpez à pied en haut du village à dr. ☎ 228.50.73.260, www.kamaracafe.com.
Vue sublime sur la baie d'Aigiali et cuisine grecque délicieuse. C'est Sophie, une jeune Lyonnaise, qui tient ce café-taverne.

CÔTÉ CUISINE

Amorgos est davantage une île d'éleveurs que de pêcheurs. On se régale donc de viandes et de fromages à petits prix.
Katsikaki sto fourno : chevreau au four.
Patatato : chevreau cuit dans un grand chaudron avec des pommes de terre et des tomates. Ce plat de fête est offert lors de nombreuses *panigyria* (fêtes patronales), mais on peut aussi le commander en taverne.
Myzithra : fromage sec et corsé.
Anthrotyro : fromage frais et doux du printemps.
Rakomélo : raki (eau-de-vie) parfumé au miel et aux épices.

Pension Panorama
Carte p. 60-61 – Tholaria, dans le centre du village ☎ 228.50.73.349.
Une excellente taverne familiale. Fromages, légumes, viandes et vins maison. Délicieux chevreau au four *(katsikaki sto fourno)*. Luth et violon mettent souvent une ambiance de fête. L'établissement a malheureusement été amputé de sa vue.

➤ Chora

De 9 à 13 €

Liotrivi
Carte p. 60-61 – Vers le bas du village ☎ 228.50.71.700.
Taverne traditionnelle réputée où l'on mange bien et simplement.

De 13 à 16 €

Triporto
Carte p. 60-61 – Dans la rue piétonne principale ☎ 228.50.73.085.
Ce café-bar est calme la journée et animé le soir. Demandez une table en terrasse sur le toit.

➤ La baie de Katapola

De 13 à 20 €

♥ **Diosmarini's**
Carte p. 60-61 – Xylokératidi, la première taverne en entrant dans le village ☎ 228.50.71.092 et 69.72.92.93.61 (port.). Petit déj. : 4 €.
De la cuisine méditerranéenne raffinée à petit prix. Spécialités de poissons, de coquillages (rares en Grèce) et de pâtes fraîches maison. Taverne tenue par la sympathique Rania et son mari de la pension Diosmarini *(p. 185)*. Une très bonne adresse que l'on salue.

To Mouragio
Carte p. 60-61 – Katapola, face au débarcadère ☎ 228.50.71.011.
Un bon signe, cette taverne de poisson est ouverte toute l'année. Goûtez à la soupe de poisson.

➤ Le sud de l'île

De 9 à 13 €

Delfini
Carte p. 60-61 – Kolofana, sur la route à g. ☎ 228.50.72.244.
Petite taverne toujours ouverte, même à l'heure de la sieste ! Cuisine traditionnelle. Quelques ch. très bon marché (demandez les plus récentes).

O Georgalinis
Carte p. 60-61 – Vroutsi ☎ 228.50.74.290. Dans le village.
Une petite taverne traditionnelle où viandes, fromages et légumes sont produits par la famille. Agréable terrasse.

CAFÉS ET PÂTISSERIES

➤ Baie d'Aigiali (nord de l'île)

Sur le port d'Aigiali, dans la ruelle en escalier qui longe la mer, 3 ou 4 bars avec d'agréables terrasses. Les locaux l'appellent Sunset Boulevard !

To Moschodaki
Carte p. 60-61 – Langada, sur la place.
Ne ratez pas ce vieux café traditionnel avec ses petites tables vert amande et ses *papous* qui sirotent leur café.

➤ Chora

Bayoko
Carte p. 60-61 – Sur la place à l'entrée du village ☎ 228.50.74.005.
Des cocktails et des tisanes à siroter, de sympathiques petits snacks à grignoter et un bar avec musique le soir. Ambiance décontractée et plutôt ethnique.

Fotodotis
Carte p. 60-61 – Tout en haut du village, près du collège.
Un joli *kafénio* traditionnel sous les moulins.

♥ **Giasemi**
Carte p. 60-61 – Dans une vieille maison restaurée en contrebas du village ☎ 228.50.74.017.
Excellente musique plutôt jazz et ethnique le jour, ambiance club et latino le soir. Le cadre, les boissons et les snacks ne sont pas en reste : deux jolies terrasses, 45 variétés de cafés et de thés, un raki fabuleux, des pâtisseries maison…

VIE NOCTURNE

Que
Carte p. 60-61 – Sur la plage d'Aigiali.
Bar-boîte de nuit à l'ambiance jeune.

Ammos
Carte p. 60-61 – Sur la plage d'Aigiali ☎ *228.50.73.228.*
Bar de plage rock et *trendy*.

SHOPPING

Mozaïk
Carte p. 60-61 – Tholaria, au centre du village.
Bijoux, savons, parfums, accessoires pour soi ou la maison : dans sa jolie boutique, Sophie Gueguen vend de l'artisanat grec, ethnique ou contemporain à prix doux.

Ladybird
Carte p. 60-61 – Aigiali, à côté de la taverne To Limani tis Kyra Katinas (p. 185).
Une boutique aux couleurs rafraîchissantes : vêtements, tissus, chapeaux, bijoux…

Iama
Carte p. 60-61 – Langada, en face de la taverne O Nikos ☎ *228.50.73.060 et 69.34.38.52.58 (port.), www.iamata.gr.*
Vanguelis Vassalos, l'acupuncteur de l'île, fait revivre le savoir ancestral des simples, ces plantes aux vertus médicinales comme la camomille, le calendula ou la sauge. Sa boutique est remplie d'herbes sauvages de l'île (plantes aromatiques, tisanes…). Il produit aussi des huiles essentielles de grande qualité. Visitez sa distillerie en haut du village.

Amorgiano
Carte p. 60-61 – Langada, tout en haut du village ☎ *228.50.73.048, www.amorgiano.gr.*
Miel de thym ou de sauge, propolis et crème pour le visage : après avoir travaillé pendant vingt-deux ans dans le cinéma, Panagiotis Maroulis s'est reconverti dans le miel bio. À l'aide de la cire, il peint aussi d'admirables portraits de Fayoum, cet art pratiqué dans l'Antiquité égyptienne.

Rodi
Carte p. 60-61 – Xylokératidi (à 6 km O de Chora) ☎ *228.50.72.098.*
Tabourets en bois, carnets de voyage, bijoux fantaisie, vêtements… Cette boutique colorée est tenue par une Américaine pétillante et douée de ses dix doigts !

SPORTS ET LOISIRS

➤ Balade à dos d'âne

Donkey Trips
Carte p. 60-61 – Langada ☎ *69.37.74.15.12 (port.).*
Nikos Dentrinos, parfaitement anglophone, fait découvrir son île à bord du plus traditionnel des moyens de transport. Les enfants se régalent.

➤ Escalade

Une cinquantaine de voies d'escalade ont été équipées au-dessus de Langada. Rens. auprès de l'**Hôtel Pagali** *(p. 184).*

➤ Plongée sous-marine

Amorgos Scuba Diving
Carte p. 60-61 – Aigiali, en face de l'agence maritime Naftilos ☎ *228.50.73.611 et 69.32.24.95.38 (port.), www.amorgos-diving.com.*
Stages, plongée découverte sur l'îlot de Nikouria ou *snorkelling* autour de l'île. Les sites du *Grand Bleu* (Agia Anna, l'épave) sont accessibles aux débutants. Centre affilié PADI. Location de masques et de palmes. Vente de matériel de plongée. Accueil et entraînement en français.

RANDONNÉE

Amorgos est la Cyclade qui se prête le mieux à la randonnée. Afin d'obtenir des renseignements et des conseils sur les balades à ne pas manquer, le site Internet www.cycladen.be/AmorgosFra.htm tenu par Raymond Verdoolaege, un Belge fasciné par les îles grecques depuis des années, vous sera très utile. Pensez aussi à vous procurer la carte des sentiers balisés éditée par **Anavasi** ou celle de **Terrain Maps** extrêmement précise et bien faite ainsi que le guide historique et culturel *A Travelogue of Amorgos* (traduit et disponible en français), édité par la mairie, avec des cartes et la description des huit sentiers balisés (disponible sur place, à la mairie).

➤ Yoga and Co

Iris massage & yoga studio
Carte p. 60-61 *– Aigiali, à côté de la plage et du port ☎ 228.50.73.545 et 69.34.98.47.75 (port.), www.iris amorgos.com.*
Cours de yoga, stretching et méditation. Karin Oscarson pratique aussi l'art des massages suédois et le reïki. En saison, stages de tai-chi, qi gong…

➤ ANAFI

Visite 4, p. 68 – Carte p. 69

Carnet pratique p. 269

OÙ DORMIR ?

De 50 à 70 €

Gavalas Apartments
Carte p. 69 *– Exo Roukounas ☎ 228.60.61.290 et 69.45.70.56.83 (port.). Ouv. mai-oct.*
Ch. confortables avec cuisine. La maison est un peu isolée, mais les plus belles plages de l'île sont accessibles à pied en 10-15 min.

Panorama
Carte p. 69 *– Chora, à l'entrée du village sur la g. ☎ 228.60.61.292 et 69.76.36.67.31 (port.).*
Ch. simples, certaines équipées d'une cuisine et offrant une belle vue sur la mer. Loue également des scooters et des voitures.

Panselinos
Carte p. 69 *– Chora, à côté de la Villa Galini ☎ 228.60.61.271 et 69.74.27.49.90 (port.), www.panselinosanafi.gr.*
Dans un bâtiment récent, ch. simples et confortables dont une avec cuisine. Établissement bon marché.

Pelagos
Carte p. 69 *– Chora, au bout du village ☎ 228.60.61.240, www.pelagos-anafi.gr.*
Ch. au confort spartiate qui peuvent dépanner si les autres établissements sont complets.

Sunset (Iliovasilema)
Carte p. 69 *– Chora, au bout du village, derrière le piton rocheux ☎ 228.60.61.280 et 69.76.50.47.39 (port.), www. iliovasilema-anafi.com. Wi-Fi gratuit.*
La situation de cet établissement est idéale pour contempler le coucher du soleil. Même propriétaire que la taverne To Steki *(p. 189)*.

♥ Villa Galini
Carte p. 69 *– Chora, à g. en contrebas en entrant dans le village ☎ 228.60.61.279.*
Avec son petit jardin fleuri et son joli kiosque ombragé, il règne une atmosphère plutôt gaie dans cette pension. On a le choix entre 7 grands studios confortablement équipés et 9 ch. plus simples, rafraîchies par un ventilateur au plafond. Stavroula, la propriétaire, est très attentionnée envers ses hôtes.

De 70 à 100 €

♥ Apollon Village
Carte p. 69 *– Entre le port et Chora ☎ 228.60.28.739 ou 210.80.68.824, www. apollonvillagehotel.gr. Ouv. juin-sept.*
Bâti sur une colline abrupte qui domine la plage de Klissidi, l'établissement offre deux niveaux de confort : tout en haut, les maisonnettes de l'Apollon Village sont spacieuses et très bien équipées, le meilleur standing de l'île (de 90 à 100 €); les ch. de la Villa Apollon sont plus simples, mais elles sont à deux pas de la plage (de 60 à 90 €).

OÙ MANGER ?

➤ Chora

De 8 à 12 €

♥ Armenaki
Carte p. 69 *– Chora, en contrebas de l'école.*
Encore une terrasse avec une vue fantastique sur la mer, mais ce restaurant se caractérise aussi par ses concerts de *bouzouki* le soir en été. Marcos cuisine aussi bien les viandes que les poissons.

Astrakhan
Carte p. 69 *– Chora, dans le centre du village ☎ 228.60.61.249.*
Napperons en vichy bleu et blanc, chaises ripolinées et coloquintes suspendues aux murs, cette petite taverne populaire est ouverte toute l'année. En plus des classiques plats grecs, on y goûte du poisson au safran et des pâtes fabriquées maison *(balotia)*. Belle vue depuis la terrasse sur le port, la mer et les îlots.

Liotrivi
Carte p. 69 – Chora, avant la place de l'école ☎ 228.60.61.209.
Des salades et du poisson à un prix tout doux pour les Cyclades. Fraîcheur garantie grâce au patron pêcheur. Grande terrasse.

♥ **To Steki**
Carte p. 69 – Chora, près de l'école ☎ 228.60.61.380.
Cuisine traditionnelle. Une agréable terrasse grâce à quelques tables dans la rue, un patron affable et souriant pour une taverne qui sert les fromages de l'île et des plats soigneusement préparés.

➤ Le reste de l'île

De 8 à 12 €

Akrogiali – Roussou Nektaria & Popy
Carte p. 69 – Agios Nikolaos ☎ 228.60.61.218.
Sur le port, Popy tient cette taverne adossée à la falaise, sur une route longeant l'eau cristalline. Cuisine grecque traditionnelle, pâtes à la langouste et soupe de poisson. Loue aussi 4 ch. juste au-dessus de la taverne.

Margarita's
Carte p. 69 – Klissidi ☎ 228.60.61.237, www.margarita-anafi.gr. Carte de paiement acceptée. Wi-Fi gratuit.
Agréable café-taverne idéalement situé offrant une superbe vue sur la plage paradisiaque de Klissidi. Choix limité de salades et de plats cuisinés, mais c'est bon. Loue aussi 4 ch. prises d'assaut d'une année sur l'autre.

CAFÉ

Glaros
Carte p. 69 – Chora, sous la taverne Alexandra ☎ 228.60.61.333.
Plus que d'entrer dans un bar, on a l'impression de rendre visite à un ami. Dans sa vieille maison au toit voûté, Aris sert du raki crétois accompagné de délicieux *mezzés*. Dans un excellent français, il vous racontera peut-être pourquoi il a quitté Thessalonique…

VIE NOCTURNE

Milos
Carte p. 69 – Chora, derrière une église kitsch, à dr. à l'entrée du village.
C'est en quelque sorte le club d'Anafi. Transformé en bar, cet ancien moulin accueille toute la population noctambule de l'île.

SHOPPING

Touristika Anafi
Carte p. 69 – Chora, en face de la poste ☎ 228.60.61.250.
La seule boutique touristique de l'île. On y trouve des chapeaux, de la lotion solaire, des bouées pour les enfants, quelques vêtements et des souvenirs.

Boulangerie
Carte p. 69 – Chora, sur la place de l'école.
Que ce soit le pain de campagne, le pain aux raisins ou les biscuits secs, tout est délicieux.

➤ ANDROS

Visite 5, p. 72 – Carte p. 73

Carnet pratique p. 270

OÙ DORMIR ?

➤ Le nord d'Andros

Environ 15 €

Camping Andros
Carte p. 73 – Gavrio, à 500 m derrière le port ☎ 228.20.71.444 ou 210.82.28.549 (bureau d'Athènes), www.campingandros.gr. Ouv. mai-sept.
Une oliveraie de Gavrio s'est transformée en sympathique camping. Il est bien équipé (piscine, minimarché, restaurant…). Possibilité de louer une tente. Transfert gratuit depuis et vers le port. C'est l'unique camping de l'île : il est donc conseillé de réserver en été.

De 50 à 60 €

Chambres Agia Marina
Carte p. 73 – Agia Marina, 200 m après l'hôtel Aneroussa (p. 190) ☎ 228.20.41.963.
Un petit vallon verdoyant, une jolie plage de sable fin, une taverne de poisson et, juste au-dessus, une maison louant studios et appartements. Ch. basiques mais spacieuses et bon marché. Choisissez de préférence celles du haut, qui ont la plus belle vue.

De 100 à 120 €

♥ Aneroussa
Carte p. 73 – *À 1 km S de Batsi (dans le village, continuer tout droit au niveau du virage serré qui monte vers Chora) ☎ 228.20.41.044 ou 228.20.41.045, www.aneroussabeach.gr. Carte de paiement acceptée. Ouv. mai à mi-oct. Wi-Fi gratuit.*
La situation est exceptionnelle : enfouis dans la verdure, les bâtiments de style néoclassique surplombent une ravissante plage de sable quasiment privée. Chaque ch. a un petit balcon d'où l'on peut contempler les couchers de soleil sur la mer. Très bon niveau de confort.

➤ Chora et le sud de l'île

De 60 à 90 €

Stageira
Carte p. 73 – *Agios Syridonas-Dexameni, Chora. Sur une petite route parallèle à la route principale venant de Messaria, 400 m avant Chora (panneau) ☎ 228.20.22.202. Carte de paiement acceptée. Ouv. toute l'année.*
Le nom évoque la ville natale d'Aristote, une colonie fondée par les Andriotes en Macédoine. Surplombant la vallée de Messaria, la situation est idéale pour les randonneurs. Cadre calme et verdoyant. Studios et appartements un peu vieillots mais spacieux.

De 80 à 120 €

Archontiko Eleni
Carte p. 73 – *9, rue Embirikou, Chora ☎ 228.20.23.471 et 69.77.07.43.52 (port.), www.archontikoeleni.gr. Carte de paiement acceptée. Ouv. toute l'année. Wi-Fi gratuit.*
Dernière maison avant que la rue principale ne devienne piétonne. Cette belle demeure néoclassique rose pâle fut construite en 1910 par l'armateur Alexandros Embirikos. Élégante et confortable, elle est agréablement située à l'entrée de la vieille ville. Dommage que le personnel soit peu avenant et que certaines ch. soient bruyantes.

♥ Irene's Villas
Carte p. 73 – *Nimbourio, Chora ☎ 228.20.24.554 ou 228.20.23.344 et 69.74.38.32.35 (port.), www.irenes-villas.gr. Wi-Fi gratuit.*
La ruelle raide au milieu de la baie de Nimbourio grimpe aux maisonnettes en bois blanc entièrement rénovées. Fraîches, confortables et spacieuses, elles s'organisent en studio ou en deux-pièces et surplombent la baie de Nimbourio. Environnement calme et vert.

Nicolas
Carte p. 73 – *Korthi, dans l'extrême sud-est de l'île, sur la route entre Ormos Korthiou et Aidonia ☎ 228.20.61.595 et 69.32.35.42.20 (port.), www.nicolas-andros.gr. Carte de paiement acceptée. Ouv. toute l'année. Wi-Fi gratuit.*
À flanc de colline, le bâtiment de style cycladique domine la baie de Korthi. Rénovés, ces studios sont coquets et confortables, avec vue sur la mer. Agréable piscine avec bar. La plage en contrebas n'est qu'à 500 m.

Plus de 200 €

♥ Onar
Carte p. 73 – *Plage d'Achla ☎ 210.62.51.052 (Athènes) et 69.32.56.37.07 (port.), www.onar-andros.gr. Ouv. mai-sept.*
En venant de Batsi, tournez à g. 600 m avant Vourkoti : la piste en terre de 8 km est vertigineuse. C'est le rêve de Robinson Crusoé, le confort en plus. À 400 m de la plage vierge et paradisiaque d'Achla, ces maisons couleur de terre offrent un luxe bohème. Isolé de tout, on savoure sa retraite. À moins de demander à Makis, le sympathique jeune propriétaire, d'organiser une excursion en bateau. Repas sur demande.

OÙ MANGER ?

Les tavernes sont particulièrement bon marché à Andros.

➤ Le nord de l'île

De 10 à 14 €

Stamatis
Carte p. 73 – *Batsi, au-dessus du port ☎ 228.20.41.283. Carte de paiement acceptée.*
C'est le seul restaurant ouvert toute l'année à Batsi. Cadre rustique, cuisine familiale à des prix parfois très doux, comme la moussaka à 7 €. Spécialités d'agneau en papillote *(arni kleftiko)* et de lapin aux petits oignons *(kouneli stifado)*.

LA FOURTALIA

Cette épaisse **omelette** rappelle étrangement la *tortilla* espagnole : œufs, pommes de terre et la délicieuse saucisse de porc d'Andros sont subtilement relevés avec un peu de menthe. Un régal que l'on ne goûtera que sur cette île et Tinos.

To Balkoni tou Aigaiou
***Carte p. 73** – Ano Aprovatou, entre Batsi et Paléopolis, prenez la petite route d'Ano Aprovatou ☎ 228.20.41.020. Ouv. t.l.j. en saison et le w.-e. seulement en hiver.*
Son nom n'est pas volé : suspendue 350 m au-dessus de la mer, la taverne est bien en balcon sur l'Égée. Veau, agneau, chèvre, porc, saucisses : grillées ou mijotées, telles sont les viandes au menu de cette taverne qui fait aussi boucherie.

➤ Le sud de l'île

De 10 à 14 €

♥ **Vangeli**
***Carte p. 73** – Gavrio ☎ 69.76.22.73.32 (port.). Ouv. toute l'année.*
Cuisine grecque traditionnelle revisitée dans un esprit de légèreté. Salades du jour, viandes mijotées avec des épices variées, fruits de mer; le tout à prix doux.

♥ **Ta Skalakia**
***Carte p. 73** – Chora, dans une petite ruelle en escalier, perpendiculaire à la rue piétonne principale (au niveau de l'église métropole) ☎ 228.20.22.822. Ouv. toute l'année sf nov.*
Le cadre est particulièrement agréable entre les bougies, les vieilles photos et les publicités anciennes. On y savoure une délicieuse cuisine de l'île : porc à l'origan, *fourtalia*, tourte aux herbes *(chortopita)* pour une addition très raisonnable.

De 14 à 17 €

♥ **Bozakis et Asymolefka**
***Carte p. 73** – Ypsilou, à 4 km N-O de Chora ☎ 228.20.22.227 ou 228.20.24.150. Carte de paiement acceptée. Ouv. toute l'année.*
Sur la route, à deux pas l'une de l'autre, se dressent l'Asymolefka, immense taverne moderne, et le Bozakis, taverne rustique et traditionnelle. Elles partagent les mêmes jeunes patrons. L'une est plutôt ouverte l'été, l'autre les longues soirées d'hiver. On y sert une cuisine savoureuse, avec viandes et fromages maison. La *fourtalia* est tout simplement sublime. Vue fantastique sur la baie de Chora.

➤ DÉLOS

Visite 6, p. 79 – Carte p. 80

Carnet pratique p. 271

CONSEILS

Le plus simple pour se rendre à Délos est de prendre un bateau depuis Mykonos, mais des excursions à la journée sont également possibles depuis les îles proches (Paros, Naxos, Tinos…).
Par jour de grand vent, la traversée vers Délos peut prendre des allures d'épopée. Le bateau tangue et, lorsqu'il doit passer entre des îlots, louvoie entre les rochers acérés. Un conseil : mieux vaut être au grand air sur le pont plutôt qu'à l'intérieur où le mal de mer est assuré. Au-dessus de 7-8 sur l'échelle de Beaufort, la liaison entre Mykonos et Délos n'est plus assurée.
En arrivant, ceux qui sortent les premiers du bateau évitent l'attente à l'entrée du site pour acheter leur billet pour le site archéologique *(5 €)*.

Attention au soleil en plein été : il n'y a pas d'ombre sur le site. Prévoyez un chapeau et de la crème solaire.
Une buvette est installée à côté du musée *(encadré p. 82)*. Si l'eau est abordable, les salades, sandwichs, boissons… sont plutôt chers.
Ressemblant à un petit iguane, le gros lézard de Délos – l'agame stellion de son vrai nom – est impressionnant, mais inoffensif. En revanche, il faut se méfier des vipères et par conséquent éviter de s'aventurer dans les herbes hautes.

GUIDE

Incontournable, le *Guide de Délos*, publié par l'École française d'Athènes (mise à jour 2005). Disponible à Mykonos et à la librairie Anavasi à Athènes *(p. 267)*.
Excellente carte d'Anavasi au 1/25 000e Délos-Mykonos-Rhénée. Elle a été réa-

lisée avec le concours de l'École Française d'Athènes (école d'archéologie qui fouille à Délos) et possède au dos un plan détaillé et un miniguide du site archéologique en français.

➤ FOLÉGANDROS

Visite 7, p. 83 – Carte p. 84

Carnet pratique p. 271

OÙ DORMIR ?

Folégandros est devenue chère par rapport aux autres Cyclades (en particulier à Chora). Mais on trouve tout de même des hébergements spartiates à petit prix.

➤ Karavostassi

Environ 15 €

Camping Livadi
***Carte p. 84** – Livadi, à 1,5 km du port et à 200 m de la plage ☎ 228.60.41.204 ou 228.60.41.213, www.folegandros.org. Camping ouv. 10 juin-10 sept. et studios-appart. 25 mai-30 sept.*
Installations vétustes, mais ambiance sympathique pour ce camping style vieille Grèce. Prix mini et clientèle jeune. Possibilité de louer une tente (3 €). Vite complet en août. Seul le café-restaurant est bien ombragé.

De 80 à 100 €

Vrahos
***Carte p. 84** – À g. de la baie quand on descend du bateau ☎ 228.60.41.450 ou 228.60.41.304, www.hotel-vrahos.gr. Carte de paiement acceptée. Wi-Fi gratuit.*
Un vrai trois-étoiles confortable et soigné qui domine la baie. Prix attractifs hors saison. Jacuzzi extérieur. Café-bar avec vue sur la mer.

Plus de 200 €

Anemi
***Carte p. 84** – Karavostassi ☎ 228.60.41.610 ou 210.72.54.871 (bureau d'Athènes), http://anemihotel.gr. Carte de paiement acceptée. Wi-Fi gratuit.*
Cet hôtel cinq-étoiles marie avec élégance design minimaliste et architecture cycladique. Excellent service et fabuleux petits déjeuners. Piscine d'eau de mer et tennis. C'est l'un des meilleurs hôtels haut de gamme de l'archipel.

➤ Chora

De 60 à 70 €

Irene
***Carte p. 84** – En face de l'hôtel Meltemi (ci-dessous) ☎ 228.60.41.235, www.irene-folegandros.gr. Wi-Fi gratuit à certaines périodes de l'année.*
Ch. toutes simples et propres. Bon marché, sauf en août. Pas d'air cond. mais des ventilateurs.

De 70 à 100 €

Meltemi
***Carte p. 84** – À 100 m au-dessus de la pl. Pounta ☎ 228.60.41.425 ou 228.60.41.328, meltemihotel@yahoo.gr. Wi-Fi gratuit. Pas de petit déj.*
Un sympathique hôtel familial, bien tenu et fleuri. Toutes les ch. sont climatisées.

De 100 à 150 €

Fata Morgana
***Carte p. 84** – À la sortie du village vers Ano Meria ☎ 228.60.41.237 et 69.36.74.52.61 (port.), www.fatamorgana.gr. Carte de paiement acceptée.*
Situé au bord de la falaise, cette très agréable résidence regarde la mer. Studios spacieux, bien équipés et décorés par la sœur artiste de la propriétaire. Wi-Fi gratuit.

➤ Le nord de Folégandros

De 20 à 40 €

Galifos
***Carte p. 84** – Crique de Galifos, à 10 min à pied d'Angali (direction la plage d'Agios Nikolaos) ☎ 228.60.41.069 (ch. avec s.d.b. commune) et ☎ 228.60.41.072 (ch. avec s.d.b. privée).*
Ces petits cubes blancs perdus dans la garrigue sont destinés aux Robinsons en herbe : ch. spartiates et sans électricité où l'on s'éclaire à la lampe à gaz. Confort rudimentaire. Cuisine commune. En contrebas, une minuscule plage de galets et quelques abris à bateaux.

De 40 à 60 €

Kymanemi
Carte p. 84 – Angali, à g. juste au-dessus de la plage ☎ 228.60.41.190 ou 210.97.07.968 (en hiver) et 69.32.29.78.96 (port.), www.kymanemi.com. Anciennement Pano Sto Kyma, même propriétaire. Wi-Fi gratuit.
Petites ch. simples récemment restaurées avec goût. Grande terrasse surplombant la plage. La ch. n° 7 est la plus intime, rafraîchie par un ventilateur au plafond.

OÙ MANGER ?

Si vous venez de Sifnos ou Milos, vos papilles seront un peu déçues par les saveurs de Folégandros… La cuisine est plutôt frugale.

➤ Karavostassi

Deux sympathiques petits bars au début de la plage, **Syrma** et **Evanguelos** où l'on peut aussi manger une salade ou des *mezzés* en attendant son bateau. À moins de caler son appétit avec un feuilleté aux herbes ou au fromage de l'**épicerie** qui fait aussi boulangerie.

➤ Chora

Une dizaine de tavernes se partagent les places de Chora. Prises d'assaut en été, il y a beaucoup d'attente avant d'obtenir une table. Les menus sont très semblables d'un établissement à l'autre (grillades, salades…).

De 10 à 20 €

Pounda
Carte p. 84 – Sur la première place de Chora ☎ 228.60.41.063. Ouv. t.l.j. mai-oct. F. à l'heure de la sieste.
Une Danoise céramiste et un Grec tiennent cet agréable café-taverne, plus tranquille que les autres. Prix tout doux pour une bonne cuisine locale ou un verre dans le jardin intérieur. La vaisselle créée par Lisbet, notamment son service à thé inspiré par les couleurs des Cyclades, mérite d'être admirée, voire achetée…

To spitiko (souvent dit Irene)
Carte p. 84 – En face du four du village ☎ 228.60.41.235, www.irene-folegandros.gr.
À l'écart du tohu-bohu qui règne sur les places, Irene sert une cuisine familiale utilisant principalement des produits locaux : escargots, viandes, huile d'olive… Petite terrasse sur le toit.

BARS

Astarti
Carte p. 84 – Chora.
Sert le meilleur *rakomélo* (eau-de-vie parfumée au miel) de l'île.

Fata Morgana
Carte p. 84 – Chora. Ouv. juin-sept.
Pour contempler le coucher du soleil, rien ne vaut ce *lounge bar*, suspendu au-dessus de la falaise.

➤ IOS

Visite 8, p. 87 – Carte p. 88

Carnet pratique p. 272

OÙ DORMIR ?

➤ Chora

De 60 à 90 €

♥ **Pavezzo**
Carte p. 88 – Dans Chora, prenez la direction de Mylopotas et tournez à dr. à la sortie du village (panneau) ☎ 69.77.04.60.91 (port.), www.iospavezzo.com. Ouv. mai-oct. Wi-Fi gratuit.
Dans un environnement calme et verdoyant (gazon !), cette pension blanc et vert olive a du charme. Vue sur un vallon en terrasse et la mer. Ch. agréablement équipées. Accueil chaleureux d'Angela qui parle français et est une mine d'informations sur l'île.

Plus de 150 €

Liostasi
Carte p. 88 – Entre le port et Chora (500 m avant) ☎ 228.60.92.140, www.liostasi.gr/fr. Ouv. mai-sept. Carte de paiement acceptée. Wi-Fi gratuit.
C'est l'un des meilleurs hôtels de l'île. Un petit complexe harmonieux de cubes blancs et de murets en pierres apparentes. Déco aux tons chauds. Belle piscine et spa. Vue sur la baie du port. Prenez une ch. avec vue.

➤ Manganari

De 55 à 60 €

Vénus
Carte p. 88 – Au milieu de la plage
☎ 228.60.92.374 et 69.72.31.56.51 (port.), www.venus-hotel.gr. Carte de paiement acceptée. Ouv. mai-oct.
Une pension familiale très sympathique. Jolis bâtiments de style cycladique avec ch. bien équipées et s.d.b. pratiques. Petits déjeuners légers. Transats et parasols sur la plage gratuits pour les clients. Bonne taverne familiale. La plage est magique, mais les villages sont à 25 km.

OÙ MANGER ?

De 12 à 15 €

Enigma
Carte p. 88 – Gialos, sur le port
☎ 228.60.91.847, www.enigma-ios.gr.
Une des bonnes adresses du port proposant de la cuisine grecque traditionnelle. Fait aussi bar.

Polydoros
Carte p. 88 – Plage de Koumbara, sur la dr. à 100 m avant la plage
☎ 228.60.91.132.
Cette taverne familiale est réputée pour ses plats cuisinés comme le *bifteki giaourtlou*, steak de viande hachée arrosé de sauce tomate et de yaourt. Salade grecque généreuse et délicieuse. Excellent poisson selon arrivage.

De 15 à 20 €

O Drakos
Carte p. 88 – Mylopotas, tout au bout de la baie ☎ 228.60.91.281.
Bon restaurant de poissons et de fruits de mer. Le choix est large : langouste, mérou, rouget, araignée de mer…

SPORTS ET LOISIRS

New Dive
Carte p. 88 – Mylopotas, en début de plage ☎ 228.60.92.340 et 69.36.84.49.44 (port.), www.mylopotas-watersports.gr.
Centre de plongée PADI assez récent. Baptême de plongée, stage à la semaine pour débutants et plus expérimentés. Location de matériel. Mêmes propriétaires et même adresse que le Mylopotas Watersports (ski nautique, banane, kayak de mer…) qui loue des petits bateaux sans permis à la journée : idéal pour explorer les plages du sud de l'île.

➤ KIMOLOS

Visite 9, p. 91 – Carte p. 93

Carnet pratique p. 273

OÙ DORMIR ?

Attention, comme les hébergements sur l'île sont peu nombreux, le mois d'août affiche très vite complet. Les tarifs baissent beaucoup en basse saison.

De 60 à 70 €

Sardis
Carte p. 93 – À 2 km à l'O du port, à peine en retrait de la plage d'Aliki
☎ 228.70.51.458 et 69.77.23.82.44 (port.), www.sardis.gr. Ouv. mai-sept. Petit déj. 3-8 €.
Chambres récentes, jolies et confortables. C'est également l'une des meilleures tavernes de l'île. Légumes et poissons frais, fromages de l'île : la cuisine familiale et raffinée et d'excellente qualité. Service et décoration soignés.

Kalamitsi Rooms to let
Taverne et chambres de Ioanna Ventouri, Kalamitsi, sur la plage de Kalamitsi, à la pointe S de l'île, à 2 km du village
☎ 69.72.22.67.89 ou 69.74.60.60.86 (portables). Ouv. juin-sept. Petit déj. 5-7 €.
Ch. simples et bon marché à louer, 200 m environ au-dessus de la plage. Air cond. La propriétaire gère aussi la petite taverne traditionnelle sur la plage, en contrebas de Kalamitsi Rooms to let.

De 110 à 180 €

Bonatsa
Carte p. 93 – Plage de Bonatsa,
☎ 228.70.51.677 et 69.51.92.38.16 (port.), www.ariahotels.gr/en.
À 30 m de l'eau, cette maison cycladique abrite quatre ch. très bien équipées. Vue sur la mer constellée d'îlots. La plage en contrebas est l'une des plus agréables de l'île. Trois tavernes dans un rayon de moins 10 min à pied.

La maison dans la citadelle
Carte p. 93 – Chorio, The house in the castle ☎ 266.10.48.962, www.cycladesliving.gr. Loc. à la semaine.

Magnifiquement restaurée, cette maison fait partie du rempart de la citadelle. À l'étage, deux agréables ch. lumineuses. Au rez-de-chaussée, la cuisine-salle à manger et une petite s.d.b. En plus d'avoir du caractère, c'est fonctionnel, moderne et extrêmement bien équipé pour une famille (lave-linge, 4 VTT, masques et tubas…).

The Windmill
Carte p. 93 – Psathi ☎ 228.70.51.554 et 69.51.92.38.16 (port.), www.ariahotels.gr/en. Ouv. mai-sept. Wi-Fi gratuit.
Situé à 600 m du port, cet hôtel a été aménagé dans un moulin à vent traditionnel restauré qui surplombe le minuscule port de l'île. Design et vue magnifique à 360° sur les îles.

OÙ MANGER ?

De 12 à 16 €

Bohoris
Carte p. 93 – Chorio, dans la rue principale du village ☎ 228.70.51.495.
Plus connu sous le surnom du patron (Bohoris), le vrai nom de cette taverne est Kali Kardia, « le bon cœur » en grec. Accueil chaleureux donc et bonne cuisine traditionnelle comme les *souzoukakia*, ces boulettes de viandes cuites au four dans de la sauce tomate. Tables dans la rue. C'est aussi le buraliste de l'île !

De 15 à 20 €

To Kyma
Carte p. 93 – Psathi ☎ 228.70.51.001. Ouv. mars-oct.
Sous ses airs de taverne familiale avec ses tables posées sur la plage, se cache un vrai chef en cuisine. À côté des plats typiques, on pourra goûter à des plats raffinés comme le carpaccio de langouste ou les tagliatelles maison aux crevettes et parmesan.

SHOPPING

Arzentiera
Carte p. 93 – Palia Agora, Chorio ☎ 228.70.51.588.
Très attachée à ses racines, Flora a ouvert avec sa fille Xanthi cette jolie boutique de souvenirs dans la citadelle. On y trouvera notamment les créations de Xanthi comme ces scènes estivales ou des tourbillons de sardines peintes sur bois… mais aussi des bijoux, des petites barques et de la céramique d'artisans grecs.

➤ MILOS

Visite 10, p. 95 – Carte p. 97

Carnet pratique p. 273

OÙ DORMIR ?

Comme les hébergements sur l'île sont peu nombreux, le mois d'août affiche très vite complet, d'où des prix élevés. Hors saison, les prix fondent.

➤ Adamas

De 70 à 90 €

Hôtel Eleni
Carte p. 97 – À 3 min à pied du débarcadère ☎ 228.70.21.972 et 69.42.77.27.77 (port.), www.hoteleleni.gr. Petit déj. : 7,50 €. Wi-Fi gratuit.
Petit hôtel bleu et blanc, tout simple et propret, tenu par Eleni. Plage de Langada à deux enjambées mais pas de vue sur mer.

De 120 à 160 €

Thalassitra village
Carte p. 97 – À 200 m derrière la station des taxis (10 min à pied du débarcadère) ☎ 228.70.23.570, www.thalassitra.com. Carte de paiement acceptée. Wi-Fi gratuit.
L'ensemble forme un ravissant petit village cycladique derrière le port. Gentillesse de l'accueil et atmosphère calme avec des chats qui jouent dans le jardin.

➤ Plaka

65 à 95 €

♥ **Archondoula studios**
Carte p. 97 – À deux pas de la grande église Korfiatissa ☎ 228.70.23.820 et 69.80.52.36.49 (port.), www.archondoula-studios.gr Ouv. mi-mars à mi-novembre. Pas de petit déj.
C'est tout mignon, tout blanc, avec un balcon sur la mer et le coucher du soleil. Une adresse très bien tenue au cœur de Plaka.

➤ Pollonia

De 70 à 90 €

♥ Efi
***Carte p. 97** – Au milieu du quartier Pélékouda (à g. en arrivant sur Pollonia) ☎228.70.41.396 et 69.77.69.10.02 (port.), www.efimilos.gr.*
D'une extrême gentillesse, Efi est aux petits soins pour ses hôtes. Ch. (avec réfrigérateur) et studios joliment décorés et bien équipés avec air cond. et ventilateur au plafond. Terrasses fleuries ou agréable balcon. Située à l'étage, la ch. n° 19 est sans doute celle qui a le plus de charme avec ses meubles anciens et sa vue sur le port.

De 90 à 140 €

Pollonia Studios
***Carte p. 97** – Quartier de Pélékouda ☎ 228.70.41.051, www.pollonia-studios.gr.*
Une structure familiale bien entretenue.

Tania
***Carte p. 97** – À la pointe de Pélékouda ☎ 228.70.41.062, 210.77.92.795 en hiver, et 69.72.27.414 (port.), www.tania milos.gr. Wi-Fi gratuit.*
Posé sur les rochers, face à la mer, ce bâtiment cycladique récemment construit a beaucoup de charme. Très belle vue, mais parfois soumis au vent.

♥ Kostantakis Studios
***Carte p. 97** – En arrivant sur Pollonia, tournez à dr. et roulez sur 400 m ☎ 228.70.41.357 ou 228.70.41.125 et 69.36.64.44.81 (port.), www.kostantakis.gr. Ouv. juin-oct. Carte de paiement acceptée.*
Membre du réseau « Guest inn » *(☎ 210.96.07.100, www.guestinn.com).* Ravissant ensemble de petites maisons blanches aux tonnelles couvertes de vigne, de jasmin et de bougainvillées, toutes installées au milieu d'un jardin attenant à une ferme. Le petit déjeuner peut être servi dans la chambre. Des fruits et légumes frais de la ferme sont offerts tous les jours. À voir : la cave troglodytique où est produit le vin des propriétaires.

Environ 200 €

Melian Boutique Hôtel & Spa
***Carte p. 97** – Quartier de Pélakouda, sur la mer, derrière à g. ☎ 228.70.28.200 et 69.44.80.49.87 (port.), www.melian.gr. Carte de paiement acceptée. Wi-Fi gratuit.*
L'hôtel chic et un peu guindé de l'île. Style cycladique à l'ancienne et épuré. Vue sur mer et coucher du soleil. Petit spa.

Salt
***Carte p. 97** – Juste avant le Melian, sur la mer ☎ 228.70.41.110, www.salt-milos.com. Carte de paiement acceptée. Wi-Fi gratuit.*
Style cycladique hippie chic, jeune et branché. Créé en 2011 par une star de la pop grecque originaire de l'île.

➤ La côte nord

De 60 à 90 €

Galini
***Carte p. 97** – À 5 km N-E d'Adamas. Sur la route de Pollonia, tournez à g. en face de la chapelle Agia Irini (panneau) ☎ 228.70.41.492, http://galinihotel-milos.gr. Ouv. mai-sept.*
Au-dessus d'une belle plage sauvage, ce petit hôtel blanc regarde la mer. Établissement simple, spacieux et propre. Sa jolie taverne est bienvenue car il n'y a rien autour. Spécialité de volailles (maison).

De 100 à 140 €

♥ Limeri
***Carte p. 97** – Sarakiniko ☎ 228.70.22.439 et 69.44.65.46.03 (port.), www.miloslimeri.gr. Voiture indispensable.*
Prenez la piste à dr. avant d'arriver sur Sarakiniko. Petit complexe cycladique possédant un charme fou posé au milieu de nulle part, près de la plage de Sarakiniko. Maisonnettes très équipées. Profitez du jardin fleuri. Environnement lunaire et un peu poussiéreux. Belle vue sur la mer.

➤ La baie de Milos

Environ 18 €

Camping Milos Achivado-limni
***Carte p. 97** – À 7 km d'Adamas, au-dessus de la grande plage d'Achivadolimni ☎ 228.70.31.410, 210.49.76.857 en hiver et 69.79.98.36.60 (port.), www.miloscamping.gr/fr. Location de tente et de bungalows. Ouv. mai-sept.*
Agréablement situé, le camping est très bien équipé et propose de nombreuses activités nautiques.

OÙ MANGER ?

➤ Adamas et Plaka

De 10 à 13 €

To Diporto
Carte p. 97 – Plaka, au cœur du centre piéton ☎ 228.70.23.259.
Comme son nom l'indique, il y a deux entrées à cette taverne qui donnent chacune sur une rue piétonne. Bons plats locaux, comme le *zigouri* (agneau à la casserole).

De 13 à 16 €

♥ O ! Chamos
Carte p. 97 – Plage de Papikinou, à 1 km S d'Adamas ☎ 228.70.21.672, www.ohamos-milos.gr.
Cette adresse originale et sympathique propose une savoureuse cuisine paysanne élaborée avec les produits de la ferme familiale. En français, le menu est un vrai poème : on aime le chamois à la braise (pour la chèvre sauvage), les biscottes d'ogre (orge) et l'agnelet extraverti. Autant de recettes de la grand-mère qu'on peut emporter sous forme de cartes postales (gratuites). Ne manquez pas l'assortiment de fromages. Transats sur la plage de l'autre côté de la route (on peut se faire servir). Petite aire de jeux pour les enfants.

Taverne Archontoula
Carte p. 97 – Plaka ☎ 228.70.21.384.
Au cœur du village, cette taverne familiale est une institution. On y déguste une copieuse assiette de légumes grillés, de l'agneau local au citron cuit au four et, en saison (mai), de la chèvre à l'artichaut et à la tomate.

➤ Pollonia

De 13 à 18 €

♥ Gialos
Carte p. 97 – Pollonia, avant le dernier établissement sur la jetée ☎ 228.70.41.208 ou 69.77.74.64.72 (port.).
L'un est chef cuisinier, l'autre a un bagou certain… Achiléas et Christos ne cessent de progresser avec ce restaurant proposant une cuisine savoureuse et moderne. À côté des classiques (à prix doux), des plats recherchés (prix en conséquence) qui raviront les gourmands. Tartare de crevettes, carpaccio de mérou, tataki de thon, petites pâtes à l'encre de seiche, mais aussi délicieuses salades et steak de Black Angus. Une excellente adresse.

♥ Arménaki
Carte p. 97 – Pollonia, à g. en arrivant sur la mer ☎ 228.70.41.061 et 69.77.90.09.10 (port.), www.armenaki.gr.
Au menu, poisson frais et délicieuses salades. Une douzaine de tables installées sur une petite terrasse. Service soigné et menu détaillé en français. Sans doute l'une des meilleures tavernes des Cyclades. Antonios, le patron, aura plaisir à vous prouver que les vins grecs sont devenus excellents.

➤ Le reste de l'île

De 10 à 15 €

♥ Embourios
Carte p. 97 – Embourios, à 17 km d'Adamas ☎ 228.70.21.389.
Établie au fond de la baie, au bord de l'eau, cette petite taverne semble être au bout du monde. Excellente cuisine paysanne. Mention spéciale pour la salade grecque.

De 13 à 18 €

Sirocco
Carte p. 97 – Paliochori ☎ 228.70.31.201, www.siroccorestaurant.gr.
En balcon sur la plage, cette taverne typique est fière de sa « volcanic food », des plats cuits par géothermie dans le sable brûlant. On recommande l'agneau local, mijoté toute une nuit dans un pot en terre, goûteux et fondant. Ou encore l'aubergine servie comme un caviar brut avec de l'huile d'olive. Quelques transats et parasols pour les clients.

CAFÉS

Akri
Carte p. 97 – Adamas, au-dessus du débarcadère, sur la g. ☎ 228.70.22.604. Ouv. le soir.
Le meilleur bar d'Adamas, avec une belle terrasse donnant sur la mer et une élégante galerie à l'étage.

Bar Utopia
Carte p. 97 – Plaka, à côté de la pâtisserie Palaios ☎ 228.70.23.678.

Petite terrasse au calme, accrochée au-dessus de la campagne de Milos et de la mer. Idéal pour apprécier le coucher du soleil un verre à la main.

SHOPPING

Gitevtra
Carte p. 97 – Mavrogiani Moshoula, Plaka ☎ 228.70.23.427, www.giteftra.com.
La Vénus de Milo en baigneuse, cinglée d'une guêpière ou couleur lila chocolat Milka : cette boutique se distingue par ses statuettes peintes avec audace par Moschoula, la propriétaire.

SPORTS ET LOISIRS

➤ Cours de cuisine

Travel me to Milos
Carte p. 97 – Pollonia ☎ 2287041008, www.travelmetomilos.com.
Cette agence de voyages, en plus de s'occuper des réservations pour les exursions en bateau sur la côte, propose des cours de cuisine *(de 2 à 6 personnes, 25 €/pers. pour 2 h 30)* pour s'initier aux recettes traditionnelles de l'île, avec cueillettes des légumes dans le potager.

➤ Excursions en bateau

Les réservations se font directement auprès des bateaux sur le quai d'Adamas, entre 20 h et minuit, pour les jours suivants. Comptez 25-30 €/pers. le tour complet de l'île sur un gros bateau et le double pour l'excursion sur un voilier ou un catamaran jusqu'à la pointe sud-ouest.

Caïque Thalassitra
Carte p. 97 – ☎ 69.44.63.62.64 (port.), www.thalassitra.com.
Pour le plaisir de naviguer sur la réplique d'un bateau traditionnel en bois : un deux-mâts de 20 m qui transportait hommes et marchandises dans les Cyclades au début du xxe s. 5 cabines. Possibilité d'organiser une croisière de plusieurs jours avec le capitaine.

♥ **Catamaran Chrysovalandou**
Carte p. 97 – ☎ 228.70.23.809 ou 69.44.58.75.74 (port.), www.sailcatgreece.com.
Nikos Xénakis se distingue par son sérieux et sa sympathie.

➤ Kayak de mer

Sea Kayak Milos
Carte p. 97 – Rens. au kafénio Perros à Triovassalos et à l'agence Athena Travel à Adamas (www.athenatravel.gr) ☎ 228.70.23.597 et 69.46.47.71.70 (port.), www.seakayakgreece.com.
Rod, un ancien géologue australien amoureux de l'île, dévoile des merveilles géologiques au rythme de sa pagaie. Aucune expérience requise. Programme en fonction du vent : entre 11 et 17 km par jour avec visites et baignade ; 70 € la sortie (10 h-17 h 30), matériel et pique-nique compris.

Alternative Milos
Carte p. 97 – ☎ 69.44.20.21.31 (port.), www.milosalternative.com.
Du kayak facile pour explorer la superbe côte autour de Sarkiniko. Michalis emmène aussi marcher.

➤ Plongée sous-marine

Milos Diving Center
Carte p. 97 – Pollonia ☎ 228.70.41.296 et 69.76.11.48.46 (port.), www.milos diving.gr.
Centre de plongée agréé par la CMAS et le PADI, cours pour personnes handicapées. Possibilité d'hébergement. Son directeur, Yannis Havakis, a une personnalité peu commune *(encadré p. 101)*.

➤ MYKONOS

Visite 11, p. 106 – Carte p. 107

Carnet pratique p. 275

OÙ DORMIR ?

À Mykonos, l'hébergement est très cher et varie du simple au triple entre la basse et la haute saison. En juil. et août, les hôtels sont pris d'assaut (compter un minimum de 100 € pour une chambre double). Sans réservation, on peut s'en remettre aux loueurs qui attendent à la sortie du ferry (négociez bien le prix et la prestation) ou se rendre sur l'ancien port de Chora, dans les locaux de l'Association des chambres à louer (☎ 228.90.24.860) et de l'association hôtelière de Mykonos (☎ 228.90.24.540 ; www.mykonos-accommodation.com ; un bureau se situe aussi à l'aéroport).

➤ Chora

De 100 à 120 €

Lefteris
Carte p. 107 – 9, rue Apollonos. Depuis la place des taxis, prenez la rue Dimitrios-Mavrogeni puis la première à g. ☎ 228.90.23.128, www.lefterishotel.gr. Carte de paiement acceptée. Wi-Fi gratuit.
Calme et convivial, ce petit hôtel est une bonne solution pour loger au cœur de la ville. Ch. petites, mais propres. Une cuisine à disposition. Terrasse sur le toit avec vue.

Philippi
Carte p. 107 – 25, rue Kalogeras. Au cœur de la vieille ville, prenez la rue Matogianni et tournez à dr. au niveau de l'Alpha Bank ☎ 228.90.22.294, www.philippihotel.com. Carte de paiement acceptée. Pas de petit déj.
Hôtel familial et simple. Ch. bien équipées. Petite terrasse surplombant un jardin fleuri.

De 120 à 180 €

♥ **Carbonaki**
Carte p. 107 – 23, rue Panachrantou. À g. au bout de la rue Matogianni ☎ 228.90.24.124, www.carbonaki.gr. Carte de paiement acceptée.
Au cœur de la ville, cette pension au calme appartient à une vieille famille de l'île. De gros efforts ont été faits pour l'aménagement : ch. agréables, cour avec Jacuzzi, récupération des eaux de pluie. Demandez une ch. en hauteur, plus lumineuse.

The Matogianni
Carte p. 107 – Rue Matogianni ☎ 228.90.22.217 et 69.48.53.17.72 (port.), www.matogianni.gr. Carte de paiement acceptée. Ouv. mars-oct.
La rue se prend sur le front de mer, après la place des taxis. Design moderne et chaleureux. Ch. donnant sur une ruelle calme ou un jardin.

Plus de 250 €

Theoxenia
Carte p. 107 – Kato Mili, derrière les moulins ☎ 228.90.22.230, www.mykonostheoxenia.com. Carte de paiement acceptée.
Au cœur de la ville, le domaine (1,2 ha) surplombe la mer. Cet hôtel de 1960 a retrouvé sa superbe depuis sa rénovation par le plus connu des architectes d'intérieur grecs, Angelos Angelopoulos : couleurs acidulées et mobilier design inspiré des *sixties*.

➤ Le reste de l'île

De 100 à 130 €

♥ **Agia Anna Beach**
Carte p. 107 – Plage d'Agia Anna Paranga, à 5 km S de Mykonos par la route de l'aéroport ☎ 228.90.25.762 et 69.44.26.83.72 (port.), www.agia-anna-studios.gr. Wi-Fi gratuit.
Les maisonnettes se partagent une grande cour, chacune ayant sa petite terrasse. Ch. spacieuses et bien aménagées (8 ch. ont une cuisine). La plage et l'excellente taverne Nikolas *(p. 200)* sont à deux pas. Ambiance familiale.

Plus de 250 €

♥ **Mykonos Grace**
Carte p. 107 – Plage d'Agios Stéfanos, à 3 km N de Chora ☎ 228.90.20.000, www.mykonosgrace.com. Carte de paiement acceptée. Wi-Fi gratuit.
Cet hôtel haut de gamme domine la belle plage d'Agios Stéfanos. Design rafraîchissant. Literie particulièrement confortable. Agréables piscine et *lounge* pour se reposer. Petites attentions appréciées : eau, fruits et chocolats offerts chaque j., *check in* et *check out* souples… Personnel jeune et compétent.

Leonis
Carte p. 107 – Ornos ☎ 228.90.24.825, www.leonis.gr.
Ce ravissant complexe à flanc de colline surplombe les plages de Korfos et Ornos. Leonidas, le jeune propriétaire, a repris récemment le flambeau de ses parents avec enthousiasme, style et sens de l'accueil. Belle piscine, salle de jeux, bibliothèque, potager en permaculture pour le snack-bar, copieux petit déjeuner… : tout est fait pour que l'on s'y sente bien.

OÙ MANGER ?

Là aussi, les établissements sont chers et les bonnes adresses sont peu nombreuses.

➤ Chora

Moins de 10 €

Popolo
Carte p. 107 – 18, rue Drakopoulou. Petite rue perpendiculaire au port à prendre en face des étals du marché au poisson.
Excellente sandwicherie. Goûtez au « Mykoniate » (*louza* et *manouri*, jambon et fromage de l'île) ou à la tourte à l'oignon *(krémydopita)*.

De 15 à 20 €

Madoupas
Carte p. 107 – Front de mer, à côté de l'église ☎ 228.90.22.224. Ouv. toute l'année.
Parmi les grands cafés touristiques du front de mer, voici l'adresse fréquentée par les locaux. Au menu, plats grecs délicieux et bon marché. À goûter : la *Mykonian salad*.

Niko's
Carte p. 107 – Porta ☎ 228.90.24.320. Carte de paiement acceptée.
Ouvert depuis plus de trente ans, Niko's est une institution… très touristique. Service efficace, carte incroyablement variée de plats grecs et de poissons. Attraction toute proche : les pélicans.

♥ Maerio
Carte p. 107 – 16, rue Kalogéras. Remontez la rue Matogianni (Main Street), puis tournez à dr. au niveau de l'Alpha Bank ☎ 228.90.28.825. Carte de paiement acceptée. Ouv. toute l'année le soir seulement. Pas de rés.
Huit tables en été, six en hiver. Une adresse intime spécialisée dans les saveurs mykoniates : *louza* (charcuterie), saucisse de porc, *kopanisti* (fromage corsé), viandes sautées et raffinées…

De 20 à 25 €

Captain's
Carte p. 107 – Sur le front de mer (au niveau du quai où l'on embarque pour Délos) ☎ 228.90.23.283, www.captainsmykonos.gr.
Tout nouveau et fort sympathique, ce bar restaurant a été créé par des enfants de l'île sur le vieux port face à la mer. On y sert une grande variété de *mezzés*, que l'on partage autour d'un verre de vin ou d'ouzo.

Plus de 50 €

Bill & Coo Gourmet Restaurant
Carte p. 107 – Juste au-dessus de la plage de Mégali Ammos, située derrière les moulins ☎ 228.90.26.292, www.bill-coo-hotel.com.
Pour une expérience gastronomique à base de produits des Cyclades, offrez-vous une soirée au restaurant de l'hôtel Bill & Coo. Le jeune Athinagoras Kostakos a été élu meilleur chef de Grèce en 2010. Une cuisine fraîche, créative et malicieuse où les tomates de Santorin sont pochées au miel de Syros, où la peau du loup de mer est piquée d'olives noires et où le thym se cache dans une mousse évanescente en bouche… Que du bonheur !

➤ Le reste de l'île

De 15 à 20 €

♥ Fokos
Carte p. 107 – Plage de Fokos, à 11 km de Chora et à 4 km d'Ano Mera. En arrivant à Ano Mera, tournez à g. au monument ☎ 69.45.82.85.61 (port.), www.fokosmykonos.com. Ouv. juin-sept. 13 h-19 h.
Une taverne zen à 100 m d'une plage tranquille. Sous des tentures en toile, on savoure grillades et salades élaborées. Tenue par un Grec et une Canadienne.

♥ Nikolas
Carte p. 107 – Plage d'Agia Anna Paranga, péninsule de Paranga ☎ 228.90.25.264 et 69.45.68.04.89 (port.), www.nikolas-taverna.com. Ouv. t.l.j. 10 h-22 h. Carte de paiement acceptée.
Depuis 1964, cette taverne est toujours aussi calme et familiale. Cuisine d'excellente qualité. Transats et parasols sur la plage pour les clients. Beau coucher de soleil. Très bons poissons.

Taverna tou Limniou
Carte p. 107 – Agios Stéfanos, à la patte d'oie située après le nouveau port, tournez à dr. en direction d'Oikismos Agios Stéfanos (à 4 km de Chora) ☎ 228.90.27.814 et 69.32.39.40.43 (port.), www.tavernalimnios.com. Carte de paiement acceptée. Ouv. toute l'année le soir et le dim.
L'agneau de Mykonos est fort savoureux, en côtelettes grillées ou cuisiné au citron. Délicieux champignons au vin et au parmesan. Adresse authentique et rustique.

De 20 à 30 €

♥ Markos
Carte p. 107 *– Divounia Kalafatis. Depuis Ano Mera, suivez la route de la plage de Kalafatis. Panneau pour Divounia, juste avant d'arriver à la plage – appelée aussi cap Tarsanas ☎ 228.90.71.497 et 69.45.15.82.09 (port.). Carte de paiement acceptée.*
Dans le minuscule port de Divounia, la famille possède plusieurs caïques qui dansent sous la taverne. Poisson frais et prix raisonnables. Spécialité : la *kakavia*, une sorte de bouillabaisse.

VIE NOCTURNE

La nuit, Mykonos se transforme en boîte de nuit à ciel ouvert. Difficile de recommander un club ou un bar : les lieux à la mode changent constamment. Les guides gratuits édités chaque année permettent de se faire une idée, ainsi que des sites Internet comme www.mykonosexclusive.com/en/entertainment ou www.mykonosgold.com (onglet « nightlife »).

Boire un cocktail sur la petite Venise (sur le front de mer de Chora) reste un must au coucher du soleil : au **Scarpa** ou au minuscule **Galleraki**, l'ambiance est jeune et se fait de plus en plus chaude à mesure que la nuit avance.

La rue Matogianni (Chora), assez élégante et branchée, est également animée notamment au niveau du **White Bar** et, un peu plus loin, à l'**Astra Bar**, où sont invités des DJ du monde entier.

Au **Bolero**, rue Malamatenias (Chora), l'atmosphère est plus jazz ou latino…

Mais pour une nuit de folie, direction la plage de **Paradise** où les *dancefloors* s'enflamment sous les étoiles. Le **Cavo Paradiso** *(www.cavoparadiso.gr)* et le **Paradise Club** *(www.paradiseclub-mykonos.com)* accueillent chaque été des célébrités comme David Guetta. Ambiance très chaude jusqu'au lever du soleil.

SPORTS ET LOISIRS

La majorité des plages propose ski nautique, jet-ski, parachute…

➤ Cinéma en plein air

Cine Manto
Chora ☎ 228.90.26.165, www.cinemanto.gr). De juin à oct.
Une toile sous les étoiles dans un jardin au cœur de la vieille ville : le bonheur ! Bar-restaurant *(ouv. 10 h-1 h).*

➤ Plongée sous-marine

Dive Adventures
Carte p. 107 *– Paradise ☎ 228.90.24.808, www.diveadventures.gr. Ouv. avr.-oct.*

Mykonos Diving Center
Carte p. 107 *– Kalafati ☎ 228.90.71.677, www.mykonos-diving.com. Ouv. mai-oct.*

➤ Équitation

Horseland
Carte p. 107 *– Fanis Rouvas, ☎ 69.45.77.89.62 (port.), http://mykonoshorse.com.*
Propose de découvrir la côte nord sauvage à cheval.

➤ Windsurf

Pezi Huber
Carte p. 107 *– Kalafati ☎ 228.90.72.345, www.pezi-huber.com. Ouv. mai-oct.*

SHOPPING

Parthenis
Carte p. 107 *– Chora, pl. Alefkandra, www.orsalia-parthenis.gr.*
Une maison de couture grecque aux lignes sobres et stylées.

Scala Shop Gallery
Carte p. 107 *– 48, rue Montogianni, ☎ 228.90.26.992, www.scalagallery.gr.*
Expose des artistes grecs talentueux. Idées cadeaux comme des bijoux en tissus et fils colorés d'Anna Theocharaki ou un joli livre sur le pélican rose de l'île.

➤ NAXOS

Visite 12, p. 112 – Carte p. 113

Carnet pratique p. 276

OÙ DORMIR ?

Les petites adresses de charme ne manquent pas à Naxos.

L'association des hôteliers de Naxos regroupe les 110 hôtels de l'île. Leur site est très bien fait : www.naxos-accommodation.com.

➤ Chora

Résider dans la vieille ville a beaucoup de charme, mais il vous faudra transporter votre valise à travers les ruelles en pente.

De 40 à 60 €

♥ Kastell
Carte p. 113 *– Situé derrière le Kastro, à côté de l'église Agia Kyriaki ☎ 228.50.23.082, www.kastell.gr. Ouv. mars-oct. Wi-Fi gratuit.*
De l'extérieur, le petit immeuble ne paie pas de mine. À l'intérieur, il y règne une chaleureuse atmosphère familiale. Joliment décorées, les ch. ont un style cycladique et champêtre. Terrasse sur le toit avec vue sur la ville et la mer.

De 60 à 90 €

Anixis
Carte p. 113 *– Rue Amfitritis, vieille ville, au-dessus de l'église métropole (3 min à pied du port ; panneau) ☎ 228.50.22.932 ou 228.50.22.782 en hiver, www.hotel-anixis.gr. Carte de paiement acceptée. Ouv. mars-nov. Wi-Fi gratuit.*
Un petit hôtel bon marché, d'un standing équivalent à un deux-étoiles. Ch. simples et bien tenues.

De 60 à 120 €

Grotta
Carte p. 113 *– Quartier de Grotta ☎ 228.50.22.101, www.hotelgrotta.gr. Carte de paiement acceptée. Ouv. toute l'année. Wi-Fi gratuit.*
Peint en jaune, l'hôtel est visible de loin. Surplombant la mer, il est une valeur sûre de l'île, du niveau d'un trois-étoiles. Vue superbe sur le temple d'Apollon Portaria (les ch. avec vue sont plus chères). Petite piscine intérieure, grand Jacuzzi et sauna.

♥ Venetiko
Carte p. 113 *– Vieille ville, près du Kastro ☎ 228.50.62.100 et 69.77.99.80.34 (port.), www.venetiko.com. Carte de paiement acceptée. Ouv. toute l'année. Wi-Fi gratuit.*
Perdue dans le lacis des ruelles, cette maison ancienne possède une jolie cour fleurie embaumant le jasmin. Ch. charmantes et bien équipées. Accueil attentionné de Vanguelis. Même propriétaire que Naxos Filoxenia *(ci-dessous)*.

Naxosbeach
Carte p. 113 *– 1, plage d'Agios Georgos, à 10 min à pied du centre en passant par la plage (très agréable) ☎ 228.50.22.935, www.flisvos-sportclub.com. Carte de paiement acceptée. Wi-Fi gratuit.*
Ce complexe bleu et blanc s'étire derrière la plage, au niveau du Flisvos Sport Club *(p. 205)* dont il dépend. Jardin fleuri et piscine. Le prix des chambres dépend de la proximité de la mer. Idéal pour les sportifs.

➤ Le nord de Naxos

De 60 à 120 €

♥ Naxos Filoxenia
Carte p. 113 *– Galini, à 5 km N de Chora (à 10 min de Chora et 1,5 km de la mer) ☎ 228.50.62.100 et 69.77.99.80.34 (port.), www.naxos-filoxenia.com. Carte de paiement acceptée. Wi-Fi gratuit.*
L'hospitalier propriétaire du Venetiko *(ci-contre)* possède aussi ce joli ensemble d'appartements. Ch. ravissantes et confortables, cuisine équipée. Idéal pour découvrir le visage authentique et rural de l'île.

De 100 à 150 €

♥ Corona Borealis
Carte p. 113 *– Galini, sur la route d'Engarès. 4 km après Chora, prenez la piste à g. (panneau) ☎ 228.50.25.448 et 69.73.30.00.27 (port.), www.corona borealis.gr. Carte de paiement acceptée. Ouv. juin-sept. Wi-Fi gratuit.*
Cette luxueuse petite résidence surplombe la mer dans un lieu sauvage et isolé. Marbre au sol, décoration de style colonial, s.d.b. spacieuse et cuisine très bien équipée. Vue superbe sur Paros. La piscine se love au creux des rochers. Potager à disposition.

➤ La côte est

Ces adresses hors des sentiers battus sont idéales si vous recherchez la tranquillité. Apiranthos est un vrai village (de montagne) animé, tandis que le minuscule port de Moutsouna et la plage de Psili Ammos sont isolés sur une côte sauvage superbe.

De 40 à 60 €

♥ Marathitis

Carte p. 113 – Kanakis, plage de Psili Ammos, à 8 km S de Moutsouna et à 47 km S-E de Chora ☎ 228.50.68.038, www.marathitis.fr. Ouv. mai-sept.

Petite adresse agrotouristique. Dans le jardin, on cueille soi-même ses tomates et ses aubergines. Studios confortables. Vue superbe sur l'île de Donoussa et la plage de Psili Ammos *(5 min à pied)*. Balançoires pour les enfants. Taverne.

De 50 à 70 €

Nikolas Anastassiou

Carte p. 113 – Apiranthos, à 32 km E de Chora ☎ 228.50.61.312.

Situés sous les moulins et un peu à l'écart du village, ces studios donnent sur la campagne. Ils se partagent une grande cour. Équipement simple et parfois vieillot. Rens. au premier café à l'entrée piétonne du village (panneau « Bread cheese »).

Plus de 150 €

♥ Ostria

Carte p. 113 – À 500 m S de Moutsouna ☎ 228.50.68.235 et 69.86.70.50.79 (port.), www.ostria.com. Carte de paiement acceptée. Ouv. mai-sept.

Une jolie plage de sable fin, une bonne taverne et derrière un élégant ensemble de cubes bleu et blanc dans un jardin florissant. Ch. confortables et bien équipées. Belle vue sur la mer. Piscine.

➤ Les plages du sud-ouest

Voiture conseillée pour ces adresses éloignées de la ville.

De 40 à 60 €

Kyma

Carte p. 113 – Plage de Kastraki, à 20 km S de Chora ☎ 228.50.75.336 ou 228.50.75.457. Ouv. mai-oct.

Isolée sur la plus longue plage de l'île, Maria gère une taverne (Lastraki Paradise), un minimarché et un petit ensemble de studios blanc et bleu, simples, spacieux et bien tenus, à 50 m de la mer.

De 60 à 80 €

Vrahia

Carte p. 113 – Plage d'Agiassos, à 24 km S de Chora ☎ 228.50.75.533 et 69.32.25.59.85 (port.), www.vrahiastudios.gr.

Petit complexe de style cycladique au calme et près de la mer. Studios et appartements simples et fonctionnels avec terrasse. Anna parle français et cuisine délicieusement bien.

De 80 à 105 €

Orkos Beach Hotel

Carte p. 113 – Mikri Vigla, à 17 km S de Chora ☎ 228.50.75.194, www.orkosbeach.eu. Carte de paiement acceptée. Ouv. mai-sept.

Cette agréable résidence est prisée par les kitesurfers. Ch. spacieuses et modernes. Piscine. Petit déjeuner. Géré par le Flisvos Kite Center.

OÙ MANGER ?

En s'éloignant des sites touristiques, on trouve des petites tavernes rustiques et bon marché servant une cuisine du terroir (viandes, fromages et légumes).

➤ Chora

De 15 à 20 €

Irini

Carte p. 113 – Sur le port, face au débarcadère ☎ 228.50.26.780. Ouv. toute l'année (le soir seulement en hiver).

Bonne taverne sur le port. Si la cuisine est simple, les produits sont d'excellente qualité.

➤ Le nord de Naxos

De 12 à 15 €

♥ Efthymios

Carte p. 113 – Plage d'Abram, à 20 km N de Chora ☎ 228.50.63.244 ou 228.50.25.093 (en hiver) et 69.51.66.08.05 (port.), www.abram.gr. Carte de paiement acceptée.

Face à la plage, cette pension-taverne est une institution. Les deux frères Alibertis adorent sortir leur *bouzouki* pour faire la fête. Raki et vin accompagnent la délicieuse cuisine grecque. Location de studios d'un confort spartiate et de villas charmantes surplombant la mer.

Platia

Carte p. 113 – Galini, au cœur du village, à 5 km N de Chora ☎ 228.50.62.617. Ouv. toute l'année.

Chevreau à la tomate, tourtes, courgettes farcies… Cet établissement vous propose toute la cuisine traditionnelle grecque réalisée par un fin cordon-bleu. Une excellente taverne.

➤ Le sud de Naxos

De 15 à 20 €

Axiotissa
Carte p. 113 – Kastraki, à 18 km S de Chora (1 km avant la plage de Kastraki) ☎ 228.50.75.107. Rés. conseillée en août.
Ce restaurant très réputé propose une cuisine grecque élaborée aux accents proche-orientaux : taboulé, poulpe au vin, lapin aux herbes, escargots à la tomate… Portions généreuses.

Paradiso
Carte p. 113 – Agia Anna, à 5,5 km S de Chora, au lieu-dit Maragas ☎ 228.50.42.026 ou 228.50.22.146, www.naxos-paradiso.gr.
On reconnaît la taverne à la douzaine de tables posées sur le sable à l'ombre d'un tamaris. Faites un tour en cuisine : dans une vitrine, des plats traditionnels appétissants; dans l'autre, des viandes fraîches présentées comme sur l'étal d'un boucher (côtelettes, saucisses, brochettes…). Propose aussi des ch. à louer.

➤ Les villages du centre

De 12 à 15 €

♥ I Platsa
Carte p. 113 – Koronos ☎ 228.50.51.243. Ouv. toute l'année.
Descendez les marches du village pour tomber au creux du vallon qui forme une charmante place. Un petit coin de paradis dans un lieu authentique et préservé. La viande, les fromages, les légumes, les œufs : tout est produit par la souriante Matina et sa famille. Moussaka sublime, veau fondant à la tomate, salades fraîchement cueillies, aubergines au four…

To Platanaki
Carte p. 113 – Filoti, dans la rue piétonne qui longe et surplombe la route principale (panneau) ☎ 228.50.32.414. Ouv. mai-oct.
Une boucherie-taverne tenue par une famille d'éleveurs. Immense choix de viandes découpées sur un grand billot en bois. Prix modiques. Terrasse agréable. Service assuré par quelques-uns des huit enfants.

Pigi
Ano Potamia ☎ 228.50.32.292. Ouv. mai-oct.
Voici une adresse prisée des locaux. Une grande terrasse ombragée par des orangers et des néfliers. Une source qui coule à flots hiver comme été. Et de la délicieuse cuisine typique de l'île. Goûtez à la chèvre au citron cuite au four.

CAFÉ ET PÂTISSERIE

♥ Aktaion
Carte p. 113 – Port de Chora ☎ 228.50.25.112 ou 228.50.26.111, www.aktaio.com.
Parmi les tavernes et les cafés qui s'alignent sur le port se trouve la meilleure pâtisserie-chocolaterie de l'île : glaces, sorbets, soufflés au chocolat, gâteaux traditionnels grecs comme les *baklavas*, les *kadaïfis*, les *amygdalota* (pâte d'amande) ou le *pastelli* (nougat au sésame). Excellents cafés frappés.

SHOPPING

L'artisanat est encore vivant à Naxos entre les tissages traditionnels des villages de Moni et d'Apiranthos et les poteries du village de Damalas. L'île regroupe aussi des céramistes.

Fish & Olive
Carte p. 113 – Chalki ☎ 228.50.32.829, www.fish-olive-creations.com.
Ne ratez pas la boutique et allez faire un tour dans sa galerie, qui expose les plus belles pièces *(☎ 228.50.31.771)*.

Takis' Shop
Carte p. 113 – Chora, boutique à l'entrée du Old Market ☎ 228.50.23.045. Carte de paiement acceptée.
L'œil de Naxos (opercule d'un coquillage formant une spirale) est monté sur des broches, colliers et bagues comme une pierre précieuse. Créations de grands bijoutiers grecs.

Magasin de Kyriakos Tziblakis
Carte p. 113 – Rue Papavassiliou, Chora ☎ 228.50.22.230.
On dirait un bazar oriental. Les épices, aromates et légumes secs débordent de toute part. On trouve aussi des produits

de l'île (fromages, huile d'olive…) et de la vannerie (paniers en osier et roseau).

SPORTS ET LOISIRS

➤ Équitation

Naxos Horse Riding
Carte p. 113 – Chora, sur la route de Potamia (à 2,5 km du centre-ville, route sur la dr.) ☎ 69.48.80.91.42 (port.), www.naxoshorseriding.com.
Club tenu par Linda, une Anglaise. Balade de 2-3 h dans le sud-ouest de l'île, notamment sur la plage. Tout niveau. Poneys pour les enfants.

➤ Randonnée

La plus grande île des Cyclades est parcourue par de superbes sentiers. Les marcheurs pourront rester facilement 10 j. sur l'île avant d'épuiser toutes les possibilités de randonnées. Le guide anglais *Walking the Greek Islands, Naxos and The Small Cyclades* (Graf Editions) en recense 26 et le site www.cycladen.be/NaxosFra.htm plus d'une quarantaine. La carte d'Anavasi est indispensable. Attention, il peut faire frais sur les hauteurs.

➤ Windsurf et kitesurf

Flisvos Sport Club
Carte p. 113 – Chora, au centre de la plage d'Agios Georgos, www.flisvos-sportclub.com.
Naxos est un paradis pour les amateurs de glisse, grâce au vent quasi constant. Jan, un Allemand, a monté ce club de windsurf sur la plage d'Agios Georgos. Cours de windsurf et de catamaran, excursions en VTT. Une antenne s'est ouverte à Mikri Vigla pour le kitesurf. Le club se distingue par la qualité de son matériel, que l'on peut aussi louer à la journée. Il dispose aussi d'un bar, d'un restaurant et d'une boutique de matériels sur la plage. Tout pour des vacances sportives !

➤ PAROS ET ANTIPAROS

Visite 13, p. 121 – Carte p. 122

Carnet pratique p. 277

OÙ DORMIR ?

➤ Parikia

Environ 25 €

Camping Krios
Carte p. 122 – Plage de Krios, à 2 km de Parikia, direction le cap d'Agios Fokas ☎ 228.40.21.705, www.krios-camping.gr. Ouv. juin-sept. Wi-Fi gratuit.
Camping familial le long de la belle plage de Krios. Location de tente et bungalow. Self-service, minimarché et *beach bar*. Service gratuit de minibus pour Parikia ou possibilité de prendre un caïque (payant).

De 70 à 110 €

♥ **Argonauta**
Carte p. 122 – Dans une petite rue perpendiculaire à la place centrale et au port ☎ 228.40.21.440, www.argonauta.gr. Carte de paiement acceptée. Wi-Fi gratuit.
Le design léger ainsi que les tons blancs et pastel donnent une atmosphère apaisante et chaleureuse à ce petit hôtel de charme. Ch. bien équipées. Superbe et spacieux *lobby*. Cour intérieure. Accueil souriant.

➤ Naoussa

De 15 à 50 €

Surfing Beach
Carte p. 122 – Santa Maria, à 3 km de Naoussa ☎ 228.40.52.491 ou 228.40.52.493, www.surfbeach.gr. Wi-Fi gratuit.
Immense camping situé le long de la plage, très bien équipé, notamment en sports nautiques (clubs de windsurf et de plongée sous-marine, ski nautique…). Service de bus gratuit pour Naoussa.

De 40 à 60 €

Glaros
Carte p. 122 – Depuis le pont, remontez la route le long de la rivière sur 100 m puis prenez la ruelle à dr. après la boulangerie ; la maison est à 50 m sur la dr. ☎ 228.40.51.186.
Au cœur de Naoussa, dans une petite ruelle calme, Vasiliki accueille chaleureusement les hôtes dans sa grande maison. Ch. au r.d.c., simples et très

propres. Frigo et cafetière pour se préparer un petit déjeuner. Cour plantée de citronniers.

De 60 à 95 €

♥ Secret Garden
Carte p. 122 – À 200 m de la place du village, en haut de la rue en escalier. La propriétaire vient vous chercher si besoin ☎ 228.40.51.749 et 69.76.76.43.68 (port.), http://secretgardenparos.com.
Il n'y a ni air cond. ni TV, mais ces petites maisons sur deux niveaux ont beaucoup de charme : murs arrondis, lits bâtis, ventilateurs au plafond, balcon et terrasse donnant sur une grande cour fleurie. Idéal en famille.

Environ 120 €

Kalimera
Carte p. 122 – Santa Maria, à 2 km de Naoussa ☎ 228.40.52.884 et 210.99.23.063 (en hiver), www.kalimeraparos.com. Wi-Fi gratuit.
Petit ensemble de cubes blancs à 100 m de la mer. Ch. spacieuses (25 m²), décorées avec goût dans le pur style cycladique. Pour le même prix, celles du haut jouissent d'une grande terrasse avec vue sur mer. Coup de cœur pour les ch. « Aegean » et « Sounio ». Jardin fleuri et piscine (à l'eau de mer). Calme et venté.

Environ 155 €

Petres
Carte p. 122 – Agios Andréas, à 1,5 km du centre de Naoussa (tournez à g. avant le virage pour Kolymbithrès) ☎ 228.40.52.467, www.petres.gr. Carte de paiement acceptée. Wi-Fi et transfert gratuits.
Dominant la baie de Naoussa, ce bel hôtel récemment rénové adopte un style cycladique à la fois bourgeois et rustique avec de nombreux objets agricoles en déco. Belle piscine, terrain de tennis, sauna et Jacuzzi. Accueil francophone.

➤ Le centre de Paros

Plus de 120 €

Lefkès Village
Carte p. 122 – Lefkès, à 10 km de Parikia et Naoussa ☎ 228.40.41.827 ou 210.72.93.351 (en hiver), www.lefkesvillage.com. Carte de paiement acceptée. Ouv. mai-sept.
Avec sa grande bibliothèque et son passionnant Musée cycladique, cet hôtel raffiné ravira les amateurs de loisirs culturels. Belle piscine. Environnement verdoyant à l'entrée de l'ancienne capitale de l'île. Le propriétaire, Giorgios Pittas, est l'auteur de superbes ouvrages sur les Cyclades.

➤ Le sud de Paros

Environ 50 €

Avra
Carte p. 122 – Dryos ☎ 228.40.41.016 et 69.45.17.98.62 (port.).
Posée sur la plage, la maison (sans charme) jouit d'une situation en or : les fenêtres s'ouvrent directement sur la mer. Ch. vieillottes mais propres et équipées d'un frigo. Une solution économique : les ch. sans air cond., encore moins chères.

De 75 à 90 €

San Antonio
Carte p. 122 – Pisso Livadi, à 20 km de Parikia ☎ 228.40.41.511, www.sanantonio.gr. Carte de paiement acceptée. Ouv. mai-sept. Wi-Fi gratuit.
Ce petit hôtel se trouve à 2 min à pied d'une crique aux eaux cristallines dans une station balnéaire tranquille. Très propre. Piscine.

Tzané
Carte p. 122 – Golden Beach ☎ 228.40.41.503 ou 228.40.52.424 (en hiver), www.tzane.com. Membre du réseau « Guest inn » (☎ 210.96.07.100, www.guestinn.com).
Une jolie propriété au milieu des champs, à 5 min à pied de la plage. Appartements fonctionnels et confortables avec terrasse. On aime particulièrement l'extérieur : grande piscine, canapés, hamac entre les palmiers, four à bois et grill bâti pour les grillades. Accueil chaleureux et attentionné de Zambia.

De 110 à 140 €

♥ Maria's Village
Carte p. 122 – Aliki ☎ 228.40.91.558 et 69.74.34.18.07 (port.), www.mariasvillage.gr. Membre du réseau « Guest inn » (☎ 210.96.07.100, www.guestinn.com). Wi-Fi gratuit.

Bleu, blanc et… rose des bougainvillées. Tout au sud de l'île, ce petit complexe propose des gîtes charmants, confortables et bien équipés à 50 m de la jolie plage d'Aliki. Accueil chaleureux de la famille Skandali qui offre fruits, légumes, œufs et produits laitiers de leur ferme.

➤ Antiparos

De 60 à 90 €

Mantalena
Carte p. 122 – Kastro ☎ 228.40.61.206 ou 228.40.61.365 et 69.74.79.94.31 (port.), www.hotelmantalena.gr. Carte de paiement acceptée. Wi-Fi gratuit.
Situé sur le port, face aux caïques, cet hôtel familial existe depuis 1965. Ch. agréables et bien équipées.

Environ 120 €

♥ **Oliaros Studios**
Carte p. 122 – Agios Georgios, à 11 km du village ☎228.40.25.305 ou 211.40.92.461 et 69.73.40.32.31 (port.), www.oliaros.gr. Carte de paiement acceptée. Ouv. mai-sept. Wi-Fi gratuit.
Un vrai coup de cœur pour cette petite adresse de charme qui fait face à la mer, à l'îlot de Despotiko et au coucher du soleil. Ch. spacieuses au style cycladique raffiné. Sens de l'hospitalité. À l'écart du projet immobilier qui défigure Agios Georgios.

OÙ MANGER ?

➤ Parikia

De 10 à 15 €

♥ **To Spitiko**
Carte p. 122 – Anciennement Le Bistrot, au milieu du front de mer ☎ 228.40.24.956. Ouv. mars-déc.
Il est Athénien, elle vient des Yvelines. Ils ont eu un coup de foudre à Paros. Et un autre pour l'île. Ménios élabore une cuisine grecque raffinée, avec une pointe d'originalité comme ces graines de cardamome glissées dans les aubergines au four. Son dada : les produits du terroir et les légumes bio de l'île. Patricia assure un service souriant et impeccable. Elle est aussi une mine d'infos sur l'île. Prix serrés et beau coucher de soleil.

➤ Naoussa et ses environs

De 10 à 14 €

I Palia Agora
Carte p. 122 – Naoussa, dans la vieille ville, à côté de la boutique Tango ☎ 228.40.51.847. Ouv. toute l'année.
Un vrai petit *kafénio-ouzeri* où l'on sert de délicieux *mezzés,* des salades, des calamars frits ou des sardines marinées pour accompagner un verre d'ouzo ou de vin.

De 15 à 20 €

♥ **Katsounas**
Carte p. 122 – Santa Maria, à 5 km de Naoussa, après la plage de Santa Maria ☎ 228.40.51.246. Carte de paiement acceptée. Ouv. juin-sept. Réserver en août.
Treize tables dans une cour fleurie à l'entrée de laquelle se dresse la petite chapelle dédiée à Agios Giorgios. La cuisinière, Maria, est étonnée que ses pâtes à la langouste ou son coq farci aux fruits secs soient réputés dans toute la Grèce. Son fils tient la taverne To Dychti, qui se trouve un peu avant.

De 25 à 35 €

♥ **Le Sud**
Carte p. 122 – Naoussa, derrière le vieux port, dans une petite rue où se trouve l'Hôtel Minoa ☎ 228.40.51.547 et 69.73.81.45.98 (port.),www.restaurantlesud.com. Carte de paiement acceptée. Ouv. mai-sept. le soir.
Voilà presque 25 ans que Jean-Jacques et Jean-Luc ont ouvert le meilleur restaurant de Naoussa. Carré d'agneau de l'île rosé à point, magret de canard au miel ou bar au gingembre : tout est raffiné et élégamment présenté. Jolie cour intérieure. Une adresse rare, simple et classe.

➤ Le centre et le sud de Paros

De 10 à 14 €

♥ **Charoula**
Carte p. 122 – Marpissa, sur une petite place au cœur du vieux village ☎ 228.40.41.440. Ouv. toute l'année.
Une manière pour y arriver est de se garer devant les trois moulins et de s'enfoncer tout droit dans l'enfilade de ruelles. Viandes, fromages, légumes, huile et vin sont des produits maison

que la souriante Charoula cuisine divinement bien. Ses plats sont délicieux : coq à la sauce tomate, chevreau au citron, salade grecque… En dessert, elle offre des beignets ou des fruits confits.

To lefkiano Tavernaki
Carte p. 122 – Lefkès, sur la place au cœur du village ☎ *228.40.28.432.*
Une taverne typique proposant un grand nombre de plats, comme les escargots frits à l'ail. Agréable terrasse.

➤ Antiparos

De 10 à 14 €

♥ **Yorgis**
Carte p. 122 – Kastro, dans la rue principale. Ouv. le soir seulement.
Tout simplement la meilleure taverne de l'île. Belle atmosphère, excellent service et délicieuse cuisine grecque. Pour une addition toute légère.

VIE NOCTURNE

La vie nocturne de Parikia est très animée : les discothèques se concentrent dans la vieille ville, entre le premier et le deuxième moulin. À Naoussa, de nombreux bars plutôt chic et branchés s'égrènent également autour du port.

SHOPPING

Yria Ceramics & Interior Design
Carte p. 122 – Parikia ☎ *228.40.24.359 et 69.42.40.91.72 (port.), www.yriaparos.com. Carte de paiement acceptée. Ouv. toute l'année.*
Depuis 1977, ce couple de céramistes produit des objets utiles pour la maison et le jardin : assiettes, jarres, carreaux…, dont le magazine *Côté Sud* a vanté le design doux, épuré et méditerranéen. Boutique et atelier dans Parikia, au début de la rue du marché.

SPORTS ET LOISIRS

➤ Équitation

Thanasis Farm
Carte p. 122 – Ambéla, Naoussa ☎ *228.40.53.403 (grec seulement) et 69.98.41.38.13 (port. – grec ou anglais), www.parosriding.com. Ouv. toute l'année.*
Dans une ambiance familiale, Thanasis emmène découvrir les chemins et les plages sauvages de l'île. Que ce soit pour visiter la ferme ou apprendre à monter à cheval, les enfants sont les bienvenus.

Kokou
Carte p. 122 – Naoussa ☎ *228.40.51.818 et 69.44.1749.98 (port.), www.horseridingparos.com.*
Tenu par Yvan, un Canadien. Balade matinale sur la plage *(2h30, 55 €)*, balade dans l'après-midi le long de la côte *(1h30, 35 €)*.

➤ Centres de plongée

X-ta-sea
Carte p. 122 – Naoussa. Bureau sur la route périphérique de Naoussa et centre de plongée sur la plage de Santa Maria ☎ *228.40.51.584 et 69.77.68.90.67 (port.), www.parosdiving.com. Ouv. mai-oct.*
Situé sur un petit cap rocheux qui sépare en deux la plage de Santa Maria, le centre est idéalement placé. À proximité, on peut explorer des îlots, des grottes sous-marines et un bateau naufragé. Centre affilié à la CMAS et au PADI. En juil. et août, instructeur francophone. Location de pédalos et de kayaks de mer.

Eurodivers Club
Carte p. 122 – Pounda ☎ *228.40.92.071, www.eurodivers.gr.*
Un club moderne affilié au PADI, au sud de l'île. Excursion en bateau à la journée.

➤ Ski nautique et wakeboard

Natural High Wakeboard Center
Carte p. 122 – Monastiri Beach (après Kolymby-thrès) ☎ *69.44.74.56.12 (port., Yannis). Ouv. mai-oct.*
Un club fun, jeune et branché tenu par un frère et une sœur gréco-belges passionnés. Stages de wakeboard (ski nautique sur une sorte de planche de surf qui permet de faire des figures spectaculaires).

➤ Méditation

Tao's Center
Carte p. 122 – À 4 km de Naoussa sur la route d'Ambéla ☎ *228.40.28.882, www.taos-greece.com.*
Centre spirituel et zen proposant de nombreuses activités ouvertes à tous :

tai-chi, méditation, qi gong… Agréables bar et restaurant thaï. Belle situation au sommet d'une colline.

➤ LES PETITES CYCLADES

Visite 14, p. 128 – Carte p. 129

Carnet pratique p. 278

➤ Koufonissi

OÙ DORMIR ?

Les hôtels fournissent en général une navette aller-retour depuis le port s'ils sont un peu éloignés. Si votre hôtel est près du port, il faudra y aller à pied.

De 40 à 70 €

Ermis Rooms
Carte p. 129 *– À 150 m du débarcadère, juste à côté de l'hôtel Keros (boutique de souvenirs) ☎ 228.50.71.693 et 69.72.26.52.40 (port.). Ouv. toute l'année.*
Ch. confortables, équipées et joliment décorées. Certaines ont vue sur mer.

De 90 à 115 €

♥ **Gitonia tis Irinis**
Carte p. 129 *– À la sortie du village à l'E, sur la piste des plages de Fanos et Finikas ☎ 228.50.71.674, www.koufonisia-diakopes.gr.*
Artiste, Antonis a construit de ses mains ces maisonnettes cycladiques pleines de charme : canisses au plafond, niches arrondies dans les murs ; jolie terrasse et jardin fleuri à l'extérieur. La plupart possèdent un coin cuisine.

Keros Art Hotel
Carte p. 129 *– Prenez la rue en face du débarcadère puis à dr. ☎ 228.50.71.601/961, www.keroshotel.gr. Carte de paiement acceptée.*
Dans le village, ce petit hôtel de charme soigne ses clients : différentes tailles d'oreillers, s.d.b. équipée d'une grande douche avec hydromassage… Ch. petites mais mignonnes. Jardin verdoyant et piscine. Bon petit déjeuner.

Plus de 300 €

Windmill Villa
Carte p. 129 *– À 300 m O du village ☎ 228.50.74.294 et 69.44.57.26.07 (port.), www.windmill-villa.gr. 7 nuits minimum.*
Le plus beau moulin de l'île a été superbement restauré pour être loué en villa (idéal pour une famille). L'emplacement face à la mer est unique. Le prix est à la hauteur de la beauté du lieu.

➤ Schinoussa

OÙ DORMIR ?

De 70 à 100 €

Grispos Villas
Carte p. 129 *– Plage de Tsigouri, à 2,2 km du port et à 450 m du village de Panagia (première à dr. en entrant dans le village) ☎ 228.50.71.930, www.grisposvillas.com. Carte de paiement acceptée. Ouv. toute l'année. Wi-Fi gratuit.*
Le meilleur établissement de l'île surplombe la plage de Tsigouri. Ses deux bâtiments s'étagent à flanc de colline. Excellent niveau de confort dans le bâtiment du haut, plus récent.

OÙ MANGER ?

On peut manger au port, dans le village, mais aussi l'été sur les plages de Lioliou, Almyros et Tsigouri.

De 12 à 16 €

♥ **Sweet Bar Deli**
Carte p. 129 *– Panagia, au centre du village ☎ 228.50.74.278. Carte de paiement acceptée.*
Une adresse inattendue. Evdokia et Dimitri créent une cuisine inventive à base de produits locaux. L'anis étoilé parfume les calamars, la menthe rajeunit le soufflé de courgette… Ambiance jeune et décontractée. Agréable terrasse.

➤ Iraklia

OÙ DORMIR ?

Les adresses proposées sont tout près du port et se rejoignent à pied

De 40 à 70 €

Anna's Place
Carte p. 129 *– Agios Georgios, à 300 m au-dessus du port sur la g. ☎ 228.50.74.234 et 69.74.72.47.77 (port.).*

Petit complexe simple et convivial : cuisine commune, terrasse avec pergola, géraniums et lauriers-roses. Plus récents, les studios sont d'un confort supérieur (avec air cond., cuisine et salon).

De 60 à 80 €

♥ **Glafkos**
Carte p. 129 – Agios Georgios
☎ 228.50.71.892 et 69.72.75.07.52 (port.). Wi-Fi gratuit.
Autour d'une agréable cour intérieure s'articulent 4 jolis studios dans le pur style cycladique. La décoration sort tout droit des flots : filets de pêche, coquillages pour les lampes. Très confortable avec leur grand lit double.

TAVERNE

De 12 à 16 €

To Steki
Carte p. 129 – Panagia ☎ 228.50.71.579.
Taverne du boulanger de l'île. Viandes, fromages et pain cuit au feu de bois sont maison.

➤ SANTORIN

Visite 15, p. 132 – Carte p. 133

Carnet pratique p. 279

OÙ DORMIR ?

La vue sur la caldeira, le must de Santorin, se paie généralement au prix fort, notamment à Fira et Oia.

➤ Fira et ses environs

De 80 à 100 €

Costa Marina Villas
Carte p. 133 – Fira, petite rue derrière la place principale ☎ 228.60.28.923, www.costamarina.gr. Carte de paiement acceptée. Ouv. toute l'année. Wi-Fi gratuit.
À l'écart du tohu-bohu de la capitale, mais loin de la caldeira. Ch. confortables, certaines avec cuisine, balcon et baignoire. L'un des rares hôtels ouverts toute l'année. Bon rapport qualité-prix.

De 140 à 200 €

Hôtel Galini
Carte p. 133 – Firostefani, sur le sentier qui longe la caldeira, à 700 m de Fira ☎ 228.60.22.095, www.hotelgalini.gr. Carte de paiement acceptée. Wi-Fi gratuit.
Cet élégant petit hôtel surplombe la caldeira. Décoration rafraîchissante, où le blanc cycladique est rehaussé de bleu. Agréable terrasse de café installée sur le toit.

Plus de 250 €

Santorini Grace
Carte p. 133 – Imerovigli
☎ 228.60.21.300, www.santorini grace.com. Carte de paiement acceptée. Wi-Fi gratuit.
Frais, design et glamour. Cet hôtel haut perché jouit d'une vue magnifique sur la caldeira avec le rocher de Skaros au premier plan. Son plus : deux piscines, dont la plus longue de la caldeira. Excellent niveau de confort et d'équipement comme un choix de sept types d'oreillers dans les ch. Il est tenu par un sympathique et jeune couple de managers et fait partie des meilleurs hôtels de l'île. Café-terrasse sur le toit.

➤ Oia et ses environs

Moins de 40 €

Youth Hostel
Carte p. 133 – Oia, sur la grande route qui traverse Oia en direction d'Amoudi ☎ 228.60.71.465, www.santorinihostel.gr.
Dortoirs propres mais spartiates de 4 à 12 lits. Très convivial avec ses terrasses, ses grands patios et son bar faisant *happy hour* au moment du coucher de soleil.

De 90 à 135 €

Anemomilos
Carte p. 133 – Oia, à côté de la taverne du même nom ☎ 228.60.71.410 ou 228.60.71.517, www.anemomilos.gr. Carte de paiement acceptée. Wi-Fi gratuit.
Hôtel moderne de type cycladique avec piscine donnant sur les vignes et la mer. Prix raisonnables pour Santorin.

♥ **Heliophos**
Carte p. 133 – Finikia. En arrivant sur Oia, tournez à dr. (panneau Finikia) pour rejoindre le parking du village 300 m plus bas ; ensuite, 3 min à pied en prenant la ruelle de g. au croisement ☎ 228.60.71.886 et 69.73.39.65.82 (port.), www.heliophos.gr. Wi-Fi gratuit.

Voilà une maison d'hôtes pleine de charme dans un ravissant village troglodytique. Les appartements sont décorés avec goût par Sophia qui a voyagé à travers le monde. Elle reçoit en toute simplicité et dans un français parfait. Une adresse rare pour la Grèce.

Autour de 350 €

♥ **Perivolas**

Carte p. 133 – À g. en arrivant sur Oia (panneau) depuis Fira ☎ 228.60.71.308, www.perivolas.gr. Wi-Fi gratuit.

Le tout premier hôtel de charme de Santorin est devenu au fil des ans le rendez-vous des esthètes. Suspendue au-dessus de la caldeira, chaque ch. troglodytique forme un cocon épuré où le minimalisme cycladique est poussé à son paroxysme. Superbe piscine à débordement. Un lieu de rêve pour une lune de miel ou un voyage en amoureux.

➤ Pyrgos

De 80 à 95 €

Donna's House

Carte p. 133 – Vers le bas du vieux village (derrière la boulangerie) ☎ 228.60.31.873 et 69.76.18.89.41 (port.), www.donnashouse.gr. Carte de paiement acceptée. Wi-Fi gratuit.

Calme assuré dans cette vaste maison néoclassique récemment restaurée. Petit déjeuner dans la grande cour intérieure fleurie.

➤ Perissa et ses environs

Moins de 20 €

Perissa Beach Camping

Carte p. 133 – Perissa, au bord de l'eau, près du centre de Perissa ☎ 228.60.81.343, camp@otenet.gr.

Beaucoup d'ombre grâce aux arbres. Bien équipé, mais les installations sont vétustes. Bruyant en été.

➤ Vlychada

De 150 à 250 €

Notos Therme & Spa

Carte p. 133 – ☎ 228.60.81.115, www.notosthermespa.com. Carte de paiement acceptée. Wi-Fi gratuit.

Une adresse chic et en dehors des sentiers battus de Santorin. Ce grand bâtiment à la décoration nautique et un brin *british* s'étage dans [...] volcanique au-dessus du petit port [...] Vlychada. Grande piscine, spa et restaurant. Toutes les ch. ont vue sur la mer.

➤ Le sud de Santorin

Env. 180 €

Aura Marina Apartments

Carte p. 133 – Akrotiri ☎ 228.60.83.101, www.aura-marina.com. Pas de petit déj. Wi-Fi gratuit. Air cond. payant (5 €/jour).

Tout au sud de l'île, ce petit complexe cycladique aux maisons au toit voûté se trouve à l'écart de la fréquentation touristique. Appartements pour 2 à 7 personnes, agréables, spacieux et bien équipés avec cuisine. Ch. en mezzanine. Idéal pour un séjour de plusieurs jours. Le plus : chaque appartement possède sa petite piscine privée. Accueil charmant et efficace de Niki, la gérante.

➤ Thirassia

De 35 à 40 €

Zaracho studios

Carte p. 133 – Manolas ☎ 228.60.29.102, zacharostudios@yahoo.com.

Seule adresse de l'île, elle propose des studios rudimentaires avec néanmoins une très belle vue sur la caldeira.

OÙ MANGER ?

➤ Fira

De 12 à 16 €

♥ **Kapari**

Carte p. 133 – Fira, à 250 m de la place principale en direction de Firostefani ☎ 228.60.27.086.

Kostas a monté cette petite taverne avec quelques bonnes recettes de sa grand-mère, originaire de Corfou. Il propose une cuisine grecque originale et délicieuse, comme la feta à l'ouzo et au miel ou le veau au yaourt et au *vinsanto*, le vin doux de l'île. Agréable cour, à l'écart du Fira touristique.

Nikolas

Carte p. 133 – Fira, entre la place principale et le sentier qui mène au vieux port (1re à dr.) ☎ 228.60.24.550.

Moussaka, courgettes farcies, lapin aux petits oignons… : depuis 1956, la qualité n'a pas changé, même si la taverne se trouve dans le quartier le plus touristique de Santorin. Service expéditif.

➤ Oia et ses environs

De 12 à 16 €

Anemomilos
Carte p. 133 – Oia, à l'entrée du village sur la dr. (quartier de Périvolas) ☎ 228.60.71.410 ou 228.60.71.517, www.anemomilos.gr.
Bonne taverne familiale pratiquant des prix tout doux. Agréable cour fleurie. Un bémol : elle donne sur la route et non sur la caldeira. À côté de l'hôtel du même nom.

Kasteli
Carte p. 133 – Oia, au début de la rue piétonne à côté de l'église Agios Georgios ☎ 228.60.71.148, www.kasteli-santorini.com. Carte de paiement acceptée.
Un établissement simple, bon marché et avec vue sur la caldeira. Spécialités de viandes cuites à la broche comme le *kondosouvli* (porc) et l'*arni* (mouton). Location de 4 ch. au-dessus du restaurant.

To Krinaki
Carte p. 133 – Finikia ☎ 228.60.71.993, www.krinaki-santorini.gr.
Une authentique taverne qui se love dans les ruelles du plus ravissant village de l'île. On y savoure des viandes délicieuses comme l'agneau au four, des fromages des Cyclades, des plats mijotés. À goûter, la salade chirovoski, une herbe propre à Santorin, bouillie et servie arrosée d'huile d'olive et de citron. Bons vins au pichet.

♥ **Potamos**
Carte p. 133 – Finikia. Accessible uniquement à pied (fléché, en bas du village à 5-10 min du parking) ☎ 228.60.72.045. Ouv. le soir slt à partir de 19 h.
Une adresse rare et authentique. On y picore des *mezzés* tout en écoutant de la musique vivante dans un jardin qui regarde les vignes et la mer. Les deux frères propriétaires de ce lieu simple et charmant jouent de la guitare et du *bouzouki* tous les soirs. Les ven. et sam., on y fait la fête jusqu'à tard dans la nuit.

De 16 à 20 €

♥ **Kyprida**
Carte p. 133 – Oia, dans une petite rue parallèle à la rue piétonne principale, entre la poste, le Musée naval et le siège de la commune ☎ 228.60.71.979, www.kyprida.gr. Carte de paiement acceptée. Ouv. 12 h-minuit.
Un couple franco-chypriote tient ce restaurant raffiné spécialisé dans la cuisine chypriote, un savoureux mélange de saveurs grecques et libanaises. On recommande la *pikilia* qui fait défiler une quinzaine de plats sur la table.

Sunset (Iliovassilema)
Carte p. 133 – Ammoudi ☎ 228.60.71.614, www.sunset-ammoudi.gr.
Le port d'Oia est accessible à pied par les escaliers ou par la route. Sous la falaise rouge et face aux caïques dansant sur l'eau, on se régale de rougets, daurades et langoustes fraîchement pêchés.

➤ Le sud de Santorin

De 12 à 16 €

♥ **Galini**
Carte p. 133 – Plage de Monolithos, derrière l'aéroport (panneau) ☎ 228.60.32.924. Ouv. toute l'année.
Très prisée par les Grecs, cette excellente taverne pratique des prix incroyablement doux. De nombreux plats locaux : salade d'aubergines blanches, salade grecque aux petites tomates de l'île, *chloro* (fromage dur de brebis)… C'est également le moment de commander du poisson frais.

Kallisti
Carte p. 133 – Pyrgos, sur la pl. du village ☎ 228.60.34.108.
Une taverne connue dans toute l'île. Viandes grillées et plats traditionnels grecs : la carte n'a rien d'original, mais les plats sont bons et les prix corrects.

♥ **Metaxy Mas**
Carte p. 133 – Exo Gonia, village entre Pyrgos et Kamari ☎ 228.60.31.323, www.santorini-metaximas.gr. F. 15 déc.-15 fév. Rés. conseillée.
La taverne se trouve juste derrière l'immense église d'Agios Charalambos. C'est petit, hors des sentiers battus et très couru par les locaux. Le patron crétois sert des salades originales, des

calamars farcis et de l'agneau avec une sauce parfumée à la menthe. Les olives et les desserts sont offerts.

Raki
Carte p. 133 – Mégalochori, sur la place principale du village ☎ 228.60.81.724.
Il n'y a pas la mer, mais on mange sur une jolie place ombragée par une treille et une magnifique bougainvillée. La cuisine se veut à la fois traditionnelle et inventive comme la feta au miel et au sésame ou le poulet à l'antique. Musique *live* les mar., jeu. et sam. soir.

De 18 à 25 €

♥ To Psaraki
Carte p. 133 – Vlychada ☎ 228.60.82.783, www.topsaraki.gr.
Son site Internet met déjà l'eau à la bouche. Le chef, Thanassis Sfougaris, a travaillé dans les meilleurs restaurants de Grèce (Spondi à Athènes et 1800 à Santorin), avant d'ouvrir avec sa femme cette taverne. La cuisine de l'île y trouve ses lettres de noblesse, préparée évidemment avec les produits locaux. À goûter, le carpaccio de bonite aux câpres et les aubergines blanches au four. La terrasse surplombe le petit port de pêche et la marina de Vlychada.

CAFÉS ET BARS

Franco's Café
Carte p. 133 – Pyrgos ☎ 228.60.33.957. Carte de paiement acceptée.
Un bar raffiné quasiment au sommet de la citadelle vénitienne. Carte légère de salades et de tartes. On apprécie la vue sur fond de musique classique. À ne pas confondre avec le café portant le même nom à Fira.

Theros Wave Bar
Carte p. 133 – Plage de Vlychada (lieu-dit Almyra). Accessible par une piste qui se prend 2 km après Mégalochori, sur la route de Vlychada (panneau), ou à pied en marchant 1,5 km sur la plage de Vlychada (p. 145) ☎ 69.77.22.26.66 (port.), www.theroswavebar.gr.
Beach bar de luxe installé dans les rochers féeriques de la plage de Vlychada. Ambiance *lounge music*, branches de palmier et mobilier design en teck.

VIE NOCTURNE

Seul le cœur de Fira, la capitale, bat la nuit : plusieurs discothèques se succèdent dans les alentours de la rue Erythou Stavrou, près de la place principale. La plus célèbre est **Enigma**, ☎ *228.60.22.466*; le **Koo Club** est quant à lui le plus grand, *www.kooclub.gr.*

SHOPPING

➤ Art

L'Atelier de Dimitris Kolioussis
Carte p. 133 – Oia, dans la rue piétonne ☎ 228.60.71.829.
Saint Georges tuant le dragon, *Vierge en majesté*… : ces grandes icônes parfois peintes sur de vieilles portes en bois sont d'une superbe modernité. Depuis plus 25 ans, Dimitris Kolioussis a son atelier à Oia où il puise sa sérénité dans la magie de l'hiver… plus difficilement en été quand son atelier est envahi de touristes.

Art Space
Carte p. 133 – Exo Gonia, sur la route de Kamari, à dr. juste après l'embranchement pour le village de Pyrgos ☎ 228.60.32.774 et 69.32.89.95.09 (port.), www.artspace-santorini.com.
Cette galerie originale loge dans l'une des plus anciennes caves viticoles de l'île, creusée dans le tuf volcanique. Elle a été magnifiquement restaurée pour présenter la collection d'art contemporain du propriétaire et pour accueillir des expositions de bonne tenue (peintures et sculptures essentiellement). Une visite que l'on peut clore en goûtant aux vins du domaine.

➤ Producteurs de vin

Gaïa
Carte p. 133 – Entre Kamari et l'aéroport ☎ 228.60.34.186, www.gaia-wines.gr. Ouv. mai-oct. t.l.j. 11 h-19 h. Dégustation payante, comprise dans la visite (sur r.-v.).
Située en bord de mer, la cave occupe une ancienne usine de conserves de tomates. Production du Thalassitis, un blanc réputé.

Sigalas
Carte p. 133 – 1 km avant Oia, sous le village de Finikia ☎ 228.60.71.644, www.sigalas-wine.gr.

Cette jolie maison plantée au milieu des vignes offre un cadre agréable pour une dégustation sous les treilles. Les vins Sigalas sont une valeur sûre. Petite carte de produits du terroir.

Boutari
Carte p. 133 – Entre Mégalochori et Akrotiri ☎ 228.60.81.011/607, www.boutari.gr. Ouv. toute l'année lun.-sam. 10h-16h (19h en été).
Une cave ultramoderne créée par le plus grand producteur de vin grec. Visite payante.

Hatzidakis
Carte p. 133 – Sur la route du monastère Profitis Ilias ☎ 228.60.32.552 ou 228.60.32.466, www.hatzidakiswines.gr. Vis. sur r.-v.
Perché à 350 m d'altitude, ce petit producteur produit de bons vins bio.

SPORTS ET LOISIRS

➤ Cinéma

Cinéma en plein air
Carte p. 133 – Kamari, à l'entrée du village ☎ 228.60.33.452, www.cinekamari.gr.
Films de l'année en VO, sous-titrés en grec. Projection à 21h30 t.l.j. mai-oct., également à minuit lun. et mer.

➤ Kayak

Santorini sea kayak
Carte p. 133 – Akrotiri, entre le site archéologique et Red beach ☎ 69.51.80.10.51 (port.), www.santoriniseakayak.gr.
Haris et Eleonora proposent de découvrir Santorin au rythme de la pagaie. Plusieurs formules : traversée de toute la caldeira avec escale à Thirassia, pique-nique et dîner *(journée complète 150 €)*; toute la côte sud *(demi-journée, 75 €)*… Excellent matériel.

➤ Plongée sous-marine

Trois centres de plongée certifiés PADI existent à Santorin. Ils proposent la même gamme de prestations, du baptême à la semaine de cours avancés.

Santorini Dive Center
Carte p. 133 – ☎ 228.60.83.190, www.divecenter.gr.
Deux bases : l'une à Perissa (la première en partant du rocher), l'autre dans la caldeira au niveau d'Akrotiri (sous le restaurant Remezzo).

Mediterranean Dive Club
Carte p. 133 – Perissa, deuxième centre de plongée sur la plage en partant du rocher ☎ 228.60.83.080, www.divingsantorini.com.
Tenu par Olga Pozidou. Instructeur francophone en été.

Navys Waterworld
Carte p. 133 – Kamari ☎ 228.60.28.190, www.navyswaterworld.gr.
Centre de plongée impliqué dans la protection de l'environnement marin. Labellisé Cousteau Diving Center *(www.cousteaudivers.org)*.

LES MEILLEURS SITES POUR PLONGER

Le volcan ayant façonné aussi les paysages sous-marins, Santorin offre une grande diversité de sites pour plonger.
Au sud, le site de **Mesa Pigadia** est percé de nombreuses grottes. À 10 m de profondeur, on circule dans des passages tapissés d'éponges colorées pour atteindre un puits de lumière qui illumine les poissons de roche.
Le site le plus spectaculaire se trouve à **Aspronissi**, l'île blanche, qui ferme le cratère submergé du volcan à l'ouest. On plonge le long d'un mur vertical qui descend jusqu'à 400 m ! On ne voit évidemment pas le fond. Et même si l'on reste en surface, le grand bleu sous nos palmes donne des frissons…
Une épave gît entre 3 et 12 m de profondeur au milieu de la caldeira, près de l'îlot de **Nea Kameni.** Elle est devenue un repaire de poissons. Un régal pour les plongeurs avec bouteille et pour les *snorkelers*.
La première **aire marine protégée** des Cyclades va bientôt voir le jour entre Kamari et Perissa *(p. 138)*, un pas important pour la sauvegarde de la faune. Le projet est soutenu par Pierre-Yves Cousteau, petit-fils du Commandant.

➤ SÉRIFOS

Visite 16, p. 144 – Carte p. 145

Carnet pratique p. 280

OÙ DORMIR ?

➤ Livadi

De 40 à 70 €

Anna Rooms
Carte p. 145 – Juste après l'hôtel Asteri sur la baie ☎ 228.10.51.263. Pas de petit déj.
Ch. un peu vieillottes, mais joliment arrangées et très bien tenues par Anna (étage du haut) et Fani (étage du bas, moins cher). Anna parle anglais.

Cristi
Carte p. 145 – La première pension en débarquant sur l'île ☎ 228.10.51.214. Ouv. toute l'année.
Ch. agréables aux couleurs douces. Située un peu en hauteur, la pension récemment rénovée est exposée au vent, mais les terrasses offrent une belle vue sur la baie et Chora. Accueil un peu froid.

De 100 à 130 €

♥ Studios Amfitriti
Carte p. 145 – De l'autre côté de la baie, à 1 km du port ☎ 228.10.52.563 et 69.72.80.64.10 (port.), www.studiosamfitriti.gr. Wi-Fi gratuit.
Chaque studio adopte un univers coloré autour de différents thèmes : les étoiles, le soleil, les parasols… Vue superbe sur Chora. Accueil chaleureux d'Eleni. Excellent petit déjeuner.

➤ Livadakia

De 50 à 70 €

Camping Coralli
Carte p. 145 – À 800 m du port ☎ 228.10.51.500, www.coralli.gr. 300 places de camping. Carte de paiement acceptée.
Le complexe est superbement situé sur la plage, avec également un self-service, un minimarché, un bar, une piscine et… de la musique forte en été.

Alexandros Vassilia
Carte p. 145 – Sur la plage ☎ 228.10.51.119, www.alexandros-vassilia.gr.
Joli ensemble recouvert de rosiers, jasmin et bougainvillées. Taverne et jardin fleuri donnant directement sur la plage. Préférez les ch. de derrière, qui n'auront certes pas la vue, mais seront épargnées par les odeurs de cuisine.

Chora

Environ 40 €

I Apanemia
Carte p. 145 – En arrivant à Chora, prenez l'impasse qui descend sur la dr. ☎ 228.10.51.717. Ouv. toute l'année.
Le nom de cette pension signifie « sans vent », une qualité assez exceptionnelle à Chora. Ch. petites mais bien entretenues. Le sentier sous la pension conduit à la superbe plage de Psili Ammos en 30 min.

➤ Agios Sostis

De 200 à 250 €

Rizes
Carte p. 145 – À 2,5 km du port, sur la route de Psili Ammos ☎ 228.10.52.222, www.hotelrizes.gr. Carte de paiement acceptée. Wi-Fi gratuit.
C'est l'adresse haut de gamme de l'île. Design sobre et épuré. Ch. spacieuses jouissant d'une belle vue sur Chora et le port. Belle piscine et restaurant très abordable ouvert à tous. La plage d'Agios Sostis est à 500 m.

OÙ MANGER ?

➤ Livadi (le port)

De 10 à 12 €

Stamatis
Carte p. 145 – 100 m après l'hôtel Asteri, vers le milieu de la baie ☎ 228.10.51.309.
Plats traditionnels savoureux cuisinés par la grand-mère : moussaka ou *papoutsakia* (aubergines farcies). Très bon marché. Face à la mer, au calme.

De 12 à 15 €

Ouzeri tis Kalis
Carte p. 145 – Au début de la baie ☎ 228.10.52.301 et 69.42.46.79.87 (port.).
Cette taverne tenue par Kalis et Takis a été adoptée par les locaux. Bons plats cuisinés et poisson frais. Agréablement située sur la mer.

➤ Chora

De 10 à 15 €

Louis
Carte p. 145 – Chora, place de la mairie ☎ 228.10.51.325. Ouv. toute l'année (le w.-e. seulement en hiver).
L'ancienne épicerie de la place s'est transformée en *mezedopoleio*, un café populaire où l'on mange des petits plats comme des boulettes de viande. Quelques vieux rasoirs et pots de peinture font office de décoration.

➤ Le reste de l'île

De 8 à 12 €

O Kyklopas
Carte p. 145 – Mégalo Livadi ☎ 228.10.51.009. Ouv. juin-sept.
Face à la baie, cette taverne sert des spécialités de viande et de poisson. Le coq au vin est à commander la veille.

Yparho
Carte p. 145 – Koutalas, sur la plage ☎ 228.10.51.287.
Le père pêche et s'occupe du potager. Eleni et sa mère officient en cuisine. Spécialités au four, comme la côte de porc à la tomate et aux câpres, et recettes à base de poisson. Taverne très typique.

De 12 à 17 €

♥ O Manolis
Carte p. 145 – Psili Ammos ☎ 228.10.52.353.
Une sympathique taverne établie sur la plus belle plage de l'île. Choix intéressant de plats traditionnels : *révithada* de pois chiches cuite au feu de bois ou croquettes au fenouil *(marathotiganites)*.

Tou Vitou
Carte p. 145 – Plage de Sikamia. Ouv. juin-sept. ☎ 228.10.51.289.
Un potager bien garni (les frites et les courgettes sont savoureuses), du fromage maison, de la viande locale et du poisson frais : on mange délicieusement dans cette taverne tenue par une sympathique famille de l'île.

BARS ET CAFÉS

Aérino
Carte p. 145 – Chora, sur la dr. en montant vers la place du village ☎ 228.10.52.592.
En fonction de la façon dont on accentue le mot, *aérino* signifie « aérien » ou « venté ». Ce bar gentiment branché possède une belle terrasse cycladique sur le toit. On y savoure son petit déjeuner ou un *mojito* glacé. Excellente programmation musicale.

♥ Kafénio Stou Stratou
Carte p. 145 – Chora, place de la mairie ☎ 228.10.52.566, www.stoustratou.com/accueil.html.
Une halte bien agréable pour prendre un petit déjeuner, un verre ou caler une petite faim (*mezzés*, salades et gâteaux). Le menu est un véritable recueil de poèmes joliment décoré.

Yacht Club Serifos
Carte p. 145 – Livadi, dans la baie après le petit pont ☎ 228.10.51.888. Ouv. du matin au soir.
Tenu par un mordu de la mer, ce bar est fréquenté par des habitués. Bonne musique et terrasse agréable.

VIE NOCTURNE

Métallio
Carte p. 145 – Livadi, 300 m avant la station-service de l'île ☎ 228.10.51.755.
La décoration comme le nom de l'établissement évoquent l'univers de la mine. Cuisine internationale en soirée, avant de se convertir en club de nuit, avec parfois des concerts.

SHOPPING

Kerameio
Carte p. 145 – Kato Chora, station de bus skalakia (sur la route entre Livadi et Chora, 500 m avant la place des moulins) ☎ 228.10.51.669.
C'est le studio de création et la boutique de Natasa Kalogeropoulou, une céramiste athénienne qui a pris racine sur l'île. En août, elle propose des ateliers pour les enfants autour de la mythologie de Sérifos et la civilisation cycladique.

Thirida
Carte p. 145 – Pano Chora ☎ 228.10.51.880.
Sur la place de Chora, cette charmante boutique propose des objets pour la maison, des bijoux, des chapeaux et des vêtements de créateurs grecs et étrangers. Beaucoup de goût et de style.

TREKKING À SÉRIFOS

Sérifos ravira les amateurs de marche. Sept sentiers ont été balisés, mais attention seuls les deux premiers sont entretenus.
Voici les 7 randonnées, avec leur numéro :
1 A. Livadi (le port) – Chora (la capitale) : 50 min.
1. Chora – Kalistos (village du N-O) : 1 h 30.
2. Chora – Giftika (centre de l'île, près de l'héliport) : 50 min.
3. Akonidia (centre de l'île) – Koutalas (plage du S-O) : 1 h 10.
4. Giftika – Panagia (village du centre) : 1 h 40.
5. Panagia – Sikamia (plage du N) : 1 h.
6. Pyrgos (village du centre) – Sikamia : 1 h 10.

SPORTS ET LOISIRS

Serifos Scuba divers
Carte p. 145 – Livadi ☎ 228.10.52.005, www.serifosscubadivers.gr.
En plus de la plongée sous-marine, ce club propose la location de bateau sans permis *(on peut faire le tour de l'île en 2 h, compter 80 € par jour plus l'essence)*, des sports nautiques et des excursions à pied sur l'île (trek dans les galeries des anciennes mines).

Festival de Serifos
Carte p. 145 – Théâtre municipal de Kato Chora, www.serifosfestival.gr. Fin juil.-fin août.
Depuis 2012, Serifos a pris une dimension culturelle. À l'initiative de Stratos Mastorakis, le propriétaire du café Stou Stratou *(p. 216)* à Chora, l'île organise l'été un festival de musique grecque. La chanteuse grecque Angélique Ioanatos ou le célèbre joueur de lyre crétoise Psarandonis s'y sont produits.

➤ SIFNOS

Visite 17, p. 150 – Carte p. 151

Carnet pratique p. 281

OÙ DORMIR ?

➤ Kamarès

De 18 à 25 €

Camping Makis
Carte p. 151 – À g. du port ☎ 69.45.94.63.39 (port.), www.makiscamping.gr. Wi-Fi gratuit.
Petit mais fort sympathique : bien équipé, ombragé et bien tenu. Propose aussi des ch. à louer et 2 grands appart. récemment rénovés.

➤ Autour d'Apollonia

De 60 à 80 €

Geronti
Carte p. 151 – Ano Pétali, dans la rue piétonne principale, en face de l'hôtel Petali (ci-dessous) ; accès également par la route derrière le centre de santé ☎ 228.40.31.473 et 69.77.24.28.10 (port.), www.gerontisifnos.gr. Ouv. toute l'année. Wi-Fi gratuit.
Attentionnées et charmantes, Irini et ses filles louent de jolies ch., certaines avec terrasse et cuisine. C'est fleuri et bien situé : vue sur Apollonia et la mer. Nikoletta s'occupe des réservations.

De 150 à 180 €

Petali
Carte p. 151 – Ano Pétali, sur les hauteurs (bien fléché) ☎ 228.40.33.024, www.sifnoshotelpetali.com. Carte de paiement acceptée. Ouv. toute l'année. Wi-Fi gratuit.
Calme et serein, cet hôtel de charme domine la capitale. Les bougainvillées dégringolent autour de la piscine. Délicieux petit déjeuner avec vue sur la mer.

♥ Kamaroti
Carte p. 151 – Agioi Theodoroi, Poulati ☎ 228.40.32.069, www.kamaroti.com. Carte de paiement acceptée.
Une adresse ravissante tenue par trois frères espagnols dont l'un est l'architecte des lieux. Les cubes blancs s'intègrent harmonieusement dans le paysage sculpté par les terrasses et de majestueux oliviers. La vue sur l'Égée et le village de Kastro est sublime, avec au premier plan le lagon vert de la piscine. Ch. lumineuses et modernes. Délicieux petit déjeuner.

➤ Kastro, Faros et Chrysopigi (est)

De 60 à 80 €

♥ Agnanti
Carte p. 151 – À g. en arrivant sur Kastro ☎ 228.40.32.314 et 69.73.80.77.78 (port.), www.agnanti-sifnos.gr. Ouv. juin à mi-sept. Wi-Fi gratuit.
La vue sur le village est exceptionnelle, de même que l'emplacement des deux maisons sur des terrasses couvertes de vignes, de figuiers et de citronniers. Ch. ravissantes et chaleureuses avec terrasse.

Aperanto
Carte p. 151 – Faros, à dr. après la première plage ☎ 228.40.71.473, 210.60.00.240 (Athènes) et 69.44.60.14.22 (port.), www.aperantosifnos.gr/fr.
Au cœur de Faros, ce beau bâtiment blanc aux volets verts s'intègre parfaitement dans le village. Les balcons des ch., ombragés par une treille, donnent tous sur la mer.

De 70 à 90 €

Studios Kavos
Carte p. 151 – Au bout de la plage de Fasolou (près de Faros) ☎ 228.40.71.483, 210.99.10.878 (en hiver) et 69.44.20.99.29 (port.), www.studioskavos.gr.
Des logements modernes, grands et bien entretenus qui surplombent la plage. Vue sur la baie de Faros et de Chryssopigi.

De 150 à 180 €

Selana Suites
Carte p. 151 – Chrysopigi ☎ 228.40.71.217, 210.61.08.317 (en hiver) et 69.76.91.62.24 (port.), www.selanasuites.com.
Une adresse moderne dégageant beaucoup de charme. Alliant pierres apparentes et murs chaulés, elle s'intègre parfaitement dans le paysage et surplombe la mer et le magnifique monastère de Chryssopigi. Piscine.

➤ Vathy

De 60 à 80 €

Calypso
Carte p. 151 – Juste à côté de Studios Nikos (ci-après) ☎ 228.40.71.127 et 69.34.90.17.50 (port.), www.kalypso-sifnos.gr.
Des cubes bleu et blanc à deux pas de la plage. C'est petit, mais charmant.

Studios Nikos
Carte p. 151 – Vers la dr. de la baie ☎ 228.40.71.512 et 69.42.22.48.88 (port.), www.sifnosrooms.com. Connexion Internet.
Une jolie maison grecque entourée de gazon, à quelques mètres de la plage. Ch. bien équipées (avec kitchenette), mais s.d.b. minuscules. Chacune possède une agréable petite terrasse avec vue sur mer.

Plus de 300 €

Eliès
Carte p. 151 – Baie de Vathy ☎ 228.40.34.000, www.eliesresorts.com. Carte de paiement acceptée.
Situation au creux de la baie de Vathy, une des plus belles baies de Sifnos. Un des hôtels les plus chic de Grèce : un ensemble de maisons cycladiques design et luxueuses autour d'une immense piscine face à la mer. Tennis.

➤ Le nord de l'île

De 40 à 60 €

Maria Studios
Carte p. 151 – **Katerina Koraki**, *Chéronisos, sur la plage à g. ☎ 228.40.33.120 et 69.74.38.82.06 (port.).*
Katerina tient la supérette du hameau : ses ch. simples et bon marché donnent sur la plage. Une retraite agréable au bout du monde.

OÙ MANGER ?

➤ Autour d'Apollonia

De 12 à 15 €

Margaritta
Carte p. 151 – Artémonas, sur la place du village ☎ 228.40.31.058.
Une adresse familiale où l'on mange bien et sans prétention (deux ou trois plats du jour et de bons *mezzés*) : croquettes de pois chiches, poulet au citron, aubergines à la tomate et à la feta, mastello… Terrasse agréable.

Tou Apostoli to Koutouki
Carte p. 151 – Apollonia ☎ 228.40.33.186.
Cuisine traditionnelle sifniote dans la rue principale (Sténo). Une valeur sûre

dans le centre branché d'Apollonia pour goûter aux spécialités de l'île. On peut voir les plats en cuisine. Agréable terrasse sur le toit.

De 15 à 30 €

Cayenne
Carte p. 151 – Apollonia, dans la rue principale piétonne, à g.
☎ 228.40.31.080.
La cuisine méditerranéenne, fraîche et inventive d'un jeune chef talentueux de l'île, qui est aussi peintre à ses heures perdues.

➤ La côte est

De 12 à 15 €

Chryssopigi
Carte p. 151 – Plage d'Apokofto, face au monastère de Chryssopigi
☎ 228.40.71.295.
Cuisine traditionnelle. La carte propose une variété incroyable de plats (feuilletés, boulettes, plats cuisinés, grillades…). L'agneau est excellent.

Giorgos Dimitris
Carte p. 151 – En retrait de la plage de Fasolou (à l'E de Faros) ☎ 228.40.71.493.
Cette taverne familiale est agréablement ombragée par les tamaris. Les salades sont servies dans une poterie sifniote et les plats, patiemment mijotés ou cuits dans le four à bois, sont savoureux. Service avenant du fils, un peu rude des parents.

CÔTÉ CUISINE

Sifnos a la réputation d'être une île gastronomique. Voici quelques spécialités :
Mastello : agneau cuit lentement au four dans une marmite en terre avec du vin et de l'aneth.
Révithada : soupe de pois chiches cuite au four dans un plat en terre pendant une nuit entière.
Kaparosalata : salade de câpres.
Manoura : fromage dur conservé dans du vin.
Un **festival de cuisine cycladique** est organisé chaque année début sept., baptisé Nikolos Tsélémentes en l'honneur du célèbre chef de l'île (1878-1958), originaire d'Exembela.

De 15 à 20 €

♥ To Astro
Carte p. 151 – Kastro, dans le village (au-dessus de la fin de la route)
☎ 228.40.31.476. Ouv. mai-oct.
Maria prépare des plats grecs délicieux, comme le poulpe aux olives et au vin ou l'agneau à l'aneth, pendant que son mari, Vassilis, s'occupe du service. Terrasse minuscule : en été, venez assez tôt pour réussir à avoir une table.

➤ Vathy

De 12 à 15 €

To Tsikali
Carte p. 151 – À dr. en arrivant sur la baie
☎ 228.40.71.150.
Cette taverne réputée jouit d'une situation merveilleuse, juste à côté de la ravissante église des Taxiarques. Délicieuse cuisine sifniote que l'on déguste les pieds dans le sable.

➤ Le nord de l'île

De 15 à 25 €

Chéronisos
Carte p. 151 – Chéronisos
☎ 228.40.33.119.
Ils sont trois frères : deux pêchent et le troisième fait tourner la taverne. Poissons, cigales de mer et langoustes extra-frais, mais la note est salée. Bonnes pâtisseries orientales.

I Ammoudia
Carte p. 151 – Chéronisos
☎ 228.40.33.118.
Taverne également très réputée.

CAFÉS ET PÂTISSERIES

Kykladon Choros
Carte p. 151 – Apollonia, dans la rue piétonne principale à g.
☎ 228.40.32.215,www.kikladonxoros.gr. Ouv. juin-sept.
Au cœur de la ville, cette belle demeure et son jardin ombragé réunissent une galerie d'art, un bar branché, une boutique de vêtements et un restaurant chic. Très agréable pour prendre un verre en journée ou à la nuit tombée.

I Tris Xanthi Angeli
Carte p. 151 – Apollonia, dans la rue piétonne principale ☎ 228.40.32.294. Ouv. juin-sept.

Quelques petites tables dans la rue, une terrasse sur le toit et de fameux desserts : riz au lait et crèmes à la vanille le matin, gâteaux orientaux l'après-midi et de délicieuses *loukoumadès* (beignets ronds arrosés de miel) après 20 h.

To Konaki
Carte p. 151 – Kastro, au-dessus de l'arrêt de bus ☎ 228.40.33.165.
La fille du boulanger tient ce café-pâtisserie : *lemonopita* (tarte au citron), *agmydalota* (bouchée à la pâte d'amande) et *mélopita* (gâteau au miel et au fromage frais, spécialité sifniote) se dégustent en terrasse. Propose aussi de bonnes salades, pâtes et pizzas.

♥ **Zacharoplastiki Theodorou**
Carte p. 151 – Artémonas, près de la place dans la ruelle qui monte ☎ 228.40.31.370.
La meilleure pâtisserie et la plus ancienne boutique de l'île. Parmi les souvenirs à rapporter de Sifnos : une boîte d'*agmydalota* (pâte d'amande), du *pastelli* (nougat au miel et au sésame), un pot de *vanilla*…

SHOPPING

➤ Produits locaux

Stavrianos
Carte p. 151 – Apollonia, au cœur du centre piéton, près du Musée folklorique ☎ 228.40.32.204.
On trouve également dans cette boucherie d'excellents produits de l'île : huile d'olive (6 € le litre), miel, câpres et surtout du *manoura*, un fromage de brebis corsé conservé dans du vin.

➤ Céramiques

L'île compte seize ateliers de poterie ouverts au public : c'est l'occasion de rencontrer les potiers et d'apprendre à reconnaître les formes traditionnelles de plats. Dans les boutiques, on peut vérifier la provenance de la céramique grâce à la signalétique de l'Union des potiers de Sifnos. L'excellente qualité de l'argile de l'île rend les poteries très résistantes à la chaleur.

Antonis Atsonios
Carte p. 151 – Vathy (à g. de la baie, lieu-dit Tsopou) ☎ 228.40.71.119.
La quatrième génération travaille dans cet atelier resté le plus traditionnel de l'île.

Giannis Lembesis
Carte p. 151 – Boutique à Artémonas, en face du centre de santé et atelier au lieu-dit Agia Anna ☎ 228.40.32.010.

SPORTS ET LOISIRS

Patouchia
Carte p. 151 – Ronia Anastassiadou ☎ 228.40.31.483 et 69.72.99.04.19 (port.), www.sifnos-alternatives.gr.
Cours de cuisine et de danse, randonnées, excursions, cueillette des olives :

TREKKING

Sifnos est une île merveilleuse pour marcher. Les principaux chemins bâtis ont été recouverts d'asphalte, mais un nombre considérable de sentiers muletiers relient des chapelles, des monastères, des villages ou des petites criques, et offrent ainsi des possibilités infinies de balades.
À noter que des pans entiers de l'île sont restés vierges, notamment le triangle montagneux entre Kamarès, Apollonia et Vathy, qui fait partie des sites naturels du **réseau Natura 2000**. Il est indispensable de prendre avec soi de l'eau (éventuellement quelques provisions) et de quoi se protéger du soleil.
Pour se documenter, la carte d'Anavasi est indispensable. Un couple de Français a édité un petit guide fort utile (à se procurer sur place) : *Sifnos, promenades dans l'île, 30 itinéraires*, de Martine et Christian Lot.
Et comme toujours, le site www.cycladen.be/SifnosFra.htm présente de manière détaillée un grand nombre de randonnées.
➤ **À noter : si une porte en bois barre le sentier, il suffit de l'ouvrir et de la refermer avec précaution derrière soi. Celle-ci sert à empêcher les chèvres de s'échapper.**

cette dynamique jeune femme fait découvrir le visage authentique de Sifnos (en anglais). Elle est l'auteur d'un livre de recettes de cuisine en anglais et en grec, *Traditional Recipes of Sifnos*.

➤ SYROS

Visite 18, p. 157 – Carte p. 158, plan p. 160

Carnet pratique p. 282

OÙ DORMIR ?

Les établissements dont les prix varient de 40 à 90 € ne proposent pas de petit déjeuner. Sauf mention contraire, les établissements en ville sont ouverts toute l'année (avr.-oct. pour ceux situés en bord de mer). Le week-end, Ermoupolis est prisée des Athéniens. Pensez à réserver.

➤ Ermoupolis

De 40 à 60 €

Aiolia

***Plan p. 160 / A2** – 3, rue Ag. Georgiou, pl. Iroon ☎ 228.10.86.414 et 69.72.09.42.54 (port.), www.aioliastudios.gr.*

Un peu excentré : près du musée de l'Industrie et derrière l'hôpital. Agréable pension de famille neuve et bien équipée tenue par Liza, qui parle français.

De 60 à 70 €

Helectra

***Plan p. 160 / B1** – 17, Athinas, quartier de Vaporia ☎ 228.10.79.488, www.electrasyros.gr. Carte de paiement acceptée. Wi-Fi gratuit.*

Ce petit hôtel assez récent possède une situation idéale au-dessus de la plage d'Agios Nikolaos : on est en ville, tout en pouvant piquer une tête dans la mer le matin. Ch. meublées avec goût. Parking.

De 80 à 120 €

5 Hermoupolis

***Plan p. 160 / B1** – 10, Northestrom et Korai ☎ 228.10.89.001 ou 69.72.99.39.92 (port.), www.5hermoupolis.gr. Carte de paiement acceptée. Wi-Fi gratuit.*

Une adresse créée par un jeune couple de l'île dans un beau bâtiment néoclassique datant de 1864, face au théâtre et à ses palmiers (4 ch. ont une vue). Ch. confortables au design minimaliste, moderne et sophistiqué.

♥ Pension Lila

***Plan p. 160 / A1** – Rue Filikis Etairias et Ioannou Kosmas ☎ 228.10.82.738 et 69.44.71.41.66 (port.), www.guesthouse.gr. Carte de paiement acceptée.*

Occupée par le consulat de France au XIXe s., cette maison, tombée en ruine, a été entièrement reconstruite et aménagée avec de grandes ch. aux lignes modernes. Agréable petit déjeuner.

De 120 à 150 €

Xenon Apollonos

***Plan p. 160 / B1** – 8, rue Apollonos, quartier de Vaporia ☎ 228.10.81.681 et 69.32.56.65.62 (port.), www.xenonapollonos.gr. Carte de paiement acceptée.*

Une adresse raffinée et confidentielle dans une des plus grandes maisons patriciennes du quartier. Deux des trois ch. sont comme suspendues audessus de la mer.

De 200 à 250 €

♥ Hotel Ploes

***Plan p. 160 / B1** – 2, rue Apollonos, quartier de Vaporia ☎ 228.10.79.360 ou 228.10.79.390, www.hotelploes.com. Carte de paiement acceptée.*

Voici l'hôtel le plus élégant de Syros. Cette magnifique demeure néoclassique a été restaurée avec raffinement et panache. Toiles d'artistes grecs contemporains et mobilier design ou ancien cohabitent avec goût. La vue et la terrasse sur la mer (d'où l'on peut se baigner) sont sublimes. Succulent petit déjeuner. Une adresse rare.

➤ Le sud de Syros

De 40 à 60 €

Abela Rooms

***Carte p. 158** – Ambéla, entre Mégas Gialos et Possidonia ☎ 228.10.43.542 ou 228.10.43.175, www.abelarooms.gr. Ouv. mai-sept.*

Situation idéale au bord d'une petite plage. Ch. simples et aménagées pour accueillir des familles.

Delfini

***Carte p. 158** – 300 m avant la plage de Delfini ☎ 228.10.71.326 et 69.32.31.98.86 (port.).*

Ch. simples (dont deux avec cuisine) et sympathiques à deux pas de la plus belle plage de l'île. Point de départ de superbes balades à pied. Tranquillité assurée, mais on est loin de tout. Taverne à 100 m pour le petit déj.

Hôtel Emily
Carte p. 158 *– Plage d'Achladi, à 1 km S-O de Vari ☎ 228.10.61.400 et 69.78.71.24.20 (port.), www.hotelemily.gr.*
Un petit hôtel posé sur le sable, face à la mer. Les ch. du haut ont un balcon privé. Pantélis, le patron, emmène les clients pêcher sur son petit caïque.

De 80 à 100 €

Kokkina Beach
Carte p. 158 *– Finikas, en arrivant au village, tournez à dr. et longez la mer ☎ 228.10.43.010, www.kokkina-beach.com.*
À l'écart de Finikas, cette résidence chic surplombe la mer. Jardin paysagé, belle piscine et vue superbe. Petite plage de sable en contrebas.

➤ Le nord de Syros

De 180 à 250 €

Pino di Loto
Carte p. 158 *– Kini ☎ 228.10.71.504, www.pinodiloto.gr.*
Une jolie adresse en balcon sur la baie de Kini, très romantique. Elle compte quatre suites autour d'une piscine qui surplombe la mer. *Pool bar.*

OÙ MANGER ?

➤ Ermoupolis

De 8 à 10 €

♥ **To Kastri**
Plan p. 160/B1 *– 13, rue Parou, une petite rue parallèle au port ☎ 228.10.83.140. Ouv. t.l.j. sf dim. 9h-17h.*
Venez avant 14h pour avoir le choix. La coopérative agrotouristique des femmes de Syros tient un restaurant fréquenté par les locaux. Bonne cuisine grecque en self-service ou à emporter à prix tout doux.

De 10 à 14 €

Stis Ninettas
Plan p. 160/B1 *– 13, rue E. Roïdis ☎ 228.10.87.119.*
C'est plutôt un salon de thé, mais Ninittas a toujours quelques plats du jour à proposer, comme du calamar farci ou du porc à l'origan, en plus de ses délicieuses pâtisseries. Une adresse hors du temps dans une rue saturée de tavernes.

De 20 à 25 €

♥ **I Kouzina**
Plan p. 160/B1 *– 5, rue Androu ☎ 228.10.89.150. Rés. conseillée.*
Une adresse originale pour la Grèce, tenue par un jeune couple adepte du *slow food*. Cuisine gréco-chypriote moderne, inventive et très raffinée. À goûter parmi les spécialités : *haloumi* (fromage chypriote) grillé et servi sur un lit de melon (ou de poire en hiver).

➤ Le nord de Syros

De 10 à 15 €

Plakostroto
Carte p. 158 *– San Michalis ☎ 69.73.98.02.48 (port.), www.plakostroto.gr.*
On y va pour la vue sublime sur les terrasses de culture qui dégringolent dans la mer Égée et le coucher du soleil. Bonne cuisine paysanne : chèvre en papillote, lapin au romarin…

Armyrikia
Carte p. 158 *– Kini ☎ 228.10.71.151.*
Quelques tables au bord de l'eau, une cuisine joliment présentée et plus fine qu'ailleurs font de cette petite taverne une excellente adresse.

De 17 à 25 €

♥ **Taverne Allou Gialou**
Carte p. 158 *– Kini ☎ 228.10.71.196. Rés. conseillée en été.*
La taverne chic et branchée de l'île. Langouste et coquillages frais, plats recherchés comme le poulpe au tsipouro (eau-de-vie). Terrasse sur la mer et plage juste à côté. Clientèle d'habitués.

➤ Le sud de Syros

De 10 à 15 €

♥ **Ambéla**
Carte p. 158 *– Plage d'Ambéla, 2 km après Megas Gialos ☎ 228.10. 45.110, www.ambela.gr.*
La petite taverne familiale de la plage a été reprise par un sympathique Athénien. Service impeccable, une touche

de modernité dans la décoration et une carte variée et raffinée. On aime le calamar à la sauce au vin et au gingembre et les excellentes frites maison saupoudrées d'origan.

De 15 à 20 €

♥ Iliovasilema
Carte p. 158 – Galissas ☎ 228.10.43.325.
Le patron a une passion : la cuisine ! L'hiver, il travaille dans les meilleurs restaurants d'Athènes ou d'Angleterre. L'été *(avr.-oct.)*, il tient cette taverne depuis 20 ans, où il ne cesse d'expérimenter, s'améliorant toujours avec des plats subtils et raffinés. Caviar d'aubergines servi sur un petit pain turc au maïs, herbes sauvages sautées, pâtes en forme de langue d'oiseau cuisinées façon risotto aux fruits de mer… Présentation sophistiquée.

PÂTISSERIES, CAFÉS ET BARS

Syros a deux spécialités, importées par les réfugiés grecs d'Asie Mineure : les ***loukoums*** *et les* ***chalvadopittès*** *(galettes de nougat au miel et aux amandes entre deux feuilles d'hostie). Vous trouverez de nombreux vendeurs sur le port. Les plus réputés sont celles de Korrès sur la pl. Miaouli.*

➤ Ermoupolis

♥ Jar
Plan p. 160 / B1 – 16, rue Em. Roïdi ☎ 228.10.79.225.
Un microcafé sympathique et branché pour prendre son petit déjeuner ou boire un cocktail tard dans la nuit. Déco pop. Musique jazz, soul ou funky. Délicieuses pâtisseries confectionnées par Martine.

Elia
Plan p. 160 / B1 – 32, rue Chiou et pl. Miaouli ☎ 69.74.49.97.79 (port.). Ouv. toute l'année à partir de 11 h.
Dans l'un des plus vieux bâtiment de la ville, un bar décontracté. DJ à partir de 22 h. Musique rock, funk et jazz. Carte de sandwichs, salades et pâtes de 19 h à 1 h du matin.

Sta Vaporia
Plan p. 160 / B1 – Quartier Ta Vaporia, juste derrière l'église Agios Nikolaos ☎ 228.10.76.486.
Ce café-bar-restaurant contemporain surplombe la mer. Bonne musique jazz, blues et *lounge*.

Café-épicerie bio Marathos
Plan p. 160 / B1 – Rues Vikela 3 et Gravias (à l'angle de la place Miaouli) ☎ 228.10.88.866. Ouv. lun.-sam. 7 h-22 h.
Jus de fruits, vins bio, feuilletés maison et excellent jazz.

Laoutari
Plan p. 160 / A2 – Thermopylon 18 (près du chantier naval) ☎ 228.10.79.667.
Un café décontracté où l'on écoute de la musique grecque et tzigane. Deux chaises et une table accrochées au plafond (façon Dalí), des prix tout doux et un service sympathique. Petite carte pour manger.

Pâtisserie Melikraton
Plan p. 160 / B1 – 3, rue E. Venizelou ☎ 228.10.80.075.
Difficile de résister dans cette pâtisserie moderne ouverte par la jeune Niki et son frère Vassilis. Gâteaux orientaux (quatre sortes de baklava !), spécialités des Cyclades comme les *meletinia* (tartelette au fromage frais, cannelle et mastic) ou les nougats de Syros, mais aussi crème brûlée, tiramisu et glaces maison en été.

FESTIVALS D'ÉTÉ

Ermoupolis déploie une vie culturelle très intense autour de son théâtre ou en plein air, sur l'immense pl. Miaouli. En été, les festivals se succèdent, invitant des musiciens du monde entier pour jouer de la musique classique ou folklorique : **guitare classique** en juil., **festival of the Aegean** mi-juil. *(www.festivaloftheaegean.com)*, **festival international de musique classique** en août *(www.festivalcyclades.com)*. Le 7e art n'est pas en reste : **festival de cinéma** en juil. *(syrosfilmfestival.org)* et **festival de films d'animation** en sept. *(www.animasyros.gr)*. On trouvera le programme de ces différentes manifestations au théâtre Apollon *(ouv. 11 h-14 h et 19 h-22 h)*.

SHOPPING

Boutique Sandalia
Plan p. 160/B1 – 2, rue E. Venizelou ☎ 228.10.81.049.
De jolies sandales grecques haut de gamme, élégantes et féminines, taillées dans les chutes de cuir Hermès ! Dessinées par une Française, avec leurs sacs assortis.

SPORTS ET LOISIRS

Club hippique des Cyclades
Carte p. 158 – Leivadia Manna, près de l'aéroport ☎ 69.77.44.96.44 (port.).
Cours pour tous niveaux, excursions pour les cavaliers confirmés, organisation de concours équestres au printemps et en automne.

Théâtre Apollon
Plan p. 160/B1 – En haut à dr. de la place Miaouli ☎ 228.10.85.192. Ouv. les soirs de spectacles 19 h-22 h.

➤ TINOS

Visite 19, p. 168 – Carte p. 170-171

Carnet pratique p. 283

OÙ DORMIR ?

Comparée aux autres Cyclades, Tinos est très bon marché.

➤ Chora et le sud de l'île

De 50 à 70 €

Hôtel Tinion
Carte p. 170-171 – Au niveau du vieux port de Chora (50 m après la poste) ☎ 228.30.22.261, www.tinionhotel.gr. Ouv toute l'année. Wi-Fi gratuit.
Ce fut autrefois le palace de l'île. Son côté désuet lui confère tout son charme et son authenticité (vieux gramophone, anciennes photos, majolique au sol). Kostas tient impeccablement cet hôtel fondé par son grand-père en 1922. Ch. un peu petites mais très propres, certaines avec terrasses. Copieux petit déjeuner (jus d'orange frais) qui se prend en terrasse à la belle saison.

♥ Voreades
Carte p. 170-171 – 7, rue N. Foskolou, à Chora, à 50 m au-dessus du nouveau port ☎ 228.30.23.845, www.voreades.gr. Carte de paiement acceptée. Ouv. mars-oct. Wi-Fi gratuit.
Plantes grimpantes, meubles anciens et lits à baldaquin : voilà un petit hôtel romantique et chaleureux. Préférez les ch. du 2e étage plus lumineuses. Agréable salle de petit déjeuner. Accueil francophone.

De 70 à 120 €

Porto Raphael
Carte p. 170-171 – Agios Ioannis Porto ☎ 228.30.23.913, www.portoraphael.gr.
Ce petit complexe aux palmiers et à la pelouse verdoyante (arrosée grâce à de l'eau recyclée) surplombe la plage d'Agios Ioannis Porto. Sa position, son charme, la fonctionnalité de ses chambres en font une résidence idéale en famille. Très bien tenu par deux frères qui ont récemment repris la suite de leurs parents. Restaurant avec belle terrasse.

Env. 120 €

Vega
Carte p. 170-171 – Agios Markos, à 2 km du port, juste avant le site archéologique dédié à Poséidon ☎ 228.30.24.035, www.vegaapartments.gr.
Attention ça grimpe (sur 300 m) ! Mais quelle récompense : ce petit complexe blanc et fleuri enjolive le paysage. Style cycladique contemporain, au mobilier bâti et aux murs doux et arrondis. Jolie piscine turquoise à débordement. Vue sur la mer et Syros. Plusieurs plages en contrebas.

Plus de 250 €

Diles & Rinies Villas
Carte p. 170-171 – Lagades, à 3 km de la ville en direction d'Agios Sostis. Accès au bout d'une route en terre ☎ 228.30.26.146, www.tinosvillas.com.
Spacieuses (la plus petite fait 100 m^2), remarquablement bien équipées (lave-linge, planche et fer à repasser, barbecue…), ces villas en pleine nature jouissent toutes d'une grande terrasse avec une vue magnifique sur la mer et d'un jardin. Grande piscine avec *pool bar.* La plage d'Agios Fokas se trouve à 10 min à pied en contrebas.

➤ Le centre de l'île

Ces hébergements constituent d'excellents points de départ pour découvrir l'île à pied.

De 30 à 50 €

Lefkès
Carte p. 170-171 *– Falatados, à 11 km N de Chora, à l'entrée du village à g.* ☎ *228.30.41.335.*
Cette taverne familiale propose à la location des ch. basiques et calmes. Tarifs négociables si l'on reste plusieurs nuits.

♥ **Pigeonnier de Volax**
Volax, entre la taverne Rokos et l'amphithéâtre ☎ *228.30.41.639. Maisonnette à louer toute l'année.*
Comment roucouler à deux dans ce charmant village de vanniers ? En louant cette minuscule maison en forme de pigeonnier. Très simple et bon marché. Thérésa, la propriétaire, parle français.

De 90 à 140 €

♥ **Maison de Loutra**
Carte p. 170-171 *– Loutra, 6 km N de Chora, 1re maison à dr. en descendant dans le village. www.maisondeloutra.fr. Maison de village à louer à la semaine.*
Voilà une belle manière de découvrir l'île de Tinos. Cette maison du XVIIIe s. a été restaurée par un couple de Français : tympans en marbre sculpté, crépis traditionnel… Jardin planté d'arbres fruitiers. Jusqu'à 7 couchages, mais idéale pour 4 personnes. Les propriétaires louent une maison similaire à Skalados *(www.maisondeskalados.fr).*

➤ Le nord de l'île

De 40 à 60 €

♥ **Chambres Margarita Karagiorgi**
Carte p. 170-171 *– Pyrgos, derrière l'église d'Agios Dimitrios* ☎ *228.30.31.407. Ouv. Pâques-fin oct.*
En plus de produire du miel *(p. 227)*, Marguerita et Nikos louent 3 studios. Belle maison avec pierres apparentes et murs blanchis à la chaux. Vue sur les terrasses de culture et les moulins.

Chambres Michail Saltamanikas
Carte p. 170-171 *– Pyrgos, sur la route qui entre dans le village, à g.* ☎ *228.30.31.554/400.*
Au-dessus de son atelier, le sculpteur Michail Saltamanikas loue 3 studios simples mais bien équipés. Une plaque de marbre décore chaque porte.

Elena
Carte p. 170-171 *– Panormos, sur le port à dr., après les tavernes* ☎ *228.30.31.694.*
Cette belle maison blanche aux volets bleus donne sur le port. Ch. simples mais bien équipées.

Maria
Carte p. 170-171 *– Panormos, à dr. sur le port, au-dessus du restaurant Paleta* ☎ *228.30.31.257 et 69.70.07.30.22 (port.), www.studio-maria.gr.*
Ch. plutôt spacieuses dans cette maison perchée au-dessus du port.

OÙ MANGER ?

Excellentes tavernes à prix modiques.

➤ Le port et ses environs

De 13 à 20 €

Angyra
Carte p. 170-171 *– Quartier de Pallada, Chora, entre le vieux et le nouveau port, juste derrière l'aire de jeux pour les enfants* ☎ *228.30.23.016. Ouv. toute l'année midi et soir (f. 16 h-20 h).*
Une excellente petite taverne de poisson. Si le prix au kilo est cher pour votre bourse (60 €), optez pour les sardines, les maquereaux grillés ou la morue frite servie avec une purée à l'ail *(bakaliaros me skordalia)*. Un régal ! Les entrées sont aussi succulentes, comme la salade de petits haricots coco *(mavromatika)*.

Tarsanas
Carte p. 170-171 *– Chora, à une extrémité du port, tout à gauche en regardant la mer, là où autrefois on radoubait les bateaux* ☎ *228.30.24.667.*
Cuisine grecque fraîche et moderne. On se régalera de chèvre au four, de soupe de poisson *(kakavia)*, mais aussi de délicieuse pâtes et risotto aux fruits de mer. Le patron est un excellent cuisinier.

➤ Les villages du centre

De 10 à 13 €

I Volax
Carte p. 170-171 *– Volax, à l'entrée du village* ☎ *228.30.41.021.*

Posé dans un univers minéral, le joli village de Volax ne compte que vingt habitants en hiver. Cette taverne traditionnelle est pourtant ouverte toute l'année. On y goûtera les saveurs locales, comme le chevreau au citron.

♥ Pentostrato
Carte p. 170-171 – Mesi, à 10 km N de Chora, au carrefour des routes pour Falatados, Steni et Koumaros ☎ 228.30.41.127. F. en déc. et jan.
Cette taverne rustique et familiale sert des plats délicieux et bon marché. Kostas, le fils, vous invite en cuisine pour vous aider à choisir : poulpe au vinaigre, tarama maison, lapin à la tomate, agneau au citron…

De 13 à 16 €

♥ To Katoï
Carte p. 170-171 – Smardakito, à 8 km de Chora, au centre du village ☎ 228.30.51.706. Ouv. fin mai-sept. le soir seulement.
L'hiver, les vieux y prennent un café en jouant au tric-trac (sorte de jeu de dames). L'été, c'est une taverne aux saveurs raffinées. Porc, poulet et lapin sont longuement mijotés avec des aromates, comme le genévrier, la cardamome ou le laurier.

➤ Le nord de l'île

De 10 à 13 €

To Limanaki
Carte p. 170-171 – Panormos, sur le port à dr. ☎ 228.30.31.585. Ouv. toute l'année.
Excellente taverne aux prix tout doux. Poissons, langoustes et calamars sont frais, et les plats très raffinés. On aime les légumes grillés et glacés au vinaigre servis avec une tranche de *mastello* (fromage) grillé, ou encore l'aubergine *imam* cuite au four avec de la tomate.

De 20 à 25 €

♥ To Thalassaki
Carte p. 170-171 – Ormos Ysternion, à 28 km N-O de Chora ☎ 228.30.31.366. Rés. recommandée en été.
Cette taverne posée au bord de l'eau a une réputation qui dépasse le cadre de l'île. On y va pour son poisson frais, ses salades créatives, ses plats raffinés présentés façon nouvelle cuisine et ses desserts maison. Établissement tenu par Aris et Antonia, deux enfants de l'île.

SHOPPING

Association de femmes « O Evangelismos »
Carte p. 170-171 – Chora, rue Evangelistrias (au milieu sur la g.) ☎ 228.30.22.894.
C'est à la fois une école de tissage, une boutique et la plus ancienne association de femmes de Grèce. Elle fut créée en 1898 grâce aux dons d'un riche banquier de Constantinople pour remercier la nounou originaire de Tinos qui avait sauvé son fils. Sur les métiers à tisser traditionnels en bois, les femmes créent du linge de maison ravissant et bon marché (nappes, serviettes, tabliers de cuisine…).

Michalis Saltamanikas
Carte p. 170-171 – Pyrgos (sur la route à g., avant le parking) ☎ 228.30.31.554, http://michailart.gr.
Formé à l'école des Beaux-Arts de Pyrgos, Michalis est resté dans son village natal, quand beaucoup de ses anciens camarades travaillent aujourd'hui comme restaurateurs de marbre ancien au musée du Louvre ou sur le site de l'Acropole. Sa passion : orner de dauphins, de bateaux ou de phares les traditionnelles plaques de marbre et lucarnes en demi-lune de l'île. Il a été marqué par la vie de son père, gardien de phare sur des îlots perdus en mer Égée.

Marché paysan
Carte p. 170-171 – Chora, pl. Pallada. T.l.j. 7 h-midi. Face à la mer.
Les paysans vendent leurs produits : tomates séchées, fromages, légumes…

Pâtisserie Chalaris
Carte p. 170-171 – Chora, 12, rue Taxiaron. Petite rue piétonne parallèle au port, tout en bas de la grande avenue qui monte à l'église ☎ 228.30.23.274.
Des *agmydalota* délicieuses (pâte d'amande parfumée à la fleur d'oranger), des *kourabiès* au beurre et aux amandes, des gâteaux de mariage traditionnels… à acheter en boîte pour offrir ou à l'unité par gourmandise.

To Spiti tou Meliou (La maison du miel)
Pyrgos, juste avant la poste ☎ 228.30.31.407.

Miels de thym et de bruyère, eau de vie au miel *(rakomelo)* fabriqués par un sympathique couple d'apiculteurs gréco-thaïlandais et leur fils.

SPORTS ET LOISIRS

➤ Sports nautiques

Paesino diving center
Carte p. 170-171 – Plage d'Agios Fokas – Agkali (immédiatement après la ville), ☎ 228.34.00.031 et 69.48.06.99.77 (port.), www.paesinodivingcenter.gr.
Manthos Delatollas qui tient ce club de plongée Padi, propose aussi escalade et trekking.

Tinos Surf Lessons
Carte p. 170-171 – Plage de Kolymbithra ☎ 69.72.40.46.28 (port.). Ouv. mai-oct.
Cours de surf, location de matériel (planches de surf et *skim board*, canoë, kayak, etc.), *beach bar*.

➤ Micro brasserie

Nissos
Carte p. 170-171 – Eparchiaki Odos Tinou – Ormou Agiou Ioannis, à 1 km du port en direction d'Agios Ioannis Porto ☎ 228.30.26.333, www.nissosbeer.com. Vis. sur r.-v.
Avec succès, Tinos produit sa propre bière depuis 2013, appelée Nissos, « l'île » en grec. Mariant l'amertume du houblon et la douceur du malt, cette pilsener microfiltrée a remporté de nombreux prix.

➤ Stage de distillation d'huiles essentielles

Skalados
Carte p. 170-171 – Skalados, à côté de Loutra, http://huilesessentiellesdescyclades.fr.
Au côté d'un Français passionné par les Cyclades et la nature, on distille l'après-midi les fleurs cueillies le matin lors de magnifiques balades. Camomille en mars, sauge et lavande en avril, sarriette et hélichryse en mai, fenouil à l'automne… chaque mois apporte ses fleurs. L'hébergement se fait dans une authentique maison paysanne du village.

TINOS FESTIVAL

Sur toute l'île en été, la municipalité organise de nombreux événements réunis sous le label Tinos Festival. Concerts de musique traditionnelle grecque, représentations théâtrales mais aussi Fête de l'artichaut à **Komi** en mai, du miel à **Pyrgos** fin août ou du raki à **Falatados** en octobre : guettez le programme affiché sur les murs ou distribué sous forme de prospectus.
En été, ne manquez pas l'excellente programmation musicale dans l'amphithéâtre en plein air de **Koumaros**. D'autant plus que le lieu est enchanteur entre les chênes majestueux et la vue sur le mont Exombourgo.
En ville, la Fondation culturelle de Tinos organise un grand nombre d'expositions.
➤ **Pour connaître le programme de la Fondation : www.itip.gr**

Tout savoir
sur...

L'histoire, la gastronomie, la religion, l'architecture…

Les Cyclades forment un archipel unique en Grèce. Leurs petites tailles et leurs ressources limitées ont conduit l'homme à vivre avec simplicité, en harmonie avec la mer, le vent et le soleil. Leur situation au carrefour de l'Orient et de l'Occident et la facilité de passer d'une île à une autre ont favorisé les échanges avec le monde extérieur. Aujourd'hui, les Cyclades ont développé tout un art de l'accueil, entre adresses de charme, activités nature et produits du terroir. Au point d'incarner l'archétype du tourisme en Grèce.

Histoire

➤ Les dates qui ont fait les Cyclades

Disséminées en mer Égée, les Cyclades constituent des escales naturelles entre la Grèce continentale et l'Asie Mineure, entre l'Occident et l'Orient. Cette position stratégique a fait leur fortune mais aussi leur malheur, attirant la convoitise des pirates et des États ayant un intérêt économique dans la région. L'histoire de l'archipel alterne ainsi périodes de grande prospérité et heures plus sombres.

Terrasse des Lions, Délos

La civilisation cycladique

3200-2000 av. J.-C. Les Cyclades étaient connues et exploitées dès le néolithique. À l'âge du bronze, une brillante civilisation connue pour ses idoles en marbre s'épanouit dans tout l'archipel *(p. 234)*. Sa richesse repose sur le travail et le commerce de ses ressources minières : l'obsidienne de Milos, le cuivre de Kythnos, l'argent et le plomb de Sifnos, le marbre de Paros et de Naxos, l'émeri de Naxos, la pierre ponce de Santorin… Des routes commerciales relient alors la Grèce continentale, la Crète et les Cyclades de l'Ouest.

La civilisation minoenne

2000-1000 av. J.-C. La Crète, où s'épanouit la brillante civilisation minoenne – tirant son nom du légendaire roi Minos –, influence les Cyclades, surtout les îles du Sud comme Milos et Santorin. Cet ascendant se fait particulièrement sentir dans le domaine religieux : disparition des idoles de marbre blanc, adoption de thèmes picturaux, d'objets cultuels et d'aménagement religieux crétois.
Vers 1650 av. J.-C. Explosion du volcan de Thira sur Santorin. La civilisation d'Akrotiri – ville cosmopolite et commerciale – disparaît sous les cendres du volcan, laissant à l'histoire une Pompéi cycladique.

La civilisation mycénienne

1600-1100 av. J.-C. Venus de Grèce continentale où ils fondent plusieurs cités, dont Mycènes d'où ils tirent leur nom – les Mycéniens occupent les Cyclades jusqu'à la fin de leur civilisation.
Avec le déclin de la civilisation mycénienne disparaît aussi l'écriture, qui sera découverte à nouveau trois siècles plus tard.

La civilisation ionienne

xe s. av. J.-C. Les Ioniens arrivent du continent et fondent de grandes cités, comme Zagora à Andros.
VIII-VIIe s. av. J.-C. Les Ioniens fondent un sanctuaire religieux sur l'île de Délos.

Les Cyclades dans l'Antiquité grecque et romaine

VIII-VIe s. av. J.-C. Les Cyclades connaissent une période de prospérité liée au commerce et à l'exploitation de leurs ressources minières. Cet essor se lit également à travers la richesse des offrandes faites dans les grands sanctuaires : le trésor de Sifnos et la colonne des Naxiens à Delphes ou encore la terrasse des Lions offerte par Naxos à Délos. Cette prospérité attise des convoitises : Sifnos est pillée par les Samiens en 524 av. J.-C.

490-479 av. J.-C. Pendant les guerres médiques qui opposent Athènes à la Perse, les Cyclades sont prises par les Perses.

Septembre 480 av. J.-C. Naxos, Kéa, Kythnos, Sérifos et Milos se retournent contre les Perses à la veille de la bataille de Salamine, qui marque la victoire des Grecs contre les Perses. Début de l'alliance des Cyclades avec Athènes.

477 av. J.-C. Les Cyclades adhèrent à la ligue de Délos, la confédération des cités alliées d'Athènes. Ces dernières devaient fournir des navires et déposer le tribut dans le sanctuaire d'Apollon à Délos. Mais l'hégémonie athénienne est vite contestée.

469 av. J.-C. Naxos se révolte contre Athènes. Punie, elle devient un simple État vassal.

454 av. J.-C. Le trésor de Délos est transféré à Athènes par Périclès qui entreprend de grands travaux sur l'Acropole *(p. 35)*.

431-404 av. J.-C. La peur de l'hégémonie athénienne déclenche la guerre du Péloponnèse qui oppose Athènes à Sparte. Les Cyclades y participent aux côtés des Athéniens.

371-355 av. J.-C. Alors qu'Athènes, Sparte et Thèbes ont renoncé à établir leur hégémonie sur la Grèce, Philippe II fait de la Macédoine la principale puissance du monde grec.

338 av. J.-C. Les Cyclades, en même temps qu'Athènes, passent sous domination macédonienne.

218-201 av. J.-C. La deuxième guerre punique fait de Rome la première puissance en Méditerranée.

168 av. J.-C. Rome s'empare du royaume de Macédoine et s'intéresse très vite à Délos, qui va connaître une grande prospérité économique.

166 av. J.-C. D'île sacrée, Délos devient un port franc favorisé par les Romains. Ses activités commerciales et bancaires sont florissantes. Elle se spécialise dans le commerce du blé et des esclaves. La ville, très cosmopolite, pourrait avoir atteint alors 25 000 habitants.

Byzantins, Vénitiens et Ottomans : d'une domination à l'autre

IIIe-IVe s. apr. J.-C. Christianisation des Cyclades. Les catacombes de Trypiti à Milos datent de cette période.

395 apr. J.-C. Les Cyclades passent sous l'administration de Constantinople. Délaissées par l'Empire byzantin, elles sont la proie des pirates qui déferlent par vagues successives. Raids sur les côtes, pillages et rançonnements poussent la population à quitter les îles ou tout du moins à se réfugier à l'intérieur des terres.

XIIIe-XVIe s. Suite au détournement de la quatrième croisade, les Vénitiens conquièrent les Cyclades et importent le système féodal pour les administrer : ils fondent le duché de Naxos *(p. 236)*.

1537-1538. Khayr al-Dîn Barberousse, pirate barbaresque et grand amiral de la flotte ottomane mène deux raids très violents dans l'archipel. Les îles tombent aux mains des Turcs, à l'exception de Tinos qui reste sous domination vénitienne jusqu'en 1715.

XVIIe s. Les Cyclades deviennent le refuge des pirates chrétiens après avoir été celui des Barbaresques. Ils bénéficient de l'offensive de Venise, de Louis XIV et du pape visant à convertir l'archipel au catholicisme (nombreuses fondations de monastères capucins et jésuites). Mais le prosélytisme catholique n'ayant obtenu que de maigres résultats, les missions disparaissent des îles.

XVIIIe s. La Russie de Catherine II – elle aussi orthodoxe – cherche un accès à la mer Méditerranée. Les Cyclades se rangent rapidement de son côté. Russes et Turcs s'affrontent à plusieurs reprises dans l'archipel. De 1770 à 1774, les Russes contrôlent plusieurs îles de l'Égée et font du port de Naoussa, sur l'île de Paros, le lieu de mouillage de leur flotte. Le traité de Kutchuk-Kaïnardji met fin au conflit en 1774. Favorable aux Russes et aux Grecs, il permet aux habitants des Cyclades de battre pavillon russe pour faire du commerce, ce qui leur permet de circuler librement sur toutes les mers du Levant. Les grandes fortunes qui se bâtissent alors seront mises à contribution lors de la guerre d'indépendance grecque.

La Grèce moderne

1821-1832. Guerre d'indépendance de la Grèce contre les Turcs. À cause de leur culture, de leurs privilèges commerciaux et de leur forte communauté catholique, les Cyclades ne prennent pas toujours une position nette dans le conflit. La neutralité de Syros en fait une destination privilégiée pour les réfugiés des massacres de Chios (1822), de Psara (1824) et d'Asie Mineure. D'autres îles s'engagent cependant : à Mykonos, l'héroïne Mado Mavrogenis consacre toute sa fortune à la cause nationale. À la fin de la guerre, les Cyclades sont rattachées au royaume grec.

Un XIXe s. prospère. Avec l'indépendance du pays et l'éradication de la piraterie au début du XIXe s., les Cyclades retrouvent leur position stratégique en Méditerranée. Grâce à son port naturel et à l'afflux de riches réfugiés, Ermoupolis, la capitale des Cyclades, est créée *ex nihilo* dans la rade de Syros *(p. 166)*. Proposée un temps pour devenir la capitale du royaume, elle devient le premier port commercial et industriel de Grèce. Les îles se spécialisent : Sifnos dans la poterie, Santorin dans le vin, Mykonos dans le moulage du blé et la confection de pain. Des sociétés exploitent la richesse minière de manière industrielle : fer à Sérifos, argent à Sifnos, pierre ponce à Santorin, marbre à Paros, émeri à Naxos. Sur le continent, le jeune État grec peine à se construire. À la fin du XIXe s. cependant, une politique de grands travaux est menée.

Un XXe s. sombre. L'avènement de la marine à vapeur et le percement du canal de Corinthe (1893) détournent les voies commerciales de la mer Égée. Les Cyclades n'étant plus des escales obligées, leur activité économique sombre peu à peu. Les îles se dépeuplent. L'archipel suit de loin la vie chaotique du jeune État grec. Ce dernier oscille entre instabilité politique – dictatures, royautés et républiques se succèdent – et guerres irrédentistes qui ont pour objec-

DES ÎLES D'EXIL

Déjà, sous l'empereur romain Tibère, « aller à Gyaros » signifiait être condamné à mort. Au XXe s., les Cyclades les plus désolées ou les plus reculées ont servi de lieux d'exil sous les dictatures de Métaxas et des Colonels, et pendant la guerre civile grecque. Dans l'extrême nord des Cyclades, les petites îles hostiles et inhabitées de Gyaros et Makronissos ont abrité de sinistres camps pénitentiaires. Plusieurs milliers d'opposants politiques, essentiellement des communistes, y ont été torturés, notamment sous les Colonels. Autre solution pour isoler les opposants sans surcharger les prisons : les déporter sur des îles si isolées qu'ils ne pouvaient s'échapper, comme Folégandros, Amorgos et Anafi. L'État versait alors une maigre pension à ces prisonniers politiques pour qu'ils se débrouillent auprès de la population locale pour se loger et se nourrir.

tif de donner à la Grèce les frontières de l'hellénisme. Rares sont les hommes politiques qui se distinguent, hormis le libéral Elefthérios Vénizélos. Plusieurs fois Premier ministre entre 1911 et 1936, il réforme l'État et remporte quelques succès diplomatiques.

1936-1941. **Dictature de Métaxas.** L'instabilité politique aboutit à une dictature fasciste. Les Cyclades les plus reculées accueillent durant leur exil les opposants politiques *(encadré ci-contre)*.

28 octobre 1940. Jour du « non » (aujourd'hui célébré comme une fête nationale) et entrée de la Grèce dans la guerre. Métaxas refuse ce jour-là l'ultimatum de Mussolini qui veut faire passer ses troupes en Grèce. Le pays repousse courageusement l'invasion italienne. Les Allemands sont obligés d'intervenir et prennent le pays (avril 1941).

1941-1944. Dès 1941, une terrible famine s'abat sur le pays, occupé par les troupes allemandes et italiennes, faisant plus de 500 000 morts (sur une population de 7,3 millions d'habitants). L'occupation allemande est particulièrement cruelle dans les Cyclades où la famine est organisée : interdiction pour les caïques de sortir pêcher, approvisionnements suspendus, réquisition des productions locales, flotte coulée. La Résistance s'organise. Différents groupes libèrent les îles les unes après les autres : Mykonos en septembre 1944, Naxos en octobre 1944, Milos en mai 1945…

1945-1949. **Guerre civile grecque.** Le pays est divisé entre les partisans de gauche issus de la Résistance et les forces gouvernementales soutenues par les Anglais puis les Américains. Ces derniers redoutent que le pays ne devienne communiste. Les opposants politiques de gauche sont massivement déportés sur les îles pénitenciaires de Gyaros et Makronissos. La guerre civile fait 150 000 morts et des milliers de déportés. En 1949, la Grèce est un pays exsangue, marqué par un pouvoir militaire très fort.

1967-1974. **La dictature des Colonels.** Craignant l'arrivée de la gauche au gouvernement, les Colonels s'emparent du pouvoir, imposant une chape de plomb sur la société grecque au nom de l'ordre moral. Les plus hostiles des Cyclades servent à nouveau de prisons *(encadré ci-contre)*.

Après 1974. **Normalisation de la vie politique grecque.** Après la chute des Colonels, Constantin Caramanlis restaure la démocratie (Premier ministre de 1974 à 1980). La royauté est définitivement rejetée par référendum et une nouvelle Constitution est votée, offrant à la Grèce un régime parlementaire (1975). La Grèce entre dans l'Union européenne en 1981. L'alternance politique est de mise avec l'arrivée au pouvoir du socialiste Andréas Papandréou en 1981. À coups de subventions européennes, de privatisations et de libéralisation, la Grèce se modernise et s'enrichit, se rapprochant ainsi des standards de vie des Européens, mais aussi de leurs inégalités. Malgré la fragilité de son économie, la Grèce adopte l'Euro en 2001. Amorcée en 1997, la croissance de 4 % par an du PIB se poursuit au-delà du succès des J.O. en 2004, jusqu'à la découverte brutale du surendettement du pays en 2008. Les plans

L'AVÈNEMENT DU TOURISME

Dans les années 1960, quelques artistes bientôt suivis par la jet-set font de Mykonos, Ios ou encore Santorin leur retraite égéenne. Le bleu et blanc cycladique ne tarde pas à devenir la figure de proue du tourisme en Grèce, qui connaît un véritable boom à partir des années 1980. Toutes les îles profitent de cette manne économique. Tournant la page des heures sombres, le visage des Cyclades se métamorphose. Les liaisons maritimes et aériennes se multiplient. La vie s'y fait plus douce. Les îles se repeuplent.

de sauvetage et les mesures d'austérité draconiennes imposées par l'UE et le FMI ont l'effet inverse de celui escompté : la Grèce s'enfonce dans la récession, la dette explose. De financière, la crise devient économique, sociale et politique *(p. 245)*.

Idole de la civilisation cycladique

➤ L'art cycladique

À la fin du XIXe s., l'archéologue grec Christos Tsountas est le premier à révéler l'existence de la civilisation cycladique, qui s'est épanouie au IIIe millénaire avant notre ère. À cette époque, les Cyclades étaient le berceau d'une civilisation brillante, essentiellement connue à travers des idoles de marbre.

Une civilisation méconnue

À l'âge du bronze, des communautés humaines vivent disséminées sur les Cyclades. Agriculteurs, éleveurs ou encore artisans – certaines îles sont riches en minéraux comme le plomb, l'argent, le marbre, l'obsidienne… – parcourent les mers et commercent également avec le continent, la Crète et l'Asie Mineure. Ils naviguent la plupart du temps sans perdre de vue les Cyclades, idéalement disséminées en mer Égée et donc parfaitement adaptées au cabotage.

Des idoles originales

Les hommes de cette époque n'ont laissé aucune trace écrite mais un considérable matériel archéologique : vases en marbre ou en terre cuite, objets en métal, statuettes en marbre… Vestiges étonnants par leur esthétique et leur modernité formelle.

Des femmes et quelques hommes

Les plus anciennes (remontant à 3200-2800 av. J.-C.) ont été retrouvées à Naxos et Milos. Elles observent un **style minimaliste** : un simple « violon » représente le corps féminin. Puis des seins, des bras, des jambes se dessinent sur les idoles postérieures. L'apogée de cet art se situe entre 2800 et 2300 av. J.-C. Les principaux foyers sont alors Amorgos, Kéros, Naxos et Syros. Les idoles mesurent en général entre 40 cm et 150 cm et représentent majoritairement des figures féminines. Elles ont la tête inclinée en arrière, menton relevé, les bras croisés en dessous des seins et les jambes légèrement fléchies.

Les rares figures d'hommes retrouvées se distinguent par des **attitudes originales** : le joueur de harpe de Kéros (Musée archéologique national d'Athènes ; *p. 43*), le buveur qui semble porter un toast (musée d'Art cycladique d'Athènes ; *p. 46*) ou encore le guerrier chasseur de Naxos.

Beaucoup de questions et peu de réponses

L'interprétation du sens, de la fonction et de la valeur de ces statuettes reste encore une question complexe et les hypothèses foisonnent. S'agit-il de représentations religieuses ou profanes ? Pour les archéologues du XIXe s., ces idoles servaient au défunt dans l'au-delà car elles ont été retrouvées essentiellement dans des tombes. Pour certains, il s'agissait d'Astarte, la déesse babylonienne de la Fertilité, ou encore d'Iside, la déesse égyptienne. Pour d'autres encore, de jouets pour enfants…

Aujourd'hui, les interprétations rejettent le lien que les idoles pourraient avoir avec la religion et le sacré. On y voit au contraire les signes d'une structure sociale terrestre et antique : une tombe avec plusieurs statuettes voudrait dire que le défunt avait plusieurs femmes, preuve de sa richesse. Aucune hypothèse ne peut être écartée ou retenue.

➤ Apollon, Dionysos et les autres

Dans la mythologie grecque, les Géants – les fils de Gaïa, la Terre – affrontèrent les dieux de l'Olympe lors d'un formidable combat. Ils lancèrent des roches gigantesques dans le ciel qui, en retombant, donnèrent naissance aux îles de la mer Égée, dont les Cyclades. Certaines îles occupent une place importante dans la mythologie et les récits légendaires de la Grèce antique.

Délos : la naissance d'Apollon

Aimée de Zeus, Léto est enceinte des divins jumeaux, Apollon et Artémis. Mais Héra, sa jalouse rivale, lance à sa poursuite le serpent Python et fait promettre à la Terre de ne jamais lui prêter asile. Poséidon prend pitié de Léto. D'un coup de trident, il fait sortir des eaux l'île flottante d'Ortygie pour que Léto puisse donner naissance à ses enfants. L'île est alors fixée au milieu des Cyclades par quatre colonnes marines. Et son nom devient Délos, la Brillante, car sur son sol est né le dieu de la Lumière.

Anafi : les Argonautes guidés par Apollon

À bord du navire *Argo*, Jason est perdu en mer de Crète dans une nuit opaque. Il implore Apollon de lui montrer la route. Le dieu lance alors une flamme qui mène le navire vers une petite île pour y jeter l'ancre. Ils donnent à cette île le nom d'Anafi, l'île de la Révélation, et y élèvent un sanctuaire en l'honneur d'Apollon, le Rayonnant.

Naxos : les épousailles d'Ariane et Dionysos

L'oracle de Delphes prédit à Thésée qu'il tuera le Minotaure s'il prend Aphrodite pour guide. Et effectivement, à peine arrivé en Crète, Ariane, la fille de Minos, tombe amoureuse de lui et, contre la promesse de l'épouser, lui révèle comment sortir du Labyrinthe après avoir vaincu le monstre : le peloton de ficelle magique.

Quelques jours après l'exploit, les amoureux font escale à Naxos sur la route d'Athènes. Mais Thésée abandonne Ariane endormie sur le rivage et reprend la mer. Certains auteurs pensent qu'il l'abandonne pour une autre maîtresse ; d'autres que Dionysos aurait jeté un sort à Thésée pour lui faire oublier l'existence d'Ariane afin de l'épouser. Ce qui fut chose faite : les noces d'Ariane avec Dionysos furent célébrées sur l'île.

Sérifos et Persée

Danaé met au monde Persée qu'elle conçut avec Zeus. Comme un oracle avait prédit à son père, Acrisios, roi d'Argos, qu'il se ferait tuer par son petit-fils, il décide de jeter Danaé et Persée à la mer, enfermés dans un coffre en bois. C'est sur l'île de Sérifos que le pêcheur Dictys recueille la femme et l'enfant.

Le frère de Dictys et roi de Sérifos – Polydectès – tombe amoureux de Danaé. Persée faisant obstacle au mariage, Polydectès tente de s'en débarasser en l'envoyant tuer Méduse, espérant qu'il y trouve la mort. En échange, si Persée revient avec la tête de la Méduse, le roi devra accepter d'en épouser une autre. Une fois le combat gagné, Persée se rend au palais du roi et expose l'assemblée au regard pétrificateur de la Méduse. Le roi changé en pierre, Persée remet le pouvoir à Dictys et quitte l'île pour Argos avec sa mère.

➤ Sous domination vénitienne

Entre les dominations byzantine et ottomane, les Cyclades passent sous la coupe des Vénitiens. De 1207 à 1537, ils fondent le duché de Naxos et réussissent même à conserver la riche île de Tinos jusqu'en 1715.

Le détournement de la quatrième croisade

Dès le XIe s., les Vénitiens et les Génois obtiennent d'importants privilèges commerciaux dans l'Empire byzantin. Assurant les échanges entre l'Occident et l'Orient, leur flotte ne cesse de se développer. Les Cyclades constituent alors des escales entre l'Italie et Constantinople.

Lorsqu'au début du XIIIe s. Venise met à disposition ses navires pour transporter les hommes de la quatrième croisade, elle les détourne de la route de Jérusalem pour atteindre Constantinople, hautement stratégique pour ses intérêts commerciaux. La richesse et le raffinement de la ville, alors à son apogée, attisent la convoitise des croisés qui s'en emparent. Constantinople est pillée, l'empereur est détrôné et l'Empire byzantin est partagé (1204) entre les Latins. Venise reçoit les Cyclades, si précieuses pour leur commerce. La Sérénissime, ne pouvant soutenir les frais d'une nouvelle expédition, accorde la gestion des îles à ceux qui auront les moyens de les investir.

Les familles régnantes

Fort de cette autorisation, Marco Sanudo, riche marchand installé à Constantinople et neveu du doge, met le cap sur les Cyclades. En 1207, il fonde le duché de Naxos, regroupant également Paros, Antiparos, Milos, Sifnos, Syros et Kythnos. Il place à la tête des principales îles des membres de sa famille : les frères Ghizi prennent le contrôle de Tinos et Mykonos, Barozzi obtient Santorin… La période de domination latine dure trois siècles et demi – cinq siècles pour Tinos, conquise par les Turcs en 1715. Aujourd'hui, les communautés catholiques de Syros (environ 9000 personnes), Tinos (3000 personnes) et Naxos (environ 200 familles) sont issues des descendants directs des occupants latins.

Des villages citadelles (Kastro)

Pour assurer leur domination, les seigneurs vénitiens bâtissent une citadelle sur chaque île : aujourd'hui, les Kastro vénitiens sont encore le noyau des villages égéens. Ils répondent à ce principe défensif : les maisons, sans fenêtre sur leur paroi extérieure, sont collées les unes aux autres afin de former une muraille. L'espace intérieur est restreint : chaque famille occupe un niveau de la maison et accède à l'étage par un bel escalier en bois. Certains linteaux de portes sont encore gravés des blasons des Francs. Les plus remarquables exemples de ces habitats fortifiés se trouvent à Naxos, Sifnos, Folégandros et Antiparos.

Blason franc ornant la porte d'une demeure seigneuriale

Architecture

➤ L'architecture dans les Cyclades

Composés de petits cubes chaulés de blanc et d'églises coiffées de coupole bleue, les villages incarnent l'image emblématique des Cyclades. Maisons et chapelles s'imbriquent les unes dans les autres comme des maisons de poupées, tandis que les ruelles étroites – les voitures n'y passent pas – forment un labyrinthe où il fait bon flâner. Elles conduisent de placette en placette où les enfants jouent et les vieux prennent leur café.
Parfois, des maisons de style néoclassique vous surprendront, témoignages de la prospérité de l'île au XIXe s.

L'architecture cycladique

Des villages, remparts contre l'ennemi

Les bâtisseurs des villages cycladiques n'ont pas toujours eu l'esprit tranquille. Jusqu'au début du XIXe s., leur souci principal était de se défendre des pirates et autres ennemis du moment. Les villages se cachent ainsi parfois à l'intérieur des terres comme la Chora (capitale) d'Amorgos *(p. 59)* : le badigeon de chaux était même proscrit pour que les maisons puissent se fondre dans le paysage.
Plus souvent, les villages occupent une place inexpugnable – comme un piton rocheux – tels Ano Syros *(p. 162)* et la Chora de Sérifos *(p. 146)*. Mais dans un archipel confettis vivant essentiellement du commerce, la capitale est généralement le port, comme à Paros, Mykonos ou Naxos.
Pour se protéger des pirates, la rangée extérieure des maisons – avec leur mur aveugle – faisait office de rempart. Une fois à l'intérieur du village, le maillage des ruelles se fait si étroit qu'il forme un dédale dont il n'existe que peu d'issues.

Un Kastro encastré

Le manque de place a également joué un rôle dans la physionomie du village cycladique. Au noyau médiéval construit par les Vénitiens – souvent un Kastro au plan carré et défensif comme à Antiparos, Kimolos ou Folégandros – sont venues se greffer de nouvelles habitations qui s'imbriquent les unes aux autres pour épouser les flancs d'une colline ou les contours d'une anse naturelle. Ainsi, espaces publics et privés se confondent, les volumes se chevauchent et l'intimité des habitants s'échappe des fenêtres toujours ouvertes.

Beau, mais pas seulement…

Cette architecture cycladique obéit aux ressources naturelles de chaque île. Ici, la pierre est reine. S'il n'y a pas de bois, comme à Anafi ou Santorin, le toit, voûté, est préféré à la charpente. Ailleurs, les maisons sont couvertes de poutres noueuses, de dalles de pierres et d'algues, offrant une isolation remarquable contre la chaleur et le froid. Année après année, l'ensemble est badigeonné à la chaux, arrondissant les angles et offrant à l'œil et au toucher une douceur sensuelle et reposante. Pittoresques, ces villages à taille humaine semblent façonnés par la paume d'un artiste. Leur harmonie fascinait Le Corbusier, qui s'est inspiré de leurs formes simples et dépouillées pour lancer l'esprit nouveau de l'architecture.

Athènes et Ermoupolis : l'Antiquité pour modèle

En devenant indépendante en 1828, la Grèce veut effacer le souvenir de la domination ottomane. L'objectif : renouer avec la grandeur de l'Antiquité. Le style néoclassique alors en vogue en Europe est immédiatement adopté dans un pays où tout est à construire. Au XIXe s., institutions et maisons particulières empruntent les frontons, colonnes et ornements des temples antiques. Le plus bel ensemble néoclassique se trouve sur l'île de **Syros,** dans la ville d'Ermoupolis, bâtie *ex nihilo* par les réfugiés grecs fuyant les Turcs. Grâce à la position de l'île au carrefour des voies commerciales en Méditerranée, ils ont rapidement reconstruit leur fortune. Ils font alors appel aux meilleurs architectes et urbanistes d'Europe pour dessiner leur ville. Une ville pavée de marbre où brillent le magnifique hôtel de ville, l'imposante place Miaouli, le théâtre Apollon, les maisons des armateurs… Au hasard de vos balades dans les Chora de **Santorin**, **Sérifos** ou encore **Sifnos**, vous croiserez également quelques maisons néoclassiques.

Athènes connaît la même fortune. Lorsqu'elle est désignée capitale du jeune État de Grèce en 1834, elle n'est qu'un petit bourg agricole dominé par l'Acropole. Le jeune roi de Grèce Othon Ier de Bavière rêve immédiatement de bâtir une ville à la hauteur de sa gloire passée. Les quartiers compris entre l'Acropole, Syntagma et Omonia abritent les plus beaux exemples de l'architecture néoclassique, comme le palais royal (aujourd'hui le Parlement), l'Académie ou encore l'Université. Malheureusement avec l'explosion de sa population au XXe s., la ville connaîtra un développement anarchique, lui valant aujourd'hui le surnom de Tsimentopouli (la ville de ciment).

Nature

➤ Des paysages façonnés par les éléments

Parmi les 2 200 îles, îlots et rochers qui composent les Cyclades, 147 sont suffisamment grands pour porter un nom, et 24 seulement sont habités. Au premier abord, les Cyclades semblent sèches et rocailleuses. Pourtant, en s'aventurant à l'intérieur des terres apparaissent de petites plaines verdoyantes et cultivées – les livadia *–, ainsi que de véritables coulées vertes de roseaux et de lauriers-roses aux creux des vallons. Les Cyclades pourraient même ne pas manquer d'eau… si elle n'y était pas dangereusement gaspillée.*

Îlot de Néa Kaméni, en face de Santorin

Une terre : du mythe à la tectonique

Contrairement à la légende, les Cyclades ne sont pas tombées du ciel durant la formidable bataille qui opposa les Géants aux dieux de l'Olympe *(p. 235)*. Leur naissance est affaire de tectonique. La plaque continentale africaine remonte vers le nord à raison de 2 cm par an. Au niveau de la mer Égée, sa confrontation avec la plaque euro-asiatique provoque deux phénomènes : d'un côté, l'apparition par écaillage d'îles qui sont en réalité les **sommets de montagnes sous-marines** ; de l'autre, la formation par subduction de l'arc volcanique égéen qui va de l'île d'Égine, près d'Athènes, à Bodrum, en Turquie. Le magma qui remonte à la surface forme un chapelet d'**îles volcaniques** dont trois se trouvent dans les Cyclades : Milos, Kimolos et Santorin.

L'arc volcanique égéen

Sur les Cyclades volcaniques, les éruptions ont régulièrement terrifié les populations et provoqué parfois d'impressionnants bouleversements du paysage. Vers 1650 av. J.-C., à Santorin, une partie de l'île s'est effondrée sous l'eau, engloutissant une cité entière et créant une caldeira de 83 km^2, l'une des plus grandes du monde. Les rebords du cratère sont formés par les trois îles qui composent aujourd'hui Santorin : Thira, le croissant principal, Thirassia et Aspronissi. Aujourd'hui calme, le volcan a connu une activité intense jusqu'en 1956, date de sa dernière éruption. Le volcan de Milos et Kimolos est quant à lui endormi depuis 205 apr. J.-C. Seules les fumerolles et sources d'eau chaude rappellent que les volcans de Santorin et Milos ne sont qu'en sommeil. Toutefois, les scientifiques ne prévoient pas de réveil avant longtemps, contrairement au volcan de Nysiros, une île située dans le Dodécanèse.

Roches et métaux précieux

Les forces tectoniques en jeu dans la mer Égée soumettent les roches à des compressions inouïes qui les métamorphosent en pierres et métaux précieux. Le calcaire se transforme en **marbre** (Paros, Naxos et Tinos) et l'argile en **schiste** (Santorin).

Des filons de métaux enfermés dans le sous-sol cycladique ont fait la fortune de certaines îles comme l'**or** et l'**argent** à Sifnos (épuisés dans l'Antiquité), l'**émeri** à Naxos (exploité jusque dans les années 1980), la **pierre ponce** à Santorin (jusqu'au début des années 1980), l'**obsidienne**, la **bentonite** ou encore la **perlite** à Milos (toujours exploitées aujourd'hui).

Des paysages arides et vallonnés

Leurs croupes bleutées moutonnent au-dessus de la mer. Jamais plates, les Cyclades offrent un relief vallonné, voire montagneux, avec des sommets qui s'étagent généralement entre 600 et 1000 m d'altitude. Plutôt arides et rocailleuses, elles possèdent toutes de petits vallons verdoyants où l'eau coule en hiver. Pour habiter ces îles, l'homme a patiemment sculpté le paysage couvert de garrigue : il a entrepris un formidable travail de terrassement pour pouvoir cultiver la terre. Partout, les anciennes terrasses de culture dégringolent en cascade jusqu'à la mer comme d'immenses gradins *(encadré p. 243)*.

Des îles habitées

La faune

Victime de l'activité humaine et de la progression de la sécheresse, la faune sauvage, autrefois abondante et variée, s'est raréfiée. Naxos ne compte plus ni chacals ni cerfs, pourtant présents au Moyen Âge. Parmi les reptiles, si des lézards se prélassent sur chaque pierre, les vipères ne sont pas légion. Certaines espèces, menacées de disparition, font aujourd'hui l'objet de toutes les attentions.

Situées sur la route des oiseaux migrateurs, les Cyclades abritent de nombreuses espèces comme le faucon pèlerin, l'aigle de Bonelli ou le rare faucon Éléonore.

En mer, les dauphins restent nombreux, mais le phoque moine de Méditerranée *(Monachus monachus)* résiste difficilement à l'activité touristique car il aspire au calme absolu. Accusé de piller leurs filets, il est souvent victime des pêcheurs. Il arrive qu'il trouve refuge dans les anfractuosités des îles les plus sauvages comme Amorgos, les Petites Cyclades ou le triangle formé par Milos, Kimolos et Polyaigos.

La flore

Difficile d'imaginer les Cyclades couvertes de forêts ! Et pourtant, elles l'étaient jusqu'au Moyen Âge. Incendies et déboisement pour le chauffage, la construction de bateaux et l'aménagement des cultures en terrasse : l'activité humaine a eu raison des chênes, châtaigniers et genévriers qui tapissaient les Cyclades. La couverture végétale s'est transformée en maquis où broussailles parfumées – comme le thym et l'origan – se mêlent aux lentisques et aux caroubiers. Les Cyclades comptent **80 espèces de plantes endémiques**, parmi lesquelles plusieurs variétés d'orchidées sauvages. Mais aujourd'hui, la chèvre menace la garrigue : en broutant, elle détruit une flore particulièrement riche. Le printemps est un ravissement pour les yeux quand iris, coquelicots, marguerites et genêts sont en fleurs.

Eau : douce et précieuse

Contrairement à une idée reçue, les Cyclades ne sont pas complètement arides. Il y pleut suffisamment en hiver pour couvrir les besoins annuels en eau de l'archipel. Sur certaines îles, des sources coulent même toute l'année, comme à Andros qui commercialise d'ailleurs l'eau minérale de sa source Sariza.

Autrefois, tout était organisé pour recueillir l'eau de pluie. Les cultures en terrasse permettaient d'alimenter les nappes phréatiques en évitant le ruissellement de l'eau de pluie vers la mer *(encadré ci-contre)*. Dans les villages, les toits en terrasse et les cours alimentaient les citernes. Cette pratique remonte à l'Antiquité : à Délos, le théâtre permettait de remplir la plus grande citerne de l'île. Et les archéologues de l'École française d'Athènes se sont abreuvés à la fontaine Minoé – une citerne au cœur de la ville antique – jusqu'au début des années 1980.

Une gestion irresponsable

Avec le tourisme, la population – et par conséquent les besoins en eau – décuplent l'été. Les forages non contrôlés vident les nappes phréatiques, comme c'est le cas à Tinos, aujourd'hui obligée d'importer l'eau par bateau. Rien n'est fait par ailleurs pour économiser l'eau : grandes piscines et Jacuzzis se multiplient. À Santorin, d'anciennes citernes ont même été transformées en chambres d'hôtes ou en piscines.

État d'urgence

La question de l'eau devient d'autant plus sensible que les années de sécheresse se multiplient. L'état d'urgence est régulièrement décrété sur l'ensemble des Cyclades. La population locale doit limiter sa consommation en eau, quand il n'y a pas tout simplement coupure. Le manque d'eau est pallié à grands frais

Anciennes terrasses de culture, Amorgos

LES TERRASSES DE CULTURE

Indissociables du paysage cycladique, les terrasses, soutenues par des murets, permettent la création d'espaces de culture dans un relief accidenté : elles maintiennent les sols, sensibles à l'érosion, et retiennent l'eau qui peut ainsi s'infiltrer dans la terre au lieu de ruisseler, et ainsi alimenter les nappes phréatiques. Construits selon une technique ancestrale, les murets sont composés de pierres sèches sans aucun matériau de jointure. Les plus gros cailloux bloquent les plus petits et assurent ainsi la solidité de l'édifice. La disparition de l'agriculture locale au profit du tourisme a entraîné un abandon de ces terrasses, qui s'écroulent. Leur réhabilitation est prévue par quelques municipalités. La crise économique entraîne un retour à la terre et ce regain d'intérêt se lit dans les paysages : sur toutes les îles, on peut voir des terrasses de culture de nouveau utilisées.

grâce aux bateaux-citernes qui transportent le précieux liquide depuis l'Attique.

Des solutions durables

Aujourd'hui, une meilleure gestion de l'eau s'impose. Il est question de recueillir à nouveau l'eau de pluie. Mykonos est pratiquement autonome grâce aux deux barrages de Marathi qui, lorsqu'ils sont pleins, cumulent 4 000 000 m^3 d'eau. De petites usines écologiques de dessalement voient le jour : pionnière en la matière, Iraklia – une île des Petites Cyclades – accueille depuis une dizaine d'années une plate-forme flottante qui fonctionne de manière autonome avec l'énergie éolienne et solaire. Elle produit jusqu'à 70 m^3 d'eau douce par jour. D'autres solutions sont envisagées : Naxos, la plus montagneuse des Cyclades, pourrait alimenter en eau les îles voisines, comme les Petites Cyclades. Mais quoi qu'il en soit, sur ces îles quasi désertiques en été, une utilisation parcimonieuse de l'eau, comme la mise en place de systèmes d'approvisionnement respectueux de l'environnement, s'impose.

Les vents : au royaume d'Éole

L'omniprésence du vent se lit dans les paysages cycladiques. Certains arbres, caressés par les vents, sont couchés au ras du sol et prennent des allures de sculptures torturées. De superbes pins épousent ainsi la petite chapelle du Profitis Ilias à Milos *(p. 99)*, tout comme les oliviers et les genévriers qui se plaquent contre les flancs abrupts d'Amorgos *(p. 58)*. Il est vrai qu'Éole souffle le chaud et le froid sur les Cyclades. Encadrée par la Grèce continentale et la Turquie, la mer Égée forme un véritable couloir d'accélération pour les vents du nord qui atteignent leur puissance maximale à Andros, Tinos et surtout Mykonos. En été, le *meltem* balaie inlassablement l'archipel, rafraîchissant les chaudes journées estivales. Il est remplacé en hiver par le froid *vorias*, venu lui aussi du nord ; tandis que les vents du sud apportent humidité pour le *notias*, chaleur et poussière du Sahara pour le *sirocco*.

Les caprices du vent

Un vent de 8 ou 9 sur l'échelle de Beaufort et l'archipel est coupé du monde. Plus probable malgré tout en hiver, un gros coup de vent peut subvenir en été à cause du *meltem*. Malgré les progrès de la navigation, l'accostage devient impossible. La police portuaire déclare alors l'*apagorevtiko* (l'interdiction de naviguer) pendant un, deux ou trois jours : le temps qu'Éole retrouve son calme. Sur terre, l'incroyable force des bourrasques rend parfois la circulation difficile, surtout en scooter, invitant à la plus grande prudence.

La réponse de l'homme

Au quotidien, les îliens ont développé une grande capacité d'adaptation pour cohabiter avec les vents incessants. Les ports s'organisent dans les baies les plus abritées et les ruelles étroites des villages – comme la Chora de Mykonos *(p. 107)* – forment des remparts. À Folégandros, l'homme a construit des enclos en pierres sèches pour protéger ses arbres fruitiers. À Santorin, les viticulteurs tressent les ceps de vigne en panier pour protéger le raisin du vent *(encadré p. 136)*.

Les habitants ont également su détourner à leur profit la force du vent. Les **moulins**, si caractéristiques des Cyclades, en sont la preuve. À Mykonos, ils ont participé à l'enrichissement de l'île au XIXe s., lorsque le blé de la mer Noire y était moulu avant de repartir sous forme de farine et de pain vers tout l'Occident.

L'énergie éolienne

« Si la Grèce n'a pas de pétrole, elle a du vent ! » Divers projets sont à l'étude pour produire de l'électricité avec des parcs d'éoliennes. Le vent permettrait de réduire la dépendance du pays en énergies fossiles et plus particulièrement en lignite, très polluant. Dans les Cyclades, les îles susceptibles d'accueillir ces parcs d'éoliennes sont Andros, Gyaros (ancienne île prison dans les années 1970, aujourd'hui inhabitée) et Sérifos. Sur cette dernière, la société grecque Mytilinéos avait lancé le projet en 2007 d'installer 87 éoliennes hautes chacune de 150 m ! C'était sans compter une levée de boucliers de la part des habitants, qui ont bloqué le projet : la défiguration du paysage signait un arrêt de mort pour l'île et tout développement du tourisme.

Moulins à Mykonos

Société

➤ Une société boostée par le tourisme

Le tourisme, une manne pour les îles

Les hommes vont cultiver les champs sur leur âne, les femmes, toutes de noir vêtues, tricotent sur le pas de leur porte et les jeunes émigrent pour raison économique : alors que les Cyclades tournent à l'heure de l'euro et du Wi-Fi… les clichés ont la vie dure ! Le boom économique qu'a connu la Grèce dans les années 1990 et 2000 a largement profité aux Cyclades. L'archipel se repeuple, passant de 92 000 habitants en 1991 à environ 120 000 aujourd'hui. La crise financière que traverse le pays depuis 2008 a non seulement mis du temps à se faire sentir dans les Cyclades, mais ses effets sont aussi nettement moins dévastateurs qu'à Athènes. Cette prospérité, les Cyclades la doivent notamment au tourisme qui a bouleversé leur visage et le mode de vie de leurs habitants.

Une économie à haut débit

En un demi-siècle, les Cyclades sont passées d'une économie traditionnelle basée sur la trilogie méditerranéenne – culture du blé, de la vigne et de l'olivier – et sur l'exploitation de ressources minières pour certaines îles *(p. 230)*, à une économie de loisirs. Aujourd'hui, les trois quarts de l'activité de l'archipel tournent autour du tourisme. Seules Syros – qui accueille la capitale administrative des Cyclades – et Milos – avec l'extraction de minerais – ont une activité économique propre.

L'agriculture pèse aujourd'hui un poids anecdotique. Quatre îles font cependant exception : grâce à l'importance de l'élevage, Naxos et Tinos exportent **viande et fromages**. Quant à Paros et surtout Santorin, elles ont acquis une renommée internationale pour la qualité de leurs **vins** *(encadré p. 136)*. Pour les autres, le développement croissant du **tourisme** a conduit les paysans à abandonner les champs pour ouvrir des chambres à louer, autrement plus rentables. La croissance exponentielle des prix de l'immobilier jusqu'en 2008 a aussi permis aux îliens de s'enrichir facilement en vendant une maison ou un lopin de terre.

Les îles – Cyclades en tête – étaient jusqu'à la crise la destination de prédilection des Grecs pour leurs vacances, notamment au mois d'août où les prix de l'hébergement explo-

GRÈVES

Les retraites, les salaires, les privatisations, le prix du pétrole… : dans un pays fortement syndicalisé, les prétextes ne manquent pas pour déclencher des grèves monumentales qui peuvent paralyser le pays pendant des semaines. Selon les corps de métiers concernés, cela se traduit par des coupures d'électricité quotidiennes, des amoncellements de poubelles dans les rues, des pénuries d'essence qui obligent les bateaux à rester à quai…

saient littéralement. Une étude de 2006 montre ainsi que 60 % des touristes de Santorin étaient des Grecs. La crise a stoppé cette tendance, mais il reste de cette période faste une hôtellerie haut de gamme avec des boutiques hôtels *cosy* et luxueuses. De même, les petites structures familiales se sont nettement améliorées : site Internet, minibus, chambres équipées… L'époque des « rooms to let » folkloriques, aux draps troués et à la plomberie fantaisiste, est bel et bien révolue.

Une crise profonde

En 2008-2009, la crise financière internationale jette une lumière crue sur la dette colossale de la Grèce : la croissance énergique du pays avait été financée à crédit. Depuis 2010, la Grèce bénéficie d'un soutien financier de l'Union européenne et du Fonds monétaire international (FMI) en échange d'une cure drastique d'austérité (diminution du nombre de fonctionnaires, baisse des salaires et retraites de 30 à 40 %, coupe dans la fonction publique, privatisation…). L'économie, qui reposait jusque-là sur la consommation, s'effondre (recul du PIB de plus de 25 %). Et depuis, la croissance peine à voir le jour. Cependant, la province et en particulier les îles sont beaucoup moins touchées que les villes. Grâce au tourisme, qui reste le moteur de l'économie grecque : depuis 2013 des revenus record de fréquentation (notamment dans les Cyclades) ont fait le plus grand bien à la Grèce. En 2014, 22 millions de touristes ont visité le pays. Ils seront environ 25 millions en 2015 et plus encore en 2016. Mais la crise s'y fait ressentir malgré tout : on se remet au vélo, on cultive son jardin, on adopte un mode de vie plus frugal… Rythme de vie finalement bien plus adapté aux Cyclades.

La vie des insulaires

En termes d'éducation, d'espérance de vie ou de santé, la Grèce affiche des performances identiques aux autres pays industrialisés. Les plus petites îles – comme Iraklia qui ne compte que 90 habitants en hiver – ont leur médecin

et une école avec le nombre de professeurs nécessaire pour assurer l'éducation des enfants jusqu'au collège. Mais cela ne suffit pas pour retenir la population en hiver, durant lequel la vie reste rude, entre vent glacial, mer démontée et liaisons maritimes plus épisodiques. L'isolement de ces communautés insulaires peut être pesant.
Les Cyclades vivent ainsi de plus en plus au rythme de la saison touristique. Pendant les sept mois de travail intense, nuit et jour sont consacrés au bon fonctionnement de la taverne, de l'hôtel ou de la pension. L'hiver se passe ensuite à Athènes ou, pour les amateurs d'exotisme, en Thaïlande ou au Japon. Pourtant, ceux qui restent maintiennent avec ardeur les traditions : fêtes votives, ramassage des olives ou égorgement du cochon. Dans les associations culturelles, les enfants sont ravis d'apprendre les pas des danses traditionnelles. Les petites îles sont principalement peuplées hors saison de personnes âgées et de couples avec de jeunes enfants : la vie quotidienne est ainsi rythmée par les horaires de l'école ou les matinées au café pour les anciens. On ne se déplace d'une île à l'autre qu'en de rares occasions. Ce peut-être pour un mariage ou une fête religieuse sur l'île voisine. Ou alors pour accomplir des formalités administratives ou pour des raisons de santé à Syros : la capitale des Cyclades abrite l'hôpital, la préfecture et le palais de justice.

Retour aux sources

Le développement d'un tourisme haut de gamme donne un second souffle à des savoir-faire ancestraux et certains agriculteurs se lancent dans le bio. Des produits comme le vin de Santorin ou le *gravièra* (fromage) de Naxos obtiennent des appellations d'origine contrôlée. De nombreux viticulteurs de Santorin ont étudié en France les méthodes de vinification et importent à grands frais des fûts de chêne de la forêt de Nevers pour faire vieillir leur vin.
À Sifnos, la céramique, qui a fait la fortune de l'île au XIXe s., se développe de nouveau. Les artisans collaborent avec des artistes de renommée internationale pour créer de nouvelles lignes d'objets. Sur les plus petites îles comme Amorgos (le Giasemi, *p. 186*) ou à Sérifos (l'Aérino, *p. 216*), de jeunes Athéniens ou Thessaloniciens ouvrent des *kafénio* (cafés) doucement branchés où l'on sert un raki local sur fond de musique grecque ou ethnique. La crise ne fait que renforcer ce mouvement : de plus en plus de jeunes viennent s'installer dans les îles. Ils restaurent la maison familiale, cultivent la terre de leurs ancêtres, élèvent des poules…

Marins et armateurs

Les armateurs grecs contrôlent encore quelque 15 % de la flotte mondiale et détiennent toujours la première place dans le monde en termes de tonnage ! Mais en dehors des Goulandris, originaires d'Andros, rares sont les fortunes qui ont démarré dans les Cyclades.
En 2013, la marine marchande aurait pesé à elle seule 6 % du PIB de la Grèce. Soit mieux que le tourisme. Parmi les 200 familles d'armateurs grecs, nombreuses sont celles qui investissent massivement dans l'immobilier. En vogue, les Cyclades sont l'objet de leur convoitise : des pans entiers d'Ios, Milos ou Antiparos ont ainsi été rachetés pour construire de luxueuses villas ou des complexes haut de gamme.

Religion

➤ Au rythme des rites

Dans un pays où plus de 90 % de la population est orthodoxe, la religion occupe une place majeure dans la société : du chef de l'État qui prête serment devant l'archevêque d'Athènes, aux voitures neuves bénies par le pope, en passant par les fêtes et les sacrements… à l'office comme au kafénio (café), la figure emblématique du pope – avec sa grande barbe et sa soutane noire – fait partie intégrante du paysage grec.

Une religion d'État

Si toute manifestation publique se déroule en présence d'un représentant de l'Église, c'est que l'État et la religion sont intimement liés en Grèce, au point que l'orthodoxie est inscrite dès les premiers articles de la Constitution. Les popes et le personnel de l'Église sont des salariés du secteur public. C'est notamment à l'école publique qu'est enseignée l'orthodoxie, à raison de deux heures d'instruction religieuse obligatoire par semaine. À ce titre, le ministre de l'Éducation nationale est aussi celui des affaires religieuses.

L'Église et l'État très imbriqués

Si l'orthodoxie constitue le ciment de l'identité nationale, c'est qu'elle a grandement contribué à la protection de la langue et de la culture grecques pendant les quatre siècles d'occupation ottomane.

La question de la séparation de l'Église et de l'État ne se pose d'ailleurs que du bout des lèvres. En 2000, le gouvernement socialiste a ainsi essuyé une levée de boucliers en décidant de rayer de la carte d'identité la mention de la religion. Soutenu par l'Union européenne, il a dû tenir tête à Mgr Christodoulos, alors archevêque d'Athènes et primat de Grèce, connu pour ses positions conservatrices et ultranationalistes.

De l'ultranationalisme orthodoxe à la modération

Le successeur de Mgr Christodoulos, Mgr Ieronymos II, est considéré comme un modérateur et un réformateur. Il s'était opposé à son prédécesseur au sujet de la mention de la confession orthodoxe sur les cartes nationales d'identité. Leurs opinions différaient également en ce qui concerne la communauté gay. Alors que l'ancien prélat souhaitait exclure de la société les homosexuels et refusait catégoriquement leur union, même civile, Mgr Ieronymos II se montre plus tolérant. À l'annonce du premier mariage entre personnes du même sexe en juin 2008, il déclare : « Ces gens, hors de l'Église, peuvent faire ce qu'ils veulent. »

Les sacrements

Pour bon nombre de Grecs, le baptême et le mariage religieux constituent encore des étapes essentielles dans leur vie. Et par leurs côtés à la fois solennel et décontracté, les cérémonies religieuses participent pleinement à la fête.

Le baptême

Le baptême marque l'entrée du fidèle dans l'Église et sa célébration prend autant d'ampleur qu'un mariage. L'enfant ne reçoit d'ailleurs son prénom qu'au moment du baptême, à l'âge d'un ou deux ans. Avant cela, il est surnommé *babis* pour le garçon et *béba* pour la fille.

La tradition veut que le prénom donné aux aînés soit celui des grands-parents, d'où le nombre impressionnant d'Eleni, Maria, Sofia, Katerina pour les filles et de Dimitris, Ioannis, Georgos, Kostas, Nikos pour les garçons.

Le mariage

Si, dans les textes, l'union civile est possible depuis 1982, dans les esprits, le mariage n'acquiert sa légitimité que prononcé par le pope dans une succession de rituels symboliques auxquels participent activement les jeunes mariés et leurs témoins. Cette célébration religieuse est reconnue par l'administration et dispense donc du mariage civil. Les mœurs ont cependant tendance à évoluer : en 1991, 91 % des unions contractées se faisaient à l'église contre 73 % aujourd'hui.

Les cérémonies religieuses

Particulièrement conviviales, les cérémonies religieuses se déroulent sous une iconostase rutilante, illuminée par des centaines de bougies. Au cours de l'office, les fidèles se tiennent debout, entourent le pope, discutent ensemble, entrent et sortent de l'église… Bien souvent, un petit rappel à l'ordre est nécessaire pour ramener le silence dans l'assemblée. Très chers au cœur des Grecs, Pâques et les fêtes patronales, comme les baptêmes et les mariages, se préparent des semaines à l'avance dans les villages.

À l'issue de la cérémonie, les invités se retrouvent autour d'une grande table bien garnie avant une longue nuit de chants et de danses traditionnels.

L'importance de Pâques

Bien plus important que Noël, Pâques célèbre autant la victoire de la mort sur l'Enfer que l'arrivée du printemps. Pendant une semaine entière, appelée la **Grande Semaine** *(megali evdomada)*, le pays est quasiment paralysé : seuls processions, repas et offices rythment la vie des fidèles. Mollement suivi les premières semaines, le carême est soudain observé scrupuleusement par une grande partie de la population. Les tavernes et les boulangeries proposent des menus « spécial jeûne », sans œuf ni huile. Sur les îles, aucune maison ou église n'échappe au coup de pinceau. Badigeonnés de chaux, puis décorés de mille fleurs, les villages éclatent de blancheur.

Le **Vendredi saint**, jour de la crucifixion et de la mort du Christ, des processions ont lieu dans chaque ville et village. L'*épitafios*, symbole du linceul du Christ, est promené dans une pesante tristesse.

Le samedi à minuit, l'annonce de la Résurrection est fêtée par une foule en liesse. Les fidèles allument un cierge, s'embrassent, s'interpellent en se souhaitant *Christos Anesti* (« le Christ est ressuscité »). Feux de Bengale, salves de fusils et parfois même bâtons de dynamite explosent de toute part. En rentrant chez soi, chacun dessine une croix à la flamme du cierge sur le pas de sa porte. Le jeûne est

JOYEUSE PÂQUE !

Calculée sur le calendrier julien, la Pâque orthodoxe tombe rarement le même jour que les Pâques catholiques (ici entre parenthèses), qui sont calculées sur le calendrier grégorien.

2016 : 1er mai (27 mars)
2017 : 16 avril (16 avril)
2018 : 8 avril (1er avril)
2019 : 28 avril (21 avril)
2020 : 19 avril (12 avril).

LE MAUVAIS ŒIL

À l'ardente piété des Grecs se mêle une grande dose de superstition. Le mati – une perle bleue qui protège contre l'œil du diable – est offert à toutes les occasions. Les Grecs font aussi attention à leurs paroles qui peuvent attirer le mauvais œil sur une belle jeune fille ou sur un nourrisson. C'est pourquoi tout compliment s'accompagne d'un *ftou ftou*, façon ritualisée de cracher sur cet être à qui tout sourit. Un mal de tête ou une brouille avec son époux sont facilement mis sur le compte d'un mauvais sort jeté par son ennemi *(matiasma)*. La délivrance ne se trouvera qu'auprès d'un exorciste qui accompagnera ses incantations avec un peu d'huile dans de l'eau ou du sel sur la langue. L'exorcisation fonctionne aussi très bien par téléphone, paraît-il!

ensuite rompu avec la traditionnelle *magiritsa*, une soupe d'abats de mouton, d'herbes et de citron.
Le lendemain, place au festin, aux chants et à la danse! Les familles se réunissent autour de l'agneau pascal grillé à la broche. En dessert, les *tsourekia*, ces brioches parfumées au mastic et surmontées d'un œuf peint en rouge vif, sont partagées entre les convives. Depuis l'Antiquité, l'œuf symbolise le renouvellement de la vie, et le rouge, le sang du Christ. Petits et grands ont alors pour coutume d'entrechoquer leurs œufs pour briser celui de l'autre.

Pâques sur les îles

Chaque île conserve ses propres traditions. À **Folégandros**, l'icône de la Sainte Vierge est promenée pendant trois jours dans les villages pour bénir toutes les maisons et bateaux du port. Accompagnée par un cortège de fidèles, chaque halte est l'occasion de partager friandises et raki. À **Amorgos**, les icônes du monastère de Chozoviotissa sortent le jour de Pâques pour une semaine de procession dans toute l'île *(encadré p. 65)*. À **Paros**, la procession de l'épitaphe de Marpissa marque quinze arrêts pendant lesquels des enfants déguisés jouent les scènes de la Passion et de la Résurrection du Christ. À **Mykonos**, quatre *épitafios* *(p. 249)* se rencontrent dans la vieille ville. À **Ermoupolis** (Syros), les processions de Pâques catholique et orthodoxe ont lieu le même jour et convergent vers la place Miaouli.

Églises et chapelles

Outre les consciences, l'orthodoxie marque également le paysage. Une multitude de chapelles sont érigées aux quatre coins du pays. À **Sifnos** ou à **Mykonos**, les locaux vous affirmeront fièrement que leur île compte autant d'églises que de jours dans l'année, même si c'est parfois un peu exagéré… Ce sont souvent des familles qui entreprennent la construction d'une chapelle sur un terrain leur appartenant.

➤ Fêtes traditionnelles

Chaque village célèbre ses saints patrons dans les églises et chapelles qui leur sont consacrées. Après l'office, place à la fête populaire. Les habitants des Cyclades ne ratent généralement pas cette occasion pour dresser une bonne table chargée de spécialités locales et de vin à laquelle tout le monde est convié. Musiques, chants et danses traditionnels se prolongent ainsi souvent jusqu'au petit matin.

Même les chapelles les plus reculées peuvent être le lieu d'une *panygiri*, une fête où l'on célèbre le saint avec force victuailles et musique, où les touristes sont toujours les bienvenus. La liturgie se déroule dans l'église, la foule débordant souvent sur le parvis, puis la fête a lieu à l'extérieur, devant l'église.

Renseignez-vous à votre arrivée sur une île auprès de votre logeur ou d'un habitant pour connaître la date exacte des *panigyria*. La fête se déroule généralement la veille. Toutefois, elle peut être déplacée de quelques jours par commodité (pour tomber un week-end, par exemple). Voici quelques saints fréquemment célébrés dans les Cyclades :

21 mai — Agios Constantinos kai Agia Eleni (saint Constantin et sainte Hélène)
14 juin — Agios Elyseos (saint Élysée)
24 juin — Agios Ioannis (saint Jean)
30 juin — Agii Apostoli (saints apôtres)
1er juillet — Agii Anargyrii (saints Anargyres, deux saints médecins indigents)
7 juillet — Agia Kyriaki (saint Dominique)
17 juillet — Agia Marina (sainte Marine)
20 juillet — Profitis Ilias (prophète Élie)
26 juillet — Agia Paraskevi (sainte Parascève)
27 juillet — Agios Panteleimonas (saint Pantéléimon)
6 août — Agios Sotiros (Transfiguration du Christ)
15 août — Panagia (Dormition de la Sainte Vierge)
29 août — Agios Ioannis Prodromos (saint Jean le Baptiste)
7 septembre — Agios Sostis (saint Sauveur)
14 septembre — Agios Stavros (sainte Croix)
26 octobre — Agios Dimitrios (saint Dimitri)
11 novembre — Agios Minas (saint Menas)
4 décembre — Agia Varvara (sainte Barbe)
6 décembre — Agios Nikolaos (saint Nicolas).

Procession à Amorgos avec les icônes du monastère de Chozoviotissa

Gastronomie

➤ *Kali orexi* ! (Bon appétit)

Le repas constitue un moment de grand plaisir et de convivialité. La taverna est ainsi une véritable institution sociale. Avec la* parea *(le cercle des amis) ou en famille, toutes les occasions sont bonnes pour se réunir autour d'une table couverte de mets ensoleillés : agneau grillé, feuilles de vigne farcies,* tzatziki, *feta, moussaka, poivrons et tomates sucrées… Convivialité est le mot d'ordre et chacun picore dans le plat au rythme de son coup de fourchette. L'ouzo ou le vin blanc se boivent à volonté dans de minuscules verres en Pyrex. Et pas question de regarder sa montre une fois attablé : les cuisines ne ferment jamais et les tavernes sont ouvertes jusqu'à tard dans la nuit !

Rythme grec

C'est souvent le ventre vide que les Grecs sortent de chez eux le matin, vers 7 h. À moins qu'ils ne se contentent d'un petit café et d'un biscuit sec. L'inévitable creux de 11 h est calé par un feuilleté au fromage *(tyropita)* ou aux herbes *(spanakopita)*. Ce n'est pas avant 15 h (fin de la journée de travail dans les institutions et les banques), que l'on prend le principal repas de la journée. Ce plantureux déjeuner est composé d'un grand nombre de plats : salades, légumes, viande, poisson, œufs, légumineuses… Il est souvent suivi d'une sieste qui se termine vers 18 h : il est alors temps de rejoindre les amis au *kafénio* et d'y siroter un café frappé. Le dîner a lieu assez tard, vers 22 h, histoire de prendre des forces pour la nuit. Les Grecs sont des noctambules invétérés.

Inventive et généreuse

Si une cuisine grecque moderne et inventive apparaît sous l'impulsion de jeunes chefs talentueux, la majorité de la population reste fidèle aux plats traditionnels et aux *mezzés*. Le vrai visage de la Grèce se dévoile ainsi à travers sa cuisine, savoureuse et généreuse, mitonnée à partir de produits frais, de légumes gorgés de soleil, d'herbes sauvages et d'huile d'olive parfumée.
Dans les îles, où chaque famille cultive son propre potager, parfois de la taille d'un mouchoir de poche, les saisons rythment les menus. À partir de quelques ingrédients de base, la cuisine grecque, inventive, se décline de mille façons.

Salates : les salades

Gros consommateurs de légumes, les Grecs invitent les salades à tous leurs repas. Tomates, concombres, oignons et feta arrosés d'huile d'olive et saupoudrés d'origan : la plus traditionnelle des salades grecques s'appelle ici la « paysanne » *(horiatiki)*. Patiemment cueillies dans la montagne par les grands-mères, les herbes sauvages sont blanchies et servies avec un filet d'huile d'olive et du citron *(horta)*. Quant à la salade verte *(marouli)*, elle est finement ciselée et recouverte par de l'aneth et des petits oignons frais.

Mezedes : les *mezzés* (les entrées)

Une ronde de petits plats légers danse sur la table. Accompagnées d'ouzo, ces entrées font à elles seules un repas dans les *ouzeri*. Les classiques dépassent les frontières de la Grèce, comme le *tarama* (œufs de cabillaud), le *tzatziki* (yaourt au concombre et à l'ail) ou le caviar d'aubergines *(mélitznosalata)*. Les Grecs sont aussi friands de boulettes, qu'elles soient à la viande *(kéftédès)*, aux courgettes *(kolokythokéftédès)* ou à la tomate (*domatokéftédès*, spécialité de Santorin). Poulpes grillés ou au vinaigre (*khtapodi psito* ou *xydato*) et anchois marinés *(gavros marinatos)* sont aussi très prisés.

Magirevta : les plats cuisinés

Sous prétexte que ce sont de grands classiques au menu de toutes les tavernes, il serait dommage de se limiter à la moussaka, aux tomates et poivrons farcis *(gémistès)* ou autre *pastitsio* (gratin de pâtes). La cuisine grecque a bien d'autres saveurs à offrir, comme les *papoutsakia* (aubergines farcies à la viande), le populaire *spanakorizo* (riz aux épinards) ou le *briam* (sorte de ratatouille cuite au four). Dans les tavernes de village, on servira volontiers des plats paysans comme le lapin aux petits oignons *(kouneli stifado)*, le chevreau au citron *(katsikaki lemonato)* ou le coq à la sauce tomate *(kokoras kokkinisto)*.
Chaque île a ses propres spécialités. La ***fourtalia***, une solide omelette aux saucisses et aux légumes, ne se déguste qu'à Andros *(encadré p. 191)* et à Tinos. Le ***patatato***, un chevreau cuit à la marmite avec des tomates et des pommes de terre, est le plat de fête d'Amorgos *(encadré p. 62)*. Quant à Sifnos *(encadré p. 219)*, la Cyclade la plus réputée pour sa gastronomie, elle est célèbre pour son ***mastello*** (agneau au vin) et sa ***révithada*** (solide soupe de pois chiches), tous deux lentement cuits au four dans un pot en terre.

Psari : le poisson

Les Grecs apprécient énormément le poisson et le préparent à merveille. Dans les tavernes, faites un tour au réfrigérateur avec le propriétaire pour choisir votre poisson. Vous pouvez le commander grillé *(psito)* – il sera servi avec une délicieuse sauce à l'huile d'olive et au citron –, frit *(tiganito)* ou préparé en soupe *(soupa)*.
Facturé autour de 50 € le kilo (parfois beaucoup plus), le poisson n'est pas à la portée de toutes les bourses. Malgré le prix élevé, il faut savoir qu'il est rarement pêché localement.

UN RESTAURANT, UNE SPÉCIALITÉ

À chaque envie, son restaurant ! Le poisson *(psari)* se déguste à la ***psarotaverna*** et se commande au kilo. Toutefois, comme les ressources de la mer Égée diminuent, le poisson est cher et bien souvent des plats de viande font leur apparition au menu.
Les grillades, les brochettes *(kalamakia)* ou l'agneau et le porc cuits à la broche *(souvla)* sont l'apanage de la ***psistaria***.
Tandis qu'au ***mezopolio***, qui ressemble à l'***ouzeri***, la table accueille de petits plats typiques – les *mezzés (ci-dessus)* –, toujours légers. Quant à l'***estiatorio***, l'équivalent du restaurant, il propose une cuisine plus élaborée pour un repas plus chic. Côté dessert, ne comptez pas sur les tavernes. Dirigez-vous plutôt vers les ***zaharoplastio***, spécialisées dans les pâtisseries en tout genre : glaces, chocolats, *baklavas* et gâteaux à la crème dont raffolent les Grecs…
Conseil de notre auteur : *la réputation d'une taverne se fait et se défait rapidement. Pour faire le bon choix, attablez-vous là où mange la population locale.*

Dans les lieux touristiques, ce sont donc des poissons importés, d'élevage ou surgelés (mentionné obligatoirement sur le menu : *kat* ou *katapsygmenos*), qui sont servis. Facturés à l'assiette (environ 7 €), quelques poissons restent abordables comme les sardines grillées *(sardélès psitès)*, la petite friture (*atherina* ou *maridaki*), ou encore la morue frite servie avec une purée à l'ail *(bakaliaro me skordo)*. *Barbounia* (rougets) et *rofos* (mérous) font partie des poissons nobles, tout comme les *tsipoura* (daurades), *glossa* (soles) et *lavraki* (bars), même si ces derniers sont souvent d'élevage.

Certains poissons ou crustacés se font plus rares dans les assiettes. S'ils sont au menu, goûtez au *kalamari gémisto*, calamar grillé entier et farci de feta, tomate et poivron, à la *kakavia*, une soupe de poisson qui ressemble un peu à la bouillabaisse, ou à la *gouna*, hareng fumé et séché au soleil, spécialité de Paros *(p. 205)*. Dernièrement, la langouste préparée avec des pâtes *(astakomakaronada)* connaît un véritable engouement dans les îles, notamment auprès des Grecs. Entre 80 et 100 € le kilo, elle offre un revenu substantiel aux restaurateurs.

Kreas : la viande

Bien meilleur marché que le poisson, la viande s'invite presque à tous les repas. Élevée sur place et nourrie au thym et à l'origan, la bête – en particulier l'agneau et le chevreau – produit une viande d'excellente qualité.

En dehors des plats cuisinés *(p. 253)*, la viande se consomme également grillée. Les *païdakia*, de savoureuses côtelettes d'agneau, sont vendues au kilo et débitées sous vos yeux sur un billot en bois dans les *psistaria* les plus populaires. La côte de porc ou de veau (*brizola hirinou* ou *moskharissiou*) et les *biftékia* – petits hamburgers maison parfumés avec de nombreux aromates (oignons, origan, menthe…) – apparaissent fréquemment sur les tables des *psistaria*. Et pour caler une petite faim, rien ne vaut le fameux sandwich grec (*pita me kalamaki* ou *gyro*), une brochette de porc ou de poulet servie enroulée dans un petit pain rond et souple avec des frites, des tomates, du *tzatziki* et des oignons.

Les fromages

Les Grecs sont les plus gros consommateurs de fromage du monde : 25 kg par personne et par an. C'est une tradition qui remonte à Homère : dans *L'Odyssée*, les fromages remplissent l'antre du Cyclope. Si la feta, fromage de chèvre ou de brebis conservé dans la saumure, est le fromage grec par excellence, elle n'est pas produite dans les Cyclades. Sur ces îles sèches et rocailleuses, les fromages se font plus typés. Il faut ainsi goûter au *graviera* de Naxos, une sorte de gruyère doux, et au *San Michali* de Syros, un fromage au lait de vache très corsé : deux fromages à commander frits *(saganaki)* dans les tavernes. Pour accompagner l'ouzo, le *kopanisti*, spécialité de Mykonos, figure en bonne place parmi les *mezzés*. Il s'agit d'une crème de fromage piquante à tartiner. Dans la fameuse salade grecque *(horiatiki salata)*, le *xynomyzithra*, fromage doux de chèvre émietté, remplacera souvent la feta dans les tavernes les plus authentiques.

Glyka : les desserts

En bons Orientaux, les Grecs raffolent de sucreries. Hormis les *baklavas* et autre *kadaïfi* – pâte feuilletée ou cheveux d'ange farcis de

HUILE D'OLIVE

L'huile d'olive, souvent de production familiale, est récoltée tous les deux ans et pressée au *elaiotrivio*, le pressoir du village. Elle est employée pour assaisonner mais aussi pour rissoler ou frire. Les Grecs sont les plus gros consommateurs du monde d'huile d'olive : en moyenne 24,5 l par an, soit deux fois plus que les Espagnols ou les Italiens, et près de vingt fois plus que les Français !

noix et recouverts de sirop –, desserts que l'on retrouve sur tout le pourtour méditerranéen, les îles grecques ont des spécialités bien à elles. Les *amygdalota*, bouchées aux amandes, sont célèbres à Sifnos, Sérifos et Tinos. Les petits gâteaux au fromage blanc font aussi la réputation de Sifnos *(mélopita)* et de Santorin *(mélitinia)*. Les cafés du village de Pyrgos sur l'île de Tinos se sont spécialisés dans le *galaktotboureko*, gâteau à la crème au lait couvert de pâte feuilletée. Quant à Syros, personne ne quitte l'île sans une boîte de loukoums ou une poignée de *halvazopites* (nougats), réputés être les meilleurs de toute la mer Égée.

CHIROSFAGIA, LA FÊTE DU COCHON

C'est la spécialité d'Andros, Tinos, Mykonos et Syros. À la fin de l'automne, le cochon qui a été nourri avec les restes de la table familiale pendant des mois est abattu lors d'une grande fête. Chaque morceau de viande est alors préparé, bouilli, salé ou fumé… Sûrs de se régaler ainsi toute l'année de *pasto* (porc confit), de *loukanika* (saucisses épicées) ou encore de *louza* (échine séchée qui se déguste comme du jambon), les convives mangent, chantent et dansent jusque tard dans la nuit.

Pota : les boissons

Un bon repas est toujours généreusement arrosé. Le vin de table se commande au *kilo* et est servi dans de petits pichets en étain rouge d'un demi-litre *(misso kilo)* ou d'un litre *(éna kilo)*. Produit en principe localement et toujours bon marché, il mérite d'être goûté – certainement avec plus de succès pour le vin blanc *(lefko)* que pour le vin rouge *(kokkino)*. Autrefois, le vin de table était fréquemment parfumé à la résine. Mais le *restina* est passé de mode chez les Grecs et il est difficile aujourd'hui d'en trouver. Les vins de Santorin *(encadré p. 136)* ont acquis une réputation internationale, talonnés par ceux de Paros (notamment les cépages Malvasia et Malagousia) qui se défendent plutôt bien. L'autre boisson nationale grecque est l'ouzo, une eau-de-vie parfumée à l'anis qui prend une couleur laiteuse lorsqu'elle est diluée avec de l'eau. Elle accompagne merveilleusement les *mezzés* ou le poisson. Enfin, la bière est fréquemment consommée, surtout lors des grandes chaleurs d'été : elle est servie en grande bouteille d'un demi-litre. Depuis peu, Tinos et Santorin produisent leur propre bière. Celle de Tinos (Nissos, *p. 227*) rencontre beaucoup de succès.

Carnet pratique

Avant de partir et sur place, tout pour réussir vos vacances

Les rubriques « Avant de partir » et « Sur place » réunissent toutes les informations nécessaires pour organiser votre voyage et réussir votre séjour.
Vous trouverez ci-dessous un « pense-bête » regroupant les informations utiles à prendre en compte avant votre départ.

DÉMARCHE

Formalités. Une carte d'identité ou un passeport en cours de validité suffisent. Pour les non-ressortissants de l'Union européenne, un visa sera exigé.
Permis de conduire. Permis de conduire national pour les Européens.

LA MEILLEURE SAISON

Climat. Les meilleures périodes pour visiter les Cyclades et Athènes correspondent à **mai, juin et début juillet,** mais aussi **fin août et septembre.** En début de saison (avril à mi-mai), on profitera d'un printemps éclatant et bref : les îles se couvrent de marguerites et coquelicots pendant quelques semaines.
Pour éviter la foule. Le pic touristique va du 25 juillet au 20 août. Avant ou après, les îles sont tranquilles, même Mykonos et Santorin, où il y a cependant toujours du monde !
Fêtes religieuses. Pâques est la fête la plus importante en Grèce. Pendant une semaine, le pays vit au rythme des festivités. C'est aussi le moment où les Cyclades reprennent vie : les Grecs qui ont passé l'hiver à Athènes reviennent sur leur île. Ils rafraîchissent les peintures et rouvrent leurs hôtels et commerces. Dédiée à la Vierge, la fête du **15 août** est célébrée sur toutes les îles.

RÉSERVATION

Billets de bateau. Les billets s'achètent généralement le jour même du départ, sur les quais, sauf exceptions où il vaut mieux réserver à l'avance *(ci-dessous)*. Pour les principales compagnies, vous pouvez réserver vos billets via Internet *(p. 264)*.
Hébergement. La majorité des hôtels et chambres chez l'habitant sont ouverts d'avril à octobre. On peut réserver à l'avance sur Internet, mais on peut aussi la plupart du temps débarquer sur l'île sans réservation : il y aura des loueurs qui vous proposeront des chambres sur le quai. Attention cependant à la période qui court de fin juillet à fin août, où tout est généralement plein.
Bon à savoir. À Pâques, les week-ends d'été et plus encore autour du 15 août, les îles font le plein. Pensez alors à réserver une chambre, mais aussi à acheter votre billet de bateau plusieurs jours à l'avance. Plus particulièrement :

- pour la Pâque orthodoxe : à l'aller les jeudi, vendredi et samedi qui précèdent le dimanche de Pâques. Le lundi de Pâques et le mardi qui suit pour le retour.
- les week-ends d'été : les vendredis au départ du Pirée et les dimanches pour un retour des îles.
- autour du 15 août : si vous devez rentrer sur Athènes juste après le 15 août, prenez vos billets longtemps à l'avance, surtout si vous avez une voiture.

PAIEMENTS

La carte bancaire n'est pas systématiquement acceptée par les commerçants. Dans les Cyclades notamment, conservez toujours un peu de liquide sur vous pour régler vos achats, notes de restaurant et d'hôtel.

Avant de partir

Adresses utiles

➤ Ambassades et consulats

En France

Ambassade de Grèce
17, rue Auguste-Vacquerie, 75016 Paris
☎ 01.47.23.72.28, www.amb-grece.fr.

Consulat général
23, rue Galilée, 75016 Paris
☎ 01.47.23.72.23 ou 01.47.20.40.64.
Antenne dans les grandes villes françaises.

En Belgique

Ambassade de Grèce
10, rue des Petits-Carmes, 1000 Bruxelles
☎ (02) 545.55.00.

Consulat général
6, rue des Petits-Carmes, 1000 Bruxelles
☎ (02) 545.55.10.

En Suisse

Section consulaire de l'ambassade
4, Weltpoststrasse, 3000 Bern
☎ (41) 31.356.14.14, www.greekembassy.ch.

Consulat général
1, rue Pedro-Meylan, 1208 Genève
☎ (022) 735.73.90 ou (022) 735.37.47.

➤ Offices de tourisme et instituts culturels en France

Office national hellénique du tourisme (ONHT)
3, av. de l'Opéra, 75001 Paris
☎ 01.42.60.65.75, www.info-grece.com.

Centre culturel hellénique
23, rue Galilée, 75016 Paris
☎ 01.47.23.39.06.
Organisation de manifestations culturelles et édition d'un bulletin d'infos.

Institut d'études néo-helléniques de Paris
19 bis, rue Fontaine, 75009 Paris
☎ 01.48.74.09.56, www.ienh.org.
Cours de grec moderne.

Maison de la Grèce
9, rue Mesnil, 75016 Paris
☎ 01.47.04.67.89, www.communaute-hellenique.com.
Antenne culturelle de l'ambassade de Grèce. Expositions, conférences…

De nombreuses associations franco-helléniques existent en France, elles sont recensées sur le site de l'ambassade de Grèce : *www.amb-grece.fr/grece_en_france/associations.htm.*

Comment y aller ?

➤ En avion

Les deux seules îles des Cyclades à disposer d'un aéroport international sont Mykonos et Santorin.

De France

Comptez env. 3 h 30 pour un vol direct vers Athènes, Mykonos ou Santorin.

Aegean Airlines
☎ 01.70.03.13.23, http://fr.aegeanair.com.
1 à 2 vols/j. (3 vols/j. l'été) Paris CDG-Athènes à partir de 150 € l'A/R.

Air France
Rens. et rés. ☎ 36.54, www.airfrance.fr.
3 à 5 vols/j. Paris-Athènes à partir de 300 € l'A/R.

LE COIN DES INTERNAUTES

www.breathtakingathens.com (en anglais) : le guide de la capitale grecque.
www.cycladen.be (en français) : tout sur la randonnée dans les Cyclades.
www.cyclades-tour.gr (en anglais) : traditions, activités, histoire… le site de l'office du tourisme grec dédié aux Cyclades.
www.culture.gr (en anglais) : site du ministère de la Culture, présentation des sites archéologiques et des musées.
www.livingingreece.gr/strikes (en anglais) : les grèves annoncées.
www.meteo.gr (en grec) : météo précise.
www.xo.gr (en anglais) : l'équivalent des Pages jaunes.

Baboo
www.flybaboo.com.
1 vol/j. Nice-Athènes via Genève à partir de 225 € l'A/R.

Easy Jet
☎ *0820.42.03.15, www.easyjet.fr.*
1 vol/j. Paris CDG-Athènes à partir de 110 € l'A/R. Plusieurs vols par semaine Paris Orly-Mykonos (juin-août) et 1 vol/sem. Paris CDG-Mykonos (juil.-août) à partir de 200 € l'A/R.

Olympic Air
www.olympicair.com.
2 vols/j. Paris-Athènes à partir de 260 € l'A/R.

Transavia
www.transavia.com.
1 à 2 vols/sem. (juin-sept.) Paris Orly-Mykonos. 2 à 5 vols/sem. (juin-sept.) Paris Orly-Santorin.

En saison (avr.-oct.), plusieurs tour-opérators affrètent des charters pour Athènes (départ de province possible), Mykonos et Santorin :

Fram ☎ *0826.463.727, www.fram.fr.*
Go Voyages ☎ *0899.651.951, www.govoyages.com.*
Héliades ☎ *0892.23.15.23, www.heliades.fr.*
Look Voyages ☎ *01.45.15.31.70, www.look-voyages.fr.*
Marmara ☎ *0899.650.580, www.marmara.fr.*
Nouvelles Frontières ☎ *0825.000.747, www.nouvelles-frontières.fr.*

De Belgique

Comptez 3 h pour un vol direct vers Athènes.

Aegean Airlines
☎ *210.62.61.000, http://fr.aegeanair.com.*
2 vols/j. (3 vols/j. l'été) Bruxelles-Athènes à partir de 150 € l'A/R.

Brussels Air
☎ *08.92.64.00.30, www.brusselsairlines.com.*
2 à 3 vols/j. Bruxelles-Athènes à partir de 185 € l'A/R.

Olympic Air
☎ *(02) 753.77.53, www.olympicair.com.*
2 vols/j. Bruxelles-Athènes à partir de 240 € l'A/R.

De Suisse

Comptez 2 h 40 pour un vol direct vers Athènes.

À LIRE SUR LE WEB

Le blog du guide Évasion
www.guide-evasion.fr : retrouvez sur le blog du guide Évasion toute l'actu sur Athènes et les Cyclades, ainsi que les conseils et idées de nos experts du voyage.
Le Facebook GuideEvasion
Suivez-nous sur Facebook, découvrez nos nouveautés, participez à nos jeux concours et partagez vos coups de cœur.

Aegean Airlines
☎ *210.62.61.000, http://fr.aegeanair.com.*
5 vols/sem. (t.l.j. en été) Genèvre-Athènes et 1 vol/j. Zurich-Athènes à partir de 200 FS l'A/R.

Baboo
www.flybaboo.com.
1 vol/j. Genève-Athènes à partir de 309 FS l'A/R.

Easy Jet
☎ *0820.42.03.15, www.easyjet.fr.*
3 vols/sem. (juin-oct.) Genève-Athènes à partir de 200 FS l'A/R.

Olympic Air
☎ *(022) 319.64.70, www.olympicair.com.*
4 vols/sem. Zurich-Athènes à partir de 330 FS l'A/R.

Swiss Air
☎ *(041) 0848.700.700, www.swiss.com.*
1 vol/j. Genève-Athènes partir de 370 FS l'A/R, 2 vols/j. Zurich-Athènes à partir de 380 FS l'A/R.

➤ En voiture et bateau

De Paris

Comptez env. 1 100 km jusqu'à Venise ou 1 300 km jusqu'à Ancône en passant par le tunnel du Mont-Blanc. De là,

SKYSCANNER

Skyscanner vous aide à trouver un billet d'avion pas cher en comparant les prix. Pour faire une bonne affaire, nous vous recommandons d'être flexible sur : la date de votre départ (mois, jour de la semaine), la compagnie aérienne utilisée et le nombre d'escales.
➤ *www.skyscanner.fr*

VOLTAGE

Le courant est de 220 V et la fréquence de 50 Hz, comme en France.

embarquez sur un bateau pour Patras (220 km d'Athènes) : env. 26 h depuis Venise, 20 h depuis Ancône. Les bateaux sont confortables et très bien équipés.

Représentant en France pour les compagnies citées : **Viamare**, *4, rue de Clichy, 75009 Paris ☎ 01.42.80.94.87, www.viamare.fr.*

Anek Lines
☎ (0030) 210.41.97.470, www.anek.gr.
1 bateau/j. au départ d'Ancône ; 4 bateaux/sem. au départ de Venise.

Minoan Lines
☎ (0030) 281.03.99.800, www.minoan.gr.
1 bateau/j. au départ de Venise et d'Ancône. La compagnie offre 20 % de réduction sur vos billets si vous réservez un hébergement labellisé Guest Inn *(☎ 210.96.07.100, www.guestinn.com).*

Superfast Ferries
☎ (0030) 210.89.19.800, www.superfast.com.
1 bateau t.l.j. au départ d'Ancône et de Bari (dans le sud de l'Italie).

Greek Ferries
www.ferries-greece.com.
Itinéraire, réservation et comparateur de prix des billets de bateau Italie-Grèce.

Formalités

➤ Papiers

Pour les ressortissants de l'Union européenne, seuls une **carte d'identité** ou un **passeport** en cours de validité sont nécessaires pour un séjour de moins de 3 mois. Pour une durée supérieure ou pour les non-ressortissants de l'Union européenne, un visa sera exigé.

Pour les Suisses et les ressortissants de l'Union européenne, le **permis conduire** national est valable en Grèce.

➤ Assurance

Pensez à vous munir d'une assurance pour prévenir tout tracas à l'étranger (perte ou vol de bagages, accident, rapatriement…). Certaines cartes bancaires offrent une couverture à l'étranger, renseignez-vous auprès de votre banque. Vous pouvez également contracter une assurance annulation auprès de votre voyagiste.

AVA, *25, rue de Maubeuge, 75009 Paris ☎ 01.53.20.44.20, www.ava.fr.*
Europ Assistance *☎ 01.41.85.93.65, www.europassistance.fr.*
Mondial Assistance, *54, rue de Londres, 75008 Paris ☎ 01.53.05.86.00, www.mondial-assistance.fr.*

➤ Douane

Les formalités douanières sont celles de l'Union européenne. Les achats ne sont soumis à aucune formalité douanière dès lors qu'il s'agit d'un achat à titre personnel. Attention, l'importation de cigarettes est limitée. Il est strictement interdit de rapporter quelque objet antique chez soi.

Infos Douanes Service
☎ 0811.20.44.44, www.douane.gouv.fr.

Argent

➤ Cartes bancaires

Ne comptez pas trop sur votre carte bancaire pour régler les restaurants, les courses courantes et même l'hôtel (sauf à Athènes, Mykonos, Santorin et les établissements haut de gamme). Elle est mal vue en Grèce à cause d'une forte commission prise par les banques et de l'obligation de déclarer la transaction… Attendez-vous donc à payer la majorité du temps en espèces.

➤ Perte ou vol de votre carte

Procurez-vous auprès de votre banque le numéro pour faire opposition depuis l'étranger. Sinon, composez depuis la Grèce les numéros suivants :

Service interbancaire d'opposition :
☎ 0033.442.605.303.

Visa
☎ 00.800.11.638.0304, www.visaeurope.com.

Mastercard
☎ 00.800.11.887.0303, www.mastercard.fr.

American Express
☎ *0033.1.47.77.72.00,*
www.americanexpress.com/france.

➤ Distributeurs automatiques de billets

Il y a désormais des distributeurs sur toutes les îles. Avant le départ, pensez à relever votre capacité de retrait auprès de votre banque. Par ailleurs, prévoyez des espèces avant d'aller sur les plus petites îles comme Anafi ou les Petites Cyclades : elles n'ont qu'un seul distributeur qui peut tomber en panne.

Si le ou les distributeurs sont hors service, il faudra trouver un commerçant (agence de voyages ou hôtel) qui acceptera de vous dépanner en débitant votre carte bancaire moyennant une petite commission.

Budget

➤ À chacun son budget !

La saison choisie déterminera votre budget, surtout au niveau du prix de l'hébergement qui varie énormément selon la période de l'année.

Petit budget, 60 €/j. : on réserve une chambre double modeste (20 € par personne), on consacre 25 € aux repas (dont un à la taverne) et 15 € aux loisirs.

Budget moyen, 100-120 €/j. : on prend une jolie chambre (30 à 50 € par personne), on mange midi et soir à la taverne (30 à 40 €) et consacre le reste aux loisirs.

Budget « plaisir », 200 €/j. : on s'offre une chambre dans l'un des meilleurs hôtels (80 à 100 € par personne), on déjeune et dîne dans de bons restaurants (60 à 70 €), on fait une excursion en bateau pendant la journée et sirote un cocktail le soir.

➤ Combien ça coûte ?

Y aller : Prix des vols A/R Paris-Athènes : 160 à 400 € ; Athènes-Santorin/Milos/Mykonos/Syros/Paros/Naxos : 150 € ; vol *low cost* ou charter Paris-Santorin/Mykonos : 200 à 450 €.
Traversée en ferry : 25-40 € (plus cher pour les bateaux rapides).
Location de scooter : 10-25 €/j.
Une nuit en ch. double : 40-120 €.
Un café grec : 2 €.
Un petit sandwich à la viande *(gyros pita ou souvlaki)* : 2,50 €.
Un repas dans une taverne : 13-18 €.
Une entrée pour l'Acropole : 12 €.

Décalage horaire

Il est une heure plus tard en Grèce qu'en France, toute l'année. Les dates de passage à l'heure d'été et d'hiver sont identiques.

Quand partir

➤ Avril – mai

La saison touristique démarre autour des célébrations de Pâques. Le printemps est aussi éclatant que bref : les collines verdoyantes se couvrent de fleurs. Le temps est encore incertain, surtout en avril, où il peut être humide, froid, nuageux et bien sûr venté : si l'on ne part qu'une semaine, l'idéal pour ne pas avoir de mauvaise surprise serait d'organiser son séjour au dernier moment. Ces deux mois se prêtent bien à la marche, mais pas encore à la baignade. Ce sont également des mois agréables pour visiter Athènes : il y fait une température agréable et les touristes ne sont pas trop nombreux.

➤ Juin – mi-juillet

C'est la meilleure période pour profiter en toute tranquillité des Cyclades. Pas encore pris dans le tourbillon de la haute saison touristique, hôteliers et taverniers sont accueillants et disponibles. Il fait beau et chaud, mais

TEMPÉRATURES DANS LES CYCLADES

Mois	Max.	Min.	Mer
Janv.	16	11	16
Fév.	16	11	15
Mars	17	12	16
Avr.	21	14	16
Mai	24	17	19
Juin	27	21	22
Juil.	28	23	24
Août	29	23	25
Sept.	27	21	24
Oct.	25	19	23
Nov.	21	16	20
Déc.	18	13	17

pas trop. Le mois de juin est idéal pour visiter Athènes. En juillet en revanche, il peut faire chaud et les touristes seront plus nombreux.

➤ Mi-juillet – août

La pleine saison touristique connaît un pic la première quinzaine d'août. Les îles sont bondées. Il fait chaud, mais la température est tempérée par le *meltem*. Attention, en août, ce vent peut couper les liaisons maritimes pendant un ou deux jours. C'est la période la plus chaude et la plus touristique de l'année, aussi la visite d'Athènes peut s'avérer moins agréable. Mais vous pourrez profiter des nombreux festivals d'été organisés par la ville.

➤ Septembre – octobre

Les Cyclades retrouvent leur calme. Peu à peu, les hôtels et les pensions ferment. La mer est encore chaude et il fait généralement beau. Mais attention aux coups de vent, surtout en octobre. C'est une excellente période pour visiter Athènes : les grosses chaleurs sont passées mais vous bénéficierez d'un climat plus doux qu'en France.

➤ Novembre – mars

C'est l'hiver ! Toutes les îles, à l'exception de Syros, la capitale des Cyclades, vivent au ralenti. Les liaisons maritimes sont peu nombreuses. Les îles se sont vidées de la majorité de leur population. Les établissements touristiques sont fermés (on trouvera quand même à se loger sur les îles principales, notamment à Santorin qui promeut le tourisme en hiver). Si le climat est généralement rude (venté, froid, humide), il arrive de profiter de l'été indien jusqu'en décembre ou de savourer les premières journées printanières dès janvier. Vous découvrirez alors ces îles dans toute leur authenticité. La visite d'Athènes durant ces mois d'hiver est également moins agréable, mais vous serez beaucoup plus tranquille pour visiter les sites touristiques.

Santé

Emportez la **Carte européenne d'assurance-maladie** (validité 1 an), à demander à votre centre CPAM au minimum 3 semaines avant votre départ. Chaque île possède au moins un centre de santé *(kentro ygeias)*. En cas de problème grave, il est conseillé de se faire rapatrier sur Athènes.

Voyagistes

Athènes et les Cyclades se visitent facilement, que l'on réserve à l'avance ou que l'on improvise sur place. Vous pouvez toutefois passer par une agence qui gérera les questions d'hébergement ou de liaison maritime.

➤ Agences spécialisées

Détours Voyages
80, bd. Raspail, 75006 Paris
☎ 01.44.55.01.01, www.detours.fr.
Cette agence spécialiste de la Grèce offre de nombreuses possibilités de séjours, croisières ou voyages à la carte dans les Cyclades.

Îles du Monde
5, rue de l'Asile-Popincourt, 75011 Paris
☎ 01.55.42.74.10, www.ilesdumonde.com.
Les Cyclades à la carte ou à la voile pour ce spécialiste des îles.

Merîlia
14, bd de Sébastopol, 75004 Paris
☎ 01.56.68.12.00, www.merilia.com.
Un spécialiste des îles méditerranéennes, avec un large choix sur les Cyclades : séjours sur la plupart des îles, combinés, croisières sur caïque traditionnel, voilier, yacht ou paquebot…

Profil Voyages
36, rue Métropoleos, Athènes
☎ (0030) 210.32.39.482, www.profilvoyages.gr.
Cette petite agence tenue par une Française concocte des voyages sur mesure de grande qualité.

➤ Croisières

Costa Croisières
☎ 0810.211.212, www.costacroisieres.fr.
Plusieurs croisières d'avril à novembre.
Les Cyclades sont combinées avec la Grèce et d'autres pays méditerranéens. Départs de Venise ou de Rome.

Star Clippers
☎ 01.39.21.10.98 (France),

☎ *32.50.61.42.00 (Belgique), www.starclippers.com.*
2 croisières de 7 nuits à bord d'un voilier au départ d'Athènes et jusqu'en Turquie en passant par les Cyclades du Nord (Délos, Mykonos, Sifnos) ou du Sud (Santorin). Croisière Grèce-Croatie de 11 nuits en passant par Mykonos et Santorin.

➤ Voyages culturels

Athéna
274, rue de Créqui, 69007 Lyon
☎ *04.78.16.04.44, www.athenavoyages.com.*
Une association qui organise depuis 40 ans des voyages culturels en Grèce. Circuit tout compris dans les Cyclades.

Clio
34, rue du Hameau, 75105 Paris
☎ *01.53.68.82.82, www.clio.fr.*
L'agence spécialiste du voyage culturel avec conférencier propose des croisières s'étendant au-delà de la mer Égée.

➤ Agences de trek

Les Cyclades se prêtent bien à la randonnée. Il existe deux formules : en liberté (seul avec un *roadbook*) ou accompagné par un guide.

Akaoka
☎ *01.83.62.19.68, www.akaoka.com.*

Allibert montagnes et déserts
☎ *04.76.45.50.50, www.allibert-trekking.com.*

Huwans
☎ *04.96.15.10.20, www.huwans-clubaventure.fr*

Terres d'Aventure
☎ *0825.700.825, www.terdav.com.*

Visages
☎ *04.92.45.18.05, www.visages-trekking.com.*

➤ Les Cyclades à la voile

Avec un horizon parsemé d'îles, du vent assuré, des criques sauvages et des ports animés, les Cyclades se prêtent merveilleusement à la voile. La mer Égée et ses vents changeants s'adressent aux bons navigateurs. À moins de s'en remettre à un skipper qui vous fera partager sa connaissance : itinéraires sur mesure, spécialités culinaires, histoire, plages secrètes…

Location de voilier sans skipper

Kiriacoulis Mediterranean
☎ *(0030) 210.98.86.187, www.kiriacoulis.com (site en anglais).*

Vernicos Yachts
☎ *(0030) 210.98.96.000, www.vernicos.com.*

Location de bateau avec skipper

Archipel Club
Paros ☎ *(0030) 69.79.36.60.16 ou 69.32.63.27.21 (port.), www.archipelclub.com.*
Georges et Vanessa, un couple franco-grec, gèrent une petite société de location de catamarans et de monocoques. En formule active (avec skipper) ou confort (avec skipper et steward qui prépare les repas), ils font découvrir l'archipel en sortant des sentiers battus. Croisière à la cabine ou croisière privée en louant le catamaran en entier.

Comptoir des voyages
10, rue Saint-Victor, 75005 Paris
☎ *01.53.10.34.48, www.comptoir.fr.*
Propose une croisière active au départ de Santorin.

Incrediblue
☎ *(0030) 242.10.76.182, www.incrediblue.com/fr.*
C'est le Airbnb du yachting. Les particuliers possédant un bateau peuvent le mettre en location. Simple d'utilisation, efficace, sûr et en français, ce site révolutionne la location de voiliers et yachts en Grèce.

Sur place

Arriver à Athènes et dans les Cyclades

➤ En avion

À Athènes

Aéroport international d'Athènes (aéroport Elefthérios Vénizelos)
Spata, à 20 km E d'Athènes
☎ 210.35.30.000, www.aia.gr.

> Rejoindre Athènes en bus
Horaires sur www.oasa.gr (tapez X95 dans le moteur de recherche).
Athènes se rejoint 24 h/24 par le bus express X95 : env. 1 h de trajet jusqu'à Syntagma (terminus rue Othonos, ***plan p. 36-37*** */C3*), 5 €.

> Rejoindre Athènes en métro
http://www.ametro.gr.
Le métro fonctionne de 5 h 30 à 23 h 30, départ toutes les 30 min. Il dessert Syntagma et Monastiraki en 40 min.

> Rejoindre Athènes en taxi

Comptez une heure. Prix de la course fixe vers le centre : 35 € le jour, 50 € entre minuit et 5 h du matin.

Dans les Cyclades

Aéroport de Mykonos
À env. 4 km E de Chora ☎ 228.90.22.327.

Aéroport de Santorin
À env. 6 km S-E de Fira ☎ 228.60.28.400, www.santoriniairport.com.

Aegean Airlines
http://fr.aegeanair.com.
Assure des vols entre Athènes et les îles disposant d'un aéroport : Milos *(p. 274)*, Mykonos *(p. 275)*, Naxos *(p. 276)*, Paros *(p. 277)*, Santorin *(p. 280)* et Syros *(p. 282)*. Pas de liaison inter-îles.

Olympic Air
www.olympicair.com
Mêmes liaisons que la compagnie Aegean Airlines *(ci-dessus)*.

➤ En bateau

À Athènes

Depuis l'Italie, on arrive en bateau au port de Patras *(à 200 km d'Athènes, env. 2 h de voiture ensuite pour rejoindre la capitale)* ou à Igouménitsa *(au N de la Grèce)*. Aucune formalité.

Dans les Cyclades

Vous devez passer par les ports du Pirée ou de Rafina pour rejoindre les Cyclades.

Pour connaître les compagnies et les horaires des traversées, voir ci-dessous.

Les principales lignes desservant les Cyclades sont indiquées sur la carte en rabat avant de couverture.

Se déplacer

ENTRE LES ÎLES

➤ En avion

Sky Express
www.skyexpress.gr.
Depuis 2011, la compagnie crétoise relie entre elles Santorin et Mykonos en été.

➤ En bateau

Véritables autobus des mers, ferries et bateaux rapides (deux fois plus rapides mais aussi deux fois plus chers) sont quasiment le seul moyen de se déplacer dans les Cyclades. En dehors du mois d'août et des départs le week-end, il n'est pas nécessaire de réserver son billet à l'avance. Si vous comptez visiter plusieurs îles, il est conseillé d'acheter vos billets sur place. Vous aurez ainsi le choix (un bateau peut être ajouté ou supprimé à la dernière minute) et vous éviterez les mauvaises surprises (annulation pour tempête ou grèves). Voici quelques sites *(en anglais)* pour bien préparer votre voyage :

www.openseas.gr. Consacré uniquement aux horaires des bateaux, il est sans doute le plus exhaustif et le plus pratique.

www.ferries.gr. Il offre la possibilité de réserver toutes les étapes de votre voyage sur un seul formulaire (pratique quand on fait un voyage d'île en île). Idem pour www.ferries-greece.com.

www.danae.gr. Facile d'utilisation, mais seulement les compagnies principales. Horaires et réservations.

www.greekislandhopping.com. Chaque semaine, le site publie les départs des ports du Pirée et de Rafina.

www.gtp.gr. En principe exhaustif mais pas très ergonomique. Il propose cependant une intéressante carte interactive qui présente toutes les liaisons possibles au départ d'une île.

www.marinetraffic.com. Pour connaître en temps réel l'état du trafic maritime. Le site affiche sur la carte le positionnement de tous les bateaux.

Bon à savoir : le port du Pirée s'orthographie « Piraeus » en anglais. Utile quand on fait une recherche d'horaires de bateaux sur Internet.

DANS LES ÎLES

➤ Bus

Les îles possèdent en général un service de bus qui rayonne en étoile depuis la capitale (Chora). Il est donc vivement conseillé de prendre un hébergement dans la capitale si l'on veut utiliser ce moyen de transport. La fréquence des liaisons s'adapte à la saison touristique.

➤ Location de voitures

Une industrie dans les Cyclades. La location est relativement chère (25 à 60 €/j pour le plus petit véhicule). Et certaines îles comme Mykonos et Santorin sont littéralement saturées en été. Il faut toujours vérifier l'état du véhicule et le contrat d'assurance. Généralement, une franchise de 300 € est due et **les dégâts causés par la conduite sur piste ne sont pas pris en charge**. Conditions : âge minimal de 21 voire 23 ans, permis obtenu depuis plus d'un an, carte de paiement.

La Grèce a droit à un carton rouge côté sécurité routière. Le code de la route est peu respecté et le pays détient le triste record d'accidents de la route par habitant en Europe. Prudence donc.

Autrefois très laxiste, la police a tendance depuis peu à faire respecter le code de la route. Port du casque et de la ceinture, place pour se garer… Attention aux amendes !

➤ Location de scooters et de quads

Très agréables pour parcourir les îles nez au vent. Mais leur conduite exige la plus grande prudence. Tout d'abord vérifiez l'état du véhicule (freins, pneus, jauge d'essence). Ensuite, faites attention aux gravillons, vent, chèvres et aux autres conducteurs…

Depuis quelques années, le quad connaît un vrai engouement (surnommé *gourounaki*, le petit cochon). Si le véhicule donne l'impression d'être plus stable quand il roule lentement, ce n'est pas le cas dès qu'il prend de la vitesse. Par ailleurs, il se révèle être un véhicule poussif dans les côtes ! N'oubliez pas d'exiger un casque.

Visite par visite, toutes les infos et adresses utiles

Peu d'îles disposent d'un bureau d'informations touristiques *(voir les adresses utiles de chaque localité)*. Il faut souvent s'adresser aux agences de voyages qui organisent trajets en bateau, excursions, etc. *(au port ou dans la capitale de l'île)*. À Athènes, celui de l'aéroport est efficace *(p. 267)*.

ATHÈNES

Visite 1, p. 34 – Plan p. 36-37

➤ Accès

Voir p. 264 pour l'accès depuis l'aéroport.

➤ Circuler dans Athènes

À pied

En choisissant un hôtel au pied de l'Acropole, tout (ou presque) peut se faire à pied (de vastes zones piétonnes sont aménagées).

En métro

Trois lignes quadrillent le centre. La ligne 1 du métro (Ilektrikos) relie le nord d'Athènes au Pirée en passant par les stations Thissio, Monastiraki et Omonia dans le centre. Pour les JO de 2004, deux lignes ont été ajoutées. Elles se croisent à Syntagma. La ligne 3 va jusqu'à l'aéroport. Titre de transport unique métro-bus : 1,20 €. Horaires : généralement de 5 h à minuit.

Voir aussi la carte des transports en rabat arrière de couverture.

En bus

Ce n'est pas le moyen de transport le plus simple pour un court séjour touristique. Il y a beaucoup de lignes différentes.

En taxi

Très nombreux, plutôt bon marché et de couleur jaune canari, les taxis athéniens sont une institution. Voici quelques règles pour éviter les arnaques.

Les tarifs doivent être affichés dans le taxi et le compteur doit fonctionner : la prise en charge coûte 1,50 € et le kilomètre 0,68 € (intra-muros). La nuit (en principe de minuit à 5 h), les prix doublent. Les bagages n'engendrent pas de coût supplémentaire jusqu'à 10 kg. Pour une petite course dans le centre-ville, il faut compter 5 €; du centre à l'aéroport 35 € (tarif fixe).

Une pratique surprenante : en cours de route, le taxi peut prendre d'autres personnes sans faire partager le prix de la course. Il est donc possible de monter dans un taxi déjà occupé : il suffit de crier le nom de votre destination !

Le rallongement de la course par un itinéraire fantaisiste est difficilement contrôlable. En revanche, les affirmations d'un chauffeur certifiant que l'hôtel choisi par son client est complet ou mal situé sont souvent mensongères, et ce dans le but de l'emmener ailleurs, dans un hôtel avec lequel il est de mèche.

À noter : Radio-taxi :
Proodos ☎ *210.345.12.00*;
Express ☎ *210.994.30.00.*

➤ Adresses utiles

Distributeurs d'argent
Partout, en particulier sur la pl. Syntagma ***(plan p. 36-37/C3).***

Agence de voyages francophone

Profil Voyages
Plan p. 36-37/B3 *– 36, rue Mitropoleos* ☎ *210.32.39.482, www.profilvoyages.gr.* Spécialiste du voyage sur mesure, Françoise Deschamps travaille depuis plus de trente ans sur les Cyclades. Sa connaissance du terrain assure un voyage de qualité (hébergement, billets, guide, voiture…).

Ambassades et consulats

Ambassade de Belgique
Plan p. 36-37/C3 *– 3, rue Sekeri* ☎ *210.36.17.887; en cas d'urgence hors des heures d'ouv.* ☎ *694.52.35.055, diplomatie.belgium.be/greece.*

Ambassade de France
Plan p. 36-37/C3 *– 7, rue Vassilissis Sofias* ☎ *210.33.91.000, www.ambafrance-gr.org/-Francais-.*

Consulat de France
Plan p. 36-37/C3 *– 6, rue Akadimias (en face du théâtre Tzéni Karézi, près de l'ambassade), 1er étage* ☎ *210.33.91.200; en cas d'urgence hors des heures d'ouv.* ☎ *69.32.40.13.43 (port.).*

Ambassade de Suisse
Plan p. 36-37/hors pl. par D3 *– 2, rue Lassiou* ☎ *210.72.30.364, www.eda.admin.ch.*

Appel d'urgence

Police touristique ☎ *210.92.00.724 ou 171 (24/24 h).*
Police, pompiers, ambulances ☎ *112.*

SAMU ☎ *166.*
SOS Médecin ☎ *1016.*

S'informer

Office du tourisme (Greek National Tourist Organisation, ou EOT en grec)
Aéroport d'Athènes, hall des arrivées, entre les portes 2 et 3 ☎ *210.35.30.445.*
Prenez la carte *Attique-Athènes* (plan du Pirée, lignes de métro, etc.). Rens. sur les horaires des bateaux.

Les sites internet *www.visitgreece.gr, www.athensinfoguide.com* et *www.thisisathens.org* vous seront utiles.

Anavasi
***Plan p. 36-37/C3** – 32, rue Voulis* ☎ *210.32.18.104, www.anavasi.gr.*
À deux minutes à pied de la place Syntagma, la librairie de l'éditeur Anavasi est une mine d'or pour les voyageurs et les randonneurs. On y trouvera les meilleures cartes des Cyclades, des guides pointus et des beaux livres sur la Grèce, notamment la collection vue du ciel (« As the seagull flies », sur Naxos et Paros).

Consigne

Athens Lockers
***Plan p. 36-37/B3** – 2, rue Athinas, 2e étage. M° Monastiraki* ☎ *213.03.54.760 et 69.45.62.42.29 (port.), www.athenslockers.com. Ouv. t.l.j. 8 h-21 h (possibilité plus tard si besoin : voir sur place).*
À deux pas de la place Monastiraki, une consigne tenue par des personnes sympathiques. Casier avec cadenas : 11 € la journée (assez de place pour 2 ou 3 valises). Dépôt à l'accueil : 4 à 8 € en fonction de la taille de la valise. Tarifs dégressifs selon la durée.

➤ Visites guidées

Association des guides officiels
***Plan p. 36-37/C3** – 9a, rue Apollonos (près de Syntagma)* ☎ *210.32.20.090/29.705, www.tourist-guides.gr/fr.*
Cette association encadre toute la profession. Réservez plusieurs jours à l'avance (surtout en mai et sept.).

Guides francophones

Eleni Dimitrakopoulou (archéologue) ☎ *69.45.15.37.15 (port.), elendim2@gmail.com;* **Kelly Bourni Angeliki** (historienne) ☎ *69.45.39.12.95 (port.), kellybourni@hotmail.com;* **Mansola Aggeliki** ☎ *210.68.00.284 et 69.44.34.31.57 (port.), mansola2@otenet.gr;* **Lili Vourdoumpaki** ☎ *210.80.17.434 et 69.32.46.22.24 (port.);* **Kambra Theoni** ☎ *210.97.08.485 et 69.37.74.16.12 (port.), theoni_kabra@yahoo.gr.*

Visites privées et originales

De petites sociétés créées par de jeunes Athéniens proposent des visites guidées pointues et originales *(en anglais la plupart du temps, parfois en français selon le guide)*. Ces promenades dans la ville suivent un thème précis : gastronomie *(street food)*, architecture (période ottomane, style néoclassique ou années 1960), littérature ou encore safari photos.

Big olive
☎ *69.40.26.00.00 (port.), http://bigolive.org.*

Athens insiders
☎ *69.37.44.32.28 (port.), http://athensinsiders.com.*

LE PIRÉE

Visite 2, p. 50 – Plan p. 52-53

➤ Accès

Depuis l'aéroport d'Athènes

En bus : bus X96 toutes les 20-30 min (entre 45 min et 1 h 30 de trajet, 24 h/24). Le bus vous dépose pl. Karaïskaki, entre les portes E7 et E8.

En taxi : comptez 40-50 €.

En métro : possibilité de prendre le métro ligne 3 (bleue), qui part toutes les 30 min, jusqu'à Monastiraki (centre d'Athènes), où l'on change pour le métro ligne 1 (verte, *Ilektrikos*). Plus long que le bus : 1 h 10 au moins.

Depuis le centre d'Athènes

En métro : solution la plus pratique. La ligne 1 relie le centre d'Athènes (station Omonia, Monastiraki ou Thissio) au port, face aux portes E5 et E6.

En taxi : comptez 15 €. Attention aux embouteillages.

En bus : bus 40 depuis Syntagma ; bus 49 depuis Omonia. Attention aux embouteillages.

➤ Se repérer

En sortant du métro, les bateaux pour les Cyclades se trouvent en face (porte E6) ou sur la gauche. On y accède par une passerelle piétonne qui enjambe la route à 8 voies. Comptez 15 min pour aller à la porte E10. Porte E8, un tableau numérique indique les départs des bateaux et les quais correspondants. Mais vous pouvez demander dans n'importe quelle agence de voyage.

➤ Pour embarquer

Attention, les bateaux sont d'une extrême précision quant à l'heure du départ. Arrivez **1 h avant** pour repérer le lieu d'accostage de votre bateau. Terminaux pour passagers avec cafétéria, consigne, toilettes et douches aux portes E1, E2, E3, E8 et E10.

➤ Adresses utiles

Autorité portuaire du Pirée
Plan p. 52-53/B2 *– 10, quai Miaouli ☎ 210.45.50.000, www.olp.gr/en.*

Billets de bateau
Il y a des dizaines d'agences sur le port, souvent avec des rabatteurs. L'idéal est de connaître le bateau que l'on veut prendre. Sinon, questionnez plusieurs agences car elles ne représentent pas toutes les mêmes compagnies : vous pouvez avoir le choix entre un bateau rapide de type catamaran ou un ferry plus lent mais moins cher. En revanche pas d'inquiétude le prix des billets, qui sera partout le même. Les grosses compagnies comme Blue Star et Hellenic Seaways sont les plus ponctuelles.

Distributeurs d'argent
Plusieurs sur les quais.

Horaires des bateaux
☎ *210.41.47.800* (en grec et en anglais)
☎ *14541* pour les départs du jour et les retards possibles (payant).
Voir aussi ci-dessous pour contacter les compagnies les plus importantes.

Compagnies maritimes

Blue Star Ferries
www.bluestarferries.com
Plan p. 52-53/B1 *– Gelasakis Shipping & Travel Center, 6, rue Aristidou ☎ 210.42.22.440;*
Plan p. 52-53/B-C1 *– Giovanti, 26, Akti Possidonos ☎ 210.41.19.171.*

Hellenic Seaways
Plan p. 52-53/B1 *– 6, rue Astiggos, pl. Karaïskaki (sur le port) ☎ 210.41.99.000, www.hellenicseaways.gr.*

NEL Lines
Plan p. 52-53/B1 *– 2, rue Astiggos, pl. Karaïskaki ☎ 210.41.15.015, www.nel.gr.*

RAFINA

➤ Accès

Depuis l'aéroport d'Athènes

En bus : bus régional de l'Attique KTEL (orange) de 6 h à 21 h (env. 25 min ; fréquence variable ; 3 €). Le départ se trouve au niveau de la porte E3, de l'autre côté de la route à 6 voies, sur la g. Terminus au port.

En taxi : comptez 20-25 €.

Depuis Athènes

En bus : bus régional de l'Attique KTEL (orange) de 6 h à 22 h (station de départ rue Mavrommateon, près du M° Victoria ***plan p. 36-37/Hors plan par B1*** ; départ env. toutes les heures).

➤ Adresses utiles

Billets de bateau

Toutes les agences se trouvent sur le port. Elles représentent chacune des compagnies différentes (Blue Star Ferries, Hellenic Seaways, Seajet…).

Capitainerie
☎ *229.40.22.840, info@rafinaport.gr.*

AMORGOS

Visite 3, p. 58 – Carte p. 60-61

➤ Accès

En bateau

Depuis Le Pirée : quasiment 1 ferry/j. toute l'année (env. 8 h de traversée via Syros, Santorin, Naxos ou Paros) ; selon les étés, plusieurs fois par jours (5 h de traversée en bateaux rapides via Folégandros ou Santorin).

Depuis les autres Cyclades : liaison quotidienne avec Naxos et Paros (entre 1 h 30 et 5 h de traversée via les Petites Cyclades).

Amorgos a **deux ports** : Katapola *(p. 59)* – le port principal – et Aigiali *(p. 64).*

Pour réserver un hébergement, vérifiez où vous débarquez.

Rens.

www.gtp.gr, www.danae.gr et www.openseas.gr.

➤ Circuler à Amorgos

En bus

Départ depuis le quai de Katapola pour Chora *(jusqu'à 1 bus/h en août)*. Certains bus vont jusqu'à Aigiali ou au monastère de Chozoviotissa, plus rarement dans le Sud. L'île est mal desservie hors saison.

À pied

Amorgos est le paradis des marcheurs ! Superbe réseau de sentiers muletiers qui relient les villages *(p. 187)*.

Carte *Topo* d'Anavasi au 1/35 000 avec description de 16 randonnées.

En taxi

Demandez toujours le prix avant la course. Katapola-Chora : 8 €. Katapola-Aigiali : 26 €. Chora-Aigiali : 20 €.

En voiture ou en scooter

Pratique pour explorer l'île. Bon état des routes.

➤ Adresses utiles

Capitainerie
☎ 228.50.71.259.

Centre de santé
En arrivant au rond-point de Chora à g. depuis Katapola ☎ 228.50.71.207. Dispensaires à Katapola, Arkesini et Aigiali.

Distributeurs d'argent
À Katapola, Chora et Aigiali.

Mairie
Chora, place des bus (entrée du village) ☎ 228.53.60.200.
Nombreux renseignements (anglais).

S'informer
www.amorgos-island-magazine.com (en anglais).
Site tenu par des passionnés de l'île.

Stations-service
Sur la route entre Katapola et Chora, et à Aigiali.

Agences de voyages

Aegialis Tours
Aigiali (dépend de l'hôtel Aegialis) ☎ 228. 50.73.394/393, www.aegialistours.com.

Billets de bateau

Synodinos Travel
Sur le quai de Katapola ☎ 228.50.71.201.
Pour les compagnies Blue Star et Hellenic Seaways. Fait aussi bureau d'informations touristiques et donne les horaires de bus.

Prekas et Sea Jet
Dans un kafénio *traditionnel, sur le quai de Katapola ☎ 228.50.71.256/390.*
Billets pour les compagnies NEL, Skopélitis et Hellenic Seaways.

Naftilos
Aigiali, dans une ruelle parallèle au port ☎ 228.50.73.032.
Toutes compagnies.

Location de voitures et scooters

Thomas Rent a Car
Katapola, sur le quai ☎ 228.50.71.777 ; Chora, ☎ 228.50.71.444 ; Aigiali, sur le quai ☎ 228.50.73.444, www.thomas-rental.gr.
Bonne réputation. Réserver en été.

Taxis

4 ou 5 taxis indépendants : **Kapele Loanis**, *Chora ☎ 69.73.98.87.02 (port.)* ; **Liviakis Nikos**, *Aigiali, ☎ 69.37.88.38.38 (port.).*

Librairie

Amorgos Music and Book Store
Katapola, dans une petite rue perpendiculaire au port en partant de la place.
Presse et romans étrangers, guides, cartes et livres sur Amorgos.

ANAFI

Visite 4, p. 68 – Carte p. 69

➤ Accès

En bateau

Depuis Le Pirée : en principe, 2 bateaux/sem. (entre 18 et 21 h de traversée avec une myriades d'escales) ; selon les années et les saisons, mise en place de bateaux rapides (entre 5 et 10 h de traversée). Il est généralement plus rapide de passer par Santorin (entre 4 et 8 h de traversée) et d'y prendre un bateau pour Anafi (1 h 30 à 2 h de traversée, 4/sem. en été).
Peu de liaison avec les autres îles.

Les ferries ont souvent du retard et l'île est coupée du monde lorsque le vent du sud souffle fort.

Rens.
www.gtp.gr, www.danae.gr et www.openseas.gr.

➤ Circuler à Anafi

En bus

L'île compte seulement deux lignes : Chora – Klissidi – le port (jusqu'à 5 bus/j., plus 1 bus pour le départ ou l'arrivée du ferry) ; Chora – Roukounas – Agii Anargiri – le monastère de Zoodochos Pigis (jusqu'à 3 bus/j.).

À pied

L'île est si petite qu'elle se prête à la randonnée. La moitié de l'île se traverse en 2 h. Quelques idées de balades sur *www.cycladen.be/AnafiFra.htm.*
Il n'existe pas de bonne carte de l'île.

En voiture ou en scooter

L'île ne compte que trois routes goudronnées, en très bon état.

➤ Adresses utiles

Distributeur d'argent
Un seul, sur le port. Prévoyez donc du liquide, car il peut tomber en panne.

Mairie
Chora ☎ 228.60.61.266.

Police
Chora. Dans le cœur du village, sous la taverne Alexandra ☎ 228.60.61.216.

S'informer
www.anafi.gr (en français).
Excellent site de la municipalité

Unité médicale
Chora ☎ 228.60.61.215. Vers le haut du village, sous la place du Moulin. Pharmacie en été seulement.

Billets de bateau

Agence de Nektaria Roussou
Agios Nikolaos, sur le port ☎ 228.60.61.408 et 69.74.45.48.83 (port.). Si c'est fermé, adressez-vous à la taverne Akrogiali juste à côté.

Location de véhicules

Moto Manos
Chora, sur le parking du village ☎ 228.60.61.430 et 69.74.64.84.47 (port.). Carte de paiement accepté.
Location de voiture ou de scooter.

Pension Panorama
Voir p. 186.
Location de scooters et de voitures.

ANDROS

Visite 5, p. 72 – Carte p. 73

➤ Accès

En bateau

Depuis Rafina : liaisons t.l.j. autour de 8 h et de 17 h 30 (2 h de traversée). Cette même ligne de bateau dessert ensuite Tinos (env. 1 h 30 de traversée) et Mykonos (2 h 15 de traversée).

Les liaisons vers les autres îles sont rares.

Rens.
www.gtp.gr, www.danae.gr et www.openseas.gr.

➤ Circuler à Andros

En bus

L'île est plutôt mal desservie. La ligne principale va de Gavrio, le port, à Chora, en passant par Batsi et Messaria (départ après l'arrivée d'un bateau). La ligne se prolonge jusqu'à Ormos Korthiou 2 fois/j.

À pied

12 sentiers muletiers ont été réhabilités, principalement autour de Chora.

Bonne carte *Topo* d'Anavasi au 1/50 000 avec sentiers de randonnée.

En voiture

L'idéal est de louer une voiture pour parcourir cette île montagneuse. En scooter, les distances sont longues. Le réseau routier est bon, mais particulièrement sinueux. Isolées, les plus belles plages ne sont accessibles que par des pistes souvent vertigineuses. Un véhicule tout-terrain est fortement conseillé pour partir à la découverte de cette île.

➤ Adresses utiles

Capitainerie
Gavrio ☎ 228.20.71.213.

Centre de santé
Chora ☎ 228.20.22.222.

Distributeurs d'argent
À Gavrio, Batsi, Chora et Korthi.

Gare routière
À Chora, derrière le centre piéton ☎ 228.20.22.316.

Mairie
Chora ☎ 228.20.22.275.

Police
Chora ☎ 228.20.22.300.

Taxis
Gavrio ☎ 228.20.71.561. Chora ☎ 228.20.22.171. Batsi ☎ 228.20.41.081. Korthi ☎ 228.20.62.171.

Agence de voyages

Colours Travel
Batsi, sur le port en haut des escaliers ☎ 228.20.41.252.
Hébergements, billets, randonnées avec guide…

Andrina Tours Travel Agency
Batsi ☎ 228.20.41.064, www.androstours.com.

Billets de bateau

Aucune agence ne représente toutes les compagnies à la fois. Les agences se trouvent sur le port à Gavrio et dans la rue piétonne principale à Chora.

Agence Batis
Gavrio et Chora ☎ 228.20.71.489 pour les compagnies Blue Star Ferries, Golden Star Ferries et Fast Ferries.

Kykladès Travel
Gavrio ☎ 228.20.71.750 pour les compagnies Fast Feries et Golden Star Ferries.

Porto Andros
Gavrio ☎ 228.20.71.222 ou 228.20.71.542 pour la compagnie Fast Ferries.
En juil. et août, excursions en caïque pour les plages d'Achla, Vori et Ateni depuis Chora.

Location de voitures

Plusieurs agences sur le port de Gavrio.

Tassos
☎ 228.20.71.040, www.androsrentacar.gr.

Euro
☎ 228.20.72.440 et 69.37.05.04.09 (port., francophone), www.rentacareuro.com.

S'informer

Bureau d'information touristique municipal
Chora ☎ 228.20.25.162.
Gavrio. Ouv. en saison seulement. Sur le port, dans un kiosque ayant la forme d'un pigeonnier.
Carte de l'île et brochures touristiques.

Sites Internet
www.andros.gr
Le site de la municipalité d'Andros.

www.korthi.gr (en anglais)
Le site de la municipalité de Korthi présente les points d'intérêt du sud de l'île.

DÉLOS

Visite 6, p. 79 – Carte p. 80

➤ Accès

En bateau

Depuis Mykonos : depuis l'ancien port, des bateaux font la navette vers Délos (30 min de traversée). En saison, départ à 9 h, 10 h et 11 h. Retour à 12 h 15, 13 h 30 et 15 h. En hiver, 1 ou 2 bateaux/sem. **Billets** : 20 € l'A/R sans guide, 40 € avec la visite guidée (en groupe), 200 €/groupe avec un guide privé. Achetez les billets directement au kiosque qui se trouve devant les bateaux plutôt que dans les agences de voyages, qui prennent une commission.

Depuis Naxos, Paros, Tinos… : excursion en bateau possible à la journée. Voir les agences de voyages de chaque île.

FOLÉGANDROS

Visite 7, p. 83 – Carte p. 84

➤ Accès

Mal desservie hors saison.

En bateau

Depuis Le Pirée : 2 à 4 ferries/sem. (entre 10 et 12 h de traversée) et, en principe, de juin à sept. plusieurs bateaux rapides/j. (entre 3 et 5 h de traversée). Ces bateaux font généralement escale à Sérifos, Sifnos et Milos.

Depuis les autres Cyclades : liaisons fréquentes avec Mykonos, Naxos et Santorin ; moins fréquentes avec Amorgos, Paros, Ios et Syros.

Rens.

www.gtp.gr, www.danae.gr et www.openseas.gr.

➤ Circuler à Folégandros

La route goudronnée sert d'épine dorsale à l'île : elle relie ses trois villages et la minuscule station balnéaire d'Angali. De nombreux sentiers et quelques rares pistes descendent jusqu'à la mer.

En bus

En été, service très régulier entre le port et Chora, et vers Angali et Ano Meria.

À pied

Le meilleur moyen pour explorer l'île, en complément du bus.

Bonne carte de l'île au 1/25 000 à acheter sur place dans les agences, en version française (miniguide au verso).

En voiture ou en scooter

Location possible, mais pas vraiment nécessaire.

En bateau

Navette pour les plages depuis le port et Angali.

➤ Adresses utiles

Capitainerie
☎ 228.60.41.530.

Distributeurs d'argent
Deux à Chora.

Mairie
☎ 228.60.41.285.

Police
☎ 228.60.41.249.

S'informer
www.folegandros.gr.
Intéressant site de la municipalité (en français).

Taxi
Un seul : ☎ 228.60.41.048 et 69.44.69.39.57 (port.).

Unité médicale
Pl. Pounta, Chora ☎ 228.60.41.222.

Agence de voyages

Diaplous Travel
Pl. Pounta, Chora ☎ 228.60.41.158, www.diaploustravel.gr.
Tenue par la souriante Margarita et son mari. Carte et informations, location de ch., accès Internet, billets de bateau, excursion en mer (avec un délicieux pique-nique préparé par la maman).

IOS

Visite 8, p. 87 – Carte p. 88

➤ Accès

En bateau

Depuis Le Pirée : plusieurs bateaux/j. en été (8 h de traversée en ferry ; 3 h 30 en bateau rapide).

Depuis Rafina : bateau rapide t.l.j. en été (4 h).

Depuis les autres Cyclades : liaison(s) t.l.j. avec Milos, Mykonos, Naxos, Paros, Santorin, Sifnos, Tinos ; liaisons plus rares avec les autres Cyclades.

Rens.

www.gtp.gr, www.danae.gr et www.openseas.gr.

➤ Circuler à Ios

La population se concentre dans l'ouest de l'île, autour de trois localités : Gialos, Chora et Mylopotas. Routes longues et sinueuses pour rejoindre le reste de l'île.

En bus

Toutes les 15 min en été entre Gialos, Chora et Mylopotas. En saison, plusieurs bus/j. pour Manganari et le sud de l'île.

À pied

Gialos, Chora et Mylopotas sont limitrophes. Il est donc facile de les relier à pied. Possibilité de belles et grandes randonnées, comme de Chora au monastère d'Agios Ioannis et Pyrgos, le sommet de l'île, ou de Mylopotas vers les plages sauvages du sud de l'île.

Balades sur *www.cycladen.be/IosFra.htm* et le guide de randonnée en anglais *Walking The Greek Islands, Santorini, Sifnos Western & Southern Cyclades* de Dieter Graf, Graf Editions, 2006.

En scooter

Pratique pour explorer le nord de l'île. En revanche, Manganari dans le Sud est vraiment loin.

En voiture

Peut convenir, mais n'est pas forcément nécessaire.

En bateau

Mi-juin à mi-sept., bateau de Gialos pour Manganari avec un stop à la plage de Pikri Nero.

➤ Adresses utiles

Bus
☎ 228.60.92.015.

Capitainerie
☎ 228.60.91.264.

Centre de santé
Gialos ☎ 228.63.60.000. Évitez la clinique privée de Chora, sauf si vous avez une bonne mutuelle.

Distributeurs d'argent
Au port et à Chora.

Mairie
☎ 228.63.60.400.

Police
☎ 228.60.91.222.

Agence de voyages

Acteon Travel
☎ 228.60.91.343, www.acteon.gr.
Billets de bateau, location de voitures, rens. sur les hôtels, Internet, excursions en bateau (sud de l'île, Santorin…).

S'informer

www.ios.gr
Le site municipal.

www.loveiosgreece.com.

KIMOLOS

Visite 9, p. 91 – Carte p. 93

➤ Accès

En bateau

Depuis Le Pirée : liaison quasi quotidienne en été (entre 5 et 9 h de traversée).

Depuis Milos (Apollonia) : plusieurs bateaux/j. (30 min de traversée) ; ☎ 228.70.51.184, www.kimolos-link.gr.

Rens.

www.gtp.gr, www.danae.gr et www.openseas.gr.

➤ Circuler à Kimolos

À pied

Sur cette île où il n'y a qu'un village et très peu de routes, les distances sont courtes. Le chef-lieu, Chorio, se trouve à 2 km du port (service de bus municipal, 20 places). Les sentiers sont nombreux si vous préférez vous déplacer à pied. Possibilité de faire passer un scooter ou une voiture depuis Milos.

Excellente carte Kimolos-Milos (sentiers fiables) de l'éditeur Terrains (www.terrainmaps.gr).

Balades sur *www.cycladen.be/KimolosFra.htm.*

En scooter et en vélo

Kimolos Moto
Entre le port et le village ☎ 228.70.51.801, kimolos.moto@gmail.com.

➤ Adresses utiles

Capitainerie
☎ 228.70.51.071.

Distributeurs d'argent
À Chorio et au port.

Mairie
☎ 228.70.51.218.

Police
☎ 228.70.51.205.

Unité médicale
☎ 228.70.51.222.

Taxi de mer
Vanguelis Vamvakaris ☎ 228.70.51.437 et 69.72.27.21.11 (port.).

S'informer

www.kimolos.gr (en anglais).
Le site de la municipalité de Kimolos est très complet.

gym-kimol.kyk.sch.gr/english (en anglais).
En recensant les sentiers de l'île, les élèves du lycée de Kimolos ont créé un guide complet : histoire, flore, faune.

MILOS

Visite 10, p. 95 – Carte p. 97

➤ Accès

En avion

4 vols/j. depuis **Athènes** *(40 min de vol)* avec Olympic Air.

En bateau

Depuis Le Pirée : plusieurs liaisons/j. en ferry (entre 5 et 8 h de traversée via Sifnos et Sérifos) ou en bateau rapide (2 h 50 de traversée).

Depuis les autres Cyclades : en été, liaisons vers la plupart des îles.

Rens.

www.gtp.gr, www.danae.gr et www.openseas.gr.

➤ Circuler à Milos

En bus

Au départ d'Adamas, les villages et les principales stations balnéaires sont plutôt bien desservis en été (beaucoup moins, voire pas du tout, le reste de l'année). Les horaires sont affichés aux arrêts des bus. Attention, peu pratique si l'on réside à Pollonia.

À pied

Les sentiers ne sont pas balisés et le centre est poussiéreux à cause des mines. À quelques exceptions près, l'île se prête mal à la marche, ainsi qu'aux trajets en scooter.

Excellente carte au 1/35 000 Milos-Kimolos (sentiers fiables) de l'éditeur Terrains (www.terrainmaps.gr) : à acheter sur place ou à consulter en ligne sur www.miloterranean.gr (ce site recense les circuits géologiques créés pour le Musée de la mine). Avis aux amateurs !

En voiture

Le meilleur moyen pour découvrir l'île. Le réseau routier est bon dans le Nord-Ouest, où se concentrent les villages, ainsi que sur les routes allant vers les stations balnéaires du Sud. Ailleurs, ce sont des pistes, pas toujours bonnes. Les loueurs de voitures excluent de l'assurance les dégâts causés par la conduite sur piste.

➤ Adresses utiles

Aéroport
À 4,5 km S d'Adamas ☎ 228.70.22.381.

Capitainerie
☎ 228.70.23.360 ou 228.70.22.130 (autorité portuaire).

Centre de santé
À Plaka ☎ 228.73.60.000. Ouv. 24 h/24.

Mairie
☎ 228.73.60.100, www.milos.gr (en grec et en anglais).

Police
☎ 228.70.21.204.

Taxis
Stations à Adamas ☎ 228.70.22.219 et Triovasalos ☎ 228.70.21.306.

Agences de voyages

Riva Travel
Adamas ☎ 228.70.24.024 ou 228.70.21.318 et 69.46.27.85.28 (port.), www.rivatravel.gr.
Billets de bateau et d'avion, location de ch., de voitures et de scooters, excursion en bateau.

Sea Sun Sophia
Adamas ☎ 228.70.21.994 ou 69.44.14.71.77 (port.), info@milosferries.gr.

Travel me to Milos
Pollonia ☎ 228.70.41.008, www.travelmetomilos.com
Billets d'avion et bateau, location de voitures, hôtels, excursions (en bateau, en kayak ou à pied…), cours de cuisine. Les plus : Chrysa est francophone et donne des infos utiles comme où aller se baigner en fonction du vent.

Axios Rent a Car
Pollonia ☎ 228.70.41.234.
Établissement tenu par un Anglais serviable (location de voitures et de ch., billets de bateau).

Location de voitures

Happy ride
☎ 228.70.23.421et 69.44.63.62.64 (port.).

S'informer

Office du tourisme municipal
☎ 228.70.22.445, www.milos.gr. Ouv. t.l.j. en été. En face du quai de débarquement.
Carte et guide de l'île, météo, horaires des musées…

Welcome to Milos
www.milos-island.gr.
Guide gratuit sur l'île (en grec et en anglais, *Welcome to Milos*), site Internet en français.

Best of Milos in responsible tourism
www.bestof-milos.com.
Guide gratuit et bien présenté, édité par l'excellent site en anglais promouvant intelligemment l'île.

MYKONOS

Visite 11, p. 106 – Carte p. 107

➤ Accès

En avion

Mykonos dispose d'un aéroport international. Easyjet et Transavia ont ouvert des vols directs depuis **Paris** en été *(juin-sept.)*. Depuis **Athènes**, vols quotidiens avec Aegean Airlines et Olympic Air *(30 min de vol)*. Vol direct pour **Santorin** en été avec Sky Express.

En bateau

Mykonos a deux ports. Avant de quitter l'île, renseignez-vous bien sur le lieu de départ. L'ancien port se trouve dans la ville de Chora, mais la majorité des bateaux accoste désormais au nouveau port de Tourlos *(à 1,5 km N de Chora ; liaison régulière en bus)*.

Depuis Le Pirée : plusieurs liaisons/j. (5 h de traversée en ferry ; entre 2 et 4 h en bateau rapide en fonction du nombre d'escales).

Depuis Rafina : plusieurs liaisons/j. (4 h de traversée en ferry ; entre 2 et 3 h en bateau rapide).

Depuis les autres Cyclades : plusieurs bateaux/j. pour Andros, Ios, Naxos, Paros, Santorin, Syros et Tinos ; liaison quasi quotidienne avec Folégandros, Milos et les Petites Cyclades ; liaisons possibles avec Amorgos, Sérifos et Sifnos.

Rens.

www.gtp.gr, www.danae.gr et www.openseas.gr.

➤ Circuler à Mykonos

Les distances sont courtes, mais le relief de l'île rend les déplacements difficiles.

En bateau

Les plages célèbres du Sud (Paranga, Paradise et Super Paradise) sont desservies par caïque depuis Platys Gialos, Ornos et Elia.

En bus

Bon service de bus, mais bondé en été.

À pied

Peu de sentiers. Mykonos a désormais une bonne carte : Délos-Mykonos, *Topo* au 1/25 000, de l'éditeur Anavasi *(www.anavasi.gr)*, avec miniguide en français.

En taxi

Pratique, mais pris d'assaut l'été.

En voiture ou en scooter

L'état des routes s'améliore, mais elles sont parfois difficiles, car étroites et pentues. Prudence donc.

➤ Adresses utiles

Aéroport
À 4 km S-E de la ville ☎ 228.90.79.000.

Bus
☎ 228.90.23.360 ou 228.90.26.797, www.ktelmykonos.gr (en grec).
Les trois lignes de bus se prennent au départ de deux stations différentes dans la ville : celle de l'ancien port pour aller au nord (nouveau port et Agios Stéfanos) et à l'est (Ano Mera) ; la pl. de Fabrika pour les plages du Sud.

Capitainerie
☎ 228.90.22.218.

Centre de santé
À 1 km de Chora, dir. Ano Mera ☎ 228.93.60.000.

Consul honoraire de France
Yannis Zouganelis (agence Delia Travel) ☎ 228.90.23.650 et 69.44.34.13.69 (port.).

Mairie
☎ 228.90.22.201 ou 228.90.23.261 (bureau du maire).

Police
☎ 228.90.22.716.

Police touristique
À l'aéroport ☎ 228.90.22.482.

Taxis
☎ 228.90.23.700 ou 228.90.22.400.

Agences de voyages

Mykonos Accommodation Center
10, Enoplon Dynameon (1er étage) ☎ 228.90.23.160/408, www.mykonos-accommodation.com. Ouv. t.l.j. 9 h-21 h, f. le dim. en hiver.
Excellents conseils pour l'hébergement, billets d'avion, excursions, location de voitures.

Delia Travel
☎ 228.90.22.322, www.mykonos-delia.com.
Tous les billets de bateau, excursions, etc.

Location de voitures et scooters

Une quarantaine d'agences ! Plus cher en ville.

Ok Rent a Car
Agios Stéfanos ☎ 228.90.23.761, www.okmykonos.com.
Prix et voitures corrects, livraison au port ou à l'aéroport gratuite.

S'informer

Office du tourisme
À Chora, sur le front de mer, dans la mairie. Ouv. lun.-ven. 9h-19h.
On y trouve des cartes, les horaires des musées et des bateaux pour Délos, mais guère plus.

Sites Internet
www.mykonos.gr (en anglais).
Site municipal.

www.e-mykonos.gr (en anglais).

NAXOS

Visite 12, p. 112 – Carte p. 113

➤ Accès

En avion

1 ou 2 vols/j. depuis **Athènes** *(30 min de vol)* avec Olympic Air.

En bateau

Depuis Le Pirée : plusieurs bateaux/j. (env. 5h de traversée en ferry; 3h30 en bateau rapide).

Depuis Rafina : 1 ou 2 bateaux/j. (4h de traversée).

Depuis les autres Cyclades : liaisons très fréquentes vers Amorgos, Folégandros, Tinos (2-3h de traversée), Ios, Mykonos, Paros (1h de traversée), les Petites Cyclades (30 min à 1h de traversée en bateau rapide), Santorin (1 à 6h de traversée); moins fréquentes vers Sifnos et Syros.

Rens.

www.gtp.gr, www.danae.gr et www.openseas.gr.

➤ Circuler à Naxos

Cette grande île montagneuse est sillonnée de routes en lacet.

En bus

Pas toujours pratique. Procurez-vous les horaires à la station centrale en face du débarcadère et achetez-y vos billets car ils ne sont pas vendus dans le bus. Seules les stations balnéaires du Sud-Ouest (Prokopios, Agia Anna et Plaka) sont bien desservies *(bus toutes les 30 min en été)*. Au départ de la capitale, les principaux villages ne sont desservis qu'entre 9h et 15h et parfois jusqu'à 19h en été.

À pied

Naxos est l'île des randonneurs. Très beaux sentiers notamment dans le centre de l'île.

Carte *Topo* d'Anavasi au 1/40 000 très détaillée.

En scooter

Ne permet pas de visiter toute l'île car les distances sont trop longues.

À vélo

Agréable si l'on se contente de la capitale et des plages du Sud-Ouest. Ailleurs, ça grimpe!

En voiture

Idéal pour se déplacer, d'autant plus que le réseau est plutôt bon (routes récemment refaites). Le 4x4 est conseillé si l'on veut explorer l'île en passant par les pistes.

➤ Adresses utiles

Aéroport
À 2,5 km S de Chora ☎ 228.50.23.292.

Bus
Station centrale en face du débarcadère ☎ 228.50.22.291.

Capitainerie
☎ 228.50.22.300.

Distributeurs d'argent
Plusieurs à Chora et Filoti, un à Apiranthos et à Agia Anna.

Hôpital et médecins
À Chora ☎ 228.50.23.333 ou 228.50.23.550. Médecins ruraux dans les villages de Filoti, Apiranthos, Mélanes et Chalki (renseignez-vous au préalable). Pharmacie francophone en face du débarcadère (famille Dellarokas) ☎ 228.50.22.241.

Mairie
À Chora ☎ 228.53.60.100.
À Drymalias ☎ 228.53.60.309.

Police
À Chora ☎ 228.50.22.100.

Taxis
Station centrale en face du débarcadère. Autre station à côté de la gare routière ☎ 228.50.22.444 ou 228.50.24.331.
Fixez toujours le prix du trajet en début de course. Le guide *Naxos made easy* donne une grille des tarifs à laquelle vous pourrez vous fier.

Agence de voyages

Naxos Tours
Rue Protopapadaki, au milieu du port ☎ 228.50.24.000, www.naxostours.net.
Billets d'avion et de bateau. Excursions à la journée pour Santorin, les Petites Cyclades, Mykonos et Délos…

Location de voitures

Naxos Vision
Chora, derrière la plage d'Agios Georgos ☎ 228.50.26.200, www.naxosvision.com.

Location de VTT, scooters et quads

Ciao Moto
Rue Iroon Polytechniou, Chora. Juste derrière l'agence Zas Travel sur le port ☎ 228.50.26.612.
Sérieux et sympathique. Ioannis parle français.

Fun Car & Rides
À Chora, en face du débarcadère ☎ 228.50.26.084, www.funcarnaxos.com.
Location de motos et voitures.

S'informer

Guide papier
Naxos made easy (en français et anglais).
Guide gratuit, à se procurer sur place.

Sites Internet
www.naxos.gr.
Site de la municipalité de Naxos.

www.naxosisland.gr (en anglais).
Site très complet.

PAROS ET ANTIPAROS

Visite 13, p. 121 – Carte p. 122

➤ Accès

En avion

2 à 3 vols/j. depuis **Athènes** *(30 min de vol)* avec Olympic Air.

En bateau

Grâce à sa situation centrale dans l'archipel, Paros jouit d'excellentes connexions en bateau.

Depuis Le Pirée : plusieurs liaisons/j. (3 h de traversée en bateau rapide ; 4 h en ferry).

Depuis Rafina : plusieurs liaisons/j. (entre 3 et 5 h de traversée).

Depuis les autres Cyclades : liaisons quotidiennes avec Amorgos (entre 2 et 5 h 30 de traversée), Ios, Mykonos, Naxos, Tinos (env. 1 h de traversée) et Santorin (entre 2 et 4 h de traversée). Plusieurs liaisons/sem. avec Folégandros, Ios et les Petites Cyclades (entre 1 et 8 h de traversée) et plus rarement Sérifos et Sifnos (2 à 3 h de traversée).

Rens.

www.gtp.gr, www.danae.gr et www.openseas.gr.

➤ Circuler à Paros et Antiparos

En bus

Au départ de Parikia, nombreux bus (surtout l'été) pour tous les villages de l'île. Naoussa et Pounda sont les mieux desservis.

À pied

Quelques beaux sentiers pour randonner dans le centre, mais ils sont peu balisés.

Carte *Topo* d'Anavasi au 1/40 000.

En vélo

Agréable dans les alentours, assez plats, de Naoussa.

En voiture ou en scooter

L'île étant grande, mieux vaut louer une voiture qu'un scooter : vous pourrez en faire le tour en une journée.

Un 4x4 peut s'avérer utile si vous voulez explorer les pistes et rejoindre les monastères reculés.

Conseil

Gare aux amendes à Parikia si vous êtes mal garé !

➤ Adresses utiles

Aéroport
À 9 km S de Parikia ☎ 228.40.91.257 ou 228.40.91.256 (informations sur les vols).

Bus
À Parikia ☎ 228.40.21.395.

Centre de santé
À côté de la place centrale de Parikia ☎ 228.43.60.000.
Plus moderne, les centres médicaux privés de Parikia ☎ 228.40.24.410 et de Naoussa ☎ 228.40.52.304.

Distributeurs d'argent
Plusieurs à Parikia et à Naoussa. Un distributeur à Marpissa et à Pisso Livadi, un autre dans la rue commerçante d'Antiparos.

Mairie
À Parikia ☎ 228.43.60.100.

Police
À Parikia ☎ 228.40.23.333.

Taxi
☎ 228.40.21.500, à Parikia.
☎ 228.40.53.490 et 69.44.54.05.56 (port.), à Naoussa.

Agences de voyages

Erkyna Travel
Parikia et Naoussa ☎ 228.40.22.654, www.erkynatravel.com.
Billets pour toutes les compagnies maritimes, excursions à la journée pour Santorin, Délos, Mykonos, Koufonissi et Iraklia…

Cave Tours
Kastro, Antiparos ☎ 228.40.61.196 ou 228.40.61.456, www.kalypso-antiparos.gr.
Billets pour tous les bateaux, excursion à la journée en goélette autour de l'île et pour Despotiko, l'îlot au sud d'Antiparos.

Location de voitures et scooters

Iria Rent a Car
Parikia, à 200 m à g. en débarquant du bateau, ☎ 228.40.21.232, www.iriacars-paros.com.
Une agence sérieuse.

Spirou
Nouassa ☎ 228.40.51.366, www.paros-spirou.com.
Ce loueur de voitures propose également des vélos.

S'informer

Office du tourisme
Dans un kiosque sur le quai à Parikia.
Informations limitées sur l'île.

Sites Internet
www.paros.gr (en anglais).
Le site municipal.

www.parosweb.com (en anglais).

www.parosweb.gr (en anglais).

Guide papier
Paros Guidebook, http://paros.redguidebooks.gr.
Un guide gratuit à la couverture rouge assez complet (en anglais).

LES PETITES CYCLADES

Visite 14, p. 128 – Carte p. 129

➤ Accès

En bateau

Depuis Le Pirée : liaisons fréquentes avec Koufonissi (entre 4 et 9 h de traversée), env. 3 liaisons/sem. pour les trois îles en passant en principe par Naxos et/ou Paros (entre 6 et 8 h de traversée).

Depuis les autres Cyclades : d'Amorgos et de Naxos, l'Express Skopélitis relie t.l.j. en été (env. 5 fois/sem. en hiver) Amorgos à Naxos en faisant escale dans les Petites Cyclades. De Naxos, il met 1 h 30 pour Iraklia, 2 h pour Schinoussa et 2 h 30 pour Koufonissi. Liaisons rares avec les autres îles.

Rens.

www.gtp.gr, www.danae.gr et www.openseas.gr.

➤ Circuler dans les Petites Cyclades

À pied

C'est le meilleur moyen d'explorer ces îles de petite taille.

Carte *Topo* d'Anavasi au 1/25 000.

En scooter

Location à Schinoussa et Iraklia.

À VTT

Location à Koufonissi.

➤ Adresses utiles

Koufonissi

Centre de santé
☎ 228.50.71.370.

Distributeur d'argent
Un seul, dans la façade de la boutique de souvenirs de l'Ermis Rooms (prenez la rue en face du débarcadère puis à dr.).

Municipalité
☎ 228.50.71.379.

Police
☎ 228.50.71.375.

Agence de voyages

Koufonissia Tours
☎ 228.50.71.671, www.koufonissiatours.gr.

Agence de voyages des Petites Cyclades tenue par Nikitas Simos. Excursions à la journée pour Schinoussa, Iraklia, Donoussa...

Billets de bateau-taxi

Agence Prasinos
Rue principale du village
☎ *228.50.71.438 et 69.45.04.25.48 (port. du capitaine).*
Unique agence maritime de l'île. Leurs 4 bateaux-taxis font la navette avec ses plages et les îles avoisinantes. Ils mettent la pointe sud de Naxos (baie d'Adrianou) à 25 min de Koufonissi. La capitale ou l'aéroport de Naxos ne sont alors plus qu'à 1 h de taxi par la route. Une solution prisée par les Athéniens.

Location de vélos

Vartan Bikes
À la sortie du village, sur la piste menant aux plages de Finikas et Fanos
☎ *69.73.21.18.29 (port.). Ouv. mai-sept. Prix fixe : 5 €/j.*

S'informer

Site internet
www.koufonisia.gr

Schinoussa

Distributeur d'argent
Dans la rue principale.

Mairie
☎ *228.50.71.170.*

Unité médicale
☎ *228.50.71.385.*

Location de scooters

Faros Bikes
☎ *228.50.71.920 et 69.77.36.68.53 (port.).*

Iraklia

Distributeur d'argent
Au port.

Mairie
☎ *228.50.71.545.*

Unité médicale
☎ *228.50.71.388.*

Billets de bateau

Agence Aigaio
☎ *228.50.71.561/539.*

Location de scooters

Maria Prasinou
☎ *228.50.71.911.*

Iraklia Scooters
☎ *69.77.16.81.39 (port.).*

S'informer

Guide papier
Une petite brochure en français recense les plus beaux sentiers de l'île. À se procurer à l'épicerie.

Site Internet
www.iraklia.gr

SANTORIN

Visite 15, p. 132 – Carte p. 133

➤ Accès

En avion

Santorin dispose d'un aéroport international. En saison, certains voyagistes, comme Héliades ou Nouvelles Frontières, proposent des vols directs depuis la France. Transavia a ouvert des vols directs depuis **Paris** *(juin-sept.)*. Depuis **Athènes**, 2 à 8 vols/j. sur Olympic Air et Aegean Airlines *(45 min de vol)*. Vol direct pour **Mykonos** en été avec Sky Express.

En bateau

Depuis Le Pirée : plusieurs liaisons/j. (8 à 10 h de traversée en ferry ; 4 h en bateau rapide).

Depuis Rafina : 1 bateau/j. (env. 5 h de traversée).

Depuis les autres Cyclades : liaison quotidienne avec Folégandros, Ios, Milos, Mykonos, Naxos et Paros ; plusieurs liaisons/sem. avec Amorgos, Anafi, Sifnos, Syros et Tinos ; possible avec Sérifos, Syros et Koufonissi (Petites Cyclades).

Le **port**, Athinios, est aménagé au creux de la caldeira, où se sont établis une poignée d'agences de voyages et de cafés. Après l'arrivée de chaque bateau, un bus *(payant)* emmène les visiteurs jusqu'à Fira, la capitale située à 10 km, mais il est pris d'assaut.
Plusieurs loueurs de voiture sur place. Si vous avez réservé votre hébergement, entendez-vous sur le transfert avec votre logeur (indiquez le nom de votre bateau et votre heure d'arrivée)

Rens.

www.gtp.gr, www.danae.gr et www.openseas.gr.

➤ Circuler à Santorin

En bus

Bon réseau en étoile depuis Fira, mais bus bondés. En saison, bus toutes les 15 min pour Kamari et Oia ; toutes les 30 min pour Perissa ; env. toutes les 2 h pour Akrotiri et l'aéroport. Peu pratique si on réside en dehors de Fira.
Rens. : ☎ *228.60.25.404, www.ktel-santorini.gr.*

À pied

L'île compte peu de sentiers. Quelques randonnées superbes cependant (Oia – Fira, Perissa – ancienne Thira).

L'excellente carte *Topo* Santorin-Thirasia au 1/26 000 d'Anavasi décrit 25 randonnées sur les deux îles.

En scooter

Attention au vent ! De plus, un petit moteur risque de ne pas suffire dans les montées.

En taxi

Fixez le montant de la course avant de partir.

En voiture

Le moyen le plus approprié pour se déplacer à Santorin. L'île est petite mais les distances sont longues à cause des virages. Attention routes étroites et dangereuses. Embouteillages fréquents l'été au niveau de Fira, Imerovigli et Oia.

➤ Adresses utiles

Aéroport
À 8 km S-E de Fira, près de la plage de Monolothitos ☎ *228.60.28.400.*

Bus
☎ *228.60.25.404.*

Capitainerie
Pl. centrale de Fira ☎ *228.60.22.239.*

Centre de santé
À Fira ☎ *228.60.23.123.*
Clinique privée à Fira ☎ *228.60.21.728, www.santorinicentralclinic.gr.*

Consul honoraire de France
Dimitri Tsitouras ☎ *228.60.23.747, sales@tsirouras.com.*

Distributeurs d'argent
Plusieurs à Fira, Oia, Kamari et Pyrgos.

Mairie
À Fira ☎ *228.60.22.231.*
À Oia ☎ *228.60.12.28.*

Police
À Fira ☎ *228.60.22.649.*

Taxis
Fira ☎ *228.60.22.555 et 228.60.23.951.*

Agence de voyages

Pelican Travel
Pl. centrale de Fira ☎ *228.60.22.220, www.pelican.gr.*
Billets d'avion et de bateau, excursions.

Location de voitures

Drossos
Bureau sur le port et à Oia
☎ *228.60.71.492, www.drossos.gr.*

Accordo
Perissa, sur la route principale
☎ *228.60.82.880/652.*

S'informer

Informations touristiques
☎ *228.60.27.199.*

Site Internet
www.ile-de-santorin.com (en français).
Un site avec l'histoire de l'île et un forum de voyageurs.

Santorini guidebook
www.santorini.net.
Un guide en anglais gratuit avec une couverture rouge et des textes de spécialistes de l'île (volcanologue, archéologue, œnologue…).

SÉRIFOS

Visite 16, p. 144 – Carte p. 145

➤ Accès

En bateau

Depuis Le Pirée : liaisons t.l.j. (4 h 30 de traversée en ferry ; 2 h en bateau rapide).

Depuis les autres Cyclades : plusieurs liaisons/j. avec Milos et Sifnos. Liaison possible avec Ios, Mykonos, Paros, Santorin et Syros.

Rens.

www.gtp.gr, www.danae.gr et www.openseas.gr.

➤ Circuler à Sérifos

En bus

Bus régulier entre Livadi et Chora. Horaires aléatoires vers le reste de l'île (horaires affichés aux stations de bus de Livadi et Chora).

À pied

Quelques très beaux sentiers sillonnent l'île. Un bon marcheur mettra environ 3 h pour traverser Sérifos du sud au nord.

Bonne carte *Topo* d'Anavasi au 1/25 000 avec description détaillée de tous les sentiers de l'île.

En voiture

Sur cette île toute ronde, les distances sont courtes. Les infrastructures se sont beaucoup améliorées ces dernières années : ouverture d'une route entre Psili Ammos et Kalistos, goudronnage des anciennes voies… Le tour de l'île se fait tranquillement en 2 h.

➤ Adresses utiles

Capitainerie
☎ 228.10.51.470.

Centre de santé
Sur la route entre Livadi et Chora ☎ 228.10.51.202.

Distributeurs d'argent
Deux sur le port.

Mairie
À Chora ☎ 228.10.51.210.

Police
☎ 228.10.51.300.

Station-service
Une seule derrière Livadi.

Taxis

Il y a 4 taxis indépendants sur l'île. *Chalidas ☎ 69.32.43.11.14 (port.).*

Agence de voyages

Krinas Travel
☎ 228.10.51.488, www.coralli.gr.
Première agence après le débarcadère. Billets de bateau, location de ch., de voitures, de scooters et de vélos.

S'informer

Informations touristiques
☎ 228.10.51.466 (juil.-août).

Sites Internet
www.stoustratou.com/accueil.html (en français).
Le site du café *Stous Stratou* à Chora, tenu par un Français et un Grec, donne beaucoup d'informations utiles sur l'île.

www.e-serifos.gr (en français).
Site général.

SIFNOS

Visite 17, p. 150 – Carte p. 151

➤ Accès

En bateau

Depuis Le Pirée : plusieurs bateaux/j. (5 h de traversée en ferry ; 2 h 30 en bateau rapide).

Depuis les autres Cyclades : liaisons quotidiennes avec Folégandros, Ios, Milos, Santorin et Sérifos. Liaisons plus rares avec Mykonos, Naxos, Paros et Ios.

Rens.

www.gtp.gr, www.danae.gr et www.openseas.gr.

➤ Circuler à Sifnos

En bus

Peu pratique pour visiter l'île, sauf si l'on réside dans la capitale ou à Artémonas. Au départ d'Apollonia (en face de l'hôtel Anthoussa), le bus dessert par ordre de fréquence Kamarès, Platys Gialos, Faros, Kastro, Vathy et Chéronisos.

À pied

Toute l'île est parcourue par de très beaux sentiers. Un paradis pour les marcheurs.

Bonne carte *Topo* d'Anavasi au 1/25 000 avec description détaillée de 20 sentiers.

En voiture ou en scooter

Pratique pour explorer l'île. Le réseau routier, de bonne qualité, s'organise en étoile à partir de la capitale, Apollonia, située dans le centre de l'île.

➤ Adresses utiles

Distributeurs d'argent
Trois banques avec distributeurs à Apollonia, à Kamarès et à Platys Gialos.

Bus
☎ 228.40.33.661.

Capitainerie
☎ 228.40.33.617.

Centre de santé
À Apollonia, près du commissariat de police ☎ 228.40.31.315.

Mairie
À Apollonia ☎ 228.43.60.300.

Police
À Apollonia ☎ 228.40.31.210.

Taxis
Une dizaine de taxis indépendants sur l'île.
N° 3 ☎ 69.44.76.12.10 (port.), N° 8 ☎ 69.44.93.61.11 (port.), N° 10 ☎ 69.73.20.97.20 (port.). Liste des numéros de téléphone disponible à l'office du tourisme de Kamarès).
Comptez env. 10 € pour Kamarès-Apollonia, 20 € pour Apollonia-Chéronisos.

Agence de voyages

Aegean Thesaurus
À Kamarès et à Apollonia ☎ 228.40.33.151, www.thesaurus.gr.
Kit d'informations (horaires de bus et bateaux, infos touristiques, cartes, etc.) à 4 €. Billets de bateau.

Location de voitures

Apollo Rental
Apollonia (bureau à côté de la station-service) ☎ 228.40.33.333.
Avec la gentillesse et le sérieux de Dimitris Apollon.

S'informer

Office du tourisme municipal
Sur le port de Kamarès ☎ 228.40.31.977, www.sifnos.gr (en français).
Nombreux documents à disposition : fêtes de l'île, horaires des bus, liste des potiers… Réservation de ch. Consigne à bagages (1 €). Vente de billets de bateau, de cartes sur l'île. Pris d'assaut au moment du débarquement du ferry.

Site Internet
www.e-sifnos.com.

SYROS

Visite 18, p. 157 – Carte p. 158, plan p. 160

➤ Accès

En avion

Liaison avec **Athènes** 3 fois/sem. avec Olympic Air *(30 min de vol).*

En bateau

Depuis Le Pirée : plusieurs bateaux/j. (4 h de traversée en ferry ; 2 h 30 en bateau rapide).

Depuis les autres Cyclades : le port de Syros est l'une des plaques tournantes des transports maritimes de la mer Égée. Il est connecté avec quasiment toutes les Cyclades, dont plusieurs fois par jour avec Mykonos (1 h de traversée), plusieurs fois par sem. avec Folégandros, Ios, Milos, Naxos, Paros, les Petites Cyclades, Santorin, Sérifos, Sifnos et Tinos, une fois par sem. avec Amorgos et Andros.

Rens.

www.gtp.gr, www.danae.gr et www.openseas.gr.

➤ Circuler à Syros

En bus

Un bon réseau dessert l'île (sauf le N) depuis la station de bus sur le port. Des minibus gratuits font le tour de la ville.

À pied

Excellente carte *Topo* d'Anavasi au 1/20 000 avec un plan détaillé de la ville et les sentiers de randonnée.

En voiture ou en scooter

Les distances sont courtes et le réseau relativement bon.

➤ Adresses utiles

Aéroport
À 3 km S-E du port ☎ 228.10.81.900.

Bus
Plan p. 160/A1-2 *– Station principale sur le port en face du casino, Ermoupolis ☎ 228.10.82.575.*

Consul honoraire de France
Plan p. 160/B1 *– Georges Evripiotis, 2 rue Perakaki, Ermoupolis ☎ 228.10.80.914 et 69.36.06.93.37 (port.), evripl@otenet.gr.*

Distributeurs d'argent
À Ermoupolis et à Finikas.

Hôpital
Plan p. 160/A2 *– Pl. Iroon, Ermoupolis ☎ 228.13.60.500.*

Mairie
Plan p. 160/A1 *– ☎ 228.10.82.500, www.ermoupolis.gr.*

Police
☎ 228.10.80.646 ou 228.10.87.387.

Taxis
Plan p. 160/B1 – Sur le port, en face de la rue Vénizelos ☎ 228.10.86.222 ou 228.10.84.222.

Billets de bateau et d'avion, location de voitures

Agences de voyages sur le port.

Gaviotis
Plan p. 160/A1-2 – À côté du casino, Ermoupolis ☎ 228.10.86.611 ou 228.10.86.644, www.gaviotis.gr.

Team Work
Plan p. 160/A1-2 – 18, rue Akti Papagou, Ermoupolis ☎ 228.10.83.400, www.teamwork.gr.

S'informer

Sur le front de mer, dans les différentes agences de voyages ou au kiosque d'informations touristiques.

Sites Internet
www.ermoupolis.gr (en anglais). Site de la municipalité.

www.syros.com.gr.

Lecture
Ermoupolis – Syros, itinéraire historique, Christina Agriantoni et Angueliki Fénerli, Éditions Olkos : un livre remarquable sur l'histoire et l'architecture de la ville et de l'île. À acheter sur place en librairie ou au musée de l'Industrie.

TINOS

Visite 19, p. 168 – Carte p. 170-171

➤ Accès

En bateau

Depuis Rafina : plusieurs bateaux/j. (4 h de traversée en ferry ; 1 h 40 en bateau rapide l'été).

Depuis Le Pirée : 1 ou 2 bateaux/j. (5 h de traversée en ferry ; 3 h en bateau rapide).

Depuis les autres Cyclades : liaisons t.l.j. avec Andros, Mykonos, Naxos, Paros et Syros ; plusieurs liaisons par semaine avec Amorgos, Ios, les Petites Cyclades et Santorin. Connexions plus rares avec les autres îles.

Rens.

www.gtp.gr, www.danae.gr et www.openseas.gr.

➤ Circuler à Tinos

En bus

Depuis Chora, 6 lignes de bus desservent pratiquement tous les villages en été. Horaires sur : *http://www.kteltinou.gr/index.php/schedule*

À pied

Un beau réseau de sentiers muletiers couvre le centre de l'île.

La carte *Topo* d'Anavasi au 1/25 000 détaille 25 circuits de randonnées et indique les sites d'escalade récemment équipés (niveau de difficulté 5a à 7b+).

Balades sur : *www.cycladen.be/TinosFra.htm.*

En scooter

Attention au *meltem* qui peut souffler très fort.

En voiture

Les routes de l'île sont globalement bonnes.

➤ Adresses utiles

Capitainerie
À Chora, au nouveau port ☎ 228.30.22.348 ou 228.30.22.220.

Centre de santé
À Chora ☎ 228.33.60.000.

Gare routière
À Chora, en face de l'ancien port ☎ 228.30.22.440.

Mairie
☎ 228.33.60.100 ou 228.33.60.135.

Police
☎ 228.30.22.255.

Taxis
À Chora, à côté de la gare routière ☎ 228.30.22.470.

Billets de bateau

Agence Foskolos
À Chora, face à l'ancien port ☎ 228.30.24.656.
Représentant notamment d'Hellenic Seaways.

Location de voitures et scooters

Vidalis
Chora ☎ 228.30.23.400/24.300, www.vidalis-rentacar.gr. Quatre agences dont une au nouveau port.

S'informer

Sites Internet

www.tinos.gr (en anglais).
Site de la municipalité.

www.tinos-cyclades.com (en français).
Site personnel d'un passionné de la Grèce et de Tinos.

Hébergement

On distingue principalement deux types d'hébergement sur les îles : les chambres chez l'habitant et les hôtels. Tous deux sont réunis au sein d'associations qui ont souvent un bureau sur le port.

➤ Camping

Le camping sauvage est interdit.

Chaque île possède un ou plusieurs campings. Liste des campings auprès de la **Panhellenic campings association**, *24, rue Stadiou street, Athènes, ☎ (0030) 210.36.21.560, www.panhellenic-camping-union.gr (en anglais).*

➤ Auberges de jeunesse

Seules Athènes, Santorin et Ios ont des établissements fonctionnant sur le modèle des auberges de jeunesse.

➤ Chambres chez l'habitant

Les *domatia* sont devenues une institution en Grèce. La grand-mère qui loue deux ou trois chambres dans sa maison pour arrondir ses fins de mois a fait long feu. Aujourd'hui, cette forme d'hébergement s'est professionnalisée et de nombreuses familles ne vivent que de cela en construisant, par exemple, une maison dédiée à la location de chambres en été.
L'accueil est variable. L'équipement tend à devenir standard, avec salle de bains équipée d'une douche, frigo, air conditionné, télévision et petit balcon. S'il manque un élément, le prix sera nettement moins élevé.
Côté prix, ils sont vraiment élastiques : en fonction de la saison, du nombre de nuits… et de votre capital sympathie. N'hésitez pas à marchander. Le prix indiqué dans les chambres (généralement au dos de la porte d'entrée) n'a qu'une valeur maximale officielle.

À la sortie du ferry, des rabateurs viennent proposer des chambres à louer, même si cette pratique est interdite. Y avoir recours peut s'avérer utile, surtout si vous débarquez sans réservation, en pleine nuit. Mais avant de dire oui, posez quelques questions (où se trouve exactement la pension, est-ce que c'est bruyant, prix) et usez de votre bon sens.

➤ Hôtels

La taille des Cyclades ne se prêtant pas à la construction de grands complexes hôteliers, la plupart des hôtels sont de petites structures, souvent familiales. Leur niveau de confort s'est amélioré au fil du temps.

Pour obtenir des tarifs intéressants, souvent bien meilleurs que ce qu'on vous proposera sur place, réservez sur Internet : *www.booking.com, www.venere.com ou www.grhotels.gr (en anglais).*

➤ Les boutiques hôtels

Le tourisme chic est une tendance de fond dans les Cyclades. Les petits hôtels haut de gamme se multiplient, en particulier à Mykonos et à Santorin. Toujours design, extrêmement luxueux et confortables, ils offrent un service impeccable. Leurs prix ne semblent pas connaître de limite (de 200 à 2 000 € la nuit !). Hors saison, certains d'entre eux deviennent abordables.

À table !

La taverne est une véritable institution en Grèce. Il y a donc des tavernes traditionnelles partout, ouvertes quasiment toute la journée et bon marché. Plus chic et gastronomiques, les restaurants se situent sur les lieux touristiques.

Quelques remarques :
Le couvert est toujours facturé (le prix oscille entre 0,50 € dans une taverne populaire et 3 € dans les restaurants).
Les menus n'existent pas en Grèce (sauf site hyper-touristique).
Il n'y a jamais (ou presque) de desserts dans les tavernes. Il arrive qu'une

assiette de pastèque ou de fruits confits soit offerte à la fin du repas.
Le service est très convivial dans les tavernes : les plats sont apportés tous ensemble sur la table. Seuls les restaurants offrent un service soigné.

Voir également la rubrique gastronomie, p. 252.

Horaires

Sauf sur les sites touristiques, la sieste est sacro-sainte sur les îles. Les villages sont ainsi déserts de 15 h à 18 h.

➤ Administrations, banques, postes

Du lundi au vendredi de 8 h à 14 h.

➤ Magasins

Les horaires sont très variables. En règle générale, ils sont ouverts toute la journée pour les magasins sur les sites touristiques. Ailleurs du lundi au samedi de 9 h à 14 h, puis de 17 h à 20 h 30. Outre le dimanche, beaucoup de magasins sont fermés les après-midi des lundi, mercredi et parfois samedi.

➤ Musées et sites archéologiques

Du mardi au dimanche de 8 h à 15 h, jusqu'à 20 h sur certains sites d'Athènes en saison.

➤ Restaurants

En général toute la journée de 12 h à minuit. Les tavernes peuvent fermer à l'heure de la sieste dans les petits villages.

Fêtes et jours fériés

1er janvier. Jour de l'An.

Lundi pur (l'équivalent de Mardi Gras). 40 jours avant Pâques soit le 14 mars 2016, le 27 février 2017…

25 mars. Fête nationale commémorant la révolution de 1821 contre les Turcs *(p. 232)*. Défilé des enfants scolarisés dans chaque ville.

1er mai. Fête du travail.

Dimanche et lundi de Pâques. 1er et 2 mai 2016, 16 et 17 avril 2017 *(voir encadré p. 249 pour les années suivantes)*.

Lundi de Pentecôte. 50 jours après Pâques, soit le 20 juin 2016, le 5 juin 2017… Jour férié pour la fonction publique.

15 août. Assomption.

28 octobre. Fête nationale commémorant le rejet de l'ultimatum italien en 1940 (jour du Non). Défilé dans toutes les villes.

25 et 26 décembre. Noël.

Voir également les principales fêtes et traditions p. 248.

Politesse et usages

➤ Dans les églises et les monastères

Une tenue correcte s'impose : épaules couvertes et jupe sous les genoux pour les femmes, pantalon pour les hommes. Certains monastères prêtent d'amples jupes longues et des pantalons.

➤ Mains

N'avancez jamais votre main paume en avant et doigts écartés face à quelqu'un, insulte suprême *(mountza)* qui signifie aller au diable.

POURBOIRE

Il est d'usage de laisser un pourboire au restaurant, surtout si l'on est satisfait du service (5 à 10 % de la note).

Sécurité

La Grèce est un pays sûr : vols et agressions y sont très rares et presque inexistants dans les Cyclades. Les règles de prudence élémentaires suffisent. Ainsi, ne laissez pas des affaires en vue dans votre voiture. Sur les îles, les Grecs n'ont pas encore pris l'habitude de fermer leur voiture à clé ou de mettre un cadenas à leur scooter. Quant aux cafés et tavernes, vous pouvez leur confier vos bagages en toute quiétude, le temps de visiter le village ou de vous baigner.

Il en est autrement à Athènes, durement touchée par la crise. Certains quartiers sont sinistrés, notamment autour d'Omonia et du Musée archéologique (drogue, sans-abris). Ces dernières années, le vol a la tire s'est développé. Il faut désormais faire attention aux pickpockets sur les grandes places et dans le métro (en particulier à Monastiraki et Omonia).

Téléphone, Internet courrier

➤ Téléphone

Appel France-Grèce : 00 + 30 + n° du correspondant.

Appel Grèce-France : 00 + 33 + n° du correspondant à 9 chiffres (sans le 0 initial).

Numéros et préfixes. Les numéros de téléphone grecs comptent 10 chiffres. Il commence par 69 pour les téléphones portables, 210 pour Athènes, 228.10 pour Syros, 228.60 pour Santorin, 228.90 pour Mykonos, etc.

➤ Internet

Tous les cafés ou presque, les hôtels et certains restaurants proposent une connexion Wi-Fi gratuite. L'aéroport d'Athènes et le port du Pirée ont une connexion Wi-Fi gratuite.

➤ Courrier

Les bureaux de poste sont ouverts dans les îles de 8 h à 14 h du lundi au vendredi. La poste centrale d'Athènes sur la place Syntagma est ouverte 24 h/24. Les timbres sont vendus également dans les kiosques et boutiques où sont vendues les cartes postales.

Sports et loisirs

➤ Randonnée

Un monastère perché, un café authentique sur la place d'un village ou une crique solitaire récompensent toujours les mollets fatigués. Les îles qui présentent le plus riche éventail de randonnées sont Amorgos, Sifnos, Naxos, Tinos et Andros. Mais les petites Sérifos, Folégandros et Anafi ne manquent pas de charme. Santorin offre une balade unique le long de la caldeira *(randonnée p. 140)*.

Voir aussi les encadrés spécifiques aux randonnées dans les pages «Dormir, manger, s'amuser…».

Un site incontournable : www.cycladen.be. Fasciné par les Cyclades, un professeur belge à la retraite recense toutes les randonnées. Il en a dénombré 340.

Les **cartes *Topo*** d'Anavasi sont incontestablement les plus fiables pour s'aventurer sur les sentiers des bergers. Elles sont réalisées au GPS par des marcheurs chevronnés et comptent de précieuses informations comme le relief, les aires à battre le blé, les moulins, les monuments… Le verso détaille les sentiers balisés. À se procurer sur place dans les îles, sur leur site www.anavasi.gr (en anglais) ou à Paris à la librairie hellénique Desmos *(14, rue Vandamme, 75014 Paris)*.

La compagnie **Terrain** édite également de bonnes cartes sur les îles des Cyclades : www.terrainmaps.gr.

Recommandations : en été, le soleil cogne dur. Prévoyez impérativement de l'eau, un chapeau et de la crème solaire.

➤ Windsurf, kitesurf et surf

Grâce au *meltem* qui souffle sans interruption en été, Naxos, Paros, Mykonos mais aussi Tinos sont des hauts lieux des sports de glisse. La plage de Mikri Vigla à Naxos *(p. 115)* et la plage de Pounda à Paros *(p. 126)*

URGENCES

Appel d'urgence ☎ *112.* Le numéro d'appel d'urgence européen fonctionne très bien en Grèce. Il vous permet d'avoir un interlocuteur francophone. Il est connecté avec la police, les pompiers, les urgences et les ambulances. L'appel est gratuit, même depuis un portable.
Police touristique ☎ *171.*
Urgences Médicales ☎ *166.*
SOS médecin ☎ *1016.*

abritent deux écoles renommées de kitesurf. Les plages d'Agios Georgios à Naxos *(p. 115)* et de Kalafati à Mykonos *(p. 111)* sont appréciées des windsurfers. Quant à Tinos, la plage de Kolymbithrès abrite la première école de surf des Cyclades *(p. 227)*.

➤ Plongée sous-marine

Les connaisseurs apprécient en Grèce la clarté de l'eau, la richesse et la diversité des sites, leur accessibilité et leur côté sécurisé (pas de courant). Le nombre de clubs *(voir les adresses des différentes localités p. 184)* s'est multiplié depuis qu'une loi libéralise la plongée avec bouteilles. Il était interdit auparavant de plonger dans presque tout l'archipel, car les autorités craignaient que les sites archéologiques non encore fouillés soient pillés.

Bon nombre de clubs de plongée proposent aux adeptes du masque et du tuba d'accompagner les plongeurs à bouteille sur leur spot pour faire du *snorkeling*.

Toilettes

Partout, il est demandé de ne rien jeter dans les toilettes, papier compris. Une poubelle est prévue à cet effet. Cela permet de consommer moins d'eau, de recycler et de ne pas boucher les canalisations.

Lexique

Prononciation : attention à bien placer l'accent tonique (gras) pour être compris.

Français	Grec	Prononciation
Formules usuelles		
Oui	ναι	*né*
Non	όχι	**o**-*chi*
Salut (à toi, à vous)	γειά σου, γειά σας	*y-***a***- sou, y-***a***- sas*
Bonjour	καλημέρα	*kali-***mé***-ra*
Bonsoir	καλησπέρα	*kali-***spé***-ra*
Bonne nuit	καληνύχτα	*kali-***ny***-khta*
Merci	ευχαριστώ	*evkhari-***sto**
S'il vous plaît	παρακαλώ	*parakal-***o**
Pardon	συγγνώμη	*si-***gno***-mi*
Comment vas-tu ?	τί κάνεις;	*ti -***ka***-nis ?*
Bien, bon	καλά	*ka-***la**
Parlez-vous français ?	Μιλάτε γαλλικά;	*Mi***la***te galli-***ka**
France	Γαλλία	*Gal-***li***-a*
Grèce	Ελλάδα	*El-***la***-da*
Urgences		
Je ne comprends pas	Δεν καταλαβαίνω	*Den katala-***vai***-no*
Problème	πρόβλημα	**pro***-vlima*
Au secours	βοήθεια	*vo-***i***-thia*
À l'hôtel		
Avez-vous une chambre ?	Έχετε ένα δωμάτιο;	**E***-chete* **e***-na do-***ma***-tio*
Combien ça coûte ?	Πόσο κάνει;	**Po***-so* **ka***-ni ?*
Pour deux personnes	για δύο άτομα	*ya* **di***-o* **a***-toma*
Pour une personne	για ένα άτομο	*ya* **e***-na* **a***-tomo*
Au restaurant		
Eau	νερό	*nér-***o**
Vin	κρασί	*krass-***i**
Salade	σαλάτα	*sal-***a***-ta*
Poisson	ψάρι	**psa***-ri*
Viande	κρέας	**kré-a-s**
Mouton, veau, porc	αρνί, μοσχάρι, χοιρινό	*ar-***ni***, mo-***skha***-ri, chiri-***no**
Fromage	τυρί	*tyr-***i**
L'addition, s'il vous plaît	το λογαριασμό, παρακαλώ	*to logaria-***smo***, paraka-***lo**
Je peux payer par carte	Μπορώ να πληρώσω με κάρτα	*Bo-***ro** *na pli-***ro***-sso me* **ka***-rta*
Transports		
L'aéroport	το αεροδρόμιο	*to aéro-***dro***-mio*
L'avion	το αεροπλάνο	*to aéro-***pla***-no*

Le bus	το λεωφορείο	*to léofo*-**ri**-*o*
L'arrêt de bus	στάση λεωφορείου	**sta**-*si leofo*-**ri**-*ou*
Le port	το λιμάνι	*to li*-**ma**-*ni*
À quelle heure part le bateau ?	Τι ώρα φεύγει το πλοίο;	*Ti* **o**-*ra f*-**ev**-*gi to* **pli**-*o ?*
Un billet pour Mykonos	ένα εισιτήριο για την Μύκονο	**é**-*na issi*-**ti**-*rio ya tin* **my**-*kono*

Lieux

Où est… l'hôtel ?	Που είναι… το ξενοδοχείο	*pou* **éi**-*nai… to xénodo*-**chi**-*o ?*
La taverne	η ταβέρνα	*i ta*-**ver**-*na*
Le café	το καφενείο	*to kafé*-**ni**-*o*
La plage	η παραλία	*i para*-**li**-*a*
Les toilettes	οι τουαλέτες	*i toua*-**lét**-*ès*
La rue	ο οδός	*o o*-**dos**
La place	η πλατεία	*i pla*-**tia**
L'avenue	ο λεωφόρος	*o léo*-**fo**-*ros*
Le quai	η ακτή	*i ak*-**ti**

Le temps

Quand ?	Πότε;	**po**-*té*
Maintenant	τώρα	**to**-*ra*
Hier	χτες	*khtès*
Aujourd'hui	σήμερα	**si**-*mera*
Demain	αύριο	**a**-*vrio*
Semaine	εβδομάδα	*evdo*-**ma**-*da*
Mois	μήνας	**mi**-*nas*

Les jours

Lundi	Δευτέρα	*dev*-**té**-*ra*
Mardi	Τρίτη	**tri**-*ti*
Mercredi	Τετάρτη	*té*-**tar**-*ti*
Jeudi	Πέμπτη	**pem**-*bti*
Vendredi	Παρασκευή	*paraské*-**vi**
Samedi	Σάββατο	**sa**-*vato*
Dimanche	Κυριακή	*kiria*-**ki**

Les chiffres

0	μηδέν	*mi*-**den**
1	ένα	**é**-*na*
2	δύο	**di**-*o*
3	τρία	**tri**-*a*
4	τέσσερα	**té**-*ssera*
5	πέντε	**pen**-*de*
6	έξι	**é**-*xi*
7	εφτά	*éf*-**ta**
8	οκτώ	*ok*-**to**
9	ενιά	*éni*-**a**
10	δέκα	**dé**-*ka*

Index

A

B-C

D-E

R-S

T

U-Z

Crédits photos

Couverture

Tetra images / hemis.fr : visuel principal ; Lefteris Papaulakis / Shutterstock : plat 1 haut. Pitamitz Sergio / hemis.fr : plat 4 g. ; Mattes René / Hemis.fr : plat 4 d.

Intérieur

HEMIS

Author's Image Ltd / Alamy : p. 11 b. ; Arnold Jon : p. 16 ; Dibbs Dominic / Alamy : p. 127 ; Gardel Bertrand : p. 140 ; Guiziou Franck : p. 6, p. 8 b., p. 9 c., p. 13 c., p. 42, p. 66, p. 70, p. 85, p. 86, p. 130, p. 131, p. 164 ; Harding Robert : p. 8 ht, p. 104, p. 126, p. 155 ; Harding Robert Picture Library Ltd / Alamy : p. 256 ; robertharding / Alamy : p. 11 ht, p. 246 ; Heintz Jean : p. 13 b. ; Ickler Jens / Alamy : p. 238 ; Mattes René : p. 108 ; Morandi Tuul et Bruno : p. 55, p. 79, p. 89, p. 95, p. 168 ; Photoshot : p. 19 ht ; Pizzocaro Massimo : p. 72, p. 75 ; Pompe Ingolf : p. 106 ; Preau Louis-Marie : p. 14, p. 103 ; Reddy Simon / Alamy : p. 252 ; Suetone Emilio : p. 176 ; Wlodarczyk Jan / Alamy : p. 239.

SHUTTERSTOCK

Anastasios71 : p. 40, p. 230 ; Baloncici : p. 31 ; Black Justin : p. 112 ; Gavrilova Olga : p. 12 ht, p. 17 ; Hawlan Dieter : p. 121 ; Karas Panos : p. 159 ; Koutsaftikis Kostas : p. 68 ; leoks : p. 157 ; Papaulakis Lefteris : p. 144 ; Pavlakis Nick : p. 161 ; Pierdelune : p. 255 ; Ppictures : p. 244 ; Samot : p. 38 ; siete_vidas : p. 7 c., b. ; Skacel Josef : p. 87 ; TakB : p. 78 ; totophotos : p. 4.

AGE FOTOSTOCK

ARCO / P. Goll : p. 46 ; Bachmann Bill : p. 142 ; CSP_sirylok : p. 48 ; Drazos/IML : p. 13 ht ; Dubin/IML : p. 18 ; Funkystock : p. 9 ht, p. 166 ; Rooney Ellen : p. 152 ; Siegfried Kuttig/ imageBROKER : p. 175 ; Trovo Paolo Giovanni : p. 115 ; Wlodarczyk Jan : p. 139.

PHOTONONSTOP

AGE : p. 12 b. ; Garcia Julien : p. 240 ; Giocoso Paolo/Sime : p. 245 ; Klaus D. Francke/Bilderberg : p. 173 ; Mehlig Manfred/Mauritius : p. 8 c. ; Ripani Massimo/Sime : p. 10 ; Schmid Reinhard/ Sime : p. 19 b. ; Sime : p. 9 b. ; Warburton-Lee John : p. 110.

FABRE LAURENT

p. 2, p. 28, p. 50, p. 58, p. 64, p. 83, p. 91, p. 98, p. 100, p. 119, p. 125, p. 128, p. 132, p. 134, p. 146, p. 150, p. 228, p. 234, p. 237, p. 242, p. 248, p. 251.

BOUTILLIER ROMAIN

p. 45.

PLON JÉRÔME

p. 34.

Édition originale et mise à jour établies par **Maud Vidal-Naquet**.

Direction : Nathalie Bloch-Pujo

Direction éditoriale : Cécile Petiau

Responsable de collection : Hélène Firquet

Responsable adjointe : Julie Wood

Édition : Marine Barbier-Blin et Jean Tiffon

Cartographie : Aurélie Huot et Frédéric Clémençon

Fabrication : Caroline Le Page et Alexis Moulin

L'éditeur remercie les éditions Anavasi, et plus particulièrement Penelope Matsouka, pour leur aide précieuse.

Conception graphique de la couverture et de la maquette intérieure : Thibault Reumaux

Mise en pages intérieure : Chrystel Arnould

Suivi éditorial : Coraline Borchiellini

Lecture-correction : Tiphaine Diaconu

Ont également collaboré : Evanne Darchy, Paraskevi Eva Nastou et Mathilde Ricciardelli

Contact presse : Rachida Mazef, rmazef@hachette-livre.fr ☎ 01 43 92 36 66

Contact publicité : Valérie Habert, vhabert@hachette-livre.fr ☎ 01 43 92 32 52

Pour nous écrire : Hachette Tourisme / Guides Évasion
58 rue Jean-Bleuzen - 92170 Vanves
evasion@hachette-livre.fr
Pour nous lire sur le web : www.guide-evasion.fr

Édité par Hachette Livre, 58 rue Jean-Bleuzen, CS 70007, 92178 Vanves cedex
Imprimé en Espagne par Industria Grafica Cayfosa
(ctra. De Caldes, km 3, Sta. Perpetua Mogada, 08130 Barcelone)
Achevé d'imprimer : février 2016 – Dépôt légal : février 2016
Collection n° 25 – Édition n° 01
ISBN : 978-2-01-396055-7
25-6676-7

À nos lecteurs

Ces pages vous appartiennent.
Notez-y vos remarques, vos découvertes,
vos bonnes adresses. Et ne manquez pas
de nous en informer à votre retour.

Hachette Tourisme
Guide Évasion – Courrier des lecteurs
43, quai de Grenelle - 75905 Paris Cedex 15
evasion@hachette-livre.fr

Rendez-vous également sur la page Facebook Guide Evasion
et sur www.guide-evasion.fr

Venez nous rejoindre sur la page
Facebook Guide Evasion
et sur le blog www.guide-evasion.fr

Partageons notre passion du voyage...